365일 묵상집
날마다 말씀 한 스푼 II

KB193308

2024 © 도서출판 하나인

365일 묵상집
날마다 말씀 한 스푼 **Ⅱ**

초판 1쇄 인쇄 | 2024년 12월 10일
초판 1쇄 발행 | 2024년 12월 24일

지은이 | 임석순
펴낸이 | 임석순
펴낸곳 | 도서출판 하나인

신고번호 | 제25100-2008-000012호
주소 | (우)04904 서울시 광진구 능동로 447
전화 | 02-467-5821
팩스 | 02-463-1435
이메일 | kcch.or.kr@gmail.com

값 20,000원
ISBN 979-11-89693-01-5 03230

365일 묵상집

날마다
말씀 한 스푼 Ⅱ

임석순 지음

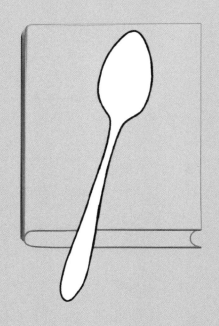

하나인
도서출판

서 문

온 하늘과 땅의 왕이신 하나님은 우리의 아버지 되십니다.
그 분은 스스로 낮아져 이 땅에 오셔서 우리를 대신하여 죽기까지
하실 정도로 우리를 깊이 사랑하십니다.
이렇게 우리를 사랑하시는 아버지께서 우리에게 바라시는 것이 있습니다.

바로, "자라가는 것"입니다.
한 생명이 태어나면 우리는 그 갓난아이를 보며
"건강하게만 자라다오." 말합니다.
우리를 향한 하나님의 마음이 그러합니다.
우리가 하나님 안에서 자라가기를 바라십니다.
아이가 자라나며 부모를 닮아가는 모습을 볼 때
부모는 세상 무엇과도 비교할 수 없는 큰 기쁨을 느낍니다.
우리가 하나님 안에서 자라나며 예수를 닮아갈 때
하나님께서 우리로 인하여 춤추실 것입니다.

눈을 뜨지도 못 하는 갓 태어난 아기를 엄마 품에 안으면
가르쳐 주지 않아도 본능적으로 입을 오물거리며 젖을 찾습니다.
젖을 먹어야 자랄 수 있기 때문입니다.

우리도 영적인 젖, 말씀을 아기와 같이 간절히 사모하고,
매일 이 말씀을 먹어야 자라갈 수 있습니다.

이 묵상집은
사랑하는 우리 성도님들과 매일 함께 같은 말씀을 먹고 나누며
예수를 닮는 모습으로 성장하고 싶은 간절한 소망을 가지고
만들었습니다.
우리 모두가 하나님을 기쁘시게 하는 자녀로 매일 자라가는데
이 묵상집이 작은 도움이 되기를 기도합니다.

우리를 자녀 삼으시고 자라가게 하시는 우리 아버지 하나님께
감사와 영광을 돌리며…

2024년 12월
저자 임석순 목사

목 차

January

1월

요한서신

1월 1일

하나님의 은혜로
한 해가 관 씌워질 지어다

시편 65:11-13

11주의 은택으로 한 해를 관 씌우시니 주의 길에는 기름 방울이 떨어지며 12들의 초장에도 떨어지니 작은 산들이 기쁨으로 띠를 띠었나이다 13초장은 양 떼로 옷 입었고 골짜기는 곡식으로 덮였으매 그들이 다 즐거이 외치고 또 노래하나이다

하나님께서 우리의 삶에 은택으로 왕관을 씌워주셨다고 말합니다. 하나님께서 우리에게 주신, 이 은혜는 어떤 상황에서도 소망을 말하고, 긍정적인 입술로 생명을 전하는 삶을 살게 합니다. 세상은 부정적인 이야기로 가득할 수 있지만, 하나님의 은혜를 입은 자들은 소망을 품고, 축복의 말로 다른 사람들을 세우는 통로가, 세상에 긍정적인 영향을 미치고, 생명을 흘러보내는 믿음의 사람들이 되어야 합니다. 이스라엘 백성 가운데, 애굽에서 구원을 받았지만, 광야에서 불평과 원망을 반복하며 결국 하나님의 약속을 누리지 못한 자들이 있었습니다. 오늘 우리도 마찬가지입니다. 하나님의 은혜를 입은 자는 원망과 불평을 버리고, 어떤 상황에서도 하나님의 왕관을 쓰고 믿음으로 감사하며 나아가야 합니다. 하나님께서는 변함없이 우리를 사랑하시며, 우리를 통해 하나님의 나라를 확장하십니다. 우리 주변의 초장이 양 떼로 가득하고, 들판에 곡식이 넘치며, 모두가 기쁨으로 노래하는 한 해가 되기를 소망합니다.

하나님, 주의 은택으로 왕관을 쓰게 하시니 감사합니다. 우리가 소망과 생명의 말을 전하는 통로가 되게 하옵소서.

1월 **2**일

나를 통해 이루실 구원

갈라디아서 2:20

내가 그리스도와 함께 십자가에 못 박혔나니 그런즉 이제는 내가 사는 것이 아니요 오직 내 안에 그리스도께서 사시는 것이라 이제 내가 육체 가운데 사는 것은 나를 사랑하사 나를 위하여 자기 자신을 버리신 하나님의 아들을 믿는 믿음 안에서 사는 것이라

우리는 기도하면 모든 일이 이루어질 것이라는 잘못된 믿음을 가질 때가 있습니다. 하지만 믿음은 단순히 우리가 원하는 것을 이루는 수단이 아닙니다. 갈라디아서 2장 20절은 우리가 예수님 안에 있다는 믿음과 하나님과의 관계를 강조합니다. 하나님은 우리의 아버지이시고, 우리는 그분의 자녀로서 믿음 안에서 승리합니다. 우리는 만세 전부터 하나님의 가족으로 예정되었고, 그분의 구원 계획에 동참하게 됩니다. 이 구원은 단순히 나 자신만이 아니라 가정, 민족, 나아가 열방에까지 영향을 미치는 은혜입니다. 이 사실을 깨닫고, 탕자의 길에서 벗어나 하나님과의 관계 속에서 기쁨을 찾는 삶을 살아야 합니다. 하나님 한 분만으로 충분한 믿음의 고백을 할 수 있을 때, 우리는 진정한 구원의 완성을 향해 나아가게 됩니다.

주님, 모든 상황 속에서 하나님 한 분으로 만족하며 살아가게 하소서.

1월 3일

서로의 짐을 지라

갈라디아서 6:1-5

¹형제들아 사람이 만일 무슨 범죄한 일이 드러나거든 신령한 너희는 온유한 심령으로 그러한 자를 바로잡고 너 자신을 살펴보아 너도 시험을 받을까 두려워하라 ²너희가 짐을 서로 지라 그리하여 그리스도의 법을 성취하라 ³만일 누가 아무 것도 되지 못하고 된 줄로 생각하면 스스로 속임이라 ⁴각각 자기의 일을 살피라 그리하면 자랑할 것이 자기에게는 있어도 남에게는 있지 아니하리니 ⁵각각 자기의 짐을 질 것이라

하나님께서는 우리를 서로의 짐을 지는 존재로 창조하셨습니다. 그러나 인간은 죄로 인해 짐을 서로 나누려 하기보다는 피하려고 합니다. 본문은 우리가 서로의 짐을 지는 것이 그리스도의 법, 곧 사랑의 법을 성취하는 것이라 가르칩니다. 짐을 지는 것은 단순히 힘든 일을 나누는 것이 아니라, 서로를 세우고 하나의 공동체로 만드는 중요한 역할을 합니다. 예수님께서 우리의 연약함을 짊어지신 것처럼, 우리도 다른 이의 짐을 나눌 때, 그리스도의 사랑을 실천하게 됩니다. 말씀에 따라 살아가는 것, 그리고 성령의 힘을 구하며 공동체를 세워나가는 것이 바로 짐을 지는 삶입니다. 이를 통해 우리는 서로를 살리고, 하나님이 원하시는 아름다운 공동체를 이룰 수 있습니다.

주님, 서로의 짐을 지며 그리스도의 사랑을 실천하는 공동체로 세워지게 하소서.

1월 **4**일

신앙생활의 기본 두 가지 (1)

출애굽기 20:8-11

8안식일을 기억하여 거룩하게 지키라 9엿새 동안은 힘써 네 모든 일을 행할 것이나 10 일곱째 날은 네 하나님 여호와의 안식일인즉 너나 네 아들이나 네 딸이나 네 남종이나 네 여종이나 네 가축이나 네 문안에 머무는 객이라도 아무 일도 하지 말라 11이는 엿새 동안에 나 여호와가 하늘과 땅과 바다와 그 가운데 모든 것을 만들고 일곱째 날에 쉬었음이라 그러므로 나 여호와가 안식일을 복되게 하여 그 날을 거룩하게 하였느니라

신앙생활에서 가장 중요한 두 가지 중 하나는 안식일을 거룩히 지키는 것입니다. 안식일은 단순히 쉬는 날이 아니라, 하나님 께서 우리에게 주신 복된 날이기 때문입니다. 하나님은 안식일에 함께하시며, 우리에게 기쁨과 원기를 회복하게 하십니다. 안식일을 통해 우리는 하나님의 창조를 기념하며, 하나님과 함께하는 기쁨을 누릴 수 있습니다. 선악과 사건 이후 인간은 안식일을 제대로 지키지 못하고 자신의 기준에 따라 살아가게 되었습니다. 그러나 예수 그리스도께서 오셔서 안식일을 회복시켜 주셨습니다. 예수님께서 부활하신 날인 주일을 거룩하게 지키는 것은 구원의 감격을 기념하며, 하나님께 감사드리는 날입니다. 안식일을 지키는 방법은 첫째, 구원의 감격을 기억하며 감사로 지키는 것이고, 둘째, 최고의 예배로 준비하고 드리는 것이며, 셋째, 가장 즐거운 날로 기념하는 것입니다. 하나님께서는 안식일을 기쁨으로 지키는 자들에게 땅의 높은 곳으로 올리시고 복을 부어주신다고 약속하십니다.

주님, 안식일을 거룩히 지키며 주님의 복을 누리는 삶을 살게 하시고, 우리 주변의 가족과 이웃도 함께 안식일의 기쁨을 누리게 하소서.

1월 5일

신앙생활의 기본 두 가지 (2)

창세기 14:17-20

17아브람이 그돌라오멜과 그와 함께 한 왕들을 쳐부수고 돌아올 때에 소돔 왕이 사웨 골짜기 곧 왕의 골짜기로 나와 그를 영접하였고 18살렘 왕 멜기세덱이 떡과 포도주를 가지고 나왔으니 그는 지극히 높으신 하나님의 제사장이었더라 19그가 아브람에게 축복하여 이르되 천지의 주재이시요 지극히 높으신 하나님이여 아브람에게 복을 주옵소서 20너희 대적을 네 손에 붙이신 지극히 높으신 하나님을 찬송할지로다 하매 아브람이 그 얻은 것에서 십분의 일을 멜기세덱에게 주었더라

신앙생활의 두 가지 기본 원칙 중 하나는 안식일을 지키는 것이며, 또 하나는 찬송으로 반응하는 것입니다. 오늘 말씀에서 아브람이 전쟁에서 승리하고 돌아오던 중에 살렘왕 멜기세덱, 곧 예수 그리스도를 만납니다. 예수님께서 아브람을 축복하셨듯이, 오늘날에도 예수님은 우리를 위해 간구하시고 축복하십니다. 우리는 하나님께서 주신 승리와 모든 축복에 대해 찬송으로 응답해야 합니다. 아브람은 자신이 얻은 전리품 중 십분의 일을 멜기세덱에게 드렸습니다. 십일조는 단지 수입의 십분의 일을 드리는 것이 아니라, 하나님께서 모든 것을 주셨음을 고백하는 찬송의 표현입니다. 말라기서는 찬송이 없는 십일조는 온전한 것이 아니라고 경고합니다. 하나님은 우리에게 온전한 십일조를 찬송으로 드리기를 원하시며, 우리가 그분께 찬송으로 반응할 때 복을 쌓을 곳이 없도록 부어주신다고 약속하십니다. 찬송은 언제나 승리의 열쇠입니다. 어려움 속에서도, 실패한 순간에도 우리는 하나님께서 찬송을 통해 일하신다는 사실을 믿고 찬송으로 나아갈 때 하나님께서는 우리의 소산을 지켜주시는 은혜를 베풀어 주십니다.

하나님, 승리와 실패 속에서도 찬송으로 응답하게 하시고, 우리의 삶을 통해 하나님께 영광 돌리는 온전한 십일조를 드리게 하소서.

1월 6일

화목을 이루는 삶

요한일서 1:1-4

¹태초부터 있는 생명의 말씀에 관하여는 우리가 들은 바요 눈으로 본 바요 자세히 보고 우리의 손으로 만진 바라 ²이 생명이 나타내신 바 된지라 이 영원한 생명을 우리가 보았고 증언하여 너희에게 전하노니 이는 아버지와 함께 계시다가 우리에게 나타내신 바 된 이시니라 ³우리가 보고 들은 바를 너희에게도 전함은 너희로 우리와 사귐이 있게 하려 함이니 우리의 사귐은 아버지와 그의 아들 예수 그리스도와 더불어 누림이라 ⁴우리가 이것을 씀은 우리의 기쁨이 충만하게 하려 함이라

초대교회 성도들은 신앙에 열심이 있었지만, 그들 사이에도 갈등이 있었습니다. 이는 오늘날 교회에서도 마찬가지입니다. 그러나 갈등의 해결은 세상의 방법이 아니라 하나님과의 화목에서 시작됩니다. 아담과 하와가 하나님의 말씀을 떠나며 인간과 하나님 사이에 단절이 생겼듯, 우리의 화목도 하나님과의 관계 회복을 통해 이루어집니다. 예수님께서 성육신으로 이 땅에 오시고, 십자가에 죽으시고 부활하심으로 하나님과 우리 사이의 화목을 이루셨습니다. 우리가 예수님의 길을 따르고 매 순간 하나님의 말씀에 순종할 때, 이웃과도 화목을 이루며 하나님의 기쁨을 경험하게 됩니다. 화목보다 더 중요한 것은 없으며, 화목을 통해 가정, 교회, 그리고 사회가 하나님의 복을 누리는 곳이 됩니다.

주님, 우리에게 화목의 마음을 주시고, 하나님과 이웃과의 관계를 회복하는 삶을 살게 하소서.

1월 **7**일

갈등을 기회로 삼는 신앙

요한일서 2:1-6

¹나의 자녀들아 내가 이것을 너희에게 씀은 너희로 죄를 범하지 않게 하려 함이라 만일 누가 죄를 범하여도 아버지 앞에서 우리에게 대언자가 있으니 곧 의로우신 예수 그리스도시라 ²그는 우리 죄를 위한 화목제물이니 우리만 위할 뿐 아니요 온 세상의 죄를 위하심이라 ³우리가 그의 계명을 지키면 이로써 우리가 그를 아는 줄로 알 것이요 ⁴그를 아노라 하고 그의 계명을 지키지 아니하는 자는 거짓말하는 자요 진리가 그 속에 있지 아니하되 ⁵누구든지 그의 말씀을 지키는 자는 하나님의 사랑이 참으로 그 속에서 온전하게 되었나니 이로써 우리가 그의 안에 있는 줄을 아노라 ⁶그의 안에 산다고 하는 자는 그가 행하시는 대로 자기도 행할지니라

모든 공동체에는 갈등이 있지만, 우리는 그 갈등을 기회로 삼을 수 있습니다. 요한일서에서 갈등 속에서 죄를 범하지 말라고 권면하는 것처럼, 예수님의 희생을 기억하며 우리는 용서와 화해의 도구가 되어야 합니다. 예수님은 죄 없는 분이셨지만, 죄 많은 세상과 화목을 이루기 위해 화목제물이 되셨습니다. 우리가 받은 은혜를 기억하며, 어떠한 갈등도 기도와 하나님의 지혜로 기회로 삼을 때, 그 안에서 하나님께서 역사하십니다. 초대교회의 헬라파와 히브리파 간의 갈등도 성령의 충만함 속에서 지혜롭게 해결되어 교회의 성장과 확장이 이루어졌습니다. 우리도 마찬가지로 가정과 교회, 사회 속의 갈등을 기회로 삼아 하나님 나라를 세워나가기를 소망합니다.

주님, 갈등 속에서도 화목과 용서를 통해 하나님의 지혜를 구하고, 그 갈등이 하나님의 일하심의 기회가 되게 하소서.

1월 **8**일

쓰나미가 온다, 막아야 한다

요한일서 2:7-11

7사랑하는 자들아 내가 새 계명을 너희에게 쓰는 것이 아니라 너희가 처음부터 가진 옛 계명이니 이 옛 계명은 너희가 들은 바 말씀이거니와 8다시 내가 너희에게 새 계명을 쓰노니 그에게와 너희에게도 참된 것이라 이는 어둠이 지나가고 참빛이 벌써 비침이니라 9빛 가운데 있다 하면서 그 형제를 미워하는 자는 지금까지 어둠에 있는 자요 10그의 형제를 사랑하는 자는 빛 가운데 거하여 자기 속에 거리낌이 없으나 11그의 형제를 미워하는 자는 어둠에 있고 또 어둠에 행하며 갈 곳을 알지 못하나니 이는 그 어둠이 그의 눈을 멀게 하였음이라

2011년 후쿠시마 지진 당시 쓰나미가 큰 피해를 준 것처럼, 오늘날 한국 교회에도 영적인 쓰나미가 다가오고 있습니다. 다음 세대의 감소와 많은 교회가 문을 닫는 현상은 우리가 주목해야 할 전조입니다. 이 쓰나미가 한국 교회를 휩쓸고 가면 모든 것이 무너질 수 있습니다. 영적으로 무너지면 물질, 명예, 건강도 아무 의미가 없습니다. 그렇기에 우리는 이 쓰나미를 막아야 하며, 그 해결책은 바로 '사랑'의 회복에 있습니다. 요한 서신은 믿음이 강했던 초대교회에도 갈등이 있었고, 그들의 가장 큰 문제는 '사랑의 부족'이었다고 설명합니다. 사랑이 없으면 우리는 참 빛이신 예수님을 드러낼 수 없습니다. 에베소 교회처럼 열심과 헌신은 있지만, 사랑을 잃어버린 교회가 되어 참된 생명을 잃게 됩니다. 오늘날 한국 교회가 겪는 문제 역시 사랑의 부재에서 비롯됩니다. 사랑을 회복하지 않으면 한국 교회는 다가오는 쓰나미를 피할 수 없습니다. 우리가 겸손히 하나님의 은혜로만 할 수 있음을 고백할 때, 사랑이 회복되고 교회는 세상의 쓰나미를 막아낼 수 있습니다.

주님, 우리 안에 하나님의 은혜와 사랑을 회복하여 쓰나미를 막고 빛을 드러내게 하소서.

1월 **9**일

믿는 자여 하나님을 사랑하라

요한일서 2:12-17

12자녀들아 내가 너희에게 쓰는 것은 너희 죄가 그의 이름으로 말미암아 사함을 받았음이요 13아비들아 내가 너희에게 쓰는 것은 너희가 태초부터 계신 이를 알았음이요 청년들아 내가 너희에게 쓰는 것은 너희가 악한 자를 이기었음이라 14아이들아 내가 너희에게 쓴 것은 너희가 아버지를 알았음이요 아비들아 내가 너희에게 쓴 것은 너희가 태초부터 계신 이를 알았음이요 청년들아 내가 너희에게 쓴 것은 너희가 강하고 하나님의 말씀이 너희 안에 거하시며 너희가 흉악한 자를 이기었음이라 15이 세상이나 세상에 있는 것들을 사랑하지 말라 누구든지 세상을 사랑하면 아버지의 사랑이 그 안에 있지 아니하니 16이는 세상에 있는 모든 것이 육신의 정욕과 안목의 정욕과 이생의 자랑이니 다 아버지께로부터 온 것이 아니요 세상으로부터 온 것이라 17이 세상도, 그 정욕도 지나가되 오직 하나님의 뜻을 행하는 자는 영원히 거하느니라

우리 삶 속에서 세상 것을 완전히 멀리하기란 불가능합니다. 세상은 우리의 필요를 채워주며, 특히 오늘날처럼 편리함이 넘치는 시대에 우리는 세상의 물질과 문화를 쉽게 의존하기 때문입니다. 그러나 성경은 세상을 사랑하지 말라고 경고합니다. 세상 것을 사랑하면 아버지의 사랑이 우리 안에 있을 수 없기 때문입니다. 세상과 하나님을 함께 사랑할 수는 없습니다. 그래서 우리는 우리에게 주어진 정체성, 즉 죄에서 해방된 자들이며, 세상을 이긴 자들이라는 사실을 확실히 기억해야 합니다. 하나님은 우리를 이미 승리자로 세우셨고, 우리는 하나님을 아는 자들로서 그분의 자녀가 되었습니다. 그러므로 우리는 하나님만으로 만족하며, 세상 것에 흔들리지 않고 하나님을 사랑하는 자리에 있어야 합니다.

주님, 세상 것이 아닌 하나님을 더욱 사랑하며 그분의 자녀로서 살아가게 하소서.

1월 **10**일

하나님께 속한 자는 사랑한다

요한일서 3:1-9

¹보라 아버지께서 어떠한 사랑을 우리에게 베푸사 하나님의 자녀라 일컬음을 받게 하셨는가, 우리가 그러하도다 그러므로 세상이 우리를 알지 못함은 그를 알지 못함이라 ²사랑하는 자들아 우리가 지금은 하나님의 자녀라 장래에 어떻게 될지는 아직 나타나지 아니하였으나 그가 나타나시면 우리가 그와 같을 줄을 아는 것은 그의 참모습 그대로 볼 것이기 때문이니 … ⁹하나님께로부터 난 자마다 죄를 짓지 아니하나니 이는 하나님의 씨가 그의 속에 거함이요 그도 범죄하지 못하는 것은 하나님께로부터 났음이라

세상은 하나님께 속한 자와 하나님께 속하지 않은 자로 나뉩니다. 그런데 교회 안에 있다고 해서 모두가 하나님께 속한 자는 아닙니다. 오늘 말씀은 하나님께 속한 자와 그렇지 않은 자의 특징을 분명히 보여주고 있습니다. 하나님께 속한 자는 죄를 짓지 않고, 마귀에게 속하지 않으며, 하나님의 씨가 그 안에 머무릅니다. 하나님께 속한 자는 다음 세 가지 특징을 가집니다. 첫째, 하나님께 속한 자는 예수님을 닮아갑니다. 부모와 자녀가 자연스럽게 닮듯, 하나님께 속한 자는 그분의 사랑을 닮습니다. 예수님이 우리를 위해 생명을 내어주신 사랑을 본받아, 우리도 감사와 기쁨으로 사랑을 실천해야 합니다. 둘째, 하나님께 속한 자는 끊임없이 자라갑니다. 영적 성장은 지속적이며, 하나님은 우리를 어려운 상황 속에서도 성장하게 하십니다. 셋째, 하나님께 속한 자의 목표는 아버지의 자리까지 자라가는 것입니다. 그들에게는 예수님을 닮아가며 사랑을 실천하는 삶이 드러납니다. 신앙의 여정에서 우리는 예수님을 닮아가며, 결국 아버지의 자리에까지 자라 다른 사람들을 품고 인도하는 성숙한 신앙인이 되어야 합니다.

주님, 저를 하나님께 속한 자로 자라가게 하시고, 예수님의 사랑을 닮아 세상을 품는 삶을 살게 하소서.

1월 **11**일

사랑이 생명이다

요한일서 3:10-12

10이러므로 하나님의 자녀들과 마귀의 자녀들이 드러나나니 무릇 의를 행하지 아니하는 자나 또는 그 형제를 사랑하지 아니하는 자는 하나님께 속하지 아니하니라 11우리는 서로 사랑할지니 이는 너희가 처음부터 들은 소식이라 12가인 같이 하지 말라 그는 악한 자에게 속하여 그 아우를 죽였으니 어떤 이유로 죽였느냐 자기의 행위는 악하고 그의 아우의 행위는 의로움이라

사랑은 그리스도인의 삶의 본질입니다. 우리는 사랑이신 하나님의 생명을 소유한 자들입니다. 그러므로 우리의 삶은 사랑으로 드러나야 합니다. 사랑이 없다면, 그것은 곧 하나님이 우리 안에 계시지 않음을 의미합니다. 사랑은 우리의 운명입니다. 믿음의 백성인 우리는 말과 행동으로 사랑을 나타내야 합니다. 오늘 말씀에서, 하나님께 속한 자와 마귀에게 속한 자를 구분하는 기준은 사랑입니다. 하나님께 속한 자는 사랑을 드러내고, 마귀에게 속한 자는 미움을 드러냅니다. 가인은 하나님께 속하지 않았기 때문에 아벨을 미워하여 죽였습니다. 반면, 하나님께 속한 자는 자기를 희생하며 상대를 살리는 사람입니다. 아벨은 제물이 되어 자신의 죽음을 통해 하나님께 드려진 사랑의 제물을 상징합니다. 이러한 사랑은 우리 안에 예수 그리스도의 생명이 있을 때 가능합니다. 하나님께 속한 자는 자신을 희생하며 타인을 살리는 사랑의 자태를 드러냅니다. 예수님께서 십자가에서 죽으심으로 우리를 구원하신 것처럼, 우리도 그 사랑을 본받아 희생과 헌신으로 사랑해야 합니다. 사랑은 단순한 감정이 아니라, 자신을 내어주어 다른 이를 살리는 행위입니다. 사랑은 우리의 삶에서 가장 중요한 가치입니다. 진정한 그리스도인의 사랑은 영원히 기억되고, 다른 사람들에게도 귀감이 됩니다. 손양원 목사님과 데레사 수녀님처럼, 그들의 사랑은 시간이 흘러도 여전히 많은 사람들에게 빛을 발하고 있습니다. 우리도 그들처럼 사랑의 자태를 드러내어 예수님의 생명을 세상에 전해야 합니다.

주님, 저를 통해 예수님의 사랑이 드러나게 하시고, 모든 상황 속에서 희생적인 사랑을 실천하게 하소서.

1월 **12**일

모든 열방이 찬송하기까지

이사야 62:7
또 여호와께서 예루살렘을 세워 세상에서 찬송을 받게 하시기까지 그로 쉬지 못하시게 하라

 하 나님께서는 우리에게 소원을 주시고 그 소원을 통해 그분을 찾게 하십니다. 하나님을 갈망하며 찾지 않으면 망하게 됩니다. 다윗은 치욕스러운 상황 속에서도, 평안한 때에도 언제나 하나님을 찾으며 기도했습니다. 우리가 하나님 앞에서 가져야 할 중요한 소원은 열방이 하나님을 찬송하고, 그분께서 모든 민족 가운데 영광 받으시는 것입니다. 하나님께서 우리를 통해 영광을 받으실 때까지 쉬지 않고 기도해야 합니다. 야베스의 기도에서 배우듯이, 우리는 첫째로 하나님께 복을 구하며 우리의 지경이 넓어져 하나님의 나라를 확장하는 도구가 되기를 기도해야 합니다. 둘째로, 환난 가운데서도 평안을 구하며 하나님께서 주시는 평안으로 어려움을 이길 수 있기를 간구해야 합니다. 이 두 가지 기도를 통해 하나님께서는 우리의 삶에 영광을 나타내실 것입니다.

하나님, 온 열방이 주님을 찬양하는 그날까지 쉬지 않고 기도하게 하시고, 우리의 지경을 넓혀 주의 영광을 드러내는 도구가 되게 하옵소서.

1월 **13**일

사랑을 포기하지 마라

요한일서 3:17-24

17누가 이 세상의 재물을 가지고 형제의 궁핍함을 보고도 도와 줄 마음을 닫으면 하나님의 사랑이 어찌 그 속에 거하겠느냐 18자녀들아 우리가 말과 혀로만 사랑하지 말고 행함과 진실함으로 하자 ··· 23그의 계명은 이것이니 곧 그 아들 예수 그리스도의 이름을 믿고 그가 우리에게 주신 계명대로 서로 사랑할 것이니라 24그의 계명을 지키는 자는 주 안에 거하고 주는 그의 안에 거하시나니 우리에게 주신 성령으로 말미암아 그가 우리 안에 거하시는 줄을 우리가 아느니라

우리가 평생 포기하지 말아야 할 두 가지는 사랑하는 것과 복음을 전하는 것입니다. 특히 사랑을 포기하는 것은 삶의 가치를 포기하는 것과 같습니다. 사랑하는 일은 결코 쉽지 않지만, 우리가 사랑을 포기해서는 안 되는 이유는 두 가지입니다. 첫째, 우리는 진리에 속한 자로서 사랑할 수 있는 존재가 되었기 때문입니다. 죄로 인해 본래 인간은 사랑할 수 없는 존재였지만, 예수 그리스도로 인해 우리는 새로운 생명을 얻었고 사랑할 수 있다는 가능성을 부여받았습니다. 진리에 속한 자는 말과 혀로만 사랑하지 않고 행함과 진실함으로 사랑합니다. 비록 사랑하는 일이 힘들어도, 가책을 느끼는 그 자체가 우리가 진리에 속한 자임을 증명합니다. 그러므로 우리는 사랑을 포기하지 않아야 합니다. 둘째, 사랑만이 열매를 맺을 수 있기 때문입니다. 물질적 풍요가 있어도 사랑이 없다면 아무런 열매도 맺을 수 없습니다. 오직 사랑이 있을 때만 참된 열매를 맺습니다. 예수님께서 십자가에서 우리를 위해 끝까지 사랑하셨듯이, 우리의 사랑도 열매를 맺기 위해 끝까지 포기하지 않아야 합니다. 우리는 연약하여 스스로 사랑할 수 없습니다. 그러나 우리가 주 안에 거하고 주님이 우리 안에 거하실 때, 우리는 사랑의 열매를 맺을 수 있습니다. 세상의 소망은 경제적 풍요에 달린 것이 아니라, 하나님의 사랑을 붙잡고 살아가는 우리에게 달렸습니다. 주님의 은혜를 구하며 사랑을 실천하는 자가 되기를 축복합니다.

 주님, 저에게 사랑의 능력을 주셔서 포기하지 않고 끝까지 사랑하게 하소서.

1월 **14**일

영을 분별하는 법

요한일서 4:1-6
¹사랑하는 자들아 영을 다 믿지 말고 오직 영들이 하나님께 속하였나 분별하라 많은 거짓 선지자가 세상에 나왔음이라 … ⁴자녀들아 너희는 하나님께 속하였고 또 그들을 이기었나니 이는 너희 안에 계신 이가 세상에 있는 자보다 크심이라

많은 사람들이 세상에서 실력자가 되는 것을 원하지만, 그리스도 인에게 진정한 실력은 예수님을 아는 것만큼 그분을 삶 속에 서 살아내는 것입니다. 성경은 우리가 진리의 영과 미혹의 영을 분별할 줄 알아야 진정한 실력을 갖춘 자가 될 수 있다고 말합니다. 요한일서는 예수 그리스도께서 육 체로 오셨음을 시인하는 것이 하나님께 속한 자의 표라고 가르칩니다. 이는 예수님이 십자가에서 죽으심으로 하나님의 사랑을 증명하셨다는 것을 믿고 고백하는 자만이 하나님께 속한 자라는 뜻입니다. 그리고 이 사랑을 알 때, 우리는 진정한 실력을 갖추 고 두 가지 삶의 모습을 보이게 됩니다. 첫째, 이기는 자로 살아갑니다. 예수님께서 십 자가에서 승리하셨듯이, 우리도 하나님의 사랑을 알고 그 사랑 안에 거할 때 세상을 이길 수 있습니다. 이기는 자로 사는 것이 하나님께서 우리에게 주시는 실력입니다. 둘째, 사랑하는 자로 살아갑니다. 진정한 실력자는 하나님의 사랑을 알고 그 사랑으 로 이웃을 사랑하는 자입니다. 그래서 하나님의 사랑을 받은 자는 그 사랑을 흘려보 내는 자로 살아갑니다. 사랑은 쉽지 않지만, 우리가 사랑하지 못하는 것에 대해 찔림 과 회개의 마음이 있다면 우리는 사랑을 포기하지 않은 것입니다. 예수님이 육체로 오셨음을 시인하고, 그 사랑을 깨달을 때 우리는 진리의 영을 따르고 세상과 미혹의 영을 이기며 살 수 있습니다. 하나님께서는 어려운 시대 속에서도 진정한 실력 있는 자와 교회를 찾고 계십니다. 우리 모두 그리스도의 사랑을 실천하며 진정한 실력자로 살아가기를 소망합니다.

주님, 제가 하나님의 사랑을 알고, 그 사랑으로 세상을 이기며 사랑하는 자로 살게 하소서.

1월 **15**일

사랑할 때 주시는 복

요한일서 4:7-12

7사랑하는 자들아 우리가 서로 사랑하자 사랑은 하나님께 속한 것이니 사랑하는 자마다 하나님으로부터 나서 하나님을 알고 8사랑하지 아니하는 자는 하나님을 알지 못하나니 이는 하나님은 사랑이심이라 … 11사랑하는 자들아 하나님이 이같이 우리를 사랑하셨은즉 우리도 서로 사랑하는 것이 마땅하도다 12어느 때나 하나님을 본 사람이 없으되 만일 우리가 서로 사랑하면 하나님이 우리 안에 거하시고 그의 사랑이 우리 안에 온전히 이루어지느니라

사람들은 행복을 추구하지만, 진정한 행복은 세상 것들로 얻지 못합니다. 영원한 행복은 오직 하나님께로부터 오는 것이며, 우리는 그 행복을 사랑을 통해 경험할 수 있습니다. 이기적이고 어려운 세상에서 사랑하는 일은 쉽지 않습니다. 그러나, 하나님은 우리에게 사랑할 수 있는 능력을 주셨습니다. 우리가 서로 사랑할 때 하나님께서는 다음과 같은 유익을 허락하십니다. 첫째, 우리가 사랑할 때 하나님과의 사귐이 이루어져 행복해집니다. 하나님은 우리에게 사랑을 잉태하라고 명령하시며, 우리가 순종할 때 그분과의 깊은 교제가 이루어집니다. 마리아가 하나님께 순종함으로 놀라운 은혜를 경험했던 것처럼, 우리도 작은 사랑의 행동을 통해 하나님과의 사귐을 누리고 찬송하게 됩니다. 둘째, 우리가 사랑할 때 하나님의 사랑이 우리 안에 깊이 머무르십니다. 사랑을 실천할 때, 우리는 하나님의 통로가 되어 하나님의 사랑을 드러내게 됩니다. 하나님의 사랑이 우리를 통해 흘러나갈 때, 우리는 진정한 행복을 경험하며 하나님께 쓰임 받는 자가 됩니다. 사랑하는 일은 쉽지 않지만, 하나님은 우리가 할 수 있는 사랑을 명령하시며, 그 과정에서 모든 책임을 감당하십니다. 하나님의 사랑을 실천함으로 복을 누리는 성도가 되기를 소망합니다.

주님, 제가 사랑할 수 있도록 능력을 주시고, 그 사랑으로 하나님의 복을 경험하게 하소서.

1월 **16**일

사랑을 소유한 나

요한일서 4:13-21

16하나님이 우리를 사랑하시는 사랑을 우리가 알고 믿었노니 하나님은 사랑이시라 사랑 안에 거하는 자는 하나님 안에 거하고 하나님도 그의 안에 거하시느니라 17이로써 사랑이 우리에게 온전히 이루어진 것은 우리로 심판 날에 담대함을 가지게 하려 함이니 주께서 그러하심과 같이 우리도 이 세상에서 그러하니라 18사랑 안에 두려움이 없고 온전한 사랑이 두려움을 내쫓나니 두려움에는 형벌이 있음이라 두려워하는 자는 사랑 안에서 온전히 이루지 못하였느니라

두 려움은 우리 삶 속에서 자주 경험되는 감정입니다. 두려움이 찾아오면 판단력이 흐려지고, 하나님의 뜻을 제대로 분별할 수 없게 됩니다. 우리는 왜 이렇게 두려움에 사로잡힐까요? 대부분은 현재의 소유를 잃을까 하는 염려나 미래의 불확실함 때문입니다. 성경은 두려움에서 벗어나는 유일한 방법이 하나님의 사랑을 온전히 깨닫는 것이라고 가르칩니다. 욥은 모든 것을 잃었지만 여전히 하나님을 찬송하며 두려움에 사로잡히지 않았습니다. 그 비결은 그가 하나님의 사랑 안에 거했기 때문입니다. 우리도 이와 같은 평안을 누리려면 성령을 통해 하나님의 사랑이 우리 안에 있음을 깨달아야 합니다. 성령께서 우리에게 임하실 때, 우리는 예수님을 하나님의 아들로 고백하고, 그 사랑이 우리를 두려움에서 자유롭게 한다는 사실을 깊이 체험할 수 있습니다. 하나님의 사랑은 우리의 두려움을 몰아내고, 우리를 담대하게 만듭니다. 이 사랑은 나만을 위한 것이 아니라, 다른 이들에게도 나누어 주어야 합니다. 두려움에 사로잡힌 이들에게 내 안에 계신 하나님의 사랑을 전하는 것이 우리의 사명입니다. 성령께서 우리 안에 충만히 임하실 때, 그 사랑을 온전히 이루며 이웃에게 전할 수 있습니다.

주님, 성령으로 충만하게 임하셔서 하나님의 사랑을 깨닫고 그 사랑으로 두려움을 이기게 하소서.

1월 **17**일

사랑으로 반응하라

요한일서 5:1-5

1예수께서 그리스도이심을 믿는 자마다 하나님께로부터 난 자니 또한 낳으신 이를 사랑하는 자마다 그에게서 난 자를 사랑하느니라 2우리가 하나님을 사랑하고 그의 계명들을 지킬 때에 이로써 우리가 하나님의 자녀를 사랑하는 줄을 아느니라 3하나님을 사랑하는 것은 이것이니 우리가 그의 계명들을 지키는 것이라 그의 계명들은 무거운 것이 아니로다 4무릇 하나님께로부터 난 자마다 세상을 이기느니라 세상을 이기는 승리는 이것이니 우리의 믿음이니라 5예수께서 하나님의 아들이심을 믿는 자가 아니면 세상을 이기는 자가 누구냐

양화진에 묻힌 선교사들은 무엇 때문에 목숨을 내어놓고 낯선 땅에 와서 복음을 전할 수 있었을까요? 바로 하나님을 사랑했기 때문입니다. 하나님을 사랑하는 자는 시간과 물질을 아끼지 않고, 심지어 목숨까지도 내어놓을 수 있습니다. 사랑은 그만큼 강력한 힘을 발휘합니다. 하지만 인간은 죄로 인해 하나님을 스스로 사랑할 수 없습니다. 오직 예수 그리스도로 구원받은 자만이 하나님을 사랑할 수 있습니다. 오늘 말씀은 예수를 그리스도로 믿는 자가 하나님의 자녀가 될 수 있다고 말합니다. 예수님을 믿는 순간, 우리에게 하나님을 사랑할 수 있는 문이 열립니다. 하나님은 우리를 하나님을 더 깊이 사랑할 수 있도록 예배, 기도, 말씀 묵상 등의 자리로 초청하십니다. 예배는 하나님께 뭔가를 드리는 자리가 아니라, 하나님께서 우리를 초청해주신 사귐의 자리입니다. 그 자리에서 우리는 하나님을 더 깊이 만나고 사랑을 키워갑니다. 하나님을 사랑하지 않고는 세상을 이기기 어렵습니다. 또한, 이웃을 사랑하라는 계명도 무겁게 느껴질 수밖에 없습니다. 그러나 하나님을 사랑하면 그 계명이 더는 무겁지 않습니다. 하나님을 사랑하는 힘으로 우리는 세상을 이기고, 담대하게 살아갈 수 있습니다.

 주님, 저를 사랑의 자리로 초청하셔서 하나님을 더 깊이 사랑하게 하소서.

1월 **18**일

하나님 사랑을 닮은 삶

요한일서 5:6-12

6이는 물과 피로 임하신 이시니 곧 예수 그리스도시라 물로만 아니요 물과 피로 임하
셨고 증언하는 이는 성령이시니 성령은 진리니라 7증언하는 이가 셋이니 8성령과 물
과 피라 또한 이 셋은 합하여 하나이니라 9만일 우리가 사람들의 증언을 받을진대 하
나님의 증거는 더욱 크도다 하나님의 증거는 이것이니 그의 아들에 대하여 증언하신
것이니라 10하나님의 아들을 믿는 자는 자기 안에 증거가 있고 하나님을 믿지 아니하
는 자는 하나님을 거짓말하는 자로 만드나니 이는 하나님께서 그 아들에 대하여 증언
하신 증거를 믿지 아니하였음이라 11또 증거는 이것이니 하나님이 우리에게 영생을
주신 것과 이 생명이 그의 아들 안에 있는 그것이니라 12아들이 있는 자에게는 생명이
있고 하나님의 아들이 없는 자에게는 생명이 없느니라

많은 사람들이 예수 그리스도가 하나님의 아들이심을 믿지 못합니다. 그러나 성경은 성부, 성자, 성령 세 분이 예수님이 하나님의 아들이심을 증언하고 계십니다. 하나님께서는 예수님이 세례를 받으실 때 "이는 내 사랑하는 아들이라" 말씀하셨고, 성령님은 우리 마음속에 계셔서 예수님을 믿게 하십니다. 예수님의 생명이 우리 안에 임하심으로 우리는 비로소 하나님의 아들을 믿을 수 있는 눈이 열리게 됩니다. 예수 생명을 소유한 자는 하나님의 자녀가 됩니다. 자녀는 아버지를 닮기 마련입니다. 우리가 하나님을 닮아가는 것은 곧 사랑을 실천하는 삶을 의미합니다. 성경은 우리에게 하나님을 본받아 사랑 가운데 행하라고 명령하십니다. 그리스도인은 반드시 사랑의 하나님을 닮아 사랑으로 살아가는 자가 되어야 합니다. 세상은 사랑을 빼앗아 우리의 영적 체제를 무너뜨리려는 사단의 책략으로 가득합니다. 가정과 교회에서도 사랑을 포기하면 다툼과 깨어짐이 발생합니다. 교회의 성장이나 재정적 안정보다 중요한 것은 사랑입니다. 사랑을 잃어버리면 우리는 예수님을 잃어버리는 것입니다. 사랑만이 우리의 목표가 되어야 하며, 사랑이 있을 때 하나님께서는 풍성한 열매를 맺게 하실 것입니다.

 주님, 제가 하나님을 닮아 사랑의 사람으로 살아가게 하소서.

1월 **19**일

영생을 소유한 자의 감사

요한일서 5:13
내가 하나님의 아들의 이름을 믿는 너희에게 이것을 쓰는 것은 너희로 하여금 너희에게 영생이 있음을 알게 하려 함이라

세상에서는 물질적 풍요와 건강을 감사의 이유로 삼지만, 하나님의 백성에게는 더 크게 감사할 것이 있습니다. 그것은 바로 영생입니다. 영생은 세상 그 무엇과도 비교할 수 없는 소중한 선물입니다. 부자와 거지 나사로의 비유에서 보듯이, 이 땅에서 누리던 것들은 결국 사라지지만, 영생은 우리를 하나님의 품 안으로 인도해 영원한 기쁨을 누리게 합니다. 사도 요한은 고난 중에 있는 성도들에게 영생을 깨닫게 함으로 위로했습니다. 우리에게 가장 큰 감사는 이 영생을 아는 것이며, 이를 소유한 자로서 감사하며 사는 삶이 바로 능력 있는 삶입니다. 세브란스의 설립자 알렌 선교사가 가난한 조선 땅에서 희생적인 삶을 살 수 있었던 이유는 그가 영생을 소유한 자였기 때문입니다. 영생을 소유한 자로서 우리는 어떠한 상황에서도 감사할 수 있습니다. 이 감사는 우리의 삶을 풍성하게 하고, 이웃을 향한 손길을 넓힙니다. 영생에 대한 감사로 우리의 지경이 넓어지고, 그 감사의 손길이 선교지와 열방까지 미치기를 소망합니다.

주님, 영생에 대한 감사로 이웃을 섬기고, 복음의 지경을 넓혀가게 하소서.

1월 **20**일

하나님의 편지가 되어라

요한이서 1:1-3

1장로인 나는 택하심을 받은 부녀와 그의 자녀들에게 편지하노니 내가 참으로 사랑하는 자요 나뿐 아니라 진리를 아는 모든 자도 그리하는 것은 2우리 안에 거하여 영원히 우리와 함께 할 진리로 말미암음이로다 3은혜와 긍휼과 평강이 하나님 아버지와 아버지의 아들 예수 그리스도께로부터 진리와 사랑 가운데서 우리와 함께 있으리라

사도 요한의 두 번째 편지는 고난 속에 있는 성도들에게 큰 위로가 되었습니다. 비록 이 편지의 발신자는 요한이었지만, 사실은 하나님께서 보내신 편지입니다. 이 편지는 오늘날 우리에게도 동일하게 주어졌는데 그 내용은 바로 "참 진리 되신 예수님이 변함없이 너와 함께 하신다"라는 것입니다. 예수님은 은혜와 긍휼, 평강으로 우리와 함께하십니다. 이 메시지는 고통 중에 있는 성도들에게 큰 힘이 됩니다. 우리는 이 편지를 받은 자일 뿐 아니라, 하나님의 편지가 되어 다른 이들에게 이 복을 전해야 하는 자입니다. 성경은 우리를 왕 같은 제사장이라 부르며, 하나님의 은혜와 평강을 선포하는 자로 세우셨습니다. 우리는 하나님께서 주시는 참된 복, 즉 예수님을 전해야 합니다. 그리고 주님께서 우리의 믿음을 지켜주시고, 십자가의 은혜와 평강을 허락하시기를 기도하며 축복해야 합니다. 우리 모두 하나님의 편지가 되어, 이웃과 열방에 주님의 복을 전하는 자가 되길 소망합니다.

주님, 제가 하나님의 편지가 되어 이웃에게 은혜와 평강을 전하게 하소서.

1월 **21**일

사랑으로 울타리를 세우자

요한이서 1:4-11

4너의 자녀들 중에 우리가 아버지께 받은 계명대로 진리를 행하는 자를 내가 보니 심히 기쁘도다 5부녀여, 내가 이제 네게 구하노니 서로 사랑하자 이는 새 계명 같이 네게 쓰는 것이 아니요 처음부터 우리가 가진 것이라 6또 사랑은 이것이니 우리가 그 계명을 따라 행하는 것이요 계명은 이것이니 너희가 처음부터 들은 바와 같이 그 가운데서 행하라 하심이라 7미혹하는 자가 세상에 많이 나왔나니 이는 예수 그리스도께서 육체로 오심을 부인하는 자라 이런 자가 미혹하는 자요 적그리스도니 8너희는 스스로 삼가 우리가 일한 것을 잃지 말고 오직 온전한 상을 받으라 9지나쳐 그리스도의 교훈 안에 거하지 아니하는 자는 다 하나님을 모시지 못하되 교훈 안에 거하는 그 사람은 아버지와 아들을 모시느니라 10누구든지 이 교훈을 가지지 않고 너희에게 나아가거든 그를 집에 들이지도 말고 인사도 하지 말라 11그에게 인사하는 자는 그 악한 일에 참여하는 자임이라

세상은 경쟁과 분쟁으로 가득하지만, 가정과 교회는 우리에게 쉼과 힘을 주는 유일한 곳입니다. 그래서 사단은 가정과 교회를 끊임없이 공격하여 하나님과의 관계를 차단하려 합니다. 우리는 사랑으로 무장하여 가정과 교회를 보호해야 합니다. 사랑이 사라지면 가정과 교회의 주인 되신 하나님을 잃어버리고, 세속적인 생각과 욕심이 그 자리를 차지하게 됩니다. 오늘 말씀에서 사도 요한은 "진리를 행하는 자"를 기뻐한다고 말합니다. 여기서 진리를 행하는 것은 곧 사랑을 실천하는 것입니다. 미혹하는 세력에 맞서기 위해 그들의 공격을 막는 가장 강력한 무기는 사랑으로 울타리를 세우는 것입니다. 사랑의 울타리가 세워지면, 세상으로 나갔던 이들을 다시 하나님께로 인도할 수 있으며, 그들이 아버지와의 관계 안에서 참된 기쁨과 질서를 회복하게 됩니다. 사랑의 울타리를 세우지 않으면 우리 자신도 미혹될 수 있음을 기억하고, 하나님을 주인으로 모시는 가정과 교회가 되도록 서로 사랑해야 합니다. 이를 통해 많은 성도들이 다시 하나님께로 돌아오는 역사가 일어나기를 소망합니다.

주님, 사랑으로 가정과 교회의 울타리를 세워 사단의 공격을 막아내게 하소서.

1월 **22**일

기도하고 기도받는 축복

요한삼서 1:1-4

[1]장로인 나는 사랑하는 가이오 곧 내가 참으로 사랑하는 자에게 편지하노라 [2]사랑하는 자여 네 영혼이 잘됨 같이 네가 범사에 잘되고 강건하기를 내가 간구하노라 [3]형제들이 와서 네게 있는 진리를 증언하되 네가 진리 안에서 행한다 하니 내가 심히 기뻐하노라 [4]내가 내 자녀들이 진리 안에서 행한다 함을 듣는 것보다 더 기쁜 일이 없도다

존 낙스는 "기도하는 한 사람이 기도하지 않는 민족보다 강하다" 라고 말했습니다. 기도는 그만큼 큰 능력과 힘을 가진 축복입니다. 누군가를 위해 기도할 수 있는 것은 크나큰 특권이며, 누군가로부터 기도를 받고 있다는 것은 무엇과도 비교할 수 없는 큰 복입니다. 이스라엘이 아말렉과 싸울 때, 모세의 손이 들려 있을 때 이스라엘이 이겼던 것처럼, 우리가 기도할 때 세상 속 영적 전투에서 승리할 수 있습니다. 요한삼서에서 사도 요한은 성도들을 위해 "네 영혼이 잘됨같이 범사에 잘되고 강건하기를" 기도합니다. 여기서 "영혼이 잘됨"이란 진리 앞에 겸손히 무릎을 꿇는 것을 의미합니다. 겸손하게 진리 앞에 서는 자만이 진심어린 기도를 받을 수 있습니다. 교만한 자는 기도의 손길을 멀리하게 되지만, 겸손한 자는 진정으로 하나님과 성도들의 기도를 받습니다. 그렇기에 겸손은 기도하는 사람과 기도 받는 사람 모두에게 필요한 덕목입니다. 진정한 교회의 부흥은 숫자에 있지 않습니다. 교회가 크든 작든, 끝까지 진리 앞에 무릎 꿇고 기도하는 성도가 있을 때, 그 교회는 살아 있습니다. 우리 공동체가 기도하는 사람을 잃지 않고, 진심으로 기도하는 성도가 되기를 기도합니다.

주님, 제가 진리 앞에 겸손히 무릎 꿇고 기도하는 자가 되게 하소서.

1월 23일

나그네를 대하는 마음

요한삼서 1:5-12

5사랑하는 자여 네가 무엇이든지 형제 곧 나그네 된 자들에게 행하는 것은 신실한 일이니 6그들이 교회 앞에서 너의 사랑을 증언하였느니라 네가 하나님께 합당하게 그들을 전송하면 좋으리로다 ⋯ 9내가 두어 자를 교회에 썼으나 그들 중에 으뜸되기를 좋아하는 디오드레베가 우리를 맞아들이지 아니하니 10그러므로 내가 가면 그 행한 일을 잊지 아니하리라 그가 악한 말로 우리를 비방하고도 오히려 부족하여 형제들을 맞아들이지도 아니하고 맞아들이고자 하는 자를 금하여 교회에서 내쫓는도다 11사랑하는 자여 악한 것을 본받지 말고 선한 것을 본받으라 선을 행하는 자는 하나님께 속하고 악을 행하는 자는 하나님을 뵈옵지 못하였느니라 12데메드리오는 뭇 사람에게도, 진리에게서도 증거를 받았으매 우리도 증언하노니 너는 우리의 증언이 참된 줄을 아느니라

성경에서 말하는 나그네는 단순히 이방인을 의미하는 것이 아니라, 믿음의 공동체 내에서 복음을 전하기 위해 떠난 형제들을 말합니다. 우리는 모두 하늘 시민권을 가진 나그네로, 이 땅은 잠시 머무는 임시 거처임을 기억하며 살아야 합니다. 하나님은 우리가 세상에 속한 자가 아니라, 하늘 나라에 속한 나그네로서 살기를 원하십니다. 그러므로 서로의 나그네 된 삶을 이해하며, 손을 잡고 격려하고 기도하는 것이 마땅합니다. 그러나 오늘날 교회에서는 서로 비난하고 분쟁하는 일이 많습니다. 이런 태도는 공동체를 무너뜨리고 하나님의 마음을 아프게 합니다. 예수님께서 말씀하신 것처럼, 사탄이 사탄을 내쫓으면 그 나라가 서지 못하듯, 교회도 서로를 비난하고 내쫓으면 황폐해질 뿐입니다. 나그네끼리 서로 흠을 잡고 비난하는 것이 아니라, 부족함을 채워주며 영접할 때 비로소 하나님 나라를 위한 동역자가 될 수 있습니다. 오늘 말씀에서 데메드리오는 진리와 성령, 그리고 사람들에게 인정을 받았지만, 디오드레베는 으뜸이 되기를 좋아하며 나그네를 맞아들이지 않았습니다. 우리는 디오드레베가 아닌, 데메드리오처럼 하나님께 인정받는 자가 되어야 합니다. 서로를 비난하지 않고 영접할 때, 작은 공동체가 큰 역사를 일으키는 도구가 될 수 있습니다.

주님, 제가 나그네 된 형제들을 품고 사랑으로 영접하게 하소서.

1월 **24**일

기쁨을 전하는 사명

요한삼서 1:13-15

13내가 네게 쓸 것이 많으나 먹과 붓으로 쓰기를 원하지 아니하고 14속히 보기를 바라노니 또한 우리가 대면하여 말하리라 15평강이 네게 있을지어다 여러 친구가 네게 문안하느니라 너는 친구들의 이름을 들어 문안하라

예수님께서는 우리를 찾아오셔서 영생이라는 선물을 주셨습니다. 그리스도인으로서 우리도 주님처럼 찾아가야 합니다. 그러나 오늘날 많은 성도들이 세속적인 개인주의와 이기주의에 빠져 이 찾아가는 사명을 잊고 있습니다. 하지만 그런데도 주님은 여전히 변함없이 우리를 찾아오십니다. 우리가 고난과 죄 가운데 있을 때조차도, 주님은 십자가를 지고 찾아오십니다. 라오디게아 교회처럼 차지도 뜨겁지도 않은 상태에 있더라도, 주님은 그들에게 찾아가 문을 두드리십니다. 하나님의 찾아오심은 종종 사람을 통해 이루어집니다. 아브라함과 사라에게 찾아간 천사처럼, 우리도 누군가에게 찾아가서 위로와 평안을 전하는 역할을 감당해야 합니다. 하나님께서는 우리가 누군가에게 평강을 빌어줄 때, 그 평강이 그에게 받아들여지지 않더라도 우리에게 큰 복으로 돌아온다고 하십니다. 찾아가는 사명은 영적 싸움이기도 합니다. 사단은 이 일을 방해하려 하지만, 우리는 기도로 사단의 세력을 묶고 평강의 주께서 그에게 평안을 주시기를 구해야 합니다. 찾아가는 자에게 주님이 함께하시며, 그 평강을 빌어주는 사명을 감당할 때 주님의 은혜가 충만히 임합니다.

주님, 제가 주님의 평강을 전하는 도구가 되게 하소서.

1월 **25**일

진정한 왕을 따라 살아가는 지혜

사사기 1:1-7

1여호수아가 죽은 후에 이스라엘 자손이 여호와께 여쭈어 이르되 우리 가운데 누가 먼저 올라가서 가나안 족속과 싸우리이까 2여호와께서 이르시되 유다가 올라갈지니라 보라 내가 이 땅을 그의 손에 넘겨 주었노라 하시니라 3유다가 그의 형제 시므온에게 이르되 내가 제비 뽑아 얻은 땅에 나와 함께 올라가서 가나안 족속과 싸우자 그리하면 나도 네가 제비 뽑아 얻은 땅에 함께 가리라 하니 이에 시므온이 그와 함께 가니라 4유다가 올라가매 여호와께서 가나안 족속과 브리스 족속을 그들의 손에 넘겨 주시니 그들이 베섹에서 만 명을 죽이고 5또 베섹에서 아도니 베섹을 만나 그와 싸워서 가나안 족속과 브리스 족속을 죽이니 6아도니 베섹이 도망하는지라 그를 쫓아가서 잡아 그의 엄지손가락과 엄지발가락을 자르매 7아도니 베섹이 이르되 옛적에 칠십 명의 왕들이 그들의 엄지손가락과 엄지발가락이 잘리고 내 상 아래에서 먹을 것을 줍더니 하나님이 내가 행한 대로 내게 갚으심이로다 하니라 무리가 그를 끌고 예루살렘에 이르렀더니 그가 거기서 죽었더라

이스라엘은 모세와 여호수아 같은 위대한 지도자들이 있을 때 그들의 권위 아래 따랐지만, 그들 사후 각자 자기 소견에 옳은 대로 행하였습니다. 오늘날 우리도 자신의 소견대로 살아가려는 경향이 있습니다. 사사기는 이스라엘 백성과 지도자들의 부패한 모습을 보여주며, 우리에게 진정한 왕이 누구인지를 질문합니다. 하나님만이 우리의 진정한 왕이심을 고백하는 사람은 다음의 두 가지 특징이 있습니다. 첫째, 그분의 승리를 믿습니다. 하나님이 통치하신다는 믿음이 있기에 아무리 절망적인 상황 속에서도 두려워하지 않고 그분의 승리를 확신합니다. 예수님께서 십자가에서 죽으신 순간에도, 하나님은 그분을 통해 세상을 구원하셨습니다. 둘째, 하나님의 뜻을 묻고, 그 뜻을 이루기 위해 성령의 도움을 구합니다. 우리는 하나님의 뜻을 묻고, 그 뜻을 성령의 능력으로 이루어가야 합니다. 우리의 가정, 교회, 그리고 민족에서 하나님께서 진정한 왕이심을 고백하며, 그분의 뜻을 따르는 삶을 살아가는 역사가 있기를 소망합니다.

주님, 당신만이 우리의 왕이심을 고백하며, 당신의 뜻을 따라 살아가는 지혜를 주옵소서.

1월 **26**일

신앙의 본질

요한일서 3:13-16

16그가 우리를 위하여 목숨을 버리셨으니 우리가 이로써 사랑을 알고 우리도 형제들을 위하여 목숨을 버리는 것이 마땅하니라

그리스도인으로서 절대 포기하지 말아야 할 두 가지는 사랑과 복음 전파입니다. 오늘 말씀에서 '세상이 너희를 미워해도 이상히 여기지 말라'고 말씀하신 것처럼 우리는 세상과 본질부터 다른, 예수 그리스도를 통해 생명을 얻은 자들입니다. 이 생명은 예수님의 사랑으로부터 온 것이며, 우리에게 사랑은 신앙의 본질이자 삶의 필수요소라고 할 수 있습니다. 따라서 우리는 결코 그 사랑을 포기할 수 없습니다. 우리가 예수님의 사랑을 깨닫고 사랑의 사람으로 성장하는 것은 성령님의 도우심 덕분입니다. 비록 완벽한 사랑을 할 수 없을지라도, 성령께서 우리 안에 역사하시며 사랑할 수 없는 사람조차 사랑할 수 있게 하십니다. 또한, 영혼을 사랑하여 복음을 전하는 일도 포기해서는 안 됩니다. 때로, 가족이나 이웃에게 수십 년 동안 복음을 전해도 변화가 없을 수 있지만 그런데도 포기하지 말아야 합니다. 우리 자신도 본래는 주님을 영접할 수 없었지만, 하나님의 은혜로 신앙을 가지게 되었기 때문입니다. 다가오는 명절, 사랑하기 어려운 사람들과 마주해야 할 수도 있지만, 그리스도인으로서 우리는 포기하지 말아야 할 두 가지를 기억하며 넉넉한 마음으로 그들을 대해야 합니다. 예수 생명과 사랑을 소유한 자로서, 조금씩이라도 사랑이 자라가는 삶을 살기를 소망합니다. 그리고 사랑의 최고의 표현인 영혼 구원을 위한 복음 전파를 놓치지 말고 끝까지 포기하지 않기를 바랍니다.

주님, 제가 사랑을 포기하지 않게 하시고, 복음을 전하는 일에도 끝까지 충성하게 하소서.

1월 **27**일

문안의 기쁨을 나누자

요한이서 1:12-13

12내가 너희에게 쓸 것이 많으나 종이와 먹으로 쓰기를 원하지 아니하고 오히려 너희에게 가서 대면하여 말하려 하니 이는 너희 기쁨을 충만하게 하려 함이라 13택하심을 받은 네 자매의 자녀들이 네게 문안하느니라

과거 한국의 전통처럼, 문안을 드리는 것은 아름다운 습관이었으며, 성경에서도 문안은 단순한 인사 이상의 깊은 의미를 담고 있습니다. 하나님은 우리에게 언제나 문안하시길 원하십니다. 때로는 말씀을 통해, 때로는 성령을 통해, 그리고 믿음의 공동체를 통해 우리에게 찾아오시고 문안하십니다. 우리는 하나님의 문안을 전하는 통로로 쓰임 받으며, 문안을 통해 서로에게 기쁨을 주고받습니다. 문안은 그 자체로 기쁨의 근원이 됩니다. 문안하는 사람도, 받는 사람도 기쁨을 누립니다. 또한, 문안은 우리가 서로 사랑하고 하나님과의 관계를 회복하며 어려움을 이겨낼 힘을 줍니다. 세상의 고난 속에서도 문안을 통해 서로를 격려하고 하나님의 사랑을 전하는 것이 우리의 사명입니다. 문안을 주고받음으로 우리는 하나님과 입 맞추는 영적인 교제를 나누게 되며, 그 사랑의 관계 안에서 세상과 싸울 힘을 얻게 됩니다. 우리 모두 연초를 맞아 하나님이 주신 문안의 사명을 다하는 기쁨과 사랑을 나누는 통로가 되길 소망합니다.

주님, 제가 문안의 통로가 되어 서로에게 기쁨과 사랑을 전하게 하소서.

1월 28일

윗샘과 아랫샘의 복

사사기 1장 8-15절

12갈렙이 말하기를 기럇 세벨을 쳐서 그것을 점령하는 자에게는 내 딸 악사를 아내로 주리라 하였더니 13갈렙의 아우 그나스의 아들인 옷니엘이 그것을 점령하였으므로 갈렙이 그의 딸 악사를 그에게 아내로 주었더라 14악사가 출가할 때에 그에게 청하여 자기 아버지에게 밭을 구하자 하고 나귀에서 내리매 갈렙이 묻되 네가 무엇을 원하느냐 하니 15이르되 내게 복을 주소서 아버지께서 나를 남방으로 보내시니 샘물도 내게 주소서 하매 갈렙이 윗샘과 아랫샘을 그에게 주었더라

 세상은 외적인 기준으로 성공을 판단합니다. 그래서 목회의 성공 여부를 교회의 크기나 성도 수로 가늠하는 때도 있습니다. 그러나 성경은 인간의 진정한 성공과 실패를 하나님이 마지막에 판단하신다고 가르칩니다. 전도서의 솔로몬도 결국 인생의 모든 것이 헛되며, 인간의 근본 목적은 하나님을 경외하는 것이라고 고백합니다. 오늘 말씀에서 갈렙은 기럇 세벨을 점령하는 자에게 자신의 딸 악사를 주겠다고 했습니다. 그의 조카 옷니엘이 이를 성취하고 악사를 아내로 맞이했지만, 악사는 더 나아가 갈렙에게 밭과 샘물을 요청합니다. 윗샘과 아랫샘이 있는 밭을 얻은 악사는 단순히 땅을 소유하는 것에 만족하지 않고, 그 밭을 기름지게 할 물을 구했던 것입니다. 이처럼 세상의 성공이라는 갈증은 결코 해소되지 않습니다. 진정한 복은 예수 그리스도라는 윗샘을 소유하는 데 있습니다. 예수님께서 수가성 여인에게 주신 말씀처럼, 이 땅의 물은 결국 목마르게 되지만, 예수님이 주시는 영생의 샘물은 영원히 마르지 않습니다. 진정한 만족은 예수님을 통해서만 얻을 수 있으며, 예수를 소유하는 것이 가장 큰 복입니다. 우리도 윗샘 되신 예수님을 만나고, 우리가 아랫샘이 되어 세상에 생명을 나누는 자가 되어야 합니다. 우리 주변의 사람들이 갈급함 속에 있을 때, 그들에게 윗샘과 아랫샘을 제공하는 삶을 살기를 소망합니다.

주님, 윗샘 되신 예수 그리스도를 소유하고, 생명의 샘물을 나누는 삶을 살게 하소서.

1월 **29**일

영적 성장을 소원하며

사사기 18:21-31

27단 자손이 미가가 만든 것과 그 제사장을 취하여 라이스에 이르러 한가하고 걱정 없이 사는 백성을 만나 칼날로 그들을 치며 그 성읍을 불사르되 28그들을 구원할 자가 없었으니 그 성읍이 베드르홉 가까운 골짜기에 있어서 시돈과 거리가 멀고 상종하는 사람도 없음이었더라 단 자손이 성읍을 세우고 거기 거주하면서 29이스라엘에게서 태어난 그들의 조상 단의 이름을 따라 그 성읍을 단이라 하니라 그 성읍의 본 이름은 라이스였더라 30단 자손이 자기들을 위하여 그 새긴 신상을 세웠고 모세의 손자요 게르솜의 아들인 요나단과 그의 자손은 단 지파의 제사장이 되어 그 땅 백성이 사로잡히는 날까지 이르렀더라 31하나님의 집이 실로에 있을 동안에 미가가 만든 바 새긴 신상이 단 자손에게 있었더라

 우리의 육신은 성장이 멈추는 때가 오지만, 우리의 영혼은 계속 성장합니다. 그래서 작은 믿음에서 출발했을지라도 꾸준히 성장하는 사람은 생명을 나누는 존재가 됩니다. 그렇기에 영적 성장이 멈추는 것은 큰 비극입니다. 본문에 나오는 단 지파와 미가, 그리고 제사장은 모두 영적 미성숙의 예시입니다. 단 지파는 하나님께서 주신 땅을 포기하고 우상을 따르며 자신들의 길을 가다 결국 사라지고 맙니다. 미가는 우상을 섬기며 자기 뜻대로 행동하다 실패하고, 제사장 역시 영적 성숙함이 없어 진리를 가르치지 못합니다. 영적 성장이 없는 목회자는 하나님을 수단으로 삼고, 양 떼를 제대로 인도하지 못합니다. 우리는 어린아이의 신앙에서 벗어나 날마다 자라나야 합니다. 그렇지 않으면, 사단의 표적이 되어 세상의 유혹에 휘둘리게 됩니다. 영적 성장을 위해 우리가 명심해야 할 것이 있습니다. 첫째, 하나님의 사랑을 깊이 깨달아야 합니다. 하나님의 사랑을 아는 것은 우리의 환경이 바뀌지 않아도 그 환경 자체가 하나님의 사랑임을 깨닫게 합니다. 둘째, 하나님께서 주신 말씀에 순종할 때 우리는 성장합니다. 순종은 영적 운동과 같아, 말씀에 순종할 때 자라납니다. 셋째, 믿음의 동역자와 함께할 때 우리는 더 성숙해질 수 있습니다. 동역자와의 나눔은 우리의 영적 여정을 도와줍니다. 우리의 삶이 멸망의 길이 아닌 생명을 나누는 길이 되도록, 2025년 한 해 동안 계속해서 영적으로 성장하는 공동체가 되기를 기도합시다.

하나님, 주신 말씀에 순종하며 날마다 영적으로 성장하게 하소서.

1월 **30**일

어려울 때가 기회다

사사기 1:16-26

¹⁹여호와께서 유다와 함께 계셨으므로 그가 산지 주민을 쫓아내었으나 골짜기의 주민들은 철 병거가 있으므로 그들을 쫓아내지 못하였으며 ²⁰그들이 모세가 명령한 대로 헤브론을 갈렙에게 주었더니 그가 거기서 아낙의 세 아들을 쫓아내었고 ²¹베냐민 자손은 예루살렘에 거주하는 여부스 족속을 쫓아내지 못하였으므로 여부스 족속이 베냐민 자손과 함께 오늘까지 예루살렘에 거주하니라

이스라엘 백성은 가나안 정복 과정에서 철 병거와 같은 강력한 장애물을 만나 완전한 승리를 이루지 못했습니다. 유다와 베냐민 지파뿐만 아니라 여러 지파가 이러한 실패를 경험했습니다. 왜 그들은 실패했을까요? 그 앞에는 인간의 한계로는 도저히 이길 수 없는 철 병거와 같은 걸림돌이 있었습니다. 우리 삶에도 철 병거와 같은 장애물이 있습니다. 육신의 약함, 경제적인 어려움, 나쁜 습관 등이 그것입니다. 그러나 이러한 철 병거는 하나님께서 우리로 하여금 실패하게 하기 위한 것이 아닙니다. 오히려 하나님이 하시는 일을 나타내시기 위한 도구입니다. 이스라엘이 홍해와 요단강, 여리고 성 앞에서 철 병거를 만났지만, 하나님께서 직접 그들을 도우셨습니다. 이 철 병거는 하나님을 더 깊이 알게 하고, 하나님의 영광을 드러내기 위한 기회였습니다. 맹인이 태어날 때부터 눈이 멀었던 것도 하나님의 일을 나타내기 위함이었고, 예수님께서 십자가를 지신 것도 그분이 우리에게 생명을 주시는 분임을 증거하기 위함이었습니다. 오늘날 우리가 맞이한 어려움은 하나님이 일하시는 기회입니다. 우리를 둘러싼 여러 문제로 인해 어려움을 겪고 있지만, 이때가 하나님께서 우리를 통해 영광을 나타내실 기회입니다. 흩어진 교회는 다시 부흥할 것이며, 우리의 삶에서도 하나님을 나타내는 기회가 될 것입니다.

주님, 철 병거와 같은 어려움 속에서도 하나님의 일하심을 바라보며 담대히 나아가는 믿음을 주옵소서.

1월 **31**일

십자가의 영광

사사기 1:27-36

27므낫세가 벧스안과 그에 딸린 마을들의 주민과 다아낙과 그에 딸린 마을들의 주민과 돌과 그에 딸린 마을들의 주민과 이블르암과 그에 딸린 마을들의 주민과 므깃도와 그에 딸린 마을들의 주민들을 쫓아내지 못하매 가나안 족속이 결심하고 그 땅에 거주하였더니

우리는 불확실한 미래에 두려움을 느끼며 하루하루를 살아가고 있습니다. 이스라엘 백성도 광야 생활을 마치고 가나안 정복을 눈앞에 두었을 때, 가나안 족속을 완전히 몰아내라고 하나님께서 명령받았음에도 현실의 어려움 속에서 타협하고 가나안 족속과 함께 거주하기를 택했습니다. 그들의 힘과 규모를 보니 타협하지 않고는 살아남기 어려웠기 때문입니다. 그러나 이러한 타협이 이스라엘을 하나님으로부터 멀어지게 할 것을 아셨기에 하나님께서는 철저한 순종을 요구하셨습니다. 오늘날 우리도 세상과 타협하는 상황에 놓일 때가 많습니다. 그러나 하나님은 우리가 세상과 타협하는 것을 원하지 않으십니다. 그렇다고 해서 세상을 떠나거나 율법주의자가 되라는 말은 아닙니다. 하나님이 우리에게 바라시는 것은 타협하지 않고 오직 말씀을 붙잡아 십자가의 길, 생명을 살리는 일에 초점을 맞추는 것입니다. 좁은 길이지만, 그 길은 생명으로 인도하는 길이며, 예수님께서 십자가에서 보여주신 길입니다. 작은 선행, 진심 어린 기도, 격려의 말 한마디가 십자가의 길을 따르는 것이며, 이러한 순종은 결국 많은 열매를 맺는 영광으로 나타날 것입니다.

주님, 십자가의 길을 선택하고 세상과 타협하지 않는 믿음을 허락하소서.

February

2월

사사기

2월 1일

내 옆구리의 가시를 빼자

사사기 2:1-5

2너희는 이 땅의 주민과 언약을 맺지 말며 그들의 제단들을 헐라 하였거늘 너희가 내 목소리를 듣지 아니하였으니 어찌하여 그리하였느냐 3그러므로 내가 또 말하기를 내가 그들을 너희 앞에서 쫓아내지 아니하리니 그들이 너희 옆구리에 가시가 될 것이며 그들의 신들이 너희에게 올무가 되리라 하였노라 4여호와의 사자가 이스라엘 모든 자손에게 이 말씀을 이르매 백성이 소리를 높여 운지라

우리 삶 속에 가시처럼 박힌 문제가 있습니다. 때로 우리는 그 문제를 외면하며 일시적인 해결책만 찾고 지나가지만, 근본적인 해결은 믿음의 문제에 달려 있습니다. 오늘 말씀에서 이스라엘 백성에게 진정한 가시는 가나안이나 철 병거가 아닌, 그들의 믿음 없음이었습니다. 하나님께서 주신 약속을 믿지 못한 그들은 두려움 속에서 우상을 섬기게 되었고, 그 결과 가나안은 그들의 옆구리의 가시가 되었습니다. 우리 삶의 문제도 마찬가지입니다. 진짜 가시는 외적인 상황이 아니라 믿음 없음입니다. 베드로가 물 위를 걷다가 빠진 것도, 다윗이 골리앗을 이긴 것도 믿음의 차이에서 나온 것입니다. 하나님께서는 믿음 없음을 회개하고 돌이킬 것을 원하십니다. 진정한 회개는 눈물로 끝나는 것이 아니라 돌이킴이 있어야 합니다. 믿음은 우리가 노력해서 얻는 것이 아니라 하나님이 주시는 선물입니다. 우리가 겪는 고난이나 좋은 일을 통해 하나님은 끊임없이 믿음의 선물을 주고 계십니다. 우리가 두려워해야 할 것은 세상이 아니라, 하나님을 바라보지 못하는 우리의 믿음 없음입니다. 하나님이 주시는 믿음의 선물을 받아 날마다 믿음을 키워가는 성도가 되기를 축복합니다.

주님, 믿음 없음에서 돌이켜 하나님을 신뢰하며 나아가는 삶을 살게 하소서.

2월 2일

이 시대의 사사

사사기 2:11-23

18여호와께서 그들을 위하여 사사들을 세우실 때에는 그 사사와 함께 하셨고 그 사사가 사는 날 동안에는 여호와께서 그들을 대적의 손에서 구원하셨으니 이는 그들이 대적에게 압박과 괴롭게 함을 받아 슬피 부르짖으므로 여호와께서 뜻을 돌이키셨음이거늘 19그 사사가 죽은 후에는 그들이 돌이켜 그들의 조상들보다 더욱 타락하여 다른 신들을 따라 섬기며 그들에게 절하고 그들의 행위와 패역한 길을 그치지 아니하였으므로

오늘날 우리는 풍요와 고난의 홍수 속에 살아갑니다. 세상의 물살에 휩쓸리지 않고 살아남기 위해서 첫째로, 하나님의 사랑을 믿는 것입니다. 아무리 연약하고 부족해도, 하나님은 우리를 결코 버리지 않으십니다. 요한일서 4장 10-11절은 하나님이 우리 죄를 속하기 위해 예수님을 보내신 그 사랑을 가르칩니다. 둘째로 하나님께서 우리를 이 시대의 사사로 부르셨다는 믿음을 가지는 것입니다. 하나님은 우리를 통해 이 시대를 구원하시고, 우리의 사역을 통해 세상을 변화시키십니다. 한국이 세계적으로 선진국으로 인정받는 오늘, 우리는 예수 닮는 제자를 세우고, 평신도 사역자와 교회를 세우는 사명을 감당해야 합니다.

하나님, 세상의 물살에 휩쓸리지 않고 당신의 사랑과 부르심을 믿으며 살아가게 하소서.

2월 **3**일

여호와를 잊는 것은 재앙

사사기 3:7-11

7이스라엘 자손이 여호와의 목전에 악을 행하여 자기들의 하나님 여호와를 잊어버리고 바알들과 아세라들을 섬긴지라 8여호와께서 이스라엘에게 진노하사 그들을 메소보다미아 왕 구산 리사다임의 손에 파셨으므로 이스라엘 자손이 구산 리사다임을 팔 년 동안 섬겼더니 9이스라엘 자손이 여호와께 부르짖으매 여호와께서 이스라엘 자손을 위하여 한 구원자를 세워 그들을 구원하게 하시니 그는 곧 갈렙의 아우 그나스의 아들 옷니엘이라

사람들은 각자 자신이 원하는 것에 마음을 두고 살아갑니다. 그러나 모든 것을 다 얻어도 여호와를 잊는다면 그것은 망하는 길입니다. 하나님께서는 구원받은 백성에게 '여호와를 잊지 말라', 풍요로워질 때 특히 조심하라고 경고하신 것은 하나님을 잊는 것이 곧 교만이며 악한 일이기 때문입니다. 교만은 하나님의 은혜를 잊고, 자신이 이룬 것처럼 착각하는 것입니다. 우리 믿음의 백성들이 반드시 기억해야 할 두 가지가 있습니다. 첫째, 구원의 은혜를 기억하며 안식일을 지키는 것입니다. 하나님께서 우리에게 주신 창조와 구원의 은혜에 감사하며 안식일을 지킬 때, 우리는 여호와를 잊지 않는 삶을 살아갈 수 있습니다. 둘째, 모든 삶이 하나님의 은혜임을 기억하며 십일조로 감사하는 것입니다. 아브라함이 하나님의 은혜에 감사해 십일조를 드렸듯이, 우리도 우리의 삶 속에서 하나님을 기억하며 그 은혜를 고백해야 합니다. 이스라엘 백성은 여호와를 잊음으로 고통을 당했고, 구산 리사다임을 섬기게 되었습니다. 그러나 회개하고 하나님께 부르짖자 하나님은 옷니엘을 세워 이스라엘을 구원하셨습니다. 우리도 여호와를 잊지 않는 삶을 살아가야 합니다. 하나님의 은혜를 기억하는 자에게 하나님께서는 영을 부으시고, 그를 통해 평안을 허락하십니다.

하나님, 여호와를 잊지 않고 하나님의 은혜를 기억하며 살아가는 자가 되게 하소서.

2월 **4**일

하나님을 믿음이 힘이다

사사기 3:12-30

15이스라엘 자손이 여호와께 부르짖으매 여호와께서 그들을 위하여 한 구원자를 세우셨으니 그는 곧 베냐민 사람 게라의 아들 왼손잡이 에훗이라 … 28그들에게 이르되 나를 따르라 여호와께서 너희의 원수들인 모압을 너희의 손에 넘겨 주셨느니라 하매 무리가 에훗을 따라 내려가 모압 맞은편 요단 강 나루를 장악하여 한 사람도 건너지 못하게 하였고 29그 때에 모압 사람 약 만 명을 죽였으니 모두 장사요 모두 용사라 한 사람도 도망하지 못하였더라 30그 날에 모압이 이스라엘 수하에 굴복하매 그 땅이 팔십 년 동안 평온하였더라

사람은 힘을 키워 자유를 얻기 위해 애쓰며 살아갑니다. 많은 이들이 돈, 권력, 지식이 힘이라고 생각하며 그 힘을 통해 자유를 얻으려 합니다. 그러나 세상에서 얻는 힘에는 한계가 있으며 영원한 자유는 오직 진리, 즉 하나님을 아는 믿음에서 옵니다. 다윗은 "여호와는 나의 반석이시며 나의 요새시다"라고 고백하며, 하나님을 믿는 것이 그에게 힘이었음을 고백했습니다. 믿음이 없을 때, 우리는 세상을 의지하고 결국 세상의 종이 됩니다. 믿음이 없으면 세상은 결국 우리를 괴롭히고, 우리는 하나님께 영광을 돌릴 수 없습니다. 하나님을 믿는 것이 진정한 힘이요 자유입니다. 이스라엘이 고통 속에 부르짖었을 때 하나님은 왼손잡이 사사 에훗을 세워 80년간 평화를 주셨습니다. 중요한 것은 믿음입니다. 믿음은 선물이지만 자라가야 합니다. 말씀을 듣고, 기도하며, 순종하고 시련을 통해 우리는 믿음이 성장합니다.

하나님, 어떤 상황 속에서도 주님을 믿는 것이 힘임을 고백하게 하소서.

2월 **5**일

막대기 같은 나를

사사기 3:31

31에훗 후에는 아낫의 아들 삼갈이 있어 소 모는 막대기로 블레셋 사람 육백 명을 죽였고 그도 이스라엘을 구원하였더라

삼갈은 소 모는 막대기로 블레셋 군사 600명을 물리친 사사였습니다. 이 작은 도구로 이루어진 큰 승리는 하나님께서 그를 붙드셨기 때문에 가능했습니다. 우리도 마찬가지입니다. 우리는 비천하고 연약하지만, 하나님이 우리를 붙드실 때 놀라운 일들이 일어납니다. 하나님이 우리를 붙드시기 위해서 세 가지가 필요합니다. 첫째, 우리는 모두 소 모는 막대기와 같은 존재임을 깨달아야 합니다. 우리의 지식, 경험, 물질도 소 모는 막대기일 뿐입니다. 하나님이 없이는 아무것도 할 수 없습니다. 둘째, 하나님은 소 모는 막대기인 우리를 붙드시고, 당신의 뜻을 이루십니다. 그래서 지금 우리를 둘러싼 어려움에도 우리가 하나님의 붙드시는 손안에 있음을 믿어야 합니다. 셋째, 어려움 속에서도 우리가 해야 할 일을 해야 합니다. 바울과 실라처럼, 기도와 찬송으로 하나님의 일을 감당할 때, 하나님은 우리를 통해 역사하십니다. 우리의 연약함을 인정하고 하나님께 맡길 때, 하나님은 우리를 통해 그분의 영광을 나타내실 것입니다.

주님, 연약한 저를 붙드사 하나님의 영광을 드러내는 도구로 사용하여 주소서.

2월 **6**일

이 시대의 드보라로 살자

사사기 4:4-10

8바락이 그에게 이르되 만일 당신이 나와 함께 가면 내가 가려니와 만일 당신이 나와 함께 가지 아니하면 나도 가지 아니하겠노라 하니 9이르되 내가 반드시 너와 함께 가리라 그러나 네가 이번에 가는 길에서는 영광을 얻지 못하리니 이는 여호와께서 시스라를 여인의 손에 파실 것임이니라 하고 드보라가 일어나 바락과 함께 게데스로 가니라 10바락이 스불론과 납달리를 게데스로 부르니 만 명이 그를 따라 올라가고 드보라도 그와 함께 올라가니라

드보라는 이스라엘을 구원하기 위해 하나님께서 세우신 연약한 존재였습니다. 당시 여성은 사회적 지위가 낮았지만, 하나님은 연약한 자를 들어 강한 자를 부끄럽게 하십니다. 드보라는 바락을 격려하며 하나님의 명령을 전하고, 함께 전쟁에 나서 승리를 이끌었습니다. 그녀는 연약하지만 소중한 존재로 쓰임받고, 자신을 드러내지 않는 겸손함으로 하나님만을 높였습니다. 이 시대의 드보라는 세상 속에서 자신을 드러내지 않고, 하나님을 드러내며 쓰임 받는 자입니다. 성령님처럼 보이지 않지만 중요한 역할을 감당하는 자가 참된 그리스도인의 모습입니다. 하나님께서 주신 모든 것은 나를 드러내기 위한 것이 아니라, 하나님께 영광 돌리기 위한 도구임을 기억해야 합니다. 우리도 이 시대의 드보라로, 하나님이 주시는 소중한 사명을 감당하며, 겸손하게 하나님을 드러내는 삶을 살아야 합니다.

주님, 연약한 저를 통해 하나님만이 드러나게 하소서.

2월 **7**일

다볼 산으로 가라

사사기 4:11-24

¹⁴드보라가 바락에게 이르되 일어나라 이는 여호와께서 시스라를 네 손에 넘겨 주신 날이라 여호와께서 너에 앞서 나가지 아니하시느냐 하는지라 이에 바락이 만 명을 거느리고 다볼 산에서 내려가니 ¹⁵여호와께서 바락 앞에서 시스라와 그의 모든 병거와 그의 온 군대를 칼날로 혼란에 빠지게 하시매 시스라가 병거에서 내려 걸어서 도망한지라 ¹⁶바락이 그의 병거들과 군대를 추격하여 하로셋학고임에 이르니 시스라의 온 군대가 다 칼에 엎드러졌고 한 사람도 남은 자가 없었더라

 이스라엘이 가나안 왕 야빈에게 학대를 받던 시절, 하나님께서는 드보라를 통해 바락에게 "다볼 산으로 가라."라고 명령하셨습니다. 이는 적군에게 노출될 위험이 있는 명령이었지만, 바락은 하나님의 말씀에 순종하였습니다. 그 결과, 하나님께서 싸우시고 이스라엘은 기적적인 승리를 거두었습니다. 다볼 산으로 가라는 명령은 오늘날 우리에게도 유효합니다. 하나님의 말씀을 따를 때, 그분이 대신 싸우십니다. 그러나 우리는 성장을 보장하는 말씀 순종을 오해해서는 안 됩니다. 윌리엄 케리처럼, 때로는 실패나 고난처럼 보일지라도 말씀을 따르는 길이 결국 승리의 길입니다. 오늘날 우리 각자에게도 다볼 산이 있습니다. 그것은 하나님이 부르신 자리이며, 그곳에서 하나님의 역사가 나타날 것입니다.

주님, 말씀 따라 담대히 나아가 승리하게 하소서.

2월 **8**일

드보라의 노래가
우리의 노래가 되게 하소서

사사기 5:1-3, 31

1이 날에 드보라와 아비노암의 아들 바락이 노래하여 이르되 2이스라엘의 영솔자들이 영솔하였고 백성이 즐거이 헌신하였으니 여호와를 찬송하라 3너희 왕들아 들으라 통치자들아 귀를 기울이라 나 곧 내가 여호와를 노래할 것이요 이스라엘의 하나님 여호와를 찬송하리로다 31여호와여 주의 원수들은 다 이와 같이 망하게 하시고 주를 사랑하는 자들은 해가 힘 있게 돋음 같게 하시옵소서 하니라 그 땅이 사십 년 동안 평온하였더라

이스라엘의 역사는 절망 속에서도 하나님께 노래한 믿음의 역사를 기록합니다. 드보라는 비천한 여인으로서 이스라엘을 깨우는 노래를 불렀고, 이 노래는 하나님을 향한 깊은 감사와 찬양이었습니다. 그녀의 노래는 하나님의 구원 역사를 기념하며, 절망을 노래로 바꿀 수 있음을 보여줍니다. 우리는 때로 세상의 어려움과 절망 속에서 노래할 수 없을 것처럼 느끼지만, 하나님께서 함께하시면 우리는 승리의 노래를 부를 수 있습니다. 드보라처럼 우리는 절망 중에도 하나님의 놀라운 구원과 인도하심을 기억하며 노래할 수 있습니다. 그리스도 안에서 우리는 더 이상 죄의 종이 아니라 의의 종으로 새 생명을 얻었습니다. 우리의 노래는 하나님께서 주시는 평안과 기쁨을 선포하는 노래입니다.

주님, 절망 속에서도 주님을 찬양하는 노래를 부르게 하소서.

2월 **9**일

고난 중에 노래할 이유

사사기 6:1-10

6이스라엘이 미디안으로 말미암아 궁핍함이 심한지라 이에 이스라엘 자손이 여호와께 부르짖었더라 7이스라엘 자손이 미디안으로 말미암아 여호와께 부르짖었으므로

고난 속에서 노래하는 것은 쉬운 일이 아닙니다. 그러나 하나님은 우리가 고난 중에도 세상과 구별된 삶을 살기를 원하십니다. 이스라엘 백성은 미디안의 압제 속에서 고통을 당하며 하나님께 부르짖었습니다. 그때 하나님께서 주신 메시지는 그들이 애굽에서 구원받은 하나님의 백성이라는 정체성을 잊지 말라는 것이었습니다. 우리는 고난 속에서도 하나님의 자녀임을 기억하며, 그분의 목적을 신뢰해야 합니다. 모든 고난에는 이유가 있습니다. 욥은 죄 없이 고난을 겪었지만, 이를 통해 하나님을 더 깊이 알게 되었습니다. 우리도 고난 속에서 하나님을 찾고, 그 목적을 구하면, 하나님께서는 우리를 노래하는 자리로 이끄실 것입니다. 고난 중에도 하나님의 선하신 계획을 믿으며 감사로 나아갈 때, 우리는 그분의 평강을 경험하게 될 것입니다.

주님, 고난 중에도 주님의 선하신 계획을 신뢰하며 노래하게 하소서.

2월 **10**일

이 시대의 용사

사사기 6:11-18

14여호와께서 그를 향하여 이르시되 너는 가서 이 너의 힘으로 이스라엘을 미디안의
손에서 구원하라 내가 너를 보낸 것이 아니냐 하시니라 15그러나 기드온이 그에게 대
답하되 오 주여 내가 무엇으로 이스라엘을 구원하리이까 보소서 나의 집은 므낫세 중
에 극히 약하고 나는 내 아버지 집에서 가장 작은 자니이다 하니 16여호와께서 그에게
이르시되 내가 반드시 너와 함께 하리니 네가 미디안 사람 치기를 한 사람을 치듯 하
리라 하시니라

이 시대에도 하나님은 환경을 탓하지 않고 믿음으로 세상을 이길
용사를 찾으십니다. 기드온은 처음부터 용사가 아니었습니다.
그는 두려움 속에서 숨어 있었고, 하나님이 자신과 함께하신다는 것을 믿지 못했
습니다. 그러나 하나님은 "큰 용사여"라고 그를 부르시며, 그의 나약함을 넘어선 하나
님의 계획을 이루셨습니다. 기드온은 스스로를 작은 자라 여겼지만, 하나님께서는 그
와 함께하시며 이스라엘을 구원하겠다고 약속하셨습니다. 우리도 비슷한 상황에 처
해 있을 때, 환경이나 나 자신의 한계를 탓하기 쉽지만, 하나님은 우리를 용사로 부르
십니다. 예수님 안에 있는 우리는 담대히 살아갈 운명입니다. 우리의 능력은 오직 하
나님께로부터 나옵니다. 하나님께서 우리와 함께하신다는 믿음으로 이 시대를 살아
가며, 하나님께서 부르신 큰 용사로 쓰임 받는 은혜를 소망합시다.

주님, 저희를 큰 용사로 부르셨으니 주님과 함께 담대히 살아가게 하소서.

2월 11일

참된 평화의 선물

사사기 6:19-24

22기드온이 그가 여호와의 사자인 줄을 알고 이르되 슬프도소이다 주 여호와여 내가 여호와의 사자를 대면하여 보았나이다 하니 23여호와께서 그에게 이르시되 너는 안심하라 두려워하지 말라 죽지 아니하리라 하시니라 24기드온이 여호와를 위하여 거기서 제단을 쌓고 그것을 여호와 살롬이라 하였더라 그것이 오늘까지 아비에셀 사람에게 속한 오브라에 있더라

세상의 갈등과 어려움 속에서도 우리에게 가장 소중한 것은 참된 평화입니다. 그러나 이 평화는 세상의 힘이나 명예로 얻어지는 것이 아닙니다. 세상이 주는 평화는 금방 깨어지지만, 하나님께로부터 오는 평화는 영원합니다. 기드온은 미디안의 압박 앞에서 자신을 스스로 무력하다고 생각했지만, 하나님께서는 그를 큰 용사로 부르셨습니다. 하나님은 그에게 함께하실 것을 약속하셨고, 결국 하나님의 능력을 체험하며 '여호와 살롬'이라 고백하게 되었습니다. 기드온이 처한 상황은 변하지 않았지만, 위로부터 오는 평화가 그의 마음을 지배하였습니다. 오늘날 우리도 거대한 세상 앞에서 두려움을 느낄 수 있지만, 예수 그리스도를 통해 주어진 평화를 붙잡고 세상을 이길 수 있습니다. 우리의 진정한 평화는 오직 하나님으로부터 오는 선물임을 기억하며, 이 평화 속에서 담대히 살아가야 합니다.

주님, 당신의 평화로 저희 마음을 채워주셔서 세상 속에서 용사로 살아가게 하소서.

2월 **12**일

하나님이 쓰시는 사람

사사기 7:1-8

4여호와께서 또 기드온에게 이르시되 백성이 아직도 많으니 그들을 인도하여 물 가로 내려가라 거기서 내가 너를 위하여 그들을 시험하리라 내가 누구를 가리켜 네게 이르기를 이 사람이 너와 함께 가리라 하면 그는 너와 함께 갈 것이요 내가 누구를 가리켜 네게 이르기를 이 사람은 너와 함께 가지 말 것이니라 하면 그는 가지 말 것이니라 하신지라

하나님께서 사용하시는 사람은 자신의 능력이나 소유 때문에 쓰임 받는 것이 아닙니다. 오직 하나님께서 말씀하신 것에 순종하는 사람, 즉 하나님의 뜻에 따라 지금 즉시 행동하는 사람이 쓰임 받습니다. 기드온의 이야기는 이 중요한 교훈을 보여줍니다. 미디안과의 전쟁에서, 수적으로 절대 열세인 기드온과 그의 군대는 하나님께서 정하신 기준에 따라 결국 3백 명만 남게 되었습니다. 그들이 하나님께 쓰임 받은 이유는 단순합니다. 그들은 하나님의 명령을 내일로 미루지 않고 즉시 순종하는 자들이었기 때문입니다. 물을 핥아먹은 3백 명은 하나님의 명령을 우선으로 두었고, 물을 무릎을 꿇고 마신 사람들은 눈앞의 필요에 급급한 자들이었습니다. 하나님께서 찾으시는 사람은 자신의 필요보다 하나님의 일을 우선으로 하는 자입니다. 오늘 우리도 하나님께 쓰임 받기를 원한다면, 우리의 교만과 두려움, 그리고 미루려는 마음을 내려놓아야 합니다. 하나님께서 명령하시는 일에 즉시 순종할 때, 하나님께서는 직접 싸우시며 일하십니다. 우리 삶에서 하나님께 쓰임 받는 행복은 세상의 어떤 성공과도 비교할 수 없는 기쁨입니다. 하나님께서 우리를 사용하실 때, 그분의 손에 붙들린 작은 자들이라도 놀라운 일을 이루어갑니다. 교만과 두려움을 버리고, 내일로 미루려는 마음을 내려놓으며, 삼백만 남을 때, 우리는 하나님께서 직접 싸우시고 이끄시는 승리를 경험하게 됩니다.

 하나님, 저의 교만과 두려움을 버리고, 오늘 주님께 즉시 순종하는 삶을 살게 하소서.

2월 13일

진으로 내려가라: 삼백만 남은 자의 순종

사사기 7:9-14

9그 밤에 여호와께서 기드온에게 이르시되 일어나 진영으로 내려가라 내가 그것을 네 손에 넘겨 주었느니라 10만일 네가 내려가기를 두려워하거든 네 부하 부라와 함께 그 진영으로 내려가서 11그들이 하는 말을 들으라 그 후에 네 손이 강하여져서 그 진영으로 내려가리라 하시니

기드온의 300명은 하나님의 인도하심을 따라 미디안 군대에 맞서 싸워야 했습니다. 세상의 기준으로는 부족해 보였지만, 하나님의 방법은 달랐습니다. 오늘날 우리도 마찬가지입니다. 우리가 삼백만 남을 때, 하나님께서는 비로소 진으로 내려가라 하십니다. 진으로 내려가는 것은 하나님의 부르심에 순종하여 사단의 진영과 맞서 싸우는 영적 전쟁을 의미합니다. 연단을 통해 삼백만 남은 자가 되어야 합니다. 모세는 40년의 광야 생활을 통해 겸손히 하나님을 따르는 자가 되었고, 요셉은 억울한 고난 속에서도 하나님께서 그를 통해 이루실 계획을 믿고 나아갔습니다. 하나님의 사람은 연단 속에서 하나님께서 이루실 계획을 믿고, 그분의 인도하심에 따라 나아갑니다. 기드온은 진으로 내려가서 미디안 군사들이 꿈속에서 보리떡을 보고 두려워하는 이야기를 들었습니다. 보리떡은 작고 보잘것없는 존재이지만, 하나님께서 사용하시면 강력한 승리의 도구가 됩니다. 예수님은 이 땅에 오셔서 보리떡처럼 겸손히 자신을 내어주셨고, 그분의 죽음을 통해 생명의 역사를 이루셨습니다. 우리도 하나님의 손에 붙들린 작은 보리떡과 같은 존재로 사용될 때, 세상을 변화시키는 도구가 될 것입니다.

하나님, 연단을 통해 삼백만 남게 하시고, 진으로 내려가 승리를 이루는 삶을 살게 하소서.

2월 **14**일

시대의 진영을 정복하라

사사기 7:15-23

15기드온이 그 꿈과 해몽하는 말을 듣고 경배하며 이스라엘 진영으로 돌아와 이르되 일어나라 여호와께서 미디안과 그 모든 진영을 너희 손에 넘겨 주셨느니라 하고 16삼 백 명을 세 대로 나누어 각 손에 나팔과 빈 항아리를 들리고 항아리 안에는 횃불을 감 추게 하고

기드온의 300명은 13만 5천 명의 적군과 싸워야 했습니다. 그들에게는 두려움이 가득했겠지만, 하나님께서는 그들에게 지혜를 주셨습니다. 오늘날 우리도 사단과 영적 전쟁을 치르고 있으며, 이 싸움에서 승리하기 위해서는 하나님의 지혜가 필요합니다. 사단은 우리의 생명을 노리고, 하나님과의 관계를 끊으려 합니다. 우리 스스로는 이 전쟁에서 이길 수 없지만, 하나님의 지혜를 통해 승리를 거둘 수 있습니다. 하나님께서는 기드온에게 나팔, 항아리, 횃불을 준비하라 하셨습니다. 나팔은 하나님의 백성들에게 예배의 회복을 상징합니다. 우리는 다시 예배의 나팔을 불며 하나님께 나아가야 합니다. 또한, 항아리는 우리의 연약한 몸을 상징합니다. 하나님께서는 우리가 자신을 깨뜨리고 내 안에 계신 예수 그리스도가 드러나길 원하십니다. 질그릇 같은 우리 속에서 예수님의 빛이 드러날 때, 우리는 세상에 빛을 발하며 승리할 수 있습니다. 우리의 이기적인 욕심, 자랑, 불평의 질그릇을 깨뜨리고, 말씀과 기도의 횃불, 감사와 찬송의 횃불을 들어 올릴 때, 사단의 진영은 무너질 것입니다. 하나님께서 우리를 통해, 우리 교회를 통해 이 땅에서 승리하실 것을 믿으며 나아갑시다.

하나님, 이 시대에 예배를 회복하고, 우리의 질그릇을 깨뜨려 예수님의 빛을 드러내게 하소서.

2월 15일

노여움을 풀고 하나 되라

사사기 7:24-8:3

1에브라임 사람들이 기드온에게 이르되 네가 미디안과 싸우러 갈 때에 우리를 부르지 아니하였으니 우리를 이같이 대접함은 어찌 됨이냐 하고 그와 크게 다투는지라 2기드 온이 그들에게 이르되 내가 이제 행한 일이 너희가 한 것에 비교되겠느냐 에브라임의 끝물 포도가 아비에셀의 맏물 포도보다 낫지 아니하냐 3하나님이 미디안의 방백 오렙 과 스엡을 너희 손에 넘겨 주셨으니 내가 한 일이 어찌 능히 너희가 한 것에 비교되겠 느냐 하니라 기드온이 이 말을 하매 그 때에 그들의 노여움이 풀리니라

기드온은 삼백 용사와 함께 미디안과의 전쟁에서 승리한 후, 도망친 적을 막기 위해 에브라임 지파에게 도움을 요청했습니다. 에브라임 지파는 오렙과 스엡이라는 장수를 잡았지만, 처음부터 전투에 부르지 않았다는 이유로 기드온에게 분노했습니다. 기드온은 어떻게 이 위기를 넘겼을까요? 그는 에브라임을 높이며, 자신이 한 일이 그들이 한 일에 비하면 아무것도 아니라는 겸손한 말로 그들의 분노를 풀어주었습니다. 그리스도인의 삶에서 참된 승리는 외부의 싸움만이 아니라, 내적인 갈등과 분열을 막고 화해하는 데서 이루어집니다. 우리도 살아가면서 누군가의 노여움을 살 때가 있습니다. 그때 기드온처럼 상대의 마음을 풀어주는 겸손과 지혜가 필요합니다. 이 모든 것이 하나님의 은혜임을 깨달을 때, 우리는 주님 앞에서 자신을 낮추고 상대를 높일 수 있습니다. 아브람이 전쟁에서 승리하고 돌아왔을 때, 멜기세덱이 나타나 하나님의 은혜를 상기시켜 준 것처럼, 매 순간 우리도 주님을 바라보며 하나님의 은혜를 깨달아야 합니다. 우리 가정과 공동체, 그리고 세상 속에서 상대방의 노여움을 풀고 화해하는 은혜가 임하기를 소망합니다.

주님, 모든 것이 하나님의 은혜임을 깨닫고 상대방을 높이며 화해의 길을 걷게 하소서.

2월 **16**일

주님 편에 서는 지혜

사사기 8:4-21

4기드온과 그와 함께 한 자 삼백 명이 요단 강에 이르러 건너고 비록 피곤하나 추격하며 5그가 숙곳 사람들에게 이르되 나를 따르는 백성이 피곤하니 청하건대 그들에게 떡덩이를 주라 나는 미디안의 왕들인 세바와 살문나의 뒤를 추격하고 있노라 하니 6숙곳의 방백들이 이르되 세바와 살문나의 손이 지금 네 손 안에 있다는거냐 어찌 우리가 네 군대에게 떡을 주겠느냐 하는지라 7기드온이 이르되 그러면 여호와께서 세바와 살문나를 내 손에 넘겨 주신 후에 내가 들가시와 찔레로 너희 살을 찢으리라 하고 8거기서 브누엘로 올라가서 그들에게도 그같이 구한즉 브누엘 사람들의 대답도 숙곳 사람들의 대답과 같은지라 9기드온이 또 브누엘 사람들에게 말하여 이르되 내가 평안히 돌아올 때에 이 망대를 헐리라 하니라

기드온의 삼백 용사는 하나님의 선택을 받은 자들로, 그들은 겸손하며 어떤 상황에서도 두려워하거나 절망하지 않는 자들이었습니다. 그들에게 주어진 무기는 나팔, 항아리, 횃불이었고, 이것은 우리가 신앙생활에서 가져야 할 세 가지 무기, 즉 말씀, 감사와 찬양, 기도를 상징합니다. 이 무기들은 우리의 질그릇 같은 인생 속에서 드러나야 합니다. 하나님께서는 기드온과 삼백 용사에게 적군을 모두 멸하지 않으시고 만 오천 명이 도망치게 하셨습니다. 이것은 우리가 싸우는 과정 가운데 하나님이 주시는 지혜를 배우게 하심을 뜻합니다. 세상의 힘과 겉모습에 흔들리지 않고, 주님이 함께하시는 자들 편에 서는 것이 지혜입니다. 예수님이 십자가에 달리셨을 때, 많은 이들이 비웃었지만, 한 강도는 예수님 편에 섰고 구원을 받았습니다. 우리는 힘든 현실 속에서도 주님과 함께 이미 승리한 자들입니다. 비록 세상이 힘들고 앞이 보이지 않더라도, 하나님이 함께하시는 자들 편에 서고, 승리자의 삶을 살아가는 것이 우리의 지혜로운 선택입니다.

하나님, 어떤 상황에서도 주님 편에 서며 승리자의 삶을 살아가게 하소서.

2월 **17**일

에봇, 나의 신앙을 점검하라

사사기 8:22-35
27기드온이 그 금으로 에봇 하나를 만들어 자기의 성읍 오브라에 두었더니 온 이스라엘이 그것을 음란하게 위하므로 그것이 기드온과 그의 집에 올무가 되니라

에봇은 거룩한 직분을 상징하는 옷이었지만, 기드온이 금으로 만든 에봇은 오히려 백성들의 올무가 되고 말았습니다. 하나님을 사랑하는 것이 아니라, 그분을 자신의 욕심을 채우기 위한 수단으로 삼았던 그들의 모습은 오늘날 우리에게도 경고하는 바가 있습니다. 단지 물질적인 형상을 가진 것만 우상이 되는 것이 아닙니다. 우리가 하나님을 사랑하기보다, 그분을 통해 자신의 유익을 얻으려 한다면 그것이 곧 우상 숭배입니다. 이스라엘 백성은 놋뱀을 바라봄으로써 구원받았지만, 나중에는 그 놋뱀이 우상이 되어 섬김을 받았습니다. 에봇과 놋뱀이 상징하는 것은 예수 그리스도이며, 우리도 그분을 통해 왕 같은 제사장이 되었습니다. 그러나 우리의 신앙이 주님을 사랑하기보다 세상의 이익을 구하기 위해 예배하는데 머문다면, 우리는 하나님을 우상으로 삼는 잘못을 범하게 됩니다. 우리의 신앙이 욕망에 빠지지 않도록, 오직 하나님만을 높이며 감사와 기쁨으로 예배하는 삶을 살아가야 합니다.

하나님, 제 신앙이 주님만을 사랑하며 오직 주님의 영광을 위해 살아가게 하소서.

2월 18일

세상의 욕망과 하나님 나라의 갈망

사사기 9:1-21

18너희가 오늘 일어나 우리 아버지의 집을 쳐서 그의 아들 칠십 명을 한 바위 위에서 죽이고 그의 여종의 아들 아비멜렉이 너희 형제가 된다고 그를 세워 세겜 사람들 위에 왕으로 삼았도다 19만일 너희가 오늘 여룹바알과 그의 집을 대접한 것이 진실하고 의로운 일이면 너희가 아비멜렉으로 말미암아 기뻐할 것이요 아비멜렉도 너희로 말미암아 기뻐하려니와 20그렇지 아니하면 아비멜렉에게서 불이 나와서 세겜 사람들과 밀로의 집을 사를 것이요 세겜 사람들과 밀로의 집에서도 불이 나와 아비멜렉을 사를 것이니라 하고 21요담이 그의 형제 아비멜렉 앞에서 도망하여 피해서 브엘로 가서 거기에 거주하니라

인간은 누구나 욕망을 가지고 살아갑니다. 욕망은 결핍에서 시작되며, 때때로 우리에게 힘이 되지만 절제하지 못한 욕망은 결국 우리를 넘어지게 만듭니다. 오늘 아비멜렉의 이야기는 절제되지 않은 욕망이 사람과 공동체를 어떻게 파괴하는지를 보여줍니다. 그는 첩의 아들로 태어나 결핍을 느끼며 왕이 되려는 욕망에 사로잡혀, 방탕한 사람들을 모아 이복형제들을 죽이고 왕이 되었습니다. 그러나 그의 욕망은 비극으로 끝나고, 요담의 저주처럼 결국 아비멜렉과 그 무리는 무너지고 말았습니다. 예수님은 우리에게 하늘나라에 대한 갈망을 가르쳐 주셨습니다. 우리도 세상의 욕망을 내려놓고, 하나님 나라에 대한 갈망으로 우리의 삶을 채워야 합니다. 예수님께서 말씀하신 '먼저 그의 나라와 의를 구하라'는 명령은 우리에게 절제된 욕망을 통해 영원한 기쁨과 평화를 누리게 합니다. 세상의 욕망이 아니라 하나님의 나라를 갈망하며, 우리의 모든 일에서 주님의 뜻을 따르기를 소망합니다.

하나님, 저의 욕망이 하나님 나라를 갈망하는 마음으로 변화되게 하소서.

2월 **19**일

죽음과 삶의 진정한 답

사사기 10:1-5

¹아비멜렉의 뒤를 이어서 잇사갈 사람 도도의 손자 부아의 아들 돌라가 일어나서 이스라엘을 구원하니라 그가 에브라임 산지 사밀에 거주하면서 ²이스라엘의 사사가 된 지 이십삼 년 만에 죽으매 사밀에 장사되었더라 ³그 후에 길르앗 사람 야일이 일어나서 이십이 년 동안 이스라엘의 사사가 되니라 ⁴그에게 아들 삼십 명이 있어 어린 나귀 삼십을 탔고 성읍 삼십을 가졌는데 그 성읍들은 길르앗 땅에 있고 오늘까지 하봇야일이라 부르더라 ⁵야일이 죽으매 가몬에 장사되었더라

인생은 끊임없이 문제를 해결하기 위한 답을 찾는 여정입니다. 그러나 세상의 그 어떤 답도 죽음에 대한 답이 되지 못합니다. 오늘 말씀에서 아비멜렉이 죽은 후 사사 돌라가 이스라엘을 구원했으나 결국 그도 죽었고, 뒤를 이은 야일 역시 귀한 대접을 받았지만 결국 죽음을 피하지 못했습니다. 이 세상 그 어떤 것도 영원하지 않습니다. 그런데도 사람들은 인생의 답을 유한한 세상에서 찾으려 하고, 결국엔 허무와 죽음에 도달합니다. 그러나 그리스도인은 세상에서 답을 구하지 않고 예수 그리스도 안에서 답을 찾습니다. '길이요 진리요 생명'이신 그분을 통해서만 영생을 얻을 수 있습니다. 물질적 풍요나 인간적인 방법에 기대지 말고 오직 하나님을 바라봐야 합니다. 아모스 5장에서 하나님께서는 '나를 찾으라 그리하면 살리라'라고 하셨습니다. 과거의 경험이나 세상의 지혜로 답을 찾으려 하기보다, 지금, 이 순간 하나님을 찾는 것이 진정한 답입니다. 우리가 주님을 찾고 주님의 뜻을 구할 때, 하나님께서는 인격적으로 다가오셔서 우리에게 생명과 평안을 주십니다. 오늘도 하나님께 답을 구하는 성도가 되기를 소망합니다.

하나님, 인생의 모든 문제에서 오직 주님만을 바라보며 주님께 답을 구하는 자가 되게 하소서

2월 **20**일

변할 수 없는 내가 변화되었다

사사기 10:6-16

6이스라엘 자손이 다시 여호와의 목전에 악을 행하여 바알들과 아스다롯과 아람의 신들과 시돈의 신들과 모압의 신들과 암몬 자손의 신들과 블레셋 사람들의 신들을 섬기고 여호와를 버리고 그를 섬기지 아니하므로 … 13너희가 나를 버리고 다른 신들을 섬기니 그러므로 내가 다시는 너희를 구원하지 아니하리라 14가서 너희가 택한 신들에게 부르짖어 너희의 환난 때에 그들이 너희를 구원하게 하라 하신지라

이스라엘의 역사는 하나님의 은혜를 잊을 때 반복되는 죄와 고통의 순환 속에 있었습니다. 이스라엘의 실패는 오늘날 우리에게도 경고가 됩니다. 하나님께서 주신 은혜를 기억하는 것만이 우리의 역사를 새롭게 하는 길입니다. 여호수아는 마지막으로 이스라엘 백성에게 "여호와를 경외하며 온전함과 진실함으로 그를 섬기라"수 24:14고 권면했습니다. 우리는 하나님 앞에서 끊임없이 그분의 은혜를 기억해야 합니다. 은혜를 기억하는 자는 불평 대신 감사로 살아가며, 하나님의 뜻을 따라 섬기는 삶을 살게 됩니다. 은혜를 기억하는 마음이 우리를 더 성숙한 신앙으로 인도하며, 두려움이 아닌 사랑에서 하나님을 향한 순종이 나오게 됩니다. 베드로가 은혜를 기억하지 못했을 때 예수님을 부인했지만, 십자가의 사랑을 깨달은 후 그는 담대하게 복음을 전파하는 증인이 되었습니다. 하나님을 알수 없던 우리가 지금 하나님을 고백할 수 있는 것도 그분의 은혜입니다. 이 가장 큰 기적을 잊지 않을 때 우리는 어리석은 역사를 멈추고 새로운 시대를 열 수 있습니다.

 하나님, 주신 은혜를 잊지 않고 기억하며 감사하는 삶을 살게 하소서

2월 **21**일

교만한 스승의 종말

사사기 12:1-7

1에브라임 사람들이 모여 북쪽으로 가서 입다에게 이르되 네가 암몬 자손과 싸우러 건너갈 때에 어찌하여 우리를 불러 너와 함께 가게 하지 아니하였느냐 우리가 반드시 너와 네 집을 불사르리라 하니 2입다가 그들에게 이르되 나와 내 백성이 암몬 자손과 크게 싸울 때에 내가 너희를 부르되 너희가 나를 그들의 손에서 구원하지 아니한 고로 3나는 너희가 도와 주지 아니하는 것을 보고 내 목숨을 돌보지 아니하고 건너가서 암몬 자손을 쳤더니 여호와께서 그들을 내 손에 넘겨 주셨거늘 너희가 어찌하여 오늘 내게 올라와서 나와 더불어 싸우고자 하느냐 하니라 4입다가 길르앗 사람을 다 모으고 에브라임과 싸웠으며 길르앗 사람들이 에브라임을 쳐서 무찔렀으니 이는 에브라임의 말이 너희 길르앗 사람은 본래 에브라임에서 도망한 자로서 에브라임과 므낫세 중에 있다 하였음이라

 경 속의 부끄럽고 슬픈 이야기들도 우리에게 중요한 가르침을 주기 위해 기록된 것입니다. 오늘 말씀에서 에브라임 지파의 교만과 패망은 우리에게 깊은 교훈을 전해줍니다. 입다가 암몬과의 전쟁에서 승리하고 돌아왔을 때, 에브라임 지파는 왜 자신들을 부르지 않았냐고 시비를 걸며 전쟁을 선포했습니다. 에브라임 지파는 이스라엘의 열두 지파 중 맏아들로 자부심이 컸으나, 그 자부심은 교만이 되었고 그들은 결국 입다에 의해 처참한 패배를 맞이했습니다. 에브라임 지파의 조상인 요셉은 형들의 배신에도 불구하고 하나님의 뜻을 깨닫고 그들을 용서한 믿음의 사람이었습니다. 또 다른 에브라임 지파 출신인 여호수아는 고별 설교에서 하나님께서 이스라엘 백성에게 주신 은혜를 강조했습니다. 그러나 에브라임 지파는 이러한 믿음의 유산을 잊고 교만해졌습니다. 이처럼 하나님의 은혜를 망각한 자는 교만에 빠지기 쉽고, 교만은 결국 패망을 불러옵니다. 우리는 예수님의 온유와 겸손을 본받아, 하나님의 은혜를 날마다 기억하며 그 은혜로 다른 사람들의 생명을 살리는 삶을 살아야 합니다. 이럴 때 주님께서는 우리에게 참된 쉼을 주시며, 우리 또한 생명의 통로로 쓰임 받게 됩니다.

하나님, 교만을 버리고 예수님의 겸손을 본받아 하나님의 은혜를 기억하며, 그 은혜로 다른 사람들의 생명을 살리는 자가 되게 하소서.

2월 **22**일

끝을 보고 사는 지혜

사사기 12:8-15

8그 뒤를 이어 베들레헴의 입산이 이스라엘의 사사가 되었더라 9그가 아들 삼십 명과 딸 삼십 명을 두었더니 그가 딸들을 밖으로 시집 보냈고 아들들을 위하여는 밖에서 여자 삼십 명을 데려왔더라 그가 이스라엘의 사사가 된 지 칠 년이라 10입산이 죽으매 베들레헴에 장사되었더라 11그 뒤를 이어 스불론 사람 엘론이 이스라엘의 사사가 되어 십 년 동안 이스라엘을 다스렸더라 12스불론 사람 엘론이 죽으매 스불론 땅 아얄론에 장사되었더라 … 15비라돈 사람 힐렐의 아들 압돈이 죽으매 에브라임 땅 아말렉 사람의 산지 비라돈에 장사되었더라

사사 입산, 엘론, 압돈은 모두 각각 7년, 10년, 8년을 다스린 후 죽었습니다. 그들의 삶은 부와 권세로 가득했으나, 결국 끝은 죽음이었습니다. 이는 단순한 역사가 아니라, 모든 인생이 끝이 있다는 사실을 강조하는 메시지입니다. 성경은 끝을 바라보며 살아가는 지혜를 우리에게 가르쳐 줍니다. 첫째, 아무리 많은 소유와 권세를 가졌어도 결국 그것은 끝이 있다는 것을 기억해야 합니다. 그들이 남긴 부와 명예는 그들과 함께 가지 못했습니다. 이 사실은 우리에게 인생의 궁극적인 목적이 소유가 아니라, 그것을 어떻게 사용하는가에 달려 있다는 깨달음을 줍니다. 둘째, 소유는 나만을 위해 사용하는 것이 아니라, 나누며 살아야 의미가 있습니다. 끝을 보는 사람은 손을 펴서 나눕니다. 록펠러가 '주는 자가 받는 자보다 복이 있다'는 말씀을 깨닫고 나눔의 삶을 실천했을 때 진정한 행복을 누린 것처럼, 나눔은 소유보다 더 큰 기쁨을 가져다줍니다. 셋째, 끝을 보는 지혜로운 자는 사랑을 나누고, 요셉처럼 어려운 이들을 위한 창고가 되어야 합니다. 우리의 가정과 교회, 민족이 '요셉의 창고'가 되어 하나님의 사랑을 나누고, 소유를 나눌 때 진정한 복을 누릴 수 있습니다. 우리는 끝을 바라보며 나눔의 삶을 실천해야 합니다. 하나님께 영광을 돌리고, 다른 이들을 섬기며 살아갈 때, 참된 행복과 기쁨이 우리 삶에 넘치게 될 것입니다.

하나님, 끝을 바라보며 나눔의 삶을 실천하게 하시고, 우리의 가정과 교회가 요셉의 창고가 되어 하나님의 사랑을 나누는 복된 공동체가 되게 하소서.

2월 23일

나실인으로 사는 법
- 성령의 지배를 받는 삶

사사기 13:1-7

3여호와의 사자가 그 여인에게 나타나서 그에게 이르시되 보라 네가 본래 임신하지 못하므로 출산하지 못하였으나 이제 임신하여 아들을 낳으리니 4그러므로 너는 삼가 포도주와 독주를 마시지 말며 어떤 부정한 것도 먹지 말지니라 5보라 네가 임신하여 아들을 낳으리니 그의 머리 위에 삭도를 대지 말라 이 아이는 태에서 나옴으로부터 하나님께 바쳐진 나실인이 됨이라 그가 블레셋 사람의 손에서 이스라엘을 구원하기 시작하리라 하시니 6이에 그 여인이 가서 그의 남편에게 말하여 이르되 하나님의 사람이 내게 오셨는데 그의 모습이 하나님의 사자의 용모 같아서 심히 두려우므로 어디서부터 왔는지를 내가 묻지 못하였고 그도 자기 이름을 내게 이르지 아니하였으며 7그가 내게 이르기를 보라 네가 임신하여 아들을 낳으리니 이제 포도주와 독주를 마시지 말며 어떤 부정한 것도 먹지 말라 이 아이는 태에서부터 그가 죽는 날까지 하나님께 바쳐진 나실인이 됨이라 하더이다 하니라

삼손은 나실인으로서 위대한 힘과 승리를 경험했지만, 나실인의 정체성을 잃어버렸을 때 비참한 결말을 맞이했습니다. 나실인은 거룩하고 구별된 자로서 세 가지를 지켜야 합니다. 첫째, 술과 독주를 금하는 것은 세상의 영향력에서 벗어나 성령의 지배를 받으라는 의미입니다. 둘째, 나실인으로 태어났다는 정체성을 잊지 않고, 하나님께서 우리와 함께하신다는 사실을 믿어야 합니다. 우리 역시 나실인으로 부름받은 존재임을 기억하고 성령의 도우심을 구하며 살아가야 합니다. 셋째, 하나님의 영이 우리 자신과 공동체를 감싸고 지배하도록 날마다 기도해야 합니다. 성령의 지배를 받는 나실인의 삶은 단순한 개인의 구원을 넘어, 가정과 교회, 나라와 민족을 하나님의 영으로 충만하게 만들어 하나님의 나라를 확장하는 중요한 사명입니다. 우리 모두 나실인의 정체성을 잊지 않고, 성령의 지배를 받으며 살아가는 삶을 선택합시다. 그리하여 우리의 가정과 교회, 그리고 이 나라와 열방이 성령으로 충만해지기를 소망합니다.

하나님, 성령의 지배를 받는 나실인으로 살아가게 하시고, 우리의 공동체에 하나님의 영이 충만히 임하게 하소서.

2월 **24**일

나실인으로 사는 법
- 하나님 없이 살 수 없습니다

사사기 13:8-14

12마노아가 이르되 이제 당신의 말씀대로 되기를 원하나이다 이 아이를 어떻게 기르며 우리가 그에게 어떻게 행하리이까 13여호와의 사자가 마노아에게 이르되 내가 여인에게 말한 것들을 그가 다 삼가서 14포도나무의 소산을 먹지 말며 포도주와 독주를 마시지 말며 어떤 부정한 것도 먹지 말고 내가 그에게 명령한 것은 다 지킬 것이니라 하니라

오늘 말씀을 통해 우리는 두 번째 나실인의 명령을 받습니다. '부정한 것을 먹지 말라' 이 말씀은 하나님 없이 살아가는 것이 곧 죽음이라는 의미를 담고 있습니다. 우리는 날마다 하나님 없이는 살 수 없다는 고백을 해야 합니다. 이 고백을 말로만 하는 것이 아니라 두 가지 실천으로 삶에서 드러내야 합니다. 첫째는 기도입니다. 기도는 단순히 원하는 것을 얻기 위한 수단이 아니라, 하나님 없이는 살 수 없다는 고백의 행위이면서 하나님과의 관계를 유지하는 필수적인 방법입니다. 둘째는 말씀에 민감하게 반응하는 것입니다. 주님의 말씀을 순종하는 것은 때로는 상식과 논리에 맞지 않을 수 있지만, 그런데도 말씀에 민감하게 반응하는 것이 나실인으로 사는 길입니다. 나실인으로 부름 받은 우리는, 하나님 없이는 아무것도 할 수 없다는 고백을 삶 속에서 실천해야 합니다. 앞으로 우리 삶이 더욱 풍요롭고 편리해질지라도, 하나님 없이는 아무것도 할 수 없다는 고백을 잊지 말고, 매일의 삶 속에서 기도와 말씀으로 나실인으로 살아가는 싸움을 놓치지 않기를 바랍니다. 그리하여 자신뿐만 아니라 다른 이들의 생명까지 살리는 나실인의 삶을 살아가기를 축복합니다.

하나님, 매일의 삶 속에서 하나님 없이는 살 수 없음을 고백하며, 기도와 말씀에 충실한 나실인으로 살게 하소서.

2월 **25**일

나실인으로 사는 법
– 삭도를 대지 말라

사사기 13:15-25

20불꽃이 제단에서부터 하늘로 올라가는 동시에 여호와의 사자가 제단 불꽃에 휩싸여 올라간지라 마노아와 그의 아내가 그것을 보고 그들의 얼굴을 땅에 대고 엎드리니라 21여호와의 사자가 마노아와 그의 아내에게 다시 나타나지 아니하니 마노아가 그제야 그가 여호와의 사자인 줄 알고 22그의 아내에게 이르되 우리가 하나님을 보았으니 반드시 죽으리로다 하니 23그의 아내가 그에게 이르되 여호와께서 우리를 죽이려 하셨더라면 우리 손에서 번제와 소제를 받지 아니하셨을 것이요 이 모든 일을 보이지 아니하셨을 것이며 이제 이런 말씀도 우리에게 이르지 아니하셨으리이다 하였더라 24그 여인이 아들을 낳으매 그의 이름을 삼손이라 하니라 그 아이가 자라매 여호와께서 그에게 복을 주시더니 25소라와 에스다올 사이 마하네단에서 여호와의 영이 그를 움직이기 시작하셨더라

하 나님의 백성은 모두 나실인으로 살아가는 것을 소망해야 합니다. 나실인으로 살아가는 세 번째 원칙은 '삭도를 대지 말라'는 것입니다. 삭도를 대지 않는 것은 우리의 머리 위에 하나님이 계시다는 상징입니다. 이는 하나님의 영광과 권위 아래 순종하며 사는 삶을 의미합니다. 예수님께서도 하나님 아버지께 온전히 순종하며, 십자가에서 죽기까지 그 권위 아래 계셨습니다. 마찬가지로, 우리도 머리 위에 주님의 영광이 있음을 기억하며 살아가야 합니다. 마노아와 그의 아내는 여호와의 사자를 통해 하나님을 알게 되었을 때, 그분의 권위 앞에 무릎을 꿇고 번제를 드렸습니다. 번제는 하나님과의 관계를 확신하는 예배입니다. 그 관계 안에서 하나님은 생명을 주셨고, 우리도 순종을 통해 하나님과의 생명의 관계를 맺을 때, 그분은 우리에게 생명의 복을 주십니다. 우리의 삶에서 항상 하나님이 머리 위에 계시며, 주님의 영광이 우리를 다스린다는 사실을 잊지 않기를 기도합니다.

주님, 내 머리 위에 계시는 하나님의 영광을 기억하며, 순종으로 주님을 영화롭게 하게 하소서.

2월 **26**일

이해할 수 없는 일이 생길 때

사사기 14:1-4

¹삼손이 딤나에 내려가서 거기서 블레셋 사람의 딸들 중에서 한 여자를 보고 ²올라와서 자기 부모에게 말하여 이르되 내가 딤나에서 블레셋 사람의 딸들 중에서 한 여자를 보았사오니 이제 그를 맞이하여 내 아내로 삼게 하소서 하매 ³그의 부모가 그에게 이르되 네 형제들의 딸들 중에나 내 백성 중에 어찌 여자가 없어서 네가 할례 받지 아니한 블레셋 사람에게 가서 아내를 맞으려 하느냐 하니 삼손이 그의 아버지에게 이르되 내가 그 여자를 좋아하오니 나를 위하여 그 여자를 데려오소서 하니라 ⁴그 때에 블레셋 사람이 이스라엘을 다스린 까닭에 삼손이 틈을 타서 블레셋 사람을 치려 함이었으나 그의 부모는 이 일이 여호와께로부터 나온 것인 줄은 알지 못하였더라

삼손의 부모는 아들이 블레셋 여인과 결혼하겠다는, 이해할 수 없는 상황에 직면했습니다. 자녀가 하나님께 바쳐진 나실인으로 태어난 만큼, 이방인과의 결혼은 부모로서는 받아들이기 어려운 일이었습니다. 하지만 본문 4절에서 우리는 중요한 진리를 배웁니다. 이 일은 여호와께로부터 온 것이었고, 하나님은 이 일을 통해 블레셋을 치고 이스라엘을 구원하기 위한 계획을 세우고 계셨습니다. 우리 삶에서도 이해할 수 없는 일이 찾아올 때가 있습니다. 그러나 성경은 우리에게 이런 일들조차도 하나님의 뜻 안에 있으며, 그분의 큰 목적을 이루기 위함이라고 가르칩니다. 하나님은 우리의 블레셋, 즉 우리 안에 있는 거대한 장애물과 죄악을 제거하시기 위해 때때로 우리가 이해하지 못하는 방식으로 역사하십니다.

주님, 이해할 수 없는 일 속에서도 주님의 뜻을 신뢰하며, 내 안의 블레셋을 제거하고 주님의 영광을 드러내게 하소서.

2월 **27**일

절대 풀 수 없는 수수께끼

사사기 14:5-14

14삼손이 그들에게 이르되 먹는 자에게서 먹는 것이 나오고 강한 자에게서 단 것이 나왔느니라 하니라 그들이 사흘이 되도록 수수께끼를 풀지 못하였더라

삼손은 딤나로 가던 중 사자를 만나 여호와의 영에 의해 사자를 찢어 죽입니다. 이후 그 사자의 주검에서 꿀을 발견하고 먹으며, 혼인 잔치에서 블레셋 사람들에게 수수께끼를 냅니다. '먹는 자에게서 먹는 것이 나오고, 강한 자에게서 단 것이 나왔다.' 이는 경험하지 않은 자는 풀 수 없는 수수께끼입니다. 이처럼, 하나님을 경험하지 않은 사람은 이 질문의 답을 알 수 없지만, 믿음의 사람들은 하나님보다 강한 분이 없고, 그 분의 말씀이 송이꿀보다 더 달다는 것을 알 수 있습니다. 우리는 두 가지를 붙잡아야 합니다. 첫째, 세상에 그 무엇도 하나님보다 강하지 않다는 것입니다. 하나님의 능력을 경험한 사람은 그 어떤 환난과 핍박 속에서도 하나님의 강함을 의지하며 나아갑니다. 둘째, 하나님의 말씀보다 더 단 것은 없다는 것입니다. 그 말씀이 우리의 영혼을 살리고, 찔림을 주어 회개하게 하며, 하나님께 더 가까이 나아가게 만듭니다.

주님, 무엇도 주님보다 강하지 않고, 그 말씀보다 달지 않음을 고백하며 그 능력과 말씀으로 승리하게 하소서.

2월 **28**일

여우 300을 잡을 큰 능력

사사기 15:1-8

⁴삼손이 가서 여우 삼백 마리를 붙들어서 그 꼬리와 꼬리를 매고 홰를 가지고 그 두 꼬리 사이에 한 홰를 달고 ⁵홰에 불을 붙이고 그것을 블레셋 사람들의 곡식 밭으로 몰아 들여서 곡식 단과 아직 베지 아니한 곡식과 포도원과 감람나무들을 사른지라 ⁶블레셋 사람들이 이르되 누가 이 일을 행하였느냐 하니 사람들이 대답하되 딤나 사람의 사위 삼손이니 장인이 삼손의 아내를 빼앗아 그의 친구에게 준 까닭이라 하였더라 블레셋 사람들이 올라가서 그 여인과 그의 아버지를 불사르니라 ⁷삼손이 그들에게 이르되 너희가 이같이 행하였은즉 내가 너희에게 원수를 갚고야 말리라 하고 ⁸블레셋 사람들의 정강이와 넓적다리를 크게 쳐서 죽이고 내려가서 에담 바위 틈에 머물렀더라

삼손은 여우 300마리를 붙잡아 불을 붙이고 곡식밭으로 몰아넣는 놀라운 능력을 발휘하는데, 이는 오직 하나님의 영이 그에게 임했기에 가능한 일입니다. 이 사건은 블레셋에게 큰 충격을 주었고, 그들은 곡식의 상실뿐만 아니라 자신들이 섬기는 신에 대한 모독으로 분노하였습니다. 삼손의 이야기는 오늘날 우리에게도 적용됩니다. 우리의 영적인 적, 원수 마귀는 언제나 우리 가까이에 있으며, 사람들을 조정하여 갈등을 일으킵니다. 이 마귀를 이길 수 있는 유일한 힘은 예수 그리스도에게 있습니다. 그리스도께서는 십자가에서 죽으심으로 원수 마귀의 손에서 우리를 구원하셨습니다. 그러나 우리는 여전히 연약하며, 때로는 두려움에 에담 바위에 숨기도 합니다. 주님은 이러한 우리의 연약함을 아시고 성령을 보내주셨습니다. 성령은 우리를 돕고, 마귀를 이길 힘을 줍니다. 우리는 매일 성령을 사모하며, 그 능력을 통해 내 안의 작은 여우를 잡아야 합니다. 이 작은 여우는 하나님과의 관계를 해치고 공동체를 흔드는 원인이 됩니다. 우리는 성령의 임재를 통해 이러한 여우를 제거하고, 진정한 회개를 통해 하나님의 영광을 드러내야 합니다.

하나님, 내 안의 여우를 제거하시고 성령으로 충만하게 하소서.

2월 **29**일

야곱의 마지막 축복

창세기 47:7-12

7요셉이 자기 아버지 야곱을 인도하여 바로 앞에 서게 하니 야곱이 바로에게 축복하매 8바로가 야곱에게 묻되 네 나이가 얼마냐 9야곱이 바로에게 아뢰되 내 나그네 길의 세월이 백삼십 년이니이다 내 나이가 얼마 못 되니 우리 조상의 나그네 길의 연조에 미치지 못하나 험악한 세월을 보내었나이다 하고 10야곱이 바로에게 축복하고 그 앞에서 나오니라 11요셉이 바로의 명령대로 그의 아버지와 그의 형들에게 거주할 곳을 주되 애굽의 좋은 땅 라암셋을 그들에게 주어 소유로 삼게 하고 12또 그의 아버지와 그의 형들과 그의 아버지의 온 집에 그 식구를 따라 먹을 것을 주어 봉양하였더라

그리스도인의 진정한 실력은 세상적 성공이 아니라, 하나님으로 채워지는 것입니다. 야곱은 애굽에서 바로보다 부유한 자로 서 있었습니다. 세상의 눈에는 그의 삶이 험난하고 부족해 보였지만, 그는 하나님과 함께했던 130년의 시간을 고백하며, 바로를 축복했습니다. 진정한 부요함은 하나님께서 매 순간 우리를 이끄시며 채우시는 것에 있습니다. 우리도 하나님으로 가득 채워질 때, 세상에 두려움이 없으며, 다른 사람을 축복하는 자로 살아갈 수 있습니다. 하나님은 우리를 채우시는 분이시며, 우리가 축복하는 자가 될 때 하나님께서는 우리에게 라암셋 같은 좋은 것을 주시고 필요한 모든 것을 넉넉히 공급해 주실 것입니다.

주님, 우리를 축복하는 자로 세우시고, 당신의 사랑과 은혜로 채워주셔서 우리의 삶을 통해 하나님의 풍성함이 드러나게 하소서.

3월

사사기 · 누가복음

3월 **1**일

애국자로 사는 길

사사기 9:22-57

54아비멜렉이 자기의 무기를 든 청년을 급히 불러 그에게 이르되 너는 칼을 빼어 나를 죽이라 사람들이 나를 가리켜 이르기를 여자가 그를 죽였다 할까 하노라 하니 그 청년이 그를 찌르매 그가 죽은지라 55이스라엘 사람들이 아비멜렉이 죽은 것을 보고 각각 자기 처소로 떠나갔더라 56아비멜렉이 그의 형제 칠십 명을 죽여 자기 아버지에게 행한 악행을 하나님이 이같이 갚으셨고 57또 세겜 사람들의 모든 악행을 하나님이 그들의 머리에 갚으셨으니 여룹바알의 아들 요담의 저주가 그들에게 응하니라

사 사기 9장은 아비멜렉이라는 왕의 몰락을 통해 인간의 욕망과 세상의 통치가 결국 멸망으로 끝남을 보여줍니다. 세상의 통치는 결코 인류를 구원할 수 없습니다. 진정한 통치는 오직 하나님의 통치 아래에서만 이루어질 수 있습니다. 위대한 정치가가 세상을 바꾸는 것이 아니라, 기도하는 한 사람이 세상을 변화시킵니다. 존 낙스는 "기도하는 한 사람이 기도하지 않는 모든 나라보다 강하다"고 외쳤습니다. 그래서 우리는 나라의 번영을 위해 애국심을 품고 기도해야 합니다. 시편 기자가 바벨론 포로로 끌려가 시온을 기억하며 울었던 것처럼, 우리도 죄로 인해 포로가 된 이 세상을 보며 하나님께서 통치하시는 나라가 임하기를 갈망해야 합니다. 예수님께서는 이 세상에 하나님의 통치를 이루기 위해 오셨고, 그분의 통치는 세상의 권력으로가 아니라 십자가의 길로 완성되었습니다. 진정한 애국자는 하나님께 통치하시는 나라를 위해 울며 기도하는 사람입니다. 우리도 하나님께 이 나라를 위해 간구하며, 하나님의 뜻이 이루어지기를 기도해야 합니다.

하나님, 이 나라에 하나님의 통치가 임하여 세상이 변화되게 하소서.

3월 **2**일

라맛 레히

사사기 15:9-17

15삼손이 나귀의 새 턱뼈를 보고 손을 내밀어 집어들고 그것으로 천 명을 죽이고 16이
르되 나귀의 턱뼈로 한 더미, 두 더미를 쌓았음이여 나귀의 턱뼈로 내가 천 명을 죽였
도다 하니라 17그가 말을 마치고 턱뼈를 자기 손에서 내던지고 그 곳을 라맛 레히라
이름하였더라

하나님의 영이 삼손에게 임하자 그는 나귀 뼈 하나로 블레셋 사
람들을 물리칩니다. 그 장소를 '라맛 레히'라고 이름 붙였습니
다. 이 이야기는 단순히 삼손의 힘을 보여주는 것이 아니라, 하나님의 도구로 쓰
인 보잘것없는 나귀 뼈를 통해 하나님의 역사가 이루어졌음을 상징합니다. 기독교 역
사 속에서 하나님은 언제나 작은 것들을 통해 큰일을 이루셨습니다. 교회가 크고 성
도가 많다 하여 세상의 힘을 의지하는 것이 아니라, 하나님께 붙들린 나귀 뼈가 될 때
만이 진정한 하나님의 역사가 나타납니다. 예수님도 이 땅에 나귀 뼈와 같은 낮은 모
습으로 오셔서, 세상의 모든 죄를 짊어지고 십자가에 달리셨습니다. 이는 우리를 자
유하게 하고, 우리를 왕 같은 제사장으로 세우시기 위한 하나님의 계획이었습니다.
우리는 이 자유를 세상에 전하며, 모든 민족을 제자로 삼아 하나님의 나라를 확장하
라는 사명을 받았습니다. 우리의 힘이 아닌 하나님의 능력으로 이루어질 이 큰일을
믿고 사모하며 기도할 때, 하나님은 우리 삶 가운데서도 라맛 레히의 역사를 이루실
것입니다.

하나님, 보잘것없는 저를 통해서도 주님의 역사가 이루어지게 하소서.

3월 **3**일

목마른 자가 부르짖는다

사사기 15:18-20

18삼손이 심히 목이 말라 여호와께 부르짖어 이르되 주께서 종의 손을 통하여 이 큰 구원을 베푸셨사오나 내가 이제 목말라 죽어서 할례 받지 못한 자들의 손에 떨어지겠나이다 하니 19하나님이 레히에서 한 우묵한 곳을 터뜨리시니 거기서 물이 솟아나오는지라 삼손이 그것을 마시고 정신이 회복되어 소생하니 그러므로 그 샘 이름을 엔학고레라 불렀으며 그 샘이 오늘까지 레히에 있더라 20블레셋 사람의 때에 삼손이 이스라엘의 사사로 이십 년 동안 지냈더라

 오늘 말씀에서 삼손은 나귀 턱뼈로 천 명의 블레셋 사람들을 물리친 후 육신적으로 목말라 하나님께 부르짖습니다. 하지만 그의 진정한 목마름은 하나님이 주신 사명을 완수할 수 있도록 도우심을 간절히 구하는 것이었습니다. 세상의 목마름은 물질, 건강, 성공에 대한 갈증으로 나타납니다. 그러나 믿는 자들의 목마름은 다릅니다. 우리는 하나님의 나라와 그 뜻을 이루기 위한 목마름이 있어야 합니다. 예수님도 십자가에서 육체적으로 목마르셨지만, 그분께 더 중요한 목마름은 우리 모두를 구원하는 하나님께서 주신 사명을 이루는 것이었기에, 그분은 십자가의 고통을 견뎌내셨습니다. 오늘날 우리가 부르짖는 이유는 무엇입니까? 세상의 갈망이 아니라, 하나님을 더욱 깊이 갈망해야 합니다. 하나님께 부르짖을 때, 우리에게도 하나님께서 필요한 은혜를 부어주십니다. 삼손의 부르짖음처럼, 모든 것이 하나님의 은혜임을 고백하며 살 때 우리는 참된 목마름을 채울 수 있습니다.

하나님, 저의 모든 갈망이 주님의 은혜로 채워지게 하소서.

3월 4일

하나님을 춤추게 하라

사사기 16:1-22

17삼손이 진심을 드러내어 그에게 이르되 내 머리 위에는 삭도를 대지 아니하였나니 이는 내가 모태에서부터 하나님의 나실인이 되었음이라 만일 내 머리가 밀리면 내 힘이 내게서 떠나고 나는 약해져서 다른 사람과 같으리라 하니라 … 20들릴라가 이르되 삼손이여 블레셋 사람이 당신에게 들이닥쳤느니라 하니 삼손이 잠을 깨며 이르기를 내가 전과 같이 나가서 몸을 떨치리라 하였으나 여호와께서 이미 자기를 떠나신 줄을 깨닫지 못하였더라

우리는 각자 삶의 목적을 가지고 살아가지만, 믿음의 백성으로서 "하나님을 기쁘시게 하자, 하나님을 춤추게 하자"는 목표를 가지고 살아간다면 이보다 더 복된 일은 없을 것입니다. 삼손은 하나님께서 주신 엄청난 힘을 소유한 자였습니다. 그러나 그가 유혹에 빠져 머리카락을 자르게 되었을 때 그의 힘은 사라졌습니다. 그러나 삼손의 힘이 사라진 진짜 이유는 머리카락이 잘렸기 때문이 아니라 그에게서 여호와의 영이 떠났기 때문이었습니다삿 16:20. 우리가 하나님을 자랑하지 않고, 우리 자신의 능력을 강조할 때 우리는 삼손처럼 무너질 위험에 처하게 됩니다. 그러나 하나님을 자랑할 때 우리는 하나님을 춤추게 할 수 있습니다. 여호와와 함께하는 자들은 세상 속에서 하나님의 영광을 드러냅니다. 성전에 나아가 하나님과 회복을 소망하며 하나님의 은혜를 고백하는 것이 우리가 하나님을 춤추게 할 수 있는 방법입니다. 지금까지 지내온 모든 것이 하나님의 은혜임을 인정하며, 다시금 하나님 앞에 나아가는 성도가 되기를 소망합니다.

하나님, 지금까지 모든 것이 주님의 은혜임을 고백하며, 주님을 자랑하는 삶을 살게 하소서.

3월 **5**일

자기 소견대로 사는 위험

사사기 17:1-6

1에브라임 산지에 미가라 이름하는 사람이 있더니 2그의 어머니에게 이르되 어머니께서 은 천백을 잃어버리셨으므로 저주하시고 내 귀에도 말씀하셨더니 보소서 그 은이 내게 있나이다 내가 그것을 가졌나이다 하니 그의 어머니가 이르되 내 아들이 여호와께 복 받기를 원하노라 하니라 3미가가 은 천백을 그의 어머니에게 도로 주매 그의 어머니가 이르되 내가 내 아들을 위하여 한 신상을 새기며 한 신상을 부어 만들기 위해 내 손에서 이 은을 여호와께 거룩히 드리노라 그러므로 내가 이제 이 은을 네게 도로 주리라 4미가가 그 은을 그의 어머니에게 도로 주었으므로 어머니가 그 은 이백을 가져다 은장색에게 주어 한 신상을 새기고 한 신상을 부어 만들었더니 그 신상이 미가의 집에 있더라 5그 사람 미가에게 신당이 있으므로 그가 에봇과 드라빔을 만들고 한 아들을 세워 그의 제사장으로 삼았더라 6그 때에는 이스라엘에 왕이 없었으므로 사람마다 자기 소견에 옳은 대로 행하였더라

인간은 날 때부터 하나님의 생각을 알지 못하고 자신의 기준과 생각대로 살아가는 죄인의 본성을 지니고 있습니다. 오늘 말씀에서 미가와 그의 어머니는 자기 소견대로 행동한 전형적인 예를 보여줍니다. 은을 잃고 저주를 퍼부었던 어머니가 은을 되찾자 아들을 축복하며, 그 은으로 신상을 만들어 신당을 차립니다. 여호와께 거룩히 드린다고 말하지만, 사실 그들은 자기 마음대로 하나님을 형상화하고 자신들의 뜻을 이루기 위해 하나님을 수단으로 삼았습니다. 이것은 오늘날 우리가 하나님을 믿는다고 하면서도 자기 소견대로 살아가는 모습과 다르지 않습니다. 성경은 하나님의 소견대로 살아가는 자가 누릴 복을 약속하고 있습니다. 첫째, 생명의 역사가 일어납니다. 둘째, 하나님께서 우리의 길을 지도하시며 우리의 뼛속까지 윤택하게 하십니다. 셋째, 하나님의 선하심을 맛보아 알게 됩니다. 넷째, 새 힘을 얻게 됩니다. 다섯째, 하나님께 영광을 돌리며 모든 이가 주님을 시인하게 됩니다. 우리는 고난과 역경 속에서도 하나님의 소견을 따를 때 미래와 희망이 있음을 믿어야 합니다. 자기 소견을 내려놓고, 하나님의 소견을 따르는 성도가 되기를 소망합니다.

하나님, 우리의 소견을 내려놓고 오직 주님의 뜻을 따르는 삶을 살게 하소서.

3월 **6**일

복 받은 자로 살아가자

사사기 17:7-13

7유다 가족에 속한 유다 베들레헴에 한 청년이 있었으니 그는 레위인으로서 거기서 거류하였더라 8그 사람이 거주할 곳을 찾고자 하여 그 성읍 유다 베들레헴을 떠나 가다가 에브라임 산지로 가서 미가의 집에 이르매 9미가가 그에게 묻되 너는 어디서부터 오느냐 하니 그가 이르되 나는 유다 베들레헴의 레위인으로서 거류할 곳을 찾으러 가노라 하는지라 10미가가 그에게 이르되 네가 나와 함께 거주하며 나를 위하여 아버지와 제사장이 되라 내가 해마다 은 열과 의복 한 벌과 먹을 것을 주리라 하므로 그 레위인이 들어갔더라 11그 레위인이 그 사람과 함께 거주하기를 만족하게 생각했으니 이는 그 청년이 미가의 아들 중 하나 같이 됨이라 12미가가 그 레위인을 거룩하게 구별하매 그 청년이 미가의 제사장이 되어 그 집에 있었더라 13이에 미가가 이르되 레위인이 내 제사장이 되었으니 이제 여호와께서 내게 복 주실 줄을 아노라 하니라

오늘 말씀에서 미가와 레위 청년의 관계는 서로를 수단으로 삼아 맺어진 관계입니다. 미가는 레위인을 자기 집의 제사장으로 고용하며 하나님께 복을 받을 것이라 착각했고, 청년은 대가를 바라고 제사장이 되었습니다. 이와 같이, 오늘날에도 하나님을 수단으로 삼아 복을 바라는 신앙이 문제입니다. 우리가 피해야 할 세 가지 태도가 있습니다. 첫째는 개인주의입니다. 하나님의 뜻이 아닌 자신의 유익만을 생각하며 선택하는 것은 신앙의 왜곡입니다. 둘째는 물질주의로, 물질이 안정과 행복을 준다고 믿는 것입니다. 셋째는 스타주의로, 자신의 자랑과 위치만을 높이는 태도입니다. 참된 신앙인은 하나님을 자랑하고 높이는 삶을 살아야 합니다. 복 받은 자로서 살아가는 것이 이러한 잘못된 태도에서 벗어나는 길입니다. 우리가 받은 복은 영원한 생명의 복이며, 하나님이 우리의 아버지 되심이라는 사실을 확신할 때, 우리는 모든 상황에서 여유를 가질 수 있습니다. 이 복을 깨닫고, 하나님을 사랑하는 자로서 출발하는 것이 참된 신앙인의 길입니다.

하나님, 복 받은 자로서 하나님만을 사랑하며 살아가게 하소서.

3월 **7**일

믿음 없으면 일어난 일들

사사기 18:1-10

4그가 그들에게 이르되 미가가 이러이러하게 나를 대접하고 나를 고용하여 나를 자기의 제사장으로 삼았느니라 하니라 5그들이 그에게 이르되 청하건대 우리를 위하여 하나님께 물어 보아서 우리가 가는 길이 형통할는지 우리에게 알게 하라 하니 … 9이르되 일어나 그들을 치러 올라가자 우리가 그 땅을 본즉 매우 좋더라 너희는 가만히 있느냐 나아가서 그 땅 얻기를 게을리 하지 말라 10너희가 가면 평화로운 백성을 만날 것이요 그 땅은 넓고 그 곳에는 세상에 있는 것이 하나도 부족함이 없느니라 하나님이 그 땅을 너희 손에 넘겨 주셨느니라 하는지라

믿음은 단순히 어떤 사실을 믿는 것이 아니라, 우리가 하나님의 사랑받는 자녀임을 확신하는 것입니다. 그러나 사단은 우리가 이 믿음을 포기하게 만들기 위해 다양한 유혹과 시험을 던집니다. 사단은 예수님의 정체성을 흔들려고 시험했지만, 예수님은 그 믿음에 흔들리지 않으셨습니다. 마찬가지로, 사단은 우리도 하나님의 사랑을 의심하게 만듭니다. 하지만 이 믿음을 끝까지 지킬 때, 사단은 우리를 떠나고 천사들이 우리를 도와줍니다. 단 지파는 이 믿음을 잃어버리고 하나님이 주신 땅을 피하며 자신들의 마음대로 행동했습니다. 그 결과, 그들은 하나님의 계획을 떠나 가짜 제사장을 따르고 라이스를 정복했지만, 영적으로 죽은 자가 되고 말았습니다. 믿음을 잃으면 그 공동체는 부패하게 되고, 결국 하나님께 버림받습니다. 아무리 오랜 신앙생활을 했더라도, 믿음을 잃어버리면 영적으로 죽은 자가 됩니다. 우리가 하나님의 사랑받는 자녀임을 확신하는 이 믿음을 굳건히 붙잡아, 언제나 우리의 믿음을 노리는 사단이 우리를 흔들지 못하게 해야 합니다.

하나님, 주신 믿음을 끝까지 붙잡아 승리하게 하소서.

3월 **8**일

우상을 깨뜨리고 새롭게 나아가며

사사기 18:11-20

18그 다섯 사람이 미가의 집에 들어가서 그 새긴 신상과 에봇과 드라빔과 부어 만든 신상을 가지고 나오매 그 제사장이 그들에게 묻되 너희가 무엇을 하느냐 하니 19그들이 그에게 이르되 잠잠하라 네 손을 입에 대라 우리와 함께 가서 우리의 아버지와 제사장이 되라 네가 한 사람의 집의 제사장이 되는 것과 이스라엘의 한 지파 한 족속의 제사장이 되는 것 중에서 어느 것이 낫겠느냐 하는지라 20그 제사장이 마음에 기뻐하여 에봇과 드라빔과 새긴 우상을 받아 가지고 그 백성 가운데로 들어가니라

우 상 숭배는 오늘날에도 우리 주변에 깊이 뿌리내리고 있습니다. 명예, 돈, 성공 심지어 하나님마저도 우리의 목적을 이루기 위한 수단으로 삼을 때가 있습니다. 오늘 말씀에서 단 지파는 하나님께서 주신 땅이 정복하기 어려워 보이자 두려워하며 정복하지 않고, 우상을 섬기고 거짓 제사장을 의지하고 있습니다. 결국, 그들은 멸망의 길로 접어들고 말았습니다. 단순히 형상을 섬기는 것만이 우상 숭배가 아니라 나의 목적을 달성하기 위해 어떤 대상을 수단 삼는 것 또한 우상 숭배입니다. 참된 신앙은 하나님과의 사랑에 기초한 관계에서 시작되기 때문입니다. 우리의 목적을 위해 하나님을 이용하는 것이 아니라, 어떤 상황에서도 하나님의 사랑을 확신하며 그분을 의지하며 하나님을 사랑해서 예배하고, 찬송하고, 기도하는 삶을 살아야 합니다. 복음 안에 사는 자만이 우상을 깨뜨리고, 하나님의 사랑 안에서 살아갈 수 있습니다. 그들은 원하는 응답을 받지 못해도 하나님을 원망하지 않고, 오히려 그 상황 속에서 하나님의 사랑을 고백합니다.

하나님, 우상을 깨뜨리고 오직 주님의 사랑 안에서 살아가게 하소서.

3월 9일

왕을 모시는 자와 왕을 모시지 않는 자

사사기 19:1-10

1이스라엘에 왕이 없을 그 때에 에브라임 산지 구석에 거류하는 어떤 레위 사람이 유다 베들레헴에서 첩을 맞이하였더니 2그 첩이 행음하고 남편을 떠나 유다 베들레헴 그의 아버지의 집에 돌아가서 거기서 넉 달 동안을 지내매 … 10그 사람이 다시 밤을 지내고자 하지 아니하여 일어나서 떠나 여부스 맞은편에 이르렀으니 여부스는 곧 예루살렘이라 안장 지운 나귀 두 마리와 첩이 그와 함께 하였더라

복음은 예수 그리스도를 통해 우리의 거처와 주인이 바뀐 기쁜 소식입니다. 사도 바울은 이 복음의 진리를 깨달은 후, 이 땅의 지식과 명예를 배설물로 여겼습니다. 그리스도 안에서 죄 사함을 받은 우리 모두는 이제 천국을 소망하며 나그네로 살아가는 자들이며, 이 땅에서는 잠시 머무는 거류민과 나그네일 뿐입니다. 오늘 말씀에서 행음하여 떠난 첩을 찾아가는 레위인은 세상의 즐거움과 욕망에 휘둘리는, 세상을 왕으로 삼은 자들의 삶을 상징적으로 보여줍니다. 하지만 하나님을 왕으로 모시는 자들로, 예수 그리스도의 말씀에 통치받는 백성인 우리는 달라야 합니다. 우리는 왕을 모시는 자로서, 첫째, 하나님 나라 백성으로서의 정체성을 잊지 말아야 합니다. 언제 어디서나 우리는 하나님의 통치를 받는 자들로서, 그분의 영광을 드러내는 삶을 살아야 합니다. 둘째, 하나님을 알지 못하고 세상을 왕으로 삼는 자들을 불쌍히 여기고 그들을 하나님 나라로 인도하는 사명을 감당해야 합니다. 우리는 그들을 세상에서 건져내어 하나님의 나라로 옮기는 귀한 도구로 쓰임 받는 자들입니다.

하나님, 제 삶 속에서 주님의 통치를 따르고, 많은 영혼들을 주님께로 인도하는 도구로 사용해 주소서.

3월 **10**일

왕이 없는 세상에서 사는 지혜

사사기 19:11-21

¹⁵기브아에 가서 유숙하려고 그리로 돌아 들어가서 성읍 넓은 거리에 앉아 있으나 그를 집으로 영접하여 유숙하게 하는 자가 없었더라 ¹⁶저녁 때에 한 노인이 밭에서 일하다가 돌아오니 그 사람은 본래 에브라임 산지 사람으로서 기브아에 거류하는 자요 그곳 사람들은 베냐민 자손이더라 … ²¹그를 데리고 자기 집에 들어가서 나귀에게 먹이니 그들이 발을 씻고 먹고 마시니라

오늘 말씀에서 레위인은 왕의 사람임에도 왕이 없는 사람처럼 살고 있습니다. 그는 첩을 되찾기 위해 첩의 아버지 집을 찾아가 몇 날 며칠을 먹고 마시며 기력을 회복하는 데 시간을 보냈습니다. 에브라임으로 돌아가는 길에 그는 여부스 땅이 아니라 베냐민 지파의 기브아에 머물기를 택했으나, 그곳에서 그를 맞이해 주는 사람은 아무도 없었습니다. 기브아 사람들의 태도는 오늘날 우리가 나그네를 대하는 모습에 대한 성찰을 요구합니다. 우리는 하나님의 사람으로서 낯선 이들을 영접하고 있습니까? 예수님께서는 "내가 주릴 때에 너희가 먹을 것을 주었고, 목마를 때에 마시게 하였고, 나그네 되었을 때에 영접하였다"마 ²⁵:³⁵라고 말씀하셨습니다. 베풀고 나누는 일은 그 대상의 자격을 논할 것이 아니라, 우리의 도리로 여겨져야 합니다. 이는 곧 이웃과 열방을 살리는 일이자 하나님께서 기뻐하시는 제사입니다. 우리가 나누고 베풀 때, 우리는 주어진 모든 것이 은혜로 다가오는 은혜의 산에 올라서 생명을 살리는 사명을 완수하는 성도가 될 것입니다.

하나님, 은혜의 산을 바라보며 나눔과 섬김으로 생명을 살리는 자가 되게 하소서.

3월 **11**일

왕이 없는 세상에서 사는 지혜

사사기 19:22-30

22그들이 마음을 즐겁게 할 때에 그 성읍의 불량배들이 그 집을 에워싸고 문을 두들기며 집 주인 노인에게 말하여 이르되 네 집에 들어온 사람을 끌어내라 우리가 그와 관계하리라 하니 … 30그것을 보는 자가 다 이르되 이스라엘 자손이 애굽 땅에서 올라온 날부터 오늘까지 이런 일은 일어나지도 아니하였고 보지도 못하였도다 이 일을 생각하고 상의한 후에 말하자 하니라

도망갔던 첩을 다시 데려오던 레위인이 기브아에서 머무는 중, 불량배들의 악행으로 첩이 죽임을 당했습니다. 이 잔인한 사건을 통해 하나님은 우리에게 중요한 교훈을 주고 계십니다. 억울한 일을 당한 레위인은 자신의 힘으로는 해결할 수 없자 다른 지파를 끌어들여 전쟁으로 원수를 갚고자 했습니다. 그러나 과연 세상의 힘이 문제 해결의 방법일까요? 이 사건은 세상의 힘을 추구하는 것이 얼마나 위험한지를 보여줍니다. 진정한 힘은 하나님을 의지하는 데서 나오는데, 하나님은 이미 예수 그리스도를 통해 우리에게 모든 힘을 주셨습니다. 그분 안에 있을 때 우리는 승리할 수 있습니다. 예수님도 이 땅에서 가장 연약한 모습으로 오셨으며, 세상 앞에서 그 힘을 사용하지 않으셨습니다. 이는 힘으로 세상을 구원할 수 없다는 것을 보여주시기 위함입니다. 예수님의 신분을 받은 자로서 우리는 예수님을 따라, 힘이 아닌 믿음으로 살아가야 함을 기억해야 합니다.

하나님을 힘으로 삼아 세상의 유혹과 억울함에 흔들리지 않게 하소서.

3월 **12**일

잘못된 결의

사사기 20:1-11

8모든 백성이 일제히 일어나 이르되 우리가 한 사람도 자기 장막으로 돌아가지 말며 한 사람도 자기 집으로 들어가지 말고 9우리가 이제 기브아 사람에게 이렇게 행하리니 곧 제비를 뽑아서 그들을 치되 10우리가 이스라엘 모든 지파 중에서 백 명에 열 명, 천 명에 백 명, 만 명에 천 명을 뽑아 그 백성을 위하여 양식을 준비하고 그들에게 베냐민의 기브아에 가서 그 무리가 이스라엘 중에서 망령된 일을 행한 대로 징계하게 하리라 하니라 11이와 같이 이스라엘 모든 사람이 하나 같이 합심하여 그 성읍을 치려고 모였더라

우리의 삶은 매 순간 결정을 마주합니다. 그러나 그 결정이 감정에 의해 좌우될 때, 엄청난 결과를 초래할 수 있습니다. 오늘 말씀에서 레위인은 베냐민 지파에게 복수하려는 마음으로 첩의 시신을 조각내어 이스라엘 지파들에게 보냈고, 이로 인해 이스라엘 전역이 감정적으로 격분하게 되었습니다. 그들의 결의 또한 감정에 의한 것이었으며, 그로 인해 전쟁이 발발하고 많은 생명이 희생되었으며 베냐민 지파는 거의 말살될 뻔한 위기에 처했습니다. 이 사건은 우리의 감정이 얼마나 큰 영향을 미칠 수 있는지 보여줍니다. 우리는 우리의 감정을 제어하고 하나님의 평강을 구해야 합니다. '아무 것도 염려하지 말고 기도와 간구로 하나님께 아뢰라'는 말씀처럼, 기도는 우리의 감정을 다스리는 중요한 통로입니다. 잠잠히 하나님 앞에 나아갈 때, 우리 마음에 불붙은 감정은 가라앉고 하나님의 평강이 임합니다. 우리가 감정에 휩쓸리지 않고 아버지께 나아가 기도할 때, 우리뿐만 아니라 우리의 공동체와 이웃을 살리는 성도가 될 수 있습니다.

감정에 휩쓸리지 않고 하나님의 평강으로 우리의 마음을 다스릴 수 있도록 인도해 주소서.

3월 13일

그만 멈추시오

사사기 20:12-16

12이스라엘 지파들이 베냐민 온 지파에 사람들을 보내어 두루 다니며 이르기를 너희 중에서 생긴 이 악행이 어찌 됨이냐 13그런즉 이제 기브아 사람들 곧 그 불량배들을 우리에게 넘겨 주어서 우리가 그들을 죽여 이스라엘 중에서 악을 제거하여 버리게 하라 하나 베냐민 자손이 그들의 형제 이스라엘 자손의 말을 듣지 아니하고 14도리어 성읍들로부터 기브아에 모이고 나가서 이스라엘 자손과 싸우고자 하니라 15그 때에 그 성읍들로부터 나온 베냐민 자손의 수는 칼을 빼는 자가 모두 이만 육천 명이요 그 외에 기브아 주민 중 택한 자가 칠백 명인데 16이 모든 백성 중에서 택한 칠백 명은 다 왼손잡이라 물매로 돌을 던지면 조금도 틀림이 없는 자들이더라

우리 인생의 여정에서 하나님은 때때로 "그만 멈추라"는 음성을 들려주십니다. 그러나 이 음성에 귀를 기울이지 않고 계속 나아가면, 우리는 자신뿐만 아니라 가정과 공동체, 나아가 세상을 파괴할 수 있습니다. 베냐민 지파와 이스라엘의 전쟁도 마찬가지였습니다. 그만 멈춰야 할 때에 멈추지 않았고, 결국 비극적인 전쟁이 벌어졌습니다. 하나님께서는 분명 멈추라고 하셨을 것입니다. 그러나 그 음성을 무시한 결과는 참혹한 전쟁과 수많은 희생이었습니다. 우리 삶에도 눈에 보이는 중독뿐만 아니라 보이지 않는 중독들이 있습니다. 그뿐만 아니라 교만, 분노, 인정받고자 하는 욕구 등, 우리의 영적인 삶을 무너뜨리는 요소들이 스며들어 있습니다. 그러나 우리는 이 모든 것을 멈추고, 다시 하나님께로 돌아가야 합니다. 멈추라는 하나님의 음성을 들을 때, 그 자리에 멈추고 우리의 삶을 돌아보며 하나님의 영으로 채워 나가야 합니다. 그렇게 할 때 비로소 우리는 중독과 내리막길에서 벗어나 영적으로 회복될 수 있습니다.

주님, 제 삶에서 멈추어야 할 때 멈추고, 하나님의 음성에 순종할 수 있도록 도와주소서.

3월 **14**일

하나님의 허락을 분별하라

사사기 20:17-28

27이스라엘 자손이 여호와께 물으니라 그 때에는 하나님의 언약궤가 거기 있고 28아론의 손자인 엘르아살의 아들 비느하스가 그 앞에 모시고 섰더라 이스라엘 자손들이 여쭈기를 우리가 다시 나아가 내 형제 베냐민 자손과 싸우리이까 말리이까 하니 여호와께서 이르시되 올라가라 내일은 내가 그를 네 손에 넘겨 주리라 하시는지라

이스라엘 지파가 베냐민과의 전쟁을 준비하며 하나님께 묻고 허락을 받았으나 두 번이나 패배했다는 본문의 내용은 우리에게 중요한 교훈을 줍니다. 왜 하나님은 이스라엘에 허락하셨음에도 패배를 허용하셨을까요? 이는 단순히 승패의 문제가 아니라, 우리의 기도와 하나님의 뜻에 대한 깊은 이해를 요구합니다. 하나님은 인간의 완악함과 욕심을 때로는 허락하시지만, 이는 더 깊은 성숙과 깨달음을 위해 허락된 것입니다. 마태복음 19장 8절에서 예수님께서 이혼을 허락한 이유는 인간의 마음이 완악했기 때문이라고 하셨습니다. 이와 마찬가지로, 우리의 기도도 때로는 우리의 욕심과 아집에 의해 이루어질 수 있습니다. 하지만 하나님은 이 과정에서 우리가 성숙하여 결국에는 자신의 욕심과 죄를 깨닫고 회개하며 하나님의 뜻에 따라 기도할 수 있도록 이끄십니다. 예수님께서 십자가를 앞두고 '내 원대로 하지 마시고 아버지의 원대로 하옵소서'라고 기도하신 것처럼, 우리의 기도도 어린아이의 욕망에서 벗어나 하나님의 뜻에 순종하는 성숙한 기도로 나아가야 합니다.

 주님, 제 기도가 하나님의 뜻에 순종하는 성숙한 기도가 되게 하소서.

3월 **15**일

이겨도 이긴 것이 아니다

사사기 20:29-35
35여호와께서 이스라엘 앞에서 베냐민을 치시매 당일에 이스라엘 자손이 베냐민 사람
이만 오천백 명을 죽였으니 다 칼을 빼는 자였더라

오늘 말씀에서 베냐민 지파와 이스라엘 연합군의 싸움은 겉으로는 승리가 있었지만, 결국 모두에게 상처를 남긴, 이겨도 이긴 것이 아닌 싸움이었습니다. 살아가다 보면 피할 수 없는 싸움들이 있습니다. 그러나 분명히 해서는 안 되는 싸움과 반드시 해야 하는 싸움이 있습니다. 교회 내에서의 다툼도 해서는 안 되는 싸움입니다. 아무리 좋은 시스템이나 프로그램이 있어도, 교회 내에 화평이 없다면 그것은 진정한 공동체가 아닙니다. 교회를 세우시는 분은 하나님이시기 때문에 우리는 오직 화평을 이루는 자로 살아가야 합니다. 성경은 "화평하게 하는 자는 복이 있나니 그들이 하나님의 아들이라 일컬음을 받을 것임이요"마 5:9라고 말씀합니다. 그러나 우리가 반드시 해야 하는 싸움도 있습니다. 그것은 내 안에 있는 교만, 이기심, 그리고 악한 영의 유혹과 하는 싸움입니다. 이 영적인 싸움에서 승리하기 위해 우리는 기도와 중보를 통해 하나님께 나아가야 합니다. 절대로 해서는 안 되는 싸움과 반드시 해야 하는 싸움을 분별하며, 하나님께서 주신 평강과 화목 속에서 화평을 이루는 데 힘쓰며 살아가기를 소망합니다.

주님, 화평을 이루는 자로 살아가게 하시고, 모든 싸움에서 이기게 하소서.

3월 **16**일

통곡할 일의 반복을 막는 길

사사기 21:1-7

1이스라엘 사람들이 미스바에서 맹세하여 이르기를 우리 중에 누구든지 딸을 베냐민 사람에게 아내로 주지 아니하리라 하였더라 … 7그 남은 자들에게 우리가 어떻게 하면 아내를 얻게 하리요 우리가 전에 여호와로 맹세하여 우리의 딸을 그들의 아내로 주지 아니하리라 하였도다

오늘 말씀에서 베냐민 지파를 초토화시킨 후 통곡하며 후회하는 이스라엘 백성의 모습을 볼 수 있습니다. 그러나 그들은 형제를 멸망시킨 것에 대해 통곡하면서도, 총회에 참석하지 않은 길르앗 사람들을 모두 죽이겠다는 결정을 내립니다. 이는 인간의 어리석음과 반복되는 폭력의 순환을 보여줍니다. 우리 삶에서도 비슷한 패턴을 자주 발견할 수 있습니다. 명예, 성공, 물질, 인기를 얻기 위해 우리는 현재의 시간을 폭력적으로 사용하고, 그로 인해 또다시 통곡할 일을 만들어갑니다. 통곡할 일을 반복하지 않기 위해서는 성령의 인도하심을 따라 살아가야 합니다. 성령의 열매는 사랑, 기쁨, 화평, 오래 참음입니다. 우리의 삶에 이 열매가 맺힐 때, 우리는 반복되는 고통의 순환을 끊을 수 있습니다. 우리는 영원한 나라에 속한 자로서, 성령의 임재를 따라 영원한 시간을 살아가는 존재입니다. 지금이라는 시간을 폭력과 고통으로 채우기보다는 성령의 인도하심 속에서 평화롭게 살아가기를 소망합니다. 우리의 가정, 나라, 그리고 교회가 성령의 인도 속에서 통곡할 일을 반복하지 않기를 기도합니다.

성령의 열매를 맺으며, 폭력을 사용하지 않고 평화롭게 살아가게 하소서.

3월 **17**일

왕을 모신 자의 삶과 복

사사기 21장 16-25

16회중의 장로들이 이르되 베냐민의 여인이 다 멸절되었으니 이제 그 남은 자들에게 어떻게 하여야 아내를 얻게 할까 하고 … 24그 때에 이스라엘 자손이 그 곳에서 각기 자기의 지파, 자기의 가족에게로 돌아갔으니 곧 각기 그 곳에서 나와서 자기의 기업으로 돌아갔더라 25그 때에 이스라엘에 왕이 없으므로 사람이 각기 자기의 소견에 옳은 대로 행하였더라

사사기의 마지막 구절은 이스라엘이 왕이 없을 때의 혼란을 단적으로 보여줍니다. 왕이 없던 시대, 사람들은 자기 소견에 옳은 대로 행하며 혼란과 무질서 속에 빠졌습니다. 결국, 이스라엘 백성은 왕을 요구하게 되었지만, 사울, 다윗과 솔로몬 왕의 통치도 영원하지 않았고, 이스라엘은 결국 분열되었습니다. 이 모든 역사는 이 땅의 왕이 영원하지 않다는 사실을 보여줍니다. 우리에게 필요한 왕은 오직 영원한 왕이신 하나님뿐입니다. 하나님을 왕으로 모실 때, 우리는 진정한 평안을 누릴 수 있습니다. 하나님께서 우리에게 요구하시는 것은 그분을 경외하고, 그분의 말씀을 따라 사는 삶입니다. "너희가 나의 계명과 규례를 지키면 네 길이 평탄하게 되고 형통할 것이다"수 1:8. 하나님을 왕으로 모신 자에게는 묵시, 즉 하나님의 말씀이 주어집니다. 이 말씀은 우리의 삶을 인도하며, 우리가 방자히 행하지 않도록 보호해줍니다. 하나님의 묵시를 가지고 살아가는 자들로서, 우리는 그 묵시를 개인적으로만 간직하는 것이 아니라, 가족과 이웃, 그리고 온 세상에 나누어야 합니다. 영원한 왕이신 하나님을 모시고 그분의 묵시를 나누며 살아가는 성도가 되기를 소망합니다.

영원한 왕이신 하나님을 모시고, 그분의 말씀을 나누며 살아가게 하소서.

3월 18일

절망 중에 찾아오신 예수

누가복음 1:1-5, 46-56

1우리 중에 이루어진 사실에 대하여 2처음부터 목격자와 말씀의 일꾼 된 자들이 전하여 준 그대로 내력을 저술하려고 붓을 든 사람이 많은지라 3그 모든 일을 근원부터 자세히 미루어 살핀 나도 데오빌로 각하에게 차례대로 써 보내는 것이 좋은 줄 알았노니 4이는 각하가 알고 있는 바를 더 확실하게 하려 함이로라
46마리아가 이르되 내 영혼이 주를 찬양하며 47내 마음이 하나님 내 구주를 기뻐하였음은 48그의 여종의 비천함을 돌보셨음이라 보라 이제 후로는 만세에 나를 복이 있다 일컬으리로다 49능하신 이가 큰 일을 내게 행하셨으니 그 이름이 거룩하시며 50긍휼하심이 두려워하는 자에게 대대로 이르는도다

오늘 말씀에서 이스라엘은 400년간 하나님의 침묵을 경험하고, 헤롯왕의 압제 아래 희망이 없는 절망의 시대를 맞았습니다. 하지만 바로 그때 하나님께서는 예수 그리스도를 보내심으로 생명을 주셨습니다. 믿음의 백성도 세상 사람들과 마찬가지로 어려움을 겪습니다. 그러나 절망의 끝에서 하나님을 만날 수 있다는 차이가 있습니다. 이처럼 우리도 절망의 끝에서 하나님께 기도하며 예수님의 생명을 받을 때, 절망을 넘어 기쁨과 찬송으로 나아갈 수 있습니다. 예수님을 믿는 것이 절망의 상황을 피하게 해 주는 것은 아닙니다. 그러나 믿음의 사람은 그 자리에 계시는 하나님을 보고, 그분이 우리 안에 예수 생명을 주셔서 새로운 삶으로 인도하심을 깨닫습니다. 이로 인해 우리는 항상 기뻐하고 감사하며 찬송할 수 있습니다.

주님, 절망 중에도 예수 생명이 자라나게 하시고, 그로 인해 기쁨과 찬송을 드리는 삶을 살게 하소서.

3월 **19**일

나에게 최고의 소식은?

누가복음 3:1-6

3요한이 요단 강 부근 각처에 와서 죄 사함을 받게 하는 회개의 세례를 전파하니 4선지자 이사야의 책에 쓴 바 광야에서 외치는 자의 소리가 있어 이르되 너희는 주의 길을 준비하라 그의 오실 길을 곧게 하라 5모든 골짜기가 메워지고 모든 산과 작은 산이 낮아지고 굽은 것이 곧아지고 험한 길이 평탄하여질 것이요 6모든 육체가 하나님의 구원하심을 보리라 함과 같으니라

누가복음의 저자 누가에게 최고의 소식은 '예수 그리스도'였습니다. 그래서 그는 누가복음을 기록하며 예수 그리스도의 구원 소식을 더 확실하게 전하려고 했습니다. 오늘 말씀은 비록 세례 요한의 사역을 이야기하고 있지만, 그 중심 내용은 예수 그리스도에 대한 것입니다. 첫째, 예수 그리스도를 보내신 분은 통치자 하나님이십니다. 역사의 배경을 구체적으로 서술하는 것은 모든 것이 하나님의 통치 아래 있다는 사실을 보여줍니다. 하나님은 역사를 주관하시며, 우주 만물을 통치하시는 분입니다. 이 사실을 믿고 고백할 때 우리는 하나님을 찬양하고 그분의 이름을 전파하게 됩니다. 둘째, 소망 없는 상황 속에서도 예수 그리스도의 오실 길이 반드시 열립니다. 이사야 선지자의 예언처럼, 광야와 같은 절망적인 상황에서도 하나님은 대로를 열어 구원의 역사를 이루십니다. 믿음의 백성에게는 절망이 없습니다. 하나님께서 약속하신 바를 반드시 이루실 것을 믿기 때문입니다. 우리가 처한 모든 상황은 예수 그리스도를 깊이 만나게 되는 기회입니다. 이 소망을 붙들고 주님을 자랑하는 믿음의 삶을 살아가길 축복합니다.

주님, 절망 속에서도 통치하시는 하나님을 믿고, 예수 그리스도를 자랑하는 삶을 살게 하소서.

3월 20일
우리도 마귀의 유혹을 이길 수 있다

누가복음 4:1-13

¹예수께서 성령의 충만함을 입어 요단 강에서 돌아오사 광야에서 사십 일 동안 성령에게 이끌리시며 ²마귀에게 시험을 받으시더라 이 모든 날에 아무 것도 잡수시지 아니하시니 날 수가 다하매 주리신지라 … ¹²예수께서 대답하여 이르시되 주 너의 하나님을 시험하지 말라 하였느니라 ¹³마귀가 모든 시험을 다 한 후에 얼마 동안 떠나니라

육체의 면역력뿐만 아니라 영적인 면역력을 기르는 것은 매우 중요합니다. 이 시대의 믿음의 백성으로서 더 강력해지는 영적 유혹에 대비해야 하기 때문입니다. 영적 면역력을 키우기 위해 다음과 같은 좋은 습관을 기를 필요가 있습니다. 첫째, 정해진 시간에 기도하는 습관을 들여야 합니다. 예수님도 습관을 따라 감람산에서 기도하셨습니다. 둘째, 말씀 묵상, 성경 읽기, 설교 듣기와 같이 규칙적인 영적 양식을 섭취하는 습관을 길러야 합니다. 셋째, 영적인 운동으로 말씀에 순종하는 습관을 들여야 합니다. 각박해지는 세상 속에서 서로가 어려워하는 이때, 사랑을 실천하며 이웃을 섬기는 것도 영적 면역력을 키우는 중요한 방법입니다. 이 습관들은 하루아침에 형성되지 않으며, 보통 40일이 필요합니다. 예수님께서도 광야에서 40일 동안 성령에 이끌려 마귀의 시험을 받으셨지만, 보이지 않는 하나님 나라를 보심으로 유혹을 이기셨습니다. 우리도 성령에 이끌려 보이는 세계뿐만 아니라 영원한 세계를 바라보며 마귀의 유혹을 이길 수 있습니다. 사순절 동안 좋은 영적 습관을 길러 영과 육의 면역력을 함께 키우는 성도가 되기를 축복합니다.

주님, 사순절 동안 영적 습관을 길러 마귀의 유혹을 이기고 하나님께 더욱 가까이 가게 하소서.

3월 **21**일

누가 이기는 자인가?

누가복음 4:14-30

24또 이르시되 내가 진실로 너희에게 이르노니 선지자가 고향에서는 환영을 받는 자가 없느니라 25내가 참으로 너희에게 이르노니 엘리야 시대에 하늘이 삼 년 육 개월간 닫히어 온 땅에 큰 흉년이 들었을 때에 이스라엘에 많은 과부가 있었으되 26엘리야가 그 중 한 사람에게도 보내심을 받지 않고 오직 시돈 땅에 있는 사렙다의 한 과부에게 뿐이었으며 27또 선지자 엘리사 때에 이스라엘에 많은 나병환자가 있었으되 그 중의 한 사람도 깨끗함을 얻지 못하고 오직 수리아 사람 나아만뿐이었느니라

예수님께서 성령에 이끌려 시험을 받으실 때, 보이는 세상이 아닌 보이지 않는 세상에 시선을 고정하심으로 시험을 이기셨습니다. 그 후 고향 나사렛에서 이사야서를 읽으시며 말씀을 이루셨음을 선포하셨지만, 고향 사람들은 예수님의 참된 모습을 알아보지 못하고 그분을 요셉의 아들로만 여겼습니다. 그들은 기적을 기대했으나, 예수님은 고향에서는 기적을 베풀지 않으셨습니다. 이는 예수님께서 오신 이유가 세상의 문제를 해결하기 위함이 아니라, 우리의 죄 문제를 해결하고 영생을 주시기 위함이었기 때문입니다. 기적은 단지 우리를 하나님께로 인도할 수 있는 도구일 뿐입니다. 만약 그것만 목적 삼게 되면, 우리는 보이지 않는 하나님 나라를 보지 못하게 됩니다. 영생을 소유한 자만이 세상을 이길 수 있습니다. 이스라엘 백성들이 홍해를 건넜음에도 불구하고, 광야에서 원망했던 것처럼, 구원받은 우리가 날마다 하나님을 바라보지 않으면 세상에 쉽게 지게 됩니다. 그러므로 이기는 자는 오늘에 초점을 맞추고, 하나님께 시선을 고정하는 자입니다. 내일에 대한 염려는 오직 하나님께 맡기고, 오늘을 믿음으로 살아갈 때 우리는 이기는 자로 살 수 있습니다.

주님, 날마다 하나님을 바라보며 오늘을 믿음으로 살아가는 이기는 자가 되게 하소서.

3월 22일

인간은 책임질 수 있기에 존엄하다

누가복음 4:31-44

38예수께서 일어나 회당에서 나가사 시몬의 집에 들어가시니 시몬의 장모가 중한 열병을 앓고 있는지라 사람들이 그를 위하여 예수께 구하니 39예수께서 가까이 서서 열병을 꾸짖으신대 병이 떠나고 여자가 곧 일어나 그들에게 수종드니라 40해 질 무렵에 사람들이 온갖 병자들을 데리고 나아오매 예수께서 일일이 그 위에 손을 얹으사 고치시니 41여러 사람에게서 귀신들이 나가며 소리 질러 이르되 당신은 하나님의 아들이니이다 예수께서 꾸짖으사 그들이 말함을 허락하지 아니하시니 이는 자기를 그리스도인 줄 앎이러라

오늘날 소상공인과 자영업자들이 무너지고 교회도 위기를 맞고 있습니다. 이러한 상황 속에서 우리는 염려와 두려움에 사로잡히기 쉽습니다. 그러나 하나님께서는 우리를 단순한 존재가 아닌, 영혼을 책임지는 자로 창조하셨습니다. 예수님도 우리를 책임지기 위해 가르치시고 치유하시며, 복음을 전파하셨습니다. 가장 중요한 것은 바로 영혼을 책임지는 일입니다. 우리가 영혼을 책임질 때, 하나님은 우리의 삶을 풍요롭게 하십니다. 어려움 속에서도 영혼에 대한 책임을 잊지 않을 때, 우리는 존엄한 존재로서 살 수 있습니다. 그러나 이 책임을 잊게 되면 원망과 불평이 생기고, 그것이 우리의 영혼을 병들게 합니다. 이스라엘 백성이 광야에서 불평했을 때 불뱀이 그들을 물었지만, 놋뱀을 쳐다보는 자는 살았습니다. 어려운 상황 속에서도 주님을 바라보고 영혼을 책임질 때, 불뱀이 아닌 놋뱀으로 나와 다른 이들을 살리는 하나님의 역사를 경험하게 될 것입니다.

주님, 영혼을 책임지는 자로 살게 하시고, 이웃과 세상을 섬기는 삶을 살게 하소서.

3월 **23**일

갇힌 내가 자유케 되었다

누가복음 5:12-26

18한 중풍병자를 사람들이 침상에 메고 와서 예수 앞에 들여놓고자 하였으나 19무리 때문에 메고 들어갈 길을 얻지 못한지라 지붕에 올라가 기와를 벗기고 병자를 침상째 무리 가운데로 예수 앞에 달아 내리니 20예수께서 그들의 믿음을 보시고 이르시되 이 사람아 네 죄 사함을 받았느니라 하시니

삶에서 우리는 감옥, 질병, 경제적 어려움, 관계 속의 갈등과 같은 여러 가지로 인해 얽매일 때가 있습니다. 그러나 더 큰 문제는 마음과 영혼이 갇히는 것입니다. 오늘 말씀 가운데 예수님께서 고치신 나병 환자는 병으로 인해 하나님 앞에 나아가 제사 드릴 수 없었지만, 예수님께 치유받아 하나님 앞에 다시 나아갈 수 있게 되었습니다. 이는 단순한 육체적 해방을 넘어 영적인 자유를 주신 사건입니다. 또한, 죄 사함을 선포 받은 중풍 병자는 일시적인 질병으로부터의 자유를 초월한 죄로부터의 자유, 곧 영원한 자유를 얻게 되었습니다. 죄의 종이었던 우리는 이제 예수 그리스도의 종이 되었습니다. 그리스도의 종으로서 우리는 제한을 받지만, 그 제한은 우리를 위한 것입니다. 안식일과 십일조는 우리에게 영적 질서를 세우고, 삶의 방향을 제시하기 때문입니다. 이러한 제한 속에서 우리는 참된 자유를 누리며, 그리스도의 말씀으로 가득 채워져 살아갈 수 있습니다.

 주님, 죄로부터 자유케 하시고 참된 예배의 기쁨을 허락하심에 감사합니다.

3월 24일

안식일의 주인

누가복음 6:1-5

1안식일에 예수께서 밀밭 사이로 지나가실새 제자들이 이삭을 잘라 손으로 비비어 먹으니 2어떤 바리새인들이 말하되 어찌하여 안식일에 하지 못할 일을 하느냐 3예수께서 대답하여 이르시되 다윗이 자기 및 자기와 함께 한 자들이 시장할 때에 한 일을 읽지 못하였느냐 4그가 하나님의 전에 들어가서 다만 제사장 외에는 먹어서는 안 되는 진설병을 먹고 함께 한 자들에게도 주지 아니하였느냐 5또 이르시되 인자는 안식일의 주인이니라 하시더라

안식일에 예수님께서 밀밭을 지날 때 제자들이 이삭을 따먹었습니다. 이를 본 바리새인들은 율법을 어겼다며 비난했지만, 예수님은 다윗이 진설병을 먹은 일을 들어 생명과 사랑이 율법보다 중요함을 가르치셨습니다. 기독교는 생명과 사랑이신 예수님을 중심으로 한 신앙입니다. 그래서 예수님이 빠진다면 기독교는 그저 외적인 형식일 뿐입니다. 예수님은 안식일의 주인으로서 우리에게 세 가지 큰일을 행하셨습니다. 첫째, 하나님께서 창조하신 은혜를 기억하는 날로 주신 안식일출 20:8-11. 둘째, 우리를 죄의 종에서 해방한 구원을 기념하는 날신 5:12-15. 셋째, 부활을 통해 영원한 생명을 주신 날마 28:9. 이 세 가지를 기억하며 예수님께서 이루신 생명과 사랑을 실천하는 것이 진정한 예배입니다.

주님, 안식일의 주인이신 당신을 기억하며 생명과 사랑을 실천하는 성도가 되게 하소서.

3월 **25**일

생명을 구할 자

누가복음 6:6-11

6또 다른 안식일에 예수께서 회당에 들어가사 가르치실새 거기 오른손 마른 사람이 있는지라 7서기관과 바리새인들이 예수를 고발할 증거를 찾으려 하여 안식일에 병을 고치시는가 엿보니 … 9예수께서 그들에게 이르시되 내가 너희에게 묻노니 안식일에 선을 행하는 것과 악을 행하는 것, 생명을 구하는 것과 죽이는 것, 어느 것이 옳으냐 하시며 10무리를 둘러보시고 그 사람에게 이르시되 네 손을 내밀라 하시니 그가 그리하매 그 손이 회복된지라 11그들은 노기가 가득하여 예수를 어떻게 할까 하고 서로 의논하니라

바리새인들과 서기관들이 고발할 증거를 찾기 위해 예수님의 행동을 엿보았지만, 예수님은 그것을 아시면서도 안식일에 회당에서 손 마른 자를 고치셨습니다. 예수님께서 그들에게 던진 물음은 오늘 우리에게도 해당합니다. "안식일에 선을 행하는 것과 악을 행하는 것, 생명을 구하는 것과 죽이는 것 중 어느 것이 옳으냐?" 생명을 살리는 일은 첫째, 하나님의 영에 이끌려, 죽은 자들을 바라보며 그들을 불쌍히 여기는 데서 시작합니다. 둘째, 말씀을 선포하는 자리에 서는 것입니다. "예수 그리스도로 인해 당신은 살 수 있습니다"라는 메시지를 선포할 때 마른 뼈에 힘줄과 살이 생기듯 변화가 일어납니다. 셋째, 성령을 향해 대언하며 생기를 구하는 것입니다. 성령께서 죽은 자들에게 임하실 때 그들은 비로소 살아나 하나님의 군대가 됩니다. 오늘날 한국 교회는 영적 위기 속에 있습니다. 그러나 우리가 죽어가는 영혼들을 향해 말씀과 성령으로 대언할 사명을 다할 때, 우리 주변의 죽은 자들이 살아나 하나님의 큰 군대를 이루는 역사를 보게 될 것입니다.

하나님, 우리에게 생명을 살리는 자로서의 사명을 다할 수 있도록 힘과 지혜를 주소서.

3월 **26**일

이때에 기도하라

누가복음 6:12-19

12이 때에 예수께서 기도하시러 산으로 가사 밤이 새도록 하나님께 기도하시고 13밝으매 그 제자들을 부르사 그 중에서 열둘을 택하여 사도라 칭하셨으니 14곧 베드로라고도 이름을 주신 시몬과 그의 동생 안드레와 야고보와 요한과 빌립과 바돌로매와 15마태와 도마와 알패오의 아들 야고보와 셀롯이라는 시몬과 16야고보의 아들 유다와 예수를 파는 자 될 가룟 유다라

기 도는 그리스도인에게 주어진 놀라운 특권입니다. 우리의 기도는 단순한 종교 행위가 아니라, 하나님을 아버지로 모시는 자녀로서 드리는 대화이기 때문입니다. 그래서 예수님의 이름으로 기도한다는 것은 그분 안에서 우리가 하나님의 자녀로 기도한다는 것을 의미합니다. 이 특권을 가진 우리는 어떤 상황에서도 하나님 앞에 나아가 기도해야 합니다. 예수님은 고난과 압박 속에서도 기도의 자리를 찾으셨습니다. 밤이 새도록 기도하며 하나님의 뜻을 구하신 결과 열두 제자를 택하시는 결정을 내리셨습니다. 우리도 어려움을 만날 때 사람을 의지하거나 인간적인 방법을 먼저 찾기보다, 하나님 앞에 나아가 그분의 뜻을 묻는 기도를 해야 합니다. 기도 없는 상황이 재앙이며, 기도가 우리의 위기 속에서 하나님의 평안을 누리게 합니다. 하나님께서 기도하는 자를 붙드시고 하나님의 뜻을 이루십니다. 이때 기도함으로 하나님의 나라를 세우는 성도가 되기를 바랍니다.

주님, 이때에 기도하며 하나님의 뜻을 구하는 자가 되게 하소서.

3월 **27**일

하나님 나라의 복된 자

누가복음 6:20-26

20예수께서 눈을 들어 제자들을 보시고 이르시되 너희 가난한 자는 복이 있나니 하나님의 나라가 너희 것임이요 21지금 주린 자는 복이 있나니 너희가 배부름을 얻을 것임이요 지금 우는 자는 복이 있나니 너희가 웃을 것임이요 22인자로 말미암아 사람들이 너희를 미워하며 멀리하고 욕하고 너희 이름을 악하다 하여 버릴 때에는 너희에게 복이 있도다 23그 날에 기뻐하고 뛰놀라 하늘에서 너희 상이 큼이라 그들의 조상들이 선지자들에게 이와 같이 하였느니라

우리는 세상 속에 살지만, 하나님 나라의 백성으로 부르심을 받았습니다. 세상 나라는 힘으로 다스리고 확장하려 하지만, 하나님 나라는 사랑과 섬김으로 세워집니다. 세상은 부와 기쁨을 좇지만, 하나님 나라는 가난하고, 주리고, 우는 자들에게 주어지는 복을 약속하십니다. 이는 그리스도인의 정체성이 세상과는 다르다는 것을 말해줍니다. 예수님은 제자들에게 하나님 나라의 방식을 가르치셨습니다. 그것은 가난하게 하실 때도, 배부르게 하실 때도, 애통할 때도 하나님만을 바라보는 삶입니다. 우리가 복 있는 자인 이유는 이미 하나님 나라를 소유하고 있기 때문이며, 하나님 앞에 서는 날까지, 가르침 받은 이 길을 끝까지 걸어갈 때 우리에게 예비된 상이 있다는 것을 알기 때문입니다. 세상은 힘과 욕망을 좇지만, 그 끝은 결국 화와 죽음입니다. 하나님 나라 방식만이 진정한 생명과 승리를 주는 길입니다. 이 길을 걸으며 하나님 나라를 세상에 드러내는 자가 됩시다.

주님, 하나님 나라 방식을 선택하여 끝까지 그 길을 가게 하소서.

3월 **28**일

그러나 나는...

누가복음 6:27-38

³⁵오직 너희는 원수를 사랑하고 선대하며 아무 것도 바라지 말고 꾸어 주라 그리하면 너희 상이 클 것이요 또 지극히 높으신 이의 아들이 되리니 그는 은혜를 모르는 자와 악한 자에게도 인자하시니라 ³⁶너희 아버지의 자비로우심 같이 너희도 자비로운 자가 되라 ³⁷비판하지 말라 그리하면 너희가 비판을 받지 않을 것이요 정죄하지 말라 그리하면 너희가 정죄를 받지 않을 것이요 용서하라 그리하면 너희가 용서를 받을 것이요 ³⁸주라 그리하면 너희에게 줄 것이니 곧 후히 되어 누르고 흔들어 넘치도록 하여 너희에게 안겨 주리라 너희가 헤아리는 그 헤아림으로 너희도 헤아림을 도로 받을 것이니라

우리는 신앙생활 속에서 세상의 방식과 다른 '그러나 나는'의 길을 걸어야 합니다. 예컨대 세상은 원수를 미워하지만, 그리스도인은 "그러나 나는" 하며 원수를 사랑합니다. 세상은 저주에 저주로 갚으려 하지만, 우리는 "그러나 나는" 하며 축복하며 기도합니다. 이 모든 것은 하늘 시민이자, 그리스도 안에 속한 자들이라는 우리의 정체성을 기억할 때 가능합니다. '그러나 나는'의 길을 걸어갈 때 성령은 우리를 다음과 같이 도우십니다. 첫째, 우리의 정체성을 일깨우십니다. 둘째, 성령은 믿음으로 그 정체성에 따라 살 수 있도록 도우십니다. 믿음으로 사는 자는 하나님을 신뢰하며, 그분의 뜻을 따르는 용기를 가집니다. 다니엘과 그의 친구들은 믿음으로 우상을 거부했고, 하나님께서 그들을 구원하셨습니다. 셋째, 성령은 기도를 통해 믿음을 구하게 하십니다. 다윗의 기도처럼, 우리는 하나님께 도움을 구하며 그분의 길을 따를 능력을 받습니다. 우리의 정체성을 잊지 않고, '그러나 나는'의 길을 걸어가며, 믿음으로 세상을 이기는 성도가 되기를 소망합니다.

 주님, 세상 속에서 '그러나 나는'의 믿음을 붙들고 살아가게 하소서.

3월 **29**일

강함과 넉넉함의 비결

누가복음 6:39-49

⁴²너는 네 눈 속에 있는 들보를 보지 못하면서 어찌하여 형제에게 말하기를 형제여 나로 네 눈 속에 있는 티를 빼게 하라 할 수 있느냐 외식하는 자여 먼저 네 눈 속에서 들보를 빼라 그 후에야 네가 밝히 보고 형제의 눈 속에 있는 티를 빼리라 … ⁴⁷내게 나아와 내 말을 듣고 행하는 자마다 누구와 같은 것을 너희에게 보이리라 ⁴⁸집을 짓되 깊이 파고 주추를 반석 위에 놓은 사람과 같으니 큰 물이 나서 탁류가 그 집에 부딪치되 잘 지었기 때문에 능히 요동하지 못하게 하였거니와

세상에서는 남을 지적하는 사람이 강한 자라고 여겨집니다. 그러나 예수님은 진정한 강함은 자신의 눈 속 들보를 먼저 빼고 다른 사람을 넉넉하게 품는 데 있다고 말씀하십니다. 계시록의 7 교회 중 서머나 교회는 궁핍하였지만, 하나님은 그들을 부요한 자라고 하셨습니다. 반면에 라오디게아 교회는 부유하다 자부했으나, 하나님께는 가난한 자로 보였습니다. 참된 넉넉함은 세상의 소유에 달려 있지 않습니다. 그리스도 안에서 부요함을 누리는 자가 진정 강한 자입니다. 예컨대 모세는 이스라엘의 죄를 보며 그들을 대신해 자신의 이름을 생명책에서 지워달라고 기도했고, 스데반은 자신을 돌로 치는 자들을 용서해달라고 간구했습니다. 이들은 모두 자신이 받은 용서와 은혜를 기억하며 남을 품는 강한 자였습니다. 우리는 다른 사람의 죄를 볼 때, 그들을 정죄하기보다 하나님께 그들을 위한 긍휼을 구하며 넉넉함으로 대해야 합니다. 이 믿음이야말로 세상에서 가장 강한 힘입니다.

주님, 넉넉한 마음으로 이웃을 품는 강한 자가 되게 하소서.

3월 **30**일

예수 나무, 예수 열매

누가복음 6:43-45

43못된 열매 맺는 좋은 나무가 없고 또 좋은 열매 맺는 못된 나무가 없느니라 44나무는 각각 그 열매로 아나니 가시나무에서 무화과를, 또는 찔레에서 포도를 따지 못하느니라 45선한 사람은 마음에 쌓은 선에서 선을 내고 악한 자는 그 쌓은 악에서 악을 내나니 이는 마음에 가득한 것을 입으로 말함이니라

예 수님은 나무와 그 열매에 대해 말씀하십니다. 그러나 가시나무에서 무화과를 얻지 못하듯이, 우리 스스로는 좋은 열매를 맺을 수 없습니다. 그러나 예수 그리스도 안에 있을 때 우리는 예수 나무가 되어 좋은 열매, 예수 열매를 맺습니다. 예수 열매를 맺는다는 것은 우리의 삶을 통해 예수님을 드러내는 것을 의미합니다. 첫째, 기적과 표적을 통해 예수님이 드러납니다. 우리의 삶 속에서 어려움과 고난 속에서도 예수님을 드러내는 기도를 드릴 때, 하나님은 그 기도를 통해 일하십니다. 둘째, 삶을 나눔으로 예수님이 드러납니다. 내가 가진 것을 나누고 베풀며 이웃을 사랑할 때 예수 열매가 맺힙니다. 셋째, 우리의 입술을 통해 예수님을 전하고 찬미할 때 예수님이 드러납니다. 우리의 말과 고백이 예수님의 은혜를 나타냅니다. 우리는 예수 나무로서 예수 열매를 맺으며 살아야 합니다. 이러한 삶을 통해 우리를 통해 예수님이 나타나고, 주님께 돌아오는 사람들이 많아질 것입니다.

주님, 제 삶을 통해 예수 열매를 맺게 하소서.

3월 **31**일

반석 위에 세워진 삶

누가복음 6:46-49

⁴⁶너희는 나를 불러 주여 주여 하면서도 어찌하여 내가 말하는 것을 행하지 아니하느
냐 ⁴⁷내게 나아와 내 말을 듣고 행하는 자마다 누구와 같은 것을 너희에게 보이리라 ⁴⁸
집을 짓되 깊이 파고 주추를 반석 위에 놓은 사람과 같으니 큰 물이 나서 탁류가 그 집
에 부딪치되 잘 지었기 때문에 능히 요동하지 못하게 하였거니와 ⁴⁹듣고 행하지 아니
하는 자는 주추 없이 흙 위에 집 지은 사람과 같으니 탁류가 부딪치매 집이 곧 무너져
파괴됨이 심하니라 하시니라

우리가 살아가며 재난을 마주할 때, 가장 큰 재난은 누구도 피할
수 없고 복구할 수 없는 '죽음'일 것입니다. 그러나 이 재난 속에
서도 예수님을 반석으로 삼은 자는 생명을 잃지 않습니다. 그리스도께서는 우리의
반석이시며, 그 위에 세워진 집은 무너지지 않기 때문입니다. 예수님은 "나를 주여, 주
여 부르면서도 왜 내가 말하는 것을 행하지 않느냐?"라고 말씀하십니다. 이는 단순한
행함을 넘어 우리의 삶이 그분의 말씀 위에 세워졌는가를 묻는 것입니다. 큰물이 나
고 탁류가 부딪쳐도, 반석 위에 세워진 집은 흔들리지 않습니다. 우리의 반석은 오직
예수 그리스도이시며, 그분 위에 세워진 삶만이 죽음을 이기고 영원한 생명을 누릴
수 있습니다. 하나님은 우리를 반석 위에 세우시고, 삶 속에서 우리를 지어가십니다.
그분의 뜻을 따라 지어질 때, 우리는 하나님의 거룩한 교회의 일부로서 민족 복음화
와 세계 선교의 비전을 이루어가게 될 것입니다.

 주님, 저를 반석 위에 세우시고 말씀 따라 살게 하소서.

4월

누가복음

4월 **1**일

사랑, 겸손, 믿음의 기적

누가복음 7:1-10

7그러므로 내가 주께 나아가기도 감당하지 못할 줄을 알았나이다 말씀만 하사 내 하인을 낫게 하소서 … 9예수께서 들으시고 그를 놀랍게 여겨 돌이키사 따르는 무리에게 이르시되 내가 너희에게 이르노니 이스라엘 중에서도 이만한 믿음은 만나보지 못하였노라 하시더라 10보내었던 사람들이 집으로 돌아가 보매 종이 이미 나아 있었더라

 백 부장은 병든 종을 살리기 위해 예수님께 나아갔습니다. 그가 기적을 체험하게 된 첫 번째 이유는 사랑이었습니다. 당시에 종은 사람으로 취급받지 않았으나, 백부장은 자신의 종을 깊이 사랑하였고, 그 사랑이 기적을 불러왔습니다. 우리도 하나님과 이웃을 사랑할 때 그 사랑이 기적의 시작이 됩니다. 두 번째는 겸손함입니다. 백부장은 예수님을 자신의 집에 모시는 것을 감당하지 못하겠다고 고백하며, 주님의 말씀만으로도 종이 나을 것이라는 확신을 가졌습니다. 그는 자신의 능력의 한계를 인정하고, 오직 예수님의 능력에 의지하였습니다. 겸손은 하나님의 능력을 경험하는 문을 엽니다. 세 번째는 믿음입니다. 백부장은 예수님을 향한 믿음으로 기적을 경험하였고, 예수님은 그의 믿음을 크게 칭찬하셨습니다. 우리의 삶에서 기적은 믿음으로 시작됩니다. 작은 겨자씨 같은 믿음이 있을 때 하나님은 산을 옮기는 기적을 행하십니다. 사랑, 겸손, 믿음 - 이 세 가지가 기적을 일으키는 힘입니다. 우리가 이러한 마음으로 하나님께 나아갈 때, 하나님의 크신 능력을 경험하게 될 것입니다.

주님, 사랑과 겸손, 믿음으로 주님의 기적을 체험하게 하소서.

4월 2일

죽은 소문을 산 소문으로 바꾸신 예수님

누가복음 7:11-17

14예수께서 이르시되 청년아 내가 네게 말하노니 일어나라 하시매 15죽었던 자가 일어나 앉고 말도 하거늘 예수께서 그를 어머니에게 주시니 16모든 사람이 두려워하며 하나님께 영광을 돌려 이르되 큰 선지자가 우리 가운데 일어나셨다 하고 또 하나님께서 자기 백성을 돌보셨다 하더라 17예수께 대한 이 소문이 온 유대와 사방에 두루 퍼지니라

세상에는 죽은 소문들이 넘쳐납니다. 그러나 예수님은 죽은 소문을 산 소문으로 바꾸신 분이십니다. 나인 성에서 한 과부의 아들이 죽었을 때, 예수님은 그 여인을 불쌍히 여기시고 "울지 말라"고 하셨습니다. 그분의 깊은 긍휼로 죽은 아들을 살리셨습니다. 이 기적의 소문은 국경을 넘었고, 사람들은 하나님께 영광을 돌렸습니다. 죽은 소문은 세상에서 쉽게 퍼집니다. 우리는 죽은 소문을 듣고 그것을 흡수하는 죽은 자로 살고 있지 않습니까? 예수님은 우리에게 죽은 소문을 산 소문으로 바꾸는 자가 되라고 부르십니다. 이것은 오직 그리스도를 통해 가능합니다. 그리스도를 믿는 우리는 그분이 하신 일보다 더 큰 일을 할 것이라고 약속받았습니다. 주님은 아들을 잃은 여인을 불쌍히 여기셨듯이, 우리도 죽은 자들을 불쌍히 여기며 그들에게 다가가야 합니다. 기도와 사랑으로 그들을 붙잡고, 하나님의 자녀임을 선포하며 그들의 죽음을 생명으로 바꾸는 자가 되어야 합니다.

주님, 저를 사용하셔서 죽은 소문을 산 소문으로 바꾸는 자가 되게 하소서.

4월 3일

하나님의 나라와 세상 나라

누가복음 7:18-35

24요한이 보낸 자가 떠난 후에 예수께서 무리에게 요한에 대하여 말씀하시되 너희가 무엇을 보려고 광야에 나갔더냐 바람에 흔들리는 갈대냐 … 26그러면 너희가 무엇을 보려고 나갔더냐 선지자냐 옳다 내가 너희에게 이르노니 선지자보다도 훌륭한 자니라 27기록된 바 보라 내가 내 사자를 네 앞에 보내노니 그가 네 앞에서 네 길을 준비하리라 한 것이 이 사람에 대한 말씀이라 28내가 너희에게 말하노니 여자가 낳은 자 중에 요한보다 큰 자가 없도다 그러나 하나님의 나라에서는 극히 작은 자라도 그보다 크니라 하시니

예수님께서 병든 자를 고치시고 죽은 자를 살리셨을 때, 세례 요한은 그분이 오실 메시야인지 물었습니다. 그러나 예수님은 이 적을 행하셨음에도 불구하고, 나로 인해 실족하지 않는 자가 복이 있다고 하셨습니다. 이는 하나님의 나라가 세상 나라와 전혀 다른 방식으로 이루어진다는 것을 알려주신 말씀입니다. 세상 나라는 힘과 권력을 통해 이루어지지만, 하나님의 나라는 겸손과 자기희생, 말씀을 따름으로 이루어집니다. 세례 요한은 세상 방식을 따르지 않고 오직 하나님을 위해 자신의 삶을 바쳤기에 예수님께서는 그를 높이셨습니다. 오늘날 우리도 하나님의 나라가 오직 말씀을 통해 이루어진다는 것을 기억해야 합니다. 세상의 힘을 통해 하나님의 나라를 이루려는 유혹이 있을지라도, 우리는 십자가를 지신 주님의 길을 따르며 담대하게 걸어가야 합니다. 그 길을 통해 하나님의 뜻이 이루어질 것입니다.

주님, 하나님의 나라를 이루는 삶을 담대하게 살게 하소서.

4월 **4**일

좋은 땅으로 변화된 우리

누가복음 8:1-15

5씨를 뿌리는 자가 그 씨를 뿌리러 나가서 뿌릴새 더러는 길 가에 떨어지매 밟히며 공중의 새들이 먹어버렸고 6더러는 바위 위에 떨어지매 싹이 났다가 습기가 없으므로 말랐고 7더러는 가시떨기 속에 떨어지매 가시가 함께 자라서 기운을 막았고 8더러는 좋은 땅에 떨어지매 나서 백 배의 결실을 하였느니라 이 말씀을 하시고 외치시되 들을 귀 있는 자는 들을지어다

 우리의 삶이 열매를 맺는 것은 하나님의 은혜로 이루어집니다. 예수님은 우리를 좋은 땅으로 바꾸시고, 그 안에 말씀의 씨를 뿌리셔서 열매 맺게 하십니다. 본문에서 예수님은 씨 뿌리는 자의 비유를 통해 좋은 땅에서 열매를 맺는 삶을 설명하셨습니다. 우리가 좋은 땅이 된 것은 우리의 노력 때문이 아니라, 예수 그리스도의 오심과 성령님의 임하심 덕분입니다. 예수님을 통해 우리는 죄에서 벗어나 좋은 땅으로 변화되었으며, 반드시 열매를 맺게 됩니다. 열매는 각자의 삶에서 사랑, 희락, 화평, 온유, 자비 등으로 나타납니다. 이 모든 과정은 우리의 힘이 아니라 하나님의 능력으로 이루어지기에 우리는 겸손하게 감사할 뿐입니다. 오늘도 우리를 통해 맺어질 열매가 하나님께 영광이 되기를 소망하며, 모든 상황 속에서 열매를 맺을 준비를 합시다.

주님, 저를 통해 맺어질 열매로 하나님께 영광 돌리게 하소서.

4월 5일

나는 좋은 땅입니다

누가복음 8:16-18

16누구든지 등불을 켜서 그릇으로 덮거나 평상 아래에 두지 아니하고 등경 위에 두나니 이는 들어가는 자들로 그 빛을 보게 하려 함이라 17숨은 것이 장차 드러나지 아니할 것이 없고 감추인 것이 장차 알려지고 나타나지 않을 것이 없느니라 18그러므로 너희가 어떻게 들을까 스스로 삼가라 누구든지 있는 자는 받겠고 없는 자는 그 있는 줄로 아는 것까지도 빼앗기리라 하시니라

좋은 땅에 뿌려진 씨앗은 열매를 맺습니다. 예수님의 비유에서, 좋은 땅은 말씀을 듣고 인내하며 열매를 맺는 자를 의미합니다. 하지만 좋은 땅이라도 시련, 유혹, 세상의 염려는 끊임없이 찾아옵니다. 그럼에도 불구하고, 좋은 땅은 이러한 도전에 굴하지 않고 끝까지 견뎌 하나님의 뜻을 이루게 됩니다. 이는 성령께서 우리의 연약함을 도우시고 하나님의 뜻을 이루어 가시기 때문입니다. 우리에게 질문이 던져집니다. 나는 과연 좋은 땅인가? 좋은 땅의 증거는 말씀을 듣고 인내하며 결국 열매를 맺는 삶입니다. 바요나 시몬이 예수님을 "그리스도요 하나님의 아들"로 고백했을 때, 예수님께서는 그를 반석이라 부르시며 교회를 세우실 것을 말씀하셨습니다. 이처럼 우리가 예수님을 주님으로 고백할 때, 우리는 이미 하나님의 가족이며 좋은 땅이 됩니다. 좋은 땅이 된 자는 열매를 맺게 되어, 그 삶이 다른 이에게 빛을 비추고 예수님의 모습을 닮아가는 존재로 드러납니다. 우리의 열매는 예수님의 생각, 마음, 그리고 삶을 닮아가는 것이며, 이러한 열매는 우리의 순종과 인내를 통해 이루어집니다. 오늘 하루도 좋은 땅으로서 예수님을 닮아가는 삶을 살며, 그분의 뜻을 이루어가기를 기도합시다.

주님, 제가 좋은 땅이 되어 예수님의 열매를 맺고, 그분의 뜻을 이루어가는 삶을 살게 하소서.

4월 6일

나는 예수님 가족인가?

누가복음 8:19-21

19예수의 어머니와 그 동생들이 왔으나 무리로 인하여 가까이 하지 못하니 20어떤 이가 알리되 당신의 어머니와 동생들이 당신을 보려고 밖에 서 있나이다 21예수께서 대답하여 이르시되 내 어머니와 내 동생들은 곧 하나님의 말씀을 듣고 행하는 이 사람들이라 하시니라

 예수님께서 하나님의 말씀을 전하실 때, 그분의 어머니와 동생들이 찾아왔습니다. 그러나 예수님은 "내 어머니와 내 동생들은 곧 하나님의 말씀을 듣고 행하는 이 사람들"이라고 대답하셨습니다. 이 대답은 예수님을 따라 하나님의 말씀을 듣고 행하는 믿음의 사람들은 혈육의 가족이 아니어도 주 안에서의 새로운 가족이 된다는 선언입니다. 이 말씀이 혈육을 등한시하라는 의미는 아닙니다. 성경은 가족을 소중히 여기라고 가르치며, 특히 부모와 자녀 간의 관계를 강조합니다. "누구든지 자기 친족, 특히 자기 가족을 돌보지 아니하면 믿음을 배반한 자요 불신자보다 더 악한 자니라"딤전 5:8라는 말씀에서처럼, 하나님은 혈육을 소중히 여기라고 명하십니다. 하지만, 예수님은 새로운 공동체, 하나님의 말씀에 순종하는 믿음의 가족이 있음을 또한 말씀하십니다. 예수님은 이 새로운 가족 공동체를 통해 하나님 나라의 사역을 이루어가십니다. 우리는 혈육의 가족과 믿음의 가족을 모두 소중히 여기고, 둘 다 잘 섬겨야 합니다. 데살로니가전서 5장에서는 가족이 된 우리가 기억해야 할 다섯 가지를 제시합니다. 첫째, 가족은 귀히 여겨야 합니다. 둘째, 화목을 이루어야 합니다. 셋째, 서로 세워주고 권면해야 합니다. 넷째, 오래 참아주어야 합니다. 다섯째, 선으로 대해야 합니다. 혈연 가족과 믿음의 가족을 소중히 여기고, 하나님께서 주신 사랑으로 섬길 때 우리는 예수님의 참된 가족이 됩니다.

주님, 혈연 가족과 믿음의 가족을 소중히 여기고, 서로 사랑하며 섬기는 삶을 살게 하소서.

4월 **7**일

믿음을 묻는 시간

누가복음 8:22-25
25제자들에게 이르시되 너희 믿음이 어디 있느냐 하시니 그들이 두려워하고 놀랍게 여겨 서로 말하되 그가 누구이기에 바람과 물을 명하매 순종하는가 하더라

너희 믿음이 어디 있느냐? 주님은 제자들에게, 그리고 오늘 우리에게 믿음의 본질을 묻고 계십니다. 믿음의 본질은 세 가지가 있습니다. 첫째, 하나님만이 최고의 통치자이심을 믿는 믿음입니다. 다니엘의 세 친구는 느부갓네살 왕이 금 신상에 절하지 않으면 풀무 불에 던지겠다고 했을 때, 하나님만이 최고 권세자이심을 믿었습니다. 그들은 하나님께서 설령 구원하지 않으신다고 하더라도 금 신상에 절하지 않겠다고 담대히 말했습니다. 그들의 믿음은 하나님만이 통치하신다는 확신에 기초한 것이었습니다. 둘째, 하나님께서 현재 상황을 통치하심을 믿는 믿음입니다. 하나님께서 현재 우리의 모든 상황을 통치하신다는 믿음은 우리를 절망에서 건져냅니다. 벨사살 왕 앞에서 손가락이 나타나 '메네 메네 데겔 우바르신'이라는 글자가 쓰였을 때, 다니엘은 왕의 운명이 하나님의 손안에 있음을 분명히 해석했습니다. 세상 권력도 하나님 앞에서는 아무것도 아님을 알게 되는 순간입니다. 셋째, 하나님이 우리와 함께하심을 믿는 믿음입니다. 다니엘은 하나님이 자신과 함께하심을 믿고 왕의 조서에도 불구하고 두려움 없이 경배하였습니다. 다리오 왕은 사자굴에서도 담대하였던 다니엘은 본 후, 하나님이 살아계시며 영원히 변치 않으시는 분임을 인정하는 조서를 내리게 됩니다. 삶의 폭풍 속에서 주님이 잠드신 것처럼 느껴질 때, 우리는 스스로에게 질문해야 합니다. "Where is your faith?" 하나님만이 통치자이시며, 지금도 우리의 상황을 다스리시고 함께하신다는 믿음을 굳게 붙들고 나아갑시다.

주님, 어떤 상황 속에서도 하나님께서 나와 함께하심을 믿고 흔들리지 않게 하소서.

4월 8일

세상보다 더 큰 권세

누가복음 8:40-48

46예수께서 이르시되 내게 손을 댄 자가 있도다 이는 내게서 능력이 나간 줄 앎이로다 하신대 47여자가 스스로 숨기지 못할 줄 알고 떨며 나아와 엎드리어 그 손 댄 이유와 곧 나은 것을 모든 사람 앞에서 말하니 48예수께서 이르시되 딸아 네 믿음이 너를 구원하였으니 평안히 가라 하시더라

누가복음 8장은 자연, 영계, 그리고 사망 권세까지 통치하시는 하나님의 권세를 보여줍니다. 하나님은 우리의 아버지이시며, 그분이 우리 삶을 통치하고 계심을 믿을 때, 우리는 어떤 상황에서도 흔들리지 않는 믿음을 가질 수 있습니다. 다니엘과 그의 친구들처럼 풀무불이나 사자 굴 속에서도 흔들리지 않는 믿음을 가졌던 이들은 세상보다 더 큰 하나님의 권세를 믿었기에 그 모든 시험에서 승리했습니다. 오늘날 우리의 현실은 고통과 불안으로 가득하지만, 하나님께서는 여전히 우주 만물을 통치하시며, 우리를 자녀로 삼아 돌보십니다. 하박국 선지자는 어려운 현실 속에서도 "의인은 믿음으로 말미암아 살리라"라는 하나님의 말씀을 붙들고 기도했습니다. 이 믿음이 바로 우리가 세상을 이길 수 있는 힘입니다. 하나님을 온전히 신뢰하는 믿음은 세 가지 은혜를 우리에게 줍니다. 첫째, 믿음으로 기도하게 됩니다. 세상보다 더 큰 하나님의 통치를 믿는 자는 가정, 교회, 민족을 위해 간절히 부흥을 소망하며 기도할 수 있습니다. 둘째, 우리는 기쁨을 잃지 않게 됩니다. 세상 것이 아니라 하나님이 우리의 기쁨의 근원이 되시기 때문에 어떤 상황에서도 우리는 주님 안에서 기뻐할 수 있습니다. 셋째, 하나님은 우리의 힘이십니다. 우리도 혈루병 여인처럼 간절히 하나님을 찾는 믿음을 가지고, 하나님을 나의 힘으로 고백하며 어려움 속에서도 기쁨으로 승리할 수 있습니다.

하나님, 세상을 통치하시는 주님을 믿고, 모든 상황에서 기쁨과 소망을 잃지 않게 하소서.

4월 9일

살리시는 통치자와 함께

누가복음 8:49-56

52모든 사람이 아이를 위하여 울며 통곡하매 예수께서 이르시되 울지 말라 죽은 것이 아니라 잔다 하시니 53그들이 그 죽은 것을 아는 고로 비웃더라 54예수께서 아이의 손을 잡고 불러 이르시되 아이야 일어나라 하시니 55그 영이 돌아와 아이가 곧 일어나거늘 예수께서 먹을 것을 주라 명하시니

살면서 예상치 못한 어려움에 부닥칠 때, 우리가 직면하는 가장 큰 문제는 그 상황에서 '혼자'라는 두려움입니다. 사단은 우리가 혼자라고 믿게 하여 절망에 빠뜨리려 하지만, 하나님의 백성은 어떤 상황에서도 혼자가 아님을 기억해야 합니다. 요셉, 야곱, 아브라함이 혼자였던 적이 없었듯이, 하나님은 우리와 언제나 함께하십니다. 시편 기자들이 기가 막힐 웅덩이에서 하나님께 부르짖었듯, 살아계신 하나님은 우리의 어려움 속에서도 우리 곁을 떠나지 않으십니다. 하나님은 누가복음 8장에서 당신이 온 우주와 영적 세계를 통치하시며, 모든 질병과 죽음까지도 이기시는 권세를 가지신 분임을 보여줍니다. 주님은 회당장의 딸이 이미 죽은 상태에서도 "두려워하지 말고 믿기만 하라"고 하십니다. 절망적인 상황에서도 주님은 우리와 함께하시며, 그 사실을 믿는 것이 믿음의 싸움입니다. 죽음을 이기신 권세자이신 하나님께서 우리와 동행하시기에, 우리는 그 어떤 어려움 속에서도 결코 혼자가 아닙니다. 주님은 '죽은 것이 아니라 잔다'라고 하시며, 희망 없는 상황에서도 하나님의 시각을 가지라고 가르치십니다. 주님이 보시는 시각이 진실이며, 그분이 죽은 자를 살리셨듯, 우리의 절망을 소망으로 바꾸십니다. 육신의 치유보다 더 중요한 것은 주님께서 명하신 죽은 영혼을 살리는 사명입니다. 우리를 죄와 사망에서 구원하신 주님이 오늘도, 영원토록 우리와 함께하시니, 믿음으로 나아가는 성도가 되기를 바랍니다.

하나님, 절망 속에서도 주님이 나와 함께 하심을 믿고 끝까지 신뢰하게 하소서.

4월 **10**일

보냄 받은 자의 사명

누가복음 9:1-9

1예수께서 열두 제자를 불러 모으사 모든 귀신을 제어하며 병을 고치는 능력과 권위를 주시고 2하나님의 나라를 전파하며 앓는 자를 고치게 하려고 내보내시며 3이르시되 여행을 위하여 아무 것도 가지지 말라 지팡이나 배낭이나 양식이나 돈이나 두 벌 옷을 가지지 말며 4어느 집에 들어가든지 거기서 머물다가 거기서 떠나라 5누구든지 너희를 영접하지 아니하거든 그 성에서 떠날 때에 너희 발에서 먼지를 떨어 버려 그들에게 증거를 삼으라 하시니 6제자들이 나가 각 마을에 두루 다니며 곳곳에 복음을 전하며 병을 고치더라

우리는 하나님 나라의 대사로, 그분께로부터 보냄 받은 자들입니다. 우리의 사명은 하나님의 나라를 전파하고 치유하는 일에 있습니다. 세상의 대사처럼 특별한 자격을 갖춘 자들이 보내지듯, 우리도 창세전부터 예정되어 그리스도의 피로 구속받고 보냄을 받았습니다. 우리가 전파해야 할 것은 하나님의 통치와 사랑이며, 이는 단지 말로만이 아니라 삶을 통해 이루어져야 합니다. 세상은 우리가 말씀대로 살면 손해 본다고 속이지만, 하나님의 나라는 우리가 말씀에 순종할 때 확장됩니다. 우리의 삶에서 좋은 열매를 맺는 것이 바로 참된 성공입니다. 우리가 감당해야 할 또 다른 사명은 앓는 자들을 치유하는 것입니다. 이는 특별한 은사에 국한되지 않으며, 우리의 작은 위로와 공감만으로도 마음의 병을 치유할 수 있습니다. 그리스도인으로서, 우리의 존재만으로도 다른 이들에게 치유의 도구가 될 수 있습니다. 상처받은 경험은 우리를 더 깊은 치유자로 세우며, 하나님께서는 모든 필요를 채우시니 염려할 필요가 없습니다. 대사로서의 사명은 영원하지 않으며, 우리도 이 땅을 떠날 때가 옵니다. 세상에서 받은 상처와 고난의 티끌을 떨쳐버리고, 기쁨과 성령의 충만함을 누리며 나아가야 합니다. 우리를 보내신 하나님께서 우리의 삶을 책임지시며, 그분의 통치 아래에서 우리는 두려울 것이 없습니다.

하나님, 보내신 자로서 저의 사명을 온전히 감당하게 하소서.

4월 **11**일

너희가 먹을 것을 주라

누가복음 9:10-17

13예수께서 이르시되 너희가 먹을 것을 주라 하시니 여짜오되 우리에게 떡 다섯 개와 물고기 두 마리밖에 없으니 이 모든 사람을 위하여 먹을 것을 사지 아니하고서는 할 수 없사옵나이다 하니 14이는 남자가 한 오천 명 됨이러라 제자들에게 이르시되 떼를 지어 한 오십 명씩 앉히라 하시니 15제자들이 이렇게 하여 다 앉힌 후 16예수께서 떡 다섯 개와 물고기 두 마리를 가지사 하늘을 우러러 축사하시고 떼어 제자들에게 주어 무리에게 나누어 주게 하시니 17먹고 다 배불렀더라 그 남은 조각을 열두 바구니에 거두니라

 예수님께서는 제자들에게 "너희가 먹을 것을 주라"고 명하셨습니다. 이 말씀은 단순히 배고픈 자들을 먹이라는 의미를 넘어, 영원한 생명의 떡을 나누는 사명을 가리킵니다. 오병이어의 기적은 그리스도의 몸과 피를 상징하는 성만찬의 준비로, 주님은 십자가에서 당신의 생명을 내어주심으로 새로운 생명의 공동체를 이루셨습니다. 이 은혜를 받은 우리는 그 생명을 나누는 자로 부름받았습니다. 우리는 작은 오병이어와 같은 존재지만, 예수님의 손에 들려져서 떼어지고 나누어질 때 생명의 역사가 일어납니다. 선교사들과 믿음의 선조들이 그랬던 것처럼, 우리도 십자가의 길을 따를 때 하나님께서 필요한 것을 공급하시고, 복음의 역사를 이루어 가십니다. 한국 교회는 이제 세상 것을 추구하는 공동체가 아닌, 주님의 사명을 따라 이웃에게 생명의 양식을 전하는 공동체가 되어야 합니다. 일상 속에서 우리는 작은 실천을 통해 복음을 전할 수 있습니다. 하루에 한 가지라도 말씀에 순종하고, 감사하며, 성경을 묵상하고, 기도하는 습관을 들여 하나님께서 맡기신 사명을 감당합시다. 이 세상에서 보냄 받은 제자로서 주님의 뜻을 따라 살아가는 것이 우리의 참된 사명입니다.

주님, 생명의 양식을 전하는 사명을 감당하게 하시고, 제자로서 이웃을 섬기게 하소서.

4월 **12**일

있으니 주어라

누가복음 14:7-14

7청함을 받은 사람들이 높은 자리 택함을 보시고 그들에게 비유로 말씀하여 이르시되 8네가 누구에게나 혼인 잔치에 청함을 받았을 때에 높은 자리에 앉지 말라 그렇지 않으면 너보다 더 높은 사람이 청함을 받은 경우에 9너와 그를 청한 자가 와서 너더러 이 사람에게 자리를 내주라 하리니 그 때에 네가 부끄러워 끝자리로 가게 되리라 10청함을 받았을 때에 차라리 가서 끝자리에 앉으라 그러면 너를 청한 자가 와서 너더러 벗이여 올라 앉으라 하리니 그 때에야 함께 앉은 모든 사람 앞에서 영광이 있으리라 11 무릇 자기를 높이는 자는 낮아지고 자기를 낮추는 자는 높아지리라 … 13잔치를 베풀거든 차라리 가난한 자들과 몸 불편한 자들과 저는 자들과 맹인들을 청하라 14그리하면 그들이 갚을 것이 없으므로 네게 복이 되리니 이는 의인들의 부활시에 네가 갚음을 받겠음이라 하시더라

우리는 예수님께서 십자가에서 주신 은혜로 인해 영원한 생명을 얻은 자들입니다. 이 은혜는 우리가 무엇을 해서 얻은 것이 아닙니다. 그렇기에 우리는 받은 은혜에 합당하게 반응하고 있는지 돌아보아야 합니다. 세상은 얼마나 많은 것을 가졌는지로 사람을 평가하지만, 예수님은 본문에서 낮은 자리에 앉고, 갚을 수 없는 자들을 초대하라고 하십니다. 이는 세상과 다른 가치관을 따르는 삶을 말하며, 받은 은혜를 넉넉하게 나누는 삶을 강조하신 것입니다. 예수님께서 말씀하신 겸손과 섬김의 가르침은 단순한 도덕적 교훈이 아니라, 복음의 핵심을 담고 있습니다. 우리는 율법으로 의롭게 된 것이 아니라, 오직 예수님의 은혜로 의롭게 되었습니다. 그러므로 그 은혜를 받은 자로서 우리는 더 이상 세상적인 보상을 기대하며 사는 것이 아니라, 이미 받은 은혜에 감사하며 나누는 삶을 살아야 합니다. 우리가 가진 믿음과 구원조차도 하나님의 선물입니다. 이 귀한 선물을 받은 자답게, 우리는 이제 세상의 가치관에 얽매이지 않고, 겸손하게 낮은 자리를 택하며, 가난하고 약한 자들을 섬겨야 합니다. 예수님께서 십자가에서 보여주신 사랑과 희생을 기억하며, 우리가 받은 은혜를 세상 사람들에게 나누고, 그들을 향한 사랑을 실천하는 것이 바로 우리가 할 일입니다.

주님, 제가 받은 은혜를 넉넉히 나누며 살게 하소서.

4월 **13**일

찾아오신 주님을 따르라

누가복음 5장 1-11절

3예수께서 한 배에 오르시니 그 배는 시몬의 배라 육지에서 조금 떼기를 청하시고 앉으사 배에서 무리를 가르치시더니 4말씀을 마치시고 시몬에게 이르시되 깊은 데로 가서 그물을 내려 고기를 잡으라 5시몬이 대답하여 이르되 선생님 우리들이 밤이 새도록 수고하였으되 잡은 것이 없지마는 말씀에 의지하여 내가 그물을 내리리이다 하고 11그들이 배들을 육지에 대고 모든 것을 버려 두고 예수를 따르니라

인생에서 가장 큰 복은 하늘의 하나님이 죄인인 나에게 찾아오시고, 나를 위해 죽으셨다는 사실입니다. 본문에서 예수님은 베드로에게 찾아가셔서 그의 필요를 아시고 풍성히 채워주셨습니다. 우리의 삶 속에서도 주님은 동일하게 찾아오셔서 우리의 필요를 아시고 공급하십니다. 또한, 주님은 우리에게 소원을 주십니다. 그 소원은 하나님이 우리에게 맡기신 사명이며, 그 사명을 이루기 위해서는 '깊은 데로 가라'는 주님의 말씀처럼 하나님의 방법에 순종해야 합니다. 베드로는 주님의 말씀에 순종하여 깊은 데로 가서 그물을 던졌고, 놀라운 은혜를 경험한 후 자신의 죄인 됨을 고백합니다. 이는 주님을 알아보지 못했던 자신에 대한 회개와 동시에 주님의 은혜에 대한 깊은 감동의 표현입니다. 베드로처럼, 우리도 주님의 은혜를 깨닫고 삶의 현장에서 본이 되는 삶을 살아야 합니다. 주님은 우리의 필요를 넘치게 채우시고, 사람을 취하는 어부로 부르십니다. 전도와 선교뿐만 아니라 삶 속에서 본이 되어 세상을 놀라게 하는 것이 주님을 따르는 참된 제자의 모습입니다.

주님, 찾아오셔서 우리를 부르신 은혜에 감사하며, 본이 되는 삶으로 주님을 따르게 하소서.

4월 **14**일

인자가 사람의 손에 넘겨졌도다

누가복음 9:37-45

43사람들이 다 하나님의 위엄에 놀라니라 그들이 다 그 행하시는 모든 일을 놀랍게 여길새 예수께서 제자들에게 이르시되 44이 말을 너희 귀에 담아 두라 인자가 장차 사람들의 손에 넘겨지리라 하시되 45그들이 이 말씀을 알지 못하니 이는 그들로 깨닫지 못하게 숨긴 바 되었음이라 또 그들은 이 말씀을 묻기도 두려워하더라

 예수님께서 변화산에서 내려오신 후, 제자들은 귀신 들린 아이를 고치지 못하여 예수님은 책망하십니다. 예수님의 핵심은 그들이 믿음이 부족해서가 아니라, 예수님께서 이 땅에 머물지 않고 떠나실 것을 예고하신 것입니다. "인자가 사람들의 손에 넘겨질 것"이라는 말씀은, 예수님께서 기적을 베푸시기 위해 오신 것이 아니라, 생명을 내어주기 위해 오셨음을 강조합니다. 예수님은 십자가에서 사람들의 손에 넘겨지셨고, 그 결과로 부활하셔서 우리 모두에게 생명을 주셨습니다. 우리도 마찬가지로, 생명을 가진 자로서 사람들에게 우리의 생명을 넘겨야 합니다. 이는 그리스도의 일을 행하고, 그보다 더 큰일을 할 수 있는 유일한 길입니다. 사도 바울 역시 자신의 생명을 넘겨줌으로써 세상과 천사들에게 구경거리가 되었지만, 그를 통해 생명의 역사가 일어났습니다. 우리는 날마다 예수님의 죽음을 몸에 짊어지고 살아가야 하며, 그때에만 예수의 생명이 우리 안에 나타납니다. 이것이 바로 생명을 가진 자의 삶입니다. 오늘날 교회의 위기는 생명을 가진 자들이 그 생명을 넘기지 않기 때문에 찾아왔습니다. 우리는 믿음을 가지고 하나님의 축복을 구할 수 있지만, 생명을 살리는 역사는 우리가 그 생명을 다른 이들에게 넘길 때 일어납니다. 생명을 가진 자가 예수님의 멍에를 메고, 그 생명을 세상에 넘길 때 하나님의 영광이 나타나고, 그때에 비로소 참된 쉼이 주어집니다.

주님, 생명을 가진 자로서 그 생명을 기꺼이 세상에 넘기며 살아가게 하소서.

4월 **15**일

십자가에서의 용서

누가복음 23:34

34이에 예수께서 이르시되 아버지 저들을 사하여 주옵소서 자기들이 하는 것을 알지 못함이니이다 하시더라 그들이 그의 옷을 나눠 제비 뽑을새

예수님은 사역의 시작부터 십자가에 이르기까지 끊임없이 기도하셨습니다. 마지막 순간까지도, 육체적 고통과 배신으로 인한 마음의 아픔 속에서 주님은 기도를 멈추지 않으셨습니다. 그분의 마지막 기도는 용서를 위한 기도였습니다. "아버지, 저들을 사하여 주옵소서. 자기들이 하는 것을 알지 못함이니이다"눅 23:34. 이 기도는 용서가 예수님의 사명이었음을 나타냅니다. 예수님은 이 땅에 우리를 용서하기 위해 오셨고, 그 사명을 십자가에서 완성하셨습니다. 예수님의 용서는 끝이 없습니다. 우리 또한 예수님처럼 용서하는 것이 사명입니다. 베드로가 몇 번이나 용서해야 하냐고 물었을 때, 예수님은 "일곱 번을 일흔 번까지라도 할지니라"마 18:22라고 말씀하셨습니다. 끝없이 용서하라는 의미입니다. 그러나 실제로 용서는 매우 어렵습니다. 특히 우리에게 큰 고통을 안겨준다면, 용서는 거의 불가능하게 느껴질 수 있습니다. 그러나 하나님의 나라는 다릅니다. 예수님은 우리가 용서할 수 있도록 본을 보여주셨습니다. 우리는 주체자가 아니라, 하나님께 기도함으로 용서의 통로가 되는 것이 중요합니다. 예수님도 십자가에서 직접 용서하지 않으셨습니다. 대신, 하나님께 저들을 사하여 달라고 기도하셨습니다. 우리도 용서할 수 없을 때, 그저 기도하며 하나님의 은혜를 구해야 합니다. 하나님은 우리를 용서의 도구로 사용하시기를 원하십니다. 용서를 위한 기도가 이루어질 때, 하나님은 그 생명을 구하시며, 우리에게는 평강을 주십니다. 우리가 다윗처럼 "저들을 사하여 주옵소서. 알지 못해서 그렇습니다"라고 기도할 때, 하나님은 우리의 삶에 평강을 주시고, 그 고통을 준 자도 구원하실 것입니다. 용서를 위한 기도로 하나님께 나아가며, 세상을 품고 참된 평강 가운데 거하는 하나님의 사람이 되기를 축복합니다.

주님, 저를 용서의 통로로 사용하셔서 세상에 주님의 사랑을 전하게 하소서.

4월 **16**일

안식 후 첫날

마태복음 28:1
안식일이 다 지나고 안식 후 첫날이 되려는 새벽에 막달라 마리아와 다른 마리아가 무덤을 보려고 갔더니

십자가 죽음을 목격한 두 여인은 슬픔 속에서 안식 후 첫날 무덤을 찾았습니다. 그러나 그들은 죽음이 아닌 부활하신 예수님을 만났습니다. 예수님의 죽음과 부활은 오늘날 우리에게도 동일하게 중요한 사건입니다. 우리는 허물과 죄로 죽었으나, 예수님의 죽음과 부활을 통해 다시 살아났습니다. 우리는 본래 하나님과 단절된 존재였지만, 그리스도의 죽음으로 옛사람은 십자가에 못 박혔고, 이제 우리는 그리스도와 함께 다시 살아난 자들입니다엡 2:1-6. 삶이 여전히 삶이 완전하지 않더라도, 그리스도와 함께 죽고 다시 살아났다는 진리를 흔들림 없이 붙들어야 합니다. 많은 사람들은 부활을 직접 목격하지 않았기 때문에 믿기 어렵다고 생각합니다. 그러나 예수님은 보지 않고도 믿는 자가 복되다고 말씀하셨습니다요 20:29. 믿음은 우리 안에 하나님의 생명으로 말미암아 가능한 것입니다. 이 믿음은 세상의 어려움과 두려움 속에서도 우리로 하여금 하나님이 주신 사랑을 고백하게 합니다. 사도 바울도 이 사랑으로 인해 모든 것을 버리고 복음에 헌신할 수 있었습니다고후 5:14-15. 하나님께서는 우리가 억지가 아닌 그분의 큰 사랑을 깨닫고 자발적으로 예배하고 헌신하기를 바라십니다. 예수님은 부활 후 제자들에게 "갈릴리로 가라"는 말씀을 주셨습니다. 갈릴리는 경제적 생산성이 없는 곳이었습니다. 갈릴리로 가라는 말씀은 우리의 기준과 예수님의 기준이 다르다는 것을 의미합니다. 주님이 원하시는 참된 '생산성'은 예수님을 닮아가는 것입니다. 예수님을 닮는 것은 하나님을 사랑하고 그분의 말씀에 순종하며, 이웃을 사랑하여 그들을 돕고 구원하는 것입니다. 주님이 원하시는 것을 우선시할 때, 우리의 모든 필요는 채워지게 될 것입니다. 오늘도 예수님을 닮아가며 살아가는 부활의 성도가 되기를 소망합니다.

주님, 오늘도 예수님을 닮아가게 하시고, 그 부활의 능력으로 살게 하소서.

4월 **17**일

부활의 증언자

누가복음 24:1-2

¹안식 후 첫날 새벽에 이 여자들이 그 준비한 향품을 가지고 무덤에 가서 ²돌이 무덤에서 굴려 옮겨진 것을 보고

 부활하신 예수님으로 인해 우리는 부활 생명을 소유하고 영원한 하나님의 나라 백성이 되었습니다. 이는 우리가 가진 최고의 복입니다. 본문에서 여인들이 예수님의 무덤을 찾아갔을 때, 예수님의 시신이 없음을 보고 놀라 두려워했습니다. 이 여인들에게 예수님의 죽음은 끝처럼 보였으나, 사실은 부활의 시작이었습니다. 사망을 이기신 예수님을 믿는 우리는, 이미 영원한 시간 속에서 살아가는 존재입니다. 이 땅의 삶이 끝이 아니라는 부활의 소망을 가지고 오늘을 살아가는 것입니다. 성경의 인물들도 현실 너머의 영원한 시간에서 그들의 상황을 바라보았습니다. 모세는 홍해 앞에서, 여호수아는 여리고 성 앞에서, 요셉은 감옥에서, 스데반은 죽음을 앞두고 영원의 관점에서 현실을 바라보았기에 믿음으로 승리할 수 있었습니다. 우리 역시 영원한 시간 속에서 오늘을 바라볼 때 두려움 없이 하나님의 계획을 신뢰할 수 있습니다. 부활의 증언자로 살아가는 우리는 세상의 두려움 속에서도 담대하게 복음을 전하고, 어려움에 처한 사람들의 손을 잡아줄 수 있습니다. 우리의 현실이 아무리 힘들어도 우리는 부활 생명의 소망 안에서 살아가기 때문입니다. 오늘도 영원한 시간 속에서 하나님의 능력과 사랑을 나누며 살아가는 성도가 되기를 바랍니다.

주님, 부활의 증언자로서 담대히 살아가게 하소서.

4월 18일

너희는 이 모든 일의 증인

누가복음 24:44-49

44또 이르시되 내가 너희와 함께 있을 때에 너희에게 말한 바 곧 모세의 율법과 선지자의 글과 시편에 나를 가리켜 기록된 모든 것이 이루어져야 하리라 한 말이 이것이라 하시고 45이에 그들의 마음을 열어 성경을 깨닫게 하시고 46또 이르시되 이같이 그리스도가 고난을 받고 제삼일에 죽은 자 가운데서 살아날 것과 47또 그의 이름으로 죄 사함을 받게 하는 회개가 예루살렘에서 시작하여 모든 족속에게 전파될 것이 기록되었으니 48너희는 이 모든 일의 증인이라 49볼지어다 내가 내 아버지께서 약속하신 것을 너희에게 보내리니 너희는 위로부터 능력으로 입혀질 때까지 이 성에 머물라 하시니라

 "너희는 모든 일의 증인이라"는 말씀은 단순히 부활의 증인이 아니라, 예수님의 고난과 십자가의 죽음까지 포함한 모든 과정의 증인이 되라는 뜻입니다. 그리스도인은 부활의 영광만이 아닌, 그 영광에 이르기까지의 고난도 증거해야 합니다. 예수님께서 십자가를 지셨듯이 우리도 고난을 피하지 않고 그 길을 따라가야 합니다. 우리의 고난은 결코 헛되지 않으며, 인내와 소망으로 이어지는 유익함을 안다는 점에서 세상과 다릅니다롬 5:3-4. 고난을 통해 겸손하게 되며, 그 끝에 영광이 있음을 확신합니다롬 8:17. 이러한 증인된 삶은 성령의 능력 없이는 불가능합니다. 성령의 충만함을 구하며, 믿음의 여정을 기도, 말씀 묵상, 순종, 감사, 공동체의 교제로 채워갑시다. 성령의 인도하심을 통해 모든 일의 증인으로 살아갑시다.

주님, 성령의 능력으로 고난 속에서도 주님을 증거하는 삶을 살게 하소서.

4월 **19**일

우리를 인류의 구원자로 부르신 하나님

사사기 10:17-11:11

9입다가 길르앗 장로들에게 이르되 너희가 나를 데리고 고향으로 돌아가서 암몬 자손과 싸우게 할 때에 만일 여호와께서 그들을 내게 넘겨 주시면 내가 과연 너희의 머리가 되겠느냐 하니 10길르앗 장로들이 입다에게 이르되 여호와는 우리 사이의 증인이시니 당신의 말대로 우리가 그렇게 행하리이다 하니라 11이에 입다가 길르앗 장로들과 함께 가니 백성이 그를 자기들의 머리와 장관을 삼은지라 입다가 미스바에서 자기의 말을 다 여호와 앞에 아뢰니라

예수님의 부활은 우리의 부활입니다. 우리가 이 사실을 믿고 있다는 것 자체가 부활 생명의 증거입니다. 세상은 이를 이해하지 못하고 조롱하지만, 우리 안에 살아 역사하시는 부활 생명이 그 증거입니다. 우리는 더 이상 죄의 종이 아닌, 부활 생명에 의해 이끄는 자들로서, 하나님의 일에 쓰임 받는 존재입니다. 본문에서 이스라엘은 암몬의 위협에 두려워하며 자신들이 쫓아냈던 입다를 찾아갑니다. 입다는 천하게 취급받던 자였지만, 결국 이스라엘의 구원자로 세워졌습니다. 이것은 우리를 향한 하나님의 부르심과도 닮아 있습니다. 우리는 한때 죄의 포로였으나, 예수님의 부활로 인해 큰 용사로 세워졌습니다. 하나님은 우리를 통해 세상에 복음을 전하고 생명을 살려내는 일에 쓰시기를 원하십니다. 입다의 이야기를 통해 우리는 세 가지를 배울 수 있습니다. 첫째, 우리는 큰 용사로 부르심을 받았습니다. 세상은 우리를 조롱하고 죄인으로 취급하지만, 하나님께서는 우리를 크고 능력 있는 자로 세우셨습니다. 둘째, 하나님께서는 우리에게 민족과 세상을 구원할 사명을 맡기셨습니다. 우리는 스스로 무력함을 느낄 때도 있지만, 하나님은 우리에게 민족 복음화와 세계 선교라는 사명을 주셨습니다. 셋째, 이 사명은 공동체와 함께 이루어져야 합니다. 부활 생명을 소유한 모든 자들이 함께 힘을 모아야 할 때, 하나님의 구원 역사는 이루어질 것입니다.

하나님, 나를 부활 생명의 용사로 세우셨음을 믿고, 담대하게 세상을 구원하는 사명을 감당하게 하소서.

4월 20일

부활의 신앙으로 살아나라

사사기 2:6-10

8여호와의 종 눈의 아들 여호수아가 백십 세에 죽으매 9무리가 그의 기업의 경내 에브라임 산지 가아스 산 북쪽 딤낫 헤레스에 장사하였고 10그 세대의 사람도 다 그 조상들에게로 돌아갔고 그 후에 일어난 다른 세대는 여호와를 알지 못하며 여호와께서 이스라엘을 위하여 행하신 일도 알지 못하였더라

이스라엘 백성은 여호수아와 그 장로들이 살아있는 동안 하나님을 섬겼지만, 그들이 죽은 후의 세대는 하나님을 알지 못했습니다. 이는 우리에게 다가올 영적 위기를 보여줍니다. 편리한 신앙생활은 다음 세대를 영적으로 세울 수 없습니다. 이를 막기 위해 우리는 부활 신앙을 소유해야 합니다. 부활 신앙이란 예수님의 부활이 나의 부활임을 믿는 신앙으로, 이 신앙만이 우리와 다음 세대를 살릴 수 있습니다. 부활 신앙은 첫째, 고난 중에도 부활이 힘이 되는 신앙입니다. 바울은 부활의 힘으로 극심한 고난 속에서도 약한 것을 자랑했습니다. 둘째, 부활 신앙은 하나님의 사랑을 확신하는 신앙입니다. 우리는 예수님의 부활을 통해 하나님을 영화롭게 할 자들로 세워졌습니다. 셋째, 부활 신앙은 어떤 상황에서도 찬송하는 삶을 가능케 합니다. 넷째, 부활 신앙은 영원한 내 집을 바라보며 이 땅에서의 것에 얽매이지 않습니다. 마지막으로, 부활 신앙은 성령의 인도하심을 따라 살아가며 우리의 계획을 내려놓고 하나님의 뜻에 순종하게 합니다. 오늘날, 급변하는 세상 속에서 부활 신앙만이 우리와 다음 세대를 살릴 수 있습니다. 부활 신앙으로 무너져 가는 세대의 영적 회복을 이루어야 합니다.

주님, 부활 신앙을 통해 다음 세대를 영적으로 일으키는 도구로 사용해 주시옵소서.

4월 **21**일

부활 이후의 삶

누가복음 24:46-48

⁴⁶또 이르시되 이같이 그리스도가 고난을 받고 제삼일에 죽은 자 가운데서 살아날 것과 ⁴⁷또 그의 이름으로 죄 사함을 받게 하는 회개가 예루살렘에서 시작하여 모든 족속에게 전파될 것이 기록되었으니 ⁴⁸너희는 이 모든 일의 증인이라

부활의 증인이 되기 위해서는 과정이 필요합니다. 엠마오로 가던 두 제자는 처음엔 예수님을 알아보지 못했습니다. 이처럼 우리의 영적인 눈과 귀가 열리기 전까지는 부활의 주님을 온전히 알아볼 수 없습니다. 그렇기에 부활을 믿게 된 것도 하나님의 은혜이며 부활의 증인이 되기 위한 첫 번째 단계는 바로 하나님께서 우리 눈을 열어주시는 것입니다. 십자가를 통한 부활의 길을 이해하려면 성경을 통해 진리의 말씀을 접해야 하며, 이를 깨닫게 하시는 것도 하나님입니다. 두 번째 단계는 회개입니다. 십자가의 진리를 깨닫고 나면 예수님을 십자가에 못 박은 자가 다른 누군가가 아닌 바로 나 자신임을 깨닫게 됩니다. 베드로가 예수님을 부인한 자가 자신임을 고백한 것처럼, 우리도 그 십자가 앞에서 진정한 회개를 경험해야 합니다. 이는 단순한 죄책감이 아니라, 우리 존재가 근본적으로 변화되는 회개입니다. 세 번째 단계는 성령의 임재입니다. 하나님께서는 우리에게 성령을 보내어 주시겠다고 약속하셨습니다. 회개를 통해 우리 마음이 깨끗하게 될 때 성령께서 내주하셔서, 부활의 증인으로서의 삶을 살아가게 하십니다. 성령이 임하지 않으면 이 패역한 세대 속에서 부활의 증인으로 살아갈 수 없습니다. 성경은 "그의 이름으로 죄 사함을 받게 하는 회개가 모든 족속에게 전파될 것"이라고 기록하고 있으며, 이 모든 일의 증인으로 우리를 부르셨습니다. 우리의 눈이 열려 부활의 진리를 깨닫고, 진정한 회개를 통해 성령을 받게 되면, 우리는 어떤 시대에도 부활의 증인으로 살아갈 수 있게 됩니다. 부활은 새로운 시작입니다. 우리는 날마다 성령으로 충만하여 부활의 증인으로 살아가도록 부르심을 받았습니다.

하나님, 성령으로 충만하여 부활의 증인으로 살게 하옵소서

4월 **22**일

제자로 사는 것이 복이다

누가복음 9:18-27

18예수께서 따로 기도하실 때에 제자들이 주와 함께 있더니 물어 이르시되 무리가 나를 누구라고 하느냐 19대답하여 이르되 세례 요한이라 하고 더러는 엘리야라, 더러는 옛 선지자 중의 한 사람이 살아났다 하나이다 20예수께서 이르시되 너희는 나를 누구라 하느냐 베드로가 대답하여 이르되 하나님의 그리스도시니이다 하니 … 24누구든지 제 목숨을 구원하고자 하면 잃을 것이요 누구든지 나를 위하여 제 목숨을 잃으면 구원하리라 25사람이 만일 온 천하를 얻고도 자기를 잃든지 빼앗기든지 하면 무엇이 유익하리요

예수님께서는 제자들에게 "너희는 나를 누구라 하느냐?" 물으셨고, 베드로는 "주는 하나님의 그리스도이십니다"라고 고백했습니다. 이는 단순한 고백이 아니라, 죄의 포로로부터 해방된 자만이 할 수 있는 복된 고백입니다. 이 고백 위에 예수님께서는 교회를 세우셨고, 교회는 주님의 제자들로 구성된 하나님의 백성입니다. 제자로 사는 삶은 세상에서의 성공이 아닌, 예수 생명을 품고 사는 것을 자랑으로 여기는 복된 삶입니다. 그러나 제자의 길은 십자가의 길입니다. 예수님께서 고난과 죽음을 통해 구원의 길을 여셨듯이, 우리도 날마다 자기를 부인하고 각자의 십자가를 져야 합니다. 십자가를 지는 것은 우리 자신의 욕망과 자아를 내려놓고 하나님의 말씀에 온전히 순종하는 삶을 의미합니다. 십자가의 길은 고통스럽지만, 그 길을 걸을 때 우리는 진정한 자유와 쉼을 얻게 됩니다. 우리는 그리스도의 제자로서 세상의 죄악에 묶여 있는 자들을 자유롭게 할 사명을 받았습니다. 오늘도 우리는 이 사명을 이루기 위해 주님을 따르며, 세상에 하나님의 나라를 세워가는 복된 자들입니다. 주님의 십자가의 길을 따라 걸으며, 죄와 사단의 억압으로부터 사람들을 해방시키는 도구로 쓰임 받는 제자가 됩시다.

하나님, 제자로서 십자가의 길을 따라가며 주님의 뜻을 이루는 자가 되게 하소서.

4월 23일

영광의 주님을 보이신 이유

누가복음 9:28-36

28이 말씀을 하신 후 팔 일쯤 되어 예수께서 베드로와 요한과 야고보를 데리고 기도하시러 산에 올라가사 29기도하실 때에 용모가 변화되고 그 옷이 희어져 광채가 나더라 30문득 두 사람이 예수와 함께 말하니 이는 모세와 엘리야라 31영광중에 나타나서 장차 예수께서 예루살렘에서 별세하실 것을 말할새 32베드로와 및 함께 있는 자들이 깊이 졸다가 온전히 깨어나 예수의 영광과 및 함께 선 두 사람을 보더니 33두 사람이 떠날 때에 베드로가 예수께 여짜오되 주여 우리가 여기 있는 것이 좋사오니 우리가 초막 셋을 짓되 하나는 주를 위하여, 하나는 모세를 위하여, 하나는 엘리야를 위하여 하사이다 하되 자기가 하는 말을 자기도 알지 못하더라

예수님께서 변화산에서 베드로, 요한, 야고보에게 영광의 모습을 보여주신 데는 세 가지 중요한 이유가 있습니다. 첫째, 예수님은 본래 영광의 본체이시며, 그분이 인간의 몸으로 낮아지셔서 이 땅에 오셨음을 가르쳐 주시기 위함입니다. 빌립보서 2장 5-8절은 예수님께서 하나님과 동등되신 분이지만 자기를 비워 종의 형체를 가지사 십자가에 죽기까지 순종하셨다고 증거합니다. 이는 영광을 내려놓으시고 우리를 구원하시기 위해 인간이 되셨음을 의미합니다. 둘째, 그 영광의 주님께서 지금도 우리와 함께 하심을 알려주시기 위함입니다. 예수님은 임마누엘, 곧 '하나님이 우리와 함께 계신다'는 이름으로 이 땅에 오셨고, 부활 승천 후에도 세상 끝날까지 우리와 함께 하겠다고 약속하셨습니다. 우리는 주님께서 항상 말씀으로 우리와 함께 하시며, 말씀에 순종할 때 그분의 영광을 경험하게 된다는 사실을 기억해야 합니다. 셋째, 예수님은 우리의 영광스러운 정체성을 보여주셨습니다. 변화산에서 모세와 엘리야와 함께 영광 중에 나타나신 것은 우리도 영광의 자리에 동참할 자들이라는 메시지입니다. 모세는 구원의 사명을 받은 자로, 엘리야는 하나님과 교제하는 능력의 사람으로 부름 받았던 것처럼, 우리도 이 세상에 빛과 생명을 전하는 사명을 감당해야 합니다. 예수님은 우리에게 말씀과 함께 살아가라고 명하셨습니다. 영광의 주님을 따르는 삶은 말씀에 순종하며 하나님과 하나 되는 삶입니다. 이를 통해 하나님의 나라가 우리를 통해 이 땅에 이루어집니다.

하나님, 영광의 주님과 동행하며 말씀에 순종하는 삶을 살게 하소서.

4월 **24**일

하나님 나라의 신비

누가복음 9:46-50

⁴⁶제자 중에서 누가 크냐 하는 변론이 일어나니 ⁴⁷예수께서 그 마음에 변론하는 것을 아시고 어린 아이 하나를 데려다가 자기 곁에 세우시고 ⁴⁸그들에게 이르시되 누구든지 내 이름으로 이런 어린 아이를 영접하면 곧 나를 영접함이요 또 누구든지 나를 영접하면 곧 나를 보내신 이를 영접함이라 너희 모든 사람 중에 가장 작은 그가 큰 자니라 ⁴⁹요한이 여짜오되 주여 어떤 사람이 주의 이름으로 귀신을 내쫓는 것을 우리가 보고 우리와 함께 따르지 아니하므로 금하였나이다 ⁵⁰예수께서 이르시되 금하지 말라 너희를 반대하지 않는 자는 너희를 위하는 자니라 하시니라

세 상 나라는 힘과 권력을 통해 통치하지만, 하나님 나라는 그와 정반대의 방식으로 다스려집니다. 예수님께서는 힘을 가지고도 자신을 낮추어 우리를 위해 죽으셨습니다. 하나님의 통치 방식은 힘이 아니라 사랑과 희생입니다. 제자들조차도 누가 더 큰 자인가에 대해 논쟁했지만, 예수님은 어린아이를 영접하라고 가르치셨습니다. 이는 아무런 생산성이 없어 보이는 자들을 섬기고 그들을 위해 살아가는 것이 곧 하나님 나라 백성의 삶이라는 것을 의미합니다. 세상은 힘과 권력을 위해 경쟁하지만, 우리는 이미 부요한 자들입니다. 하나님 나라 백성은 돈이나 명예와 상관없이, 이미 하나님의 권세와 영생을 소유한 자들입니다. 그러므로 우리는 생산성이 없는 자들을 영접하며, 그들을 위해 자신의 힘을 내려놓을 줄 알아야 합니다. 하나님 나라의 신비는 힘없는 자들을 위해 기꺼이 희생하고, 그들을 섬기는 삶 속에서 드러납니다. 물론 환난과 궁핍이 우리에게도 찾아올 수 있지만, 이는 잠시뿐입니다. 우리의 임무는 죽도록 충성하는 것입니다. 어린아이와 같은 자들을 영접하고, 그들을 위해 희생하는 것이 곧 하나님 나라를 전파하는 일입니다. 오늘날 교회가 하나님 나라의 신비를 체험하고 믿는다면, 우리는 이미 힘 있는 자로서 세상의 방식이 아닌 하나님 나라의 방식대로 살아야 합니다. 하나님 나라의 신비를 체험하고, 그 신비를 세상에 전파하며 살아가는 성도가 되기를 바랍니다.

하나님, 세상의 방식이 아닌 하나님 나라의 신비를 따라 살아가게 하소서.

4월 **25**일

목적과 수단을 바꾸지 말라

누가복음 9:51-62

53예수께서 예루살렘을 향하여 가시기 때문에 그들이 받아들이지 아니 하는지라 54제자 야고보와 요한이 이를 보고 이르되 주여 우리가 불을 명하여 하늘로부터 내려 저들을 멸하라 하기를 원하시나이까 55예수께서 돌아보시며 꾸짖으시고 … 61또 다른 사람이 이르되 주여 내가 주를 따르겠나이다마는 나로 먼저 내 가족을 작별하게 허락하소서 62예수께서 이르시되 손에 쟁기를 잡고 뒤를 돌아보는 자는 하나님의 나라에 합당하지 아니하니라 하시니라

우리는 하늘의 시민권자와 이 땅의 시민이라는 두 정체성 가운데 무엇을 우선해야 할지 고민할 때가 있습니다. 오늘 말씀에서 예수님은 제자들을 꾸짖으시고 다른 마을로 향하셨는데, 이를 통해 예수님께서는 하나님의 나라는 세상의 힘이나 능력으로 증명되는 것이 아니라 오직 하나님을 따르는 삶으로 증명된다는 중요한 교훈을 주셨습니다. 그렇습니다. 하나님의 나라는 세상의 힘으로 증명되지 않습니다. 교회의 역사 속에서 많은 지도자가 하나님의 은사를 자기 증명이나 교만의 도구로 사용했을 때, 결국 하나님의 영이 떠나고 악한 영에 사로잡히게 되는 경우를 우리는 찾아볼 수 있습니다. 하나님의 재판장 되심을 믿고 그분의 뜻을 신뢰하며 기다려야 합니다. 또한, 예수님께서 "인자는 머리 둘 곳이 없다"라고 하신 말씀은 이 땅에서 나그네와 외국인으로 살아가라는 가르침입니다. 이는 무소유를 말하는 것이 아니라, 하나님께서 필요하다면 모든 것을 가볍게 내려놓을 수 있는 마음을 가지는 것입니다. 하나님이 주신 것을 누리며 살 수 있지만, 언제든 순종할 준비가 되어 있어야 합니다. 마지막으로 예수님은 하나님 나라를 전파하는 것이 우리의 궁극적 목적임을 강조하십니다. 부모를 공경하고 자녀를 사랑하는 것처럼 이 땅에서 우리가 하는 모든 일은 하나님 나라를 위한 수단이어야 합니다. 삶의 목적과 수단을 혼동하지 않고, 하나님 나라를 전파하는 것이야말로 하늘 시민으로서의 본분입니다. 하늘 시민으로서 이 땅을 살아가며 우리는 하나님 나라를 세상의 힘으로 증명하려 하지 않고, 나그네와 같은 마음으로 살며, 삶의 목적과 수단을 바꾸지 않고 살아가야 합니다.

주님, 삶의 목적을 하나님 나라를 위해 흔들림 없이 살아가게 하소서.

4월 **26**일

영생을 얻은 자가 가는 길

누가복음 10:25-37

36네 생각에는 이 세 사람 중에 누가 강도 만난 자의 이웃이 되겠느냐 37이르되 자비를 베푼 자니이다 예수께서 이르시되 가서 너도 이와 같이 하라 하시니라

영생을 얻는 길은 우리의 노력이나 행위가 아닌 오직 믿음으로, 예수 그리스도를 통해 주어집니다. 한 율법사가 예수님을 시험하며 영생을 얻는 길을 묻자, 예수님은 선한 사마리아인의 비유를 통해 자비를 베풀고 사랑을 실천하는 삶을 말씀하셨습니다. 이 비유 속에서 우리는 영생을 소유한 자로서 어떻게 살아가야 하는지 배울 수 있습니다. 첫째, 영생을 소유한 자는 먼저 자신의 상태를 알아야 합니다. 우리는 본래 영적으로 강도 만난 자와 같았으나, 생명을 잃고 죽을 수밖에 없던 우리를 예수님께서 십자가의 고통을 통해 구원해주셨습니다. 주님의 자비로 영생을 얻게 된 우리는 이제 그 은혜를 기억하며 살아가야 합니다. 둘째, 영생을 얻은 자는 다른 영혼들을 불쌍히 여겨야 합니다. 세상에서 성공하고 많은 것을 소유한 사람도 예수를 알지 못한다면, 그는 참된 생명을 가지지 못한 불쌍한 자입니다. 1800년대 미국 선교사들이 조선에 와서 가난한 영혼들을 불쌍히 여겨 복음을 전파한 것처럼, 오늘날에도 우리는 영생을 모르는 사람들을 불쌍히 여기고 그들에게 다가가야 합니다. 셋째, 영생을 소유하지 못한 자들을 가까이하고, 교회로 인도하며 그들이 회복될 때까지 돌보아야 합니다. 교회는 영혼들이 치유되고 회복되는 장소입니다. 우리는 우리의 시간과 재능, 물질을 통해 그들을 돕고 세우는 일을 감당해야 합니다. 주님께서 우리를 위해 베푸신 은혜를 기억하며, 우리도 다른 이들에게 자비를 베풀어야 합니다. 우리가 영생을 소유한 자로서 해야 할 일은 단순히 믿음의 고백에 머무는 것이 아니라, 자비와 사랑을 실천하며 주님의 가르침대로 살아가는 것입니다. 이를 통해 우리의 가정과 교회, 사회에 하나님의 나라가 세워지기를 소망합니다.

하나님, 영생을 얻은 자로서 다른 이들에게 자비와 사랑을 실천하며, 그들을 주님께로 인도하는 삶을 살게 하소서.

4월 27일

더 중요한 일 - 자비를 베풀며 사는 삶

누가복음 10:38-42

40마르다는 준비하는 일이 많아 마음이 분주한지라 예수께 나아가 이르되 주여 내 동생이 나 혼자 일하게 두는 것을 생각하지 아니하시나이까 그를 명하사 나를 도와 주라 하소서 41주께서 대답하여 이르시되 마르다야 마르다야 네가 많은 일로 염려하고 근심하나 42몇 가지만 하든지 혹은 한 가지만이라도 족하니라 마리아는 이 좋은 편을 택하였으니 빼앗기지 아니하리라 하시니라

삶에서 많은 일을 이루고도 정작 중요한 일을 놓치는 경우가 종종 있습니다. 오늘 본문은 말씀을 듣는 것이 섬김보다 중요하다는 의미가 아닙니다. 예수님은 마르다가 자비 없이 분주하게 일하며 염려와 근심 속에 있었음을 지적하신 것입니다. 마리아는 말씀을 듣고 그 안에서 기쁨을 누렸지만, 마르다는 자비와 사랑이 없는 섬김으로 인해 불평하게 된 것입니다. 자비는 단순한 감정이 아니라 행동입니다. 우리가 자비를 베풀며 살아야 하는 이유는 첫째, 하나님께서 우리에게 먼저 자비를 베푸셨기 때문입니다. 하나님은 이스라엘 백성에게 "애굽에서 종 되었던 것을 기억하라"고 하시며 자비를 베풀라고 명하셨습니다. 우리가 받은 자비를 잊지 않고, 다른 이들에게도 자비를 나누는 것은 우리의 의무입니다. 둘째, 자비를 베풀지 않으면 우리는 결국 망하게 되기 때문입니다. 자비를 베풀지 않고 쌓아만 두면 염려와 근심이 가득해지며 공동체는 무너지게 됩니다. 한국교회는 그동안 외형적인 성장에 집중해 왔지만, 하나님께서 우리에게 축복을 주신 이유는 우리가 자비를 나누며 살아가도록 하기 위함입니다. 자비를 베푸는 민족, 교회, 가정은 결국 자비를 돌려받게 될 것입니다. 자비는 크고 대단한 일이 아니라, 우리의 일상에서 할 수 있는 작은 행동부터 시작됩니다. 물질뿐만 아니라 위로의 말, 격려, 기도도 자비의 한 형태입니다. 우리 삶 속에서 자비를 실천하며, 하나님께서 우리에게 베푸신 자비를 기억하는 하루가 되길 바랍니다.

하나님, 매일 자비를 베풀며 살아가게 하시고, 자비로 세상을 변화시키는 도구가 되게 하소서.

4월 **28**일

예수가 메시아임을 부인하는 이유

누가복음 11:14-28

14예수께서 한 말 못하게 하는 귀신을 쫓아내시니 귀신이 나가매 말 못하는 사람이 말하는지라 무리들이 놀랍게 여겼으나 15그 중에 더러는 말하기를 그가 귀신의 왕 바알세불을 힘입어 귀신을 쫓아낸다 하고 16또 더러는 예수를 시험하여 하늘로부터 오는 표적을 구하니 … 24더러운 귀신이 사람에게서 나갔을 때에 물 없는 곳으로 다니며 쉬기를 구하되 얻지 못하고 이에 이르되 내가 나온 내 집으로 돌아가리라 하고 25가서 보니 그 집이 청소되고 수리되었거늘 26이에 가서 저보다 더 악한 귀신 일곱을 데리고 들어가서 거하니 그 사람의 나중 형편이 전보다 더 심하게 되느니라

예수님께서 이 땅에 오셔서 많은 기사와 이적을 행하셨음에도 불구하고 사람들은 그분을 믿지 않고, 오히려 바알세불의 힘을 입어 귀신을 쫓는다고 비난하며 또 다른 표적을 구합니다. 이는 그들이 자기중심에 사로잡혀 있었기 때문입니다. 자기 기준에서 벗어나지 못하는 사람은 예수님을 메시아로 인정할 수 없습니다. 그러나 하나님을 경험한 자는 주님이 메시아이심을 깨닫고 그분이 주시는 생명과 구원의 복을 누리게 됩니다. 자신의 의로움을 믿고 율법을 따르는 이스라엘 백성은 예수님을 받아들이지 못했으며, 결국 메시아를 죽이는 자리까지 나아가게 됩니다. 하지만 하나님의 말씀을 듣고 지키는 자는 자기 중심에서 하나님 중심으로 옮겨진 복된 사람입니다. 우리가 하나님을 왕으로 모시고 그분의 계명에 순종할 때 비로소 생명의 길을 걷게 됩니다. 예수님의 십자가는 죽음이 아닌 생명의 길임을 기억하며, 하나님을 왕으로 삼고 그분의 뜻에 따르는 삶을 살아야 합니다.

주님, 내 중심이 아닌 하나님을 왕으로 모시고 그분의 뜻을 따라 사는 삶을 살게 하소서.

4월 29일

놀라운 변화

누가복음 11:33-36

33누구든지 등불을 켜서 움 속에나 말 아래에 두지 아니하고 등경 위에 두나니 이는 들어가는 자로 그 빛을 보게 하려 함이라 34네 몸의 등불은 눈이라 네 눈이 성하면 온 몸이 밝을 것이요 만일 나쁘면 네 몸도 어두우리라 35그러므로 네 속에 있는 빛이 어둡지 아니한가 보라 36네 온 몸이 밝아 조금도 어두운 데가 없으면 등불의 빛이 너를 비출 때와 같이 온전히 밝으리라 하시니라

눈의 역할은 매우 중요하기에, 시각 상실은 큰 불행입니다. 본문에서는 우리의 영적인 눈을 열어주시는 주님의 은혜를 다루고 있습니다. 예수님은 표적만을 구하는 자들에게 요나의 표적 외에는 보여줄 것이 없다고 하셨습니다. 이는 주님의 십자가와 부활이 우리의 눈을 뜨게 하며, 이를 믿는 자가 구원받는다는 의미입니다. 눈이 열린 자는 하나님께 영광을 돌리며 찬송할 수 있습니다. 영적인 눈이 열린 사람은 하나님의 말씀과 빛에 민감해집니다. 무감각은 가장 무서운 질병으로, 신앙생활의 나태함은 우리의 눈을 감각이 무딘 상태로 만들 수 있습니다. 그러나 성한 눈을 가진 자는 날마다 회개하며, 말씀의 빛 앞에 자신을 돌아보게 됩니다. 눈이 성하면 십자가와 부활의 주님을 바라보며 어떠한 상황에서도 절망하지 않게 됩니다. 여호수아가 하나님의 함께 하심을 경험한 것처럼, 우리는 상황을 초월하여 주님의 인도하심을 믿고 담대하게 나아가야 합니다. 역사적으로 교회는 어두운 시대 속에서도 성한 눈을 가진 믿음의 사람들 덕분에 하나님의 나라를 이루어 왔습니다. 마지막으로, 성한 눈을 가진 사람은 아직 눈이 뜨이지 않은 자들을 불쌍히 여깁니다. 사도행전 3장에서 베드로와 요한은 미문에 앉아 있는 앉은뱅이를 보고 그의 육신의 필요보다 예수의 이름을 모르는 것이 더 불쌍하다고 느끼고 그를 일으켰습니다. 영적인 눈이 뜨이지 않은 이들을 위해 기도하고 그들을 돕는 것은 중요한 사명입니다. 우리는 눈이 뜨여진 변화의 체험을 기억하며, 말씀에 민감하게 반응하고, 주님을 바라보며, 다른 이들을 불쌍히 여기는 삶을 살아야 합니다.

하나님, 내 영의 눈을 열어주시고, 말씀에 민감한 성도가 되게 하소서.

4월 **30**일

생명 없는 사람들

누가복음 11:37-54

⁴³화 있을진저 너희 바리새인이여 너희가 회당의 높은 자리와 시장에서 문안 받는 것을 기뻐하는도다 ⁴⁴화 있을진저 너희여 너희는 평토장한 무덤 같아서 그 위를 밟는 사람이 알지 못하느니라 ⁴⁵한 율법교사가 예수께 대답하여 이르되 선생님 이렇게 말씀하시니 우리까지 모욕하심이니이다 ⁴⁶이르시되 화 있을진저 또 너희 율법교사여 지기 어려운 짐을 사람에게 지우고 너희는 한 손가락도 이 짐에 대지 않는도다 ⁴⁷화 있을진저 너희는 선지자들의 무덤을 만드는도다 그들을 죽인 자도 너희 조상들이로다 ⁴⁸이와 같이 그들은 죽이고 너희는 무덤을 만드니 너희가 너희 조상의 행한 일에 증인이 되어 옳게 여기는도다

 바리새인과 율법 교사들은 겉으로는 깨끗하고 율례를 지키는 자들처럼 보였으나, 그들 마음속은 탐욕과 악으로 가득 차 있었습니다. 주님은 그들의 외식과 위선을 책망하시며, 그들의 속에 생명이 없음을 지적하셨습니다. 마치 죽은 무덤과 같은 그들의 삶은 외적으로는 율법을 철저히 지키는 것 같지만, 실상은 사랑도 없이 칭찬받기만을 원하고 있었습니다. 이러한 모습은 비단 그들뿐만 아니라 오늘날 우리에게도 경고가 됩니다. 오늘날 우리는 지성적으로는 발전했으나, 오히려 비판이 난무하고 생명을 살리는 일에는 무감각해졌습니다. 특히 교회 안에서도 판단하고 비판하는 데에만 앞장서고 있으며, 실제로 생명의 역사는 찾아보기 어렵습니다. 마치 에스겔 선지자 시대의 마른 뼈처럼 우리에게는 생명의 역사가 절실히 필요합니다. 그러나 하나님께서는 오늘도 생명의 일을 행하실 수 있습니다. 에스겔의 대답처럼, 하나님께서 원하시면 계속해서 생명을 불어넣으실 수 있습니다. 그 일은 바로 말씀을 전하고 기도하는 것에서 시작됩니다. 말씀에 성령의 역사가 임할 때, 죽은 뼈들이 살아나는 역사가 일어납니다. 우리나라와 교회가 생명의 역사를 이루기 위해서는 단순한 프로그램이나 지식으로 되는 것이 아닙니다. 기도의 힘과 성령의 역사로만 가능합니다. 우리는 오늘도 말씀을 전하고 성령이 그 말씀에 역사하시도록 기도해야 합니다. 이를 통해 우리나라가 생명의 나라로 거듭나기를 기도합니다.

하나님, 말씀이 선포될 때 성령의 역사가 임하여 죽은 자들이 살아나고, 마른 뼈들이 다시 일어나는 역사를 허락하소서.

5월

누가복음

5월 1일

두려워 말라

누가복음 12:1-12

1그 동안에 무리 수만 명이 모여 서로 밟힐 만큼 되었더니 예수께서 먼저 제자들에게 말씀하여 이르시되 바리새인들의 누룩 곧 외식을 주의하라 2감추인 것이 드러나지 않을 것이 없고 숨긴 것이 알려지지 않을 것이 없나니 3이러므로 너희가 어두운 데서 말한 모든 것이 광명한 데서 들리고 너희가 골방에서 귀에 대고 말한 것이 지붕 위에서 전파되리라 4내가 내 친구 너희에게 말하노니 몸을 죽이고 그 후에는 능히 더 못하는 자들을 두려워하지 말라 5마땅히 두려워할 자를 내가 너희에게 보이리니 곧 죽인 후에 또한 지옥에 던져 넣는 권세 있는 그를 두려워하라 내가 참으로 너희에게 이르노니 그를 두려워하라

예수님을 믿는다는 이유로 억울한 일을 겪고, 손해를 보는 경험은 신앙인에게 낯설지 않습니다. 하지만 세상의 평가와 상황을 복의 척도로 삼아서는 안 됩니다. 우리가 가진 진정한 복은 영생과 하늘 유업을 얻은 자로서 하나님의 자녀가 되었다는 사실에 있습니다. 예수님은 제자들에게 '바리새인들의 외식을 주의하라' 하시며, 어려운 상황이 올 때 두려워하지 말라고 당부하십니다. 신앙인은 고난 속에서도 하나님을 두려워하며 담대히 주님을 시인하는 자들입니다. 하나님께서 우리와 함께하시니 두려워 말라는 말씀은 성경 곳곳에 나타납니다사 41:9-10. 믿음의 길은 십자가와 희생을 통해 이루어지며, 예수님은 그 길을 묵묵히 걸으셨습니다. 믿는 자들은 그리스도를 따르며 두려움을 넘어, 하나님을 시인하고 고백해야 합니다. 말라기서에 나타난 하나님의 약속처럼, 하나님을 시인하는 자에게는 특별한 은혜가 주어집니다. 하나님께서는 그 고백을 기억하시며, 믿는 자들을 아껴주시고 특별한 소유로 삼아 주십니다말 3:16-18. 성령을 좇아 사는 삶은 진정한 신앙인의 모습입니다. 성령의 인도하심을 따라 살아가면서 세상의 손해와 억울함을 넘어서는 것이 우리에게 요구되는 태도입니다. 비록 세상에서 억울한 일을 겪을지라도, 두려워하지 않고 하나님을 고백하고 성령을 따라 살 때, 우리를 통해 하나님의 나라가 이루어질 것입니다. 어려운 시대 속에서도 예수님의 제자로서 담대히 살아가길 기도합니다.

하나님, 고난 중에도 두려워하지 않고 담대히 주님을 고백하게 하소서.

5월 **2**일

탐욕, 하나님의 임재 없이는…

누가복음 12:13-21

13무리 중에 한 사람이 이르되 선생님 내 형을 명하여 유산을 나와 나누게 하소서 하니 14이르시되 이 사람아 누가 나를 너희의 재판장이나 물건 나누는 자로 세웠느냐 하시고 15그들에게 이르시되 삼가 모든 탐심을 물리치라 사람의 생명이 그 소유의 넉넉한 데 있지 아니하니라 하시고 16또 비유로 그들에게 말하여 이르시되 한 부자가 그 밭에 소출이 풍성하매 17심중에 생각하여 이르되 내가 곡식 쌓아 둘 곳이 없으니 어찌할까 하고 18또 이르되 내가 이렇게 하리라 내 곳간을 헐고 더 크게 짓고 내 모든 곡식과 물건을 거기 쌓아 두리라 19또 내가 내 영혼에게 이르되 영혼아 여러 해 쓸 물건을 많이 쌓아 두었으니 평안히 쉬고 먹고 마시고 즐거워하자 하리라 하되 20하나님은 이르시되 어리석은 자여 오늘 밤에 네 영혼을 도로 찾으리니 그러면 네 준비한 것이 누구의 것이 되겠느냐 하셨으니 21자기를 위하여 재물을 쌓아 두고 하나님께 대하여 부요하지 못한 자가 이와 같으니라

 이 본문은 제자도弟子道의 핵심을 다룹니다. 한 사람이 예수님께 유산 문제로 도움을 요청하지만, 예수님은 탐심을 경계하라 하십니다. 생명은 재물의 넉넉함에 있지 않음을 강조하시며, 부자의 비유를 통해 세상 것으로는 결코 만족할 수 없음을 가르치십니다. 세상 재물은 쌓을수록 더 많이 원하는 탐욕을 불러일으킵니다. 그러나 하나님으로 채워질 때, 진정한 만족과 평안을 누릴 수 있습니다. 하나님으로 부요해지지 못한 자는 끝없는 욕심에 사로잡혀 결국 영적 빈곤에 빠집니다. 우리가 평안과 기쁨이 없을 때는 세상 것을 채우려 하기보다 하나님으로 채워져야 할 시간임을 깨달아야 합니다. 탐욕은 우리의 마음을 채울 수 없으며, 오직 하나님으로 부요해질 때에만 참된 기쁨과 만족을 경험할 수 있습니다. 탐심을 물리치는 방법은 우리의 힘으로 마음을 비우려 애쓰는 것이 아닙니다. 흙탕물이 든 컵에 맑은 물을 부으면 흙탕물이 사라지듯, 우리도 하나님으로 채워질 때 탐욕이 물러갑니다. 하나님과 끊임없는 교제, 즉 쉬지 말고 기도하며 하나님의 임재를 구하는 삶이 우리의 영혼을 채우고 탐욕을 몰아냅니다.

하나님, 세상 욕심을 버리고 주님으로 채워지게 하소서.

5월 **3**일

염려하지 말라

누가복음 12:22-32

²²너희는 무엇을 먹을까 무엇을 마실까 하여 구하지 말며 근심하지도 말라 ³⁰이 모든 것은 세상 백성들이 구하는 것이라 너희 아버지께서는 이런 것이 너희에게 있어야 할 것을 아시느니라 ³¹다만 너희는 그의 나라를 구하라 그리하면 이런 것들을 너희에게 더하시리라

공동체가 염려로 어려움에 빠질 때, 한 사람이 나서서 염려를 차단하고, 하나님만 바라보게 하는 역할을 해야 합니다. 하나님께서 우리를 염려에서 건지시는 방법은 믿음과 기도가 있으며, 믿음에는 두 가지가 있습니다. 첫째, 하나님께서 우리를 존귀히 여기신다는 믿음입니다²²⁻²⁴절. 하나님은 우리의 어떠함이 아닌, 우리 자체를 귀하게 여기십니다. 독생자 예수님을 십자가에 내어주신 것만으로도 우리는 얼마나 귀한 존재인지를 알 수 있습니다롬 8:31-34. 다윗은 끊임없는 고난 속에서도 자신의 생명이 하나님께 달려 있음을 믿었기에 염려에서 건짐을 받을 수 있었습니다시 138:6-8. 둘째, 하나님께서 우리의 필요를 우리보다 더 잘 아신다는 믿음입니다²⁷⁻³⁰절. 우리는 스스로 우리의 필요를 잘 안다고 생각하지만, 하나님께서 우리보다 더 정확하게 아십니다. 하나님은 어려운 상황 속에서 우리의 필요를 채우기 위해 기도와 교제를 원하십니다. 또한, 하나님은 우리의 생각과 다를지라도 더 큰 필요를 아시고 그것을 위해 우리를 이끄십니다. 하나님께서 주신 믿음 외에 또 하나의 도구는 기도입니다. "그의 나라를 구하라 그리하면 이런 것들을 너희에게 더하시리라"³¹절 말씀처럼, 우리는 염려하는 상황 속에서도 하나님의 뜻을 구해야 합니다. 예수님께서 십자가를 앞두고 염려하셨지만, 아버지의 뜻을 구하는 기도를 통해 염려를 이겨내셨습니다. 우리가 처한 상황에서 하나님의 뜻을 찾고, 그 뜻을 따라가는 것이 바로 하나님의 나라와 의를 구하는 기도입니다. 세상은 우리를 계속 염려로 묶으려 하지만, 우리는 하나님의 뜻을 구하고 그 뜻을 따라갈 때, 염려 대신 평강을 얻고 승리할 수 있습니다빌 4:6-7.

하나님, 염려 대신 믿음과 기도를 통해 주님의 평강을 누리게 하소서.

5월 **4**일

자손들을 바다 가운데로

출애굽기 14:21-25

21모세가 바다 위로 손을 내밀매 여호와께서 큰 동풍이 밤새도록 바닷물을 물러가게 하시니 물이 갈라져 바다가 마른 땅이 된지라 22이스라엘 자손이 바다 가운데를 육지로 걸어가고 물은 그들의 좌우에 벽이 되니 23애굽 사람들과 바로의 말들, 병거들과 그 마병들이 다 그들의 뒤를 추격하여 바다 가운데로 들어오는지라 24새벽에 여호와께서 불과 구름 기둥 가운데서 애굽 군대를 보시고 애굽 군대를 어지럽게 하시며 25그들의 병거 바퀴를 벗겨서 달리기가 어렵게 하시니 애굽 사람들이 이르되 이스라엘 앞에서 우리가 도망하자 여호와가 그들을 위하여 싸워 애굽 사람들을 치는도다

성경에서 묵시는 하나님의 계시로, 우리의 영적 비전을 의미합니다. 잠언 29장 18절은 하나님의 계시를 따라 사는 자는 복을 누린다고 말합니다. 아브라함과 모세도 어려움 속에서 하나님의 비전을 붙들고 살았으며, 하나님은 그 비전을 통해 놀라운 역사를 이루셨습니다. 모세는 홍해 앞에서 진퇴양난의 상황에 처했으나 하나님의 계시와 함께 걸어갔습니다. 하나님은 홍해를 가르시고 이스라엘 백성을 구원하셨으며, 그들은 바다 가운데를 지나갔습니다. '바다 가운데로 지나간다'는 것은 영적으로 예수 그리스도로 말미암아 세례를 받고 구원받는 것을 의미합니다고전 10:2-4. 우리는 우리의 자녀들이 이 바다 가운데로 통과하길 소망해야 합니다. 현재 한국의 출산율이 매우 낮고, 주일학교가 없는 교회가 많으며, 영적 계승이 어려운 현실에 있습니다. 에녹이 므두셀라를 통해 세상의 끝을 생각하며 하나님과 동행했던 것처럼, 우리도 자녀들을 보며 이들이 모두 바다 가운데로 지나갈 수 있기를 간절히 소망해야 합니다. 이 비전을 가진 사람이라면 네 가지를 실천해야 합니다. 첫째, 믿음의 백성들이 자녀를 가질 수 있도록 꿈꾸어야 합니다. 자녀는 하나님께서 주시는 선물이기 때문입니다. 둘째, 자녀를 믿음으로 양육해야 하며, 어릴 때부터 하나님의 말씀을 가르쳐야 합니다. 셋째, 자녀들이 말씀을 기쁘게 받아들일 수 있도록 지도하고, 넷째, 자녀들이 바다 가운데로 통과할 수 있도록 기도해야 합니다.

 주님, 우리의 자녀들이 바다 가운데로 통과하여 믿음의 길을 걷게 하소서.

5월 5일

어린아이로 살자

누가복음 5장 27-39절

31예수께서 대답하여 이르시되 건강한 자에게는 의사가 쓸 데 없고 병든 자에게라야 쓸 데 있나니 32내가 의인을 부르러 온 것이 아니요 죄인을 불러 회개시키러 왔노라

오늘날 저출산 문제로 인해 어린아이의 소리가 사라져가고 있습니다. 그러나 성경은 어린아이를 짐이 아니라 축복으로 말씀합니다. 교회 안에도 육체적으로나 영적으로 어린아이와 같은 존재가 많아야 미래가 있습니다. 성경적 어린아이는 자신을 낮추며, 모든 것이 하나님의 은혜임을 고백하는 사람입니다. 자기를 낮추는 것은 겸손의 표현이며, 하나님께 의지하는 믿음을 드러냅니다. 이와 같은 어린아이 같은 신앙을 가진 교회는 평강과 은혜가 넘칩니다. 본문에서 예수님은 세리 레위ᵐᵃᵗᵗʰᵉʷ를 부르시고, 그와 함께 식사를 하셨습니다. 바리새인들과 서기관들은 예수님이 죄인과 함께하는 것을 비난했지만, 예수님은 그들을 향해 말씀하셨습니다. '나는 죄인을 구하기 위해 왔다.' 이 말씀은 우리에게도 동일하게 적용됩니다. 구원은 우리의 의나 노력으로 이루어지는 것이 아니라 오직 예수님을 통한 은혜로만 가능합니다. 교회 안에서 성도들은 성경적 어린아이처럼 변화되어야 합니다. 첫째, 어린아이 같은 사람은 차별하지 않고 누구에게나 은혜로 대하며, 모든 사람을 소중히 여깁니다. 둘째, 다른 사람을 실족하게 하지 않고, 은혜로운 말과 행동으로 힘과 격려를 줍니다. 우리는 전적인 하나님의 은혜로 거듭났습니다. 세상 사람들과는 달리 어린아이 같은 신앙으로, 하나님의 은혜를 의지하며 살아가야 합니다. 교회 안에 어린아이 같은 성도가 많을 때 세 가지 소리가 넘쳐납니다. 첫째, 어린아이 같은 순수한 찬송의 소리, 둘째, 간절한 기도의 소리, 셋째, 하나님의 말씀을 사모하는 소리입니다. 이러한 소리가 넘쳐나는 교회가 될 때 교회는 하나님의 은혜로 충만해질 것입니다.

주님, 어린아이 같은 신앙으로 주님의 은혜를 의지하며 살게 하소서.

5월 **6**일

내가 아버지다

누가복음 11:5-13

5또 이르시되 너희 중에 누가 벗이 있는데 밤중에 그에게 가서 말하기를 벗이여 떡 세 덩이를 내게 꾸어 달라 6내 벗이 여행중에 내게 왔으나 내가 먹일 것이 없노라 하면 7 그가 안에서 대답하여 이르되 나를 괴롭게 하지 말라 문이 이미 닫혔고 아이들이 나와 함께 침실에 누웠으니 일어나 네게 줄 수가 없노라 하겠느냐 8내가 너희에게 말하노 니 비록 벗 됨으로 인하여서는 일어나서 주지 아니할지라도 그 간청함을 인하여 일어 나 그 요구대로 주리라 9내가 또 너희에게 이르노니 구하라 그러면 너희에게 주실 것이요 찾으라 그러면 찾아낼 것이요 문을 두드리라 그러면 너희에게 열릴 것이니 10구 하는 이마다 받을 것이요 찾는 이는 찾아낼 것이요 두드리는 이에게는 열릴 것이니라 11너희 중에 아버지 된 자로서 누가 아들이 생선을 달라 하는데 생선 대신에 뱀을 주 며 12알을 달라 하는데 전갈을 주겠느냐 13너희가 악할지라도 좋은 것을 자식에게 줄 줄 알거든 하물며 너희 하늘 아버지께서 구하는 자에게 성령을 주시지 않겠느냐 하시 니라

이전 세대의 아버지와 오늘날 아버지의 모습은 달라졌습니다. 엄 하던 아버지에서, 가까이 다가오는 아빠의 모습으로 변화했듯 이, 하나님께서도 우리에게 다정하고 가까이 계시는 아버지이십니다. 본문은 기 도의 중요성보다 더 깊은 의미로 '아버지'의 마음을 담고 있습니다. 하나님께서는 "내 가 아버지다"라고 말씀하시며 우리가 어떤 상황에 처해 있어도 함께하십니다. 우리 가 간청해야 할 것은 단순한 필요가 아닌, 바로 하나님 아버지 자신입니다. 하나님은 언제나 우리와 가장 가까이 계시며, 우리의 아버지가 되기를 원하십니다. 우리의 필 요를 채우기보다 하나님 자신을 구하고 찾을 때, 우리는 생명의 길로 나아갑니다. 하 나님을 찾고, 구하며 두드리십시오. 그분이 응답하시고 우리에게 다가오셔서 위로와 평강, 능력을 주실 것입니다. 하나님은 멀리 계시는 분이 아니라, 우리와 가까이 계신 아버지이십니다.

주님, 아버지 되신 하나님을 매 순간 구하고 찾으며 그분과 동행하는 삶을 살게 하소서.

5월 7일

아버지가 기뻐할 일

사사기 20:36-48

46이 날에 베냐민 사람으로서 칼을 빼는 자가 엎드러진 것이 모두 이만 오천 명이니 다 용사였더라 47베냐민 사람 육백 명이 돌이켜 광야로 도망하여 림몬 바위에 이르러 거기에서 넉 달 동안을 지냈더라 48이스라엘 사람이 베냐민 자손에게로 돌아와서 온 성읍과 가축과 만나는 자를 다 칼날로 치고 닥치는 성읍은 모두 다 불살랐더라

사 사기에는 반복되는 전쟁과 범죄, 그리고 하나님께 돌아오는 역사가 담겨 있습니다. 본문은 레위인의 범죄로 인해 동족끼리 전쟁이 일어난 비극적인 사건을 다루고 있습니다. 이스라엘은 베냐민을 상대로 처음에는 패배하지만, 결국 큰 승리를 거둡니다. 그러나 이 승리는 진정한 승리일까요? 하나님께서는 동족 간의 싸움을 바라보며 슬퍼하셨을 것입니다. 부모님도 자녀가 화목하지 않으면 아무리 잘해드려도 기쁘지 않습니다. 가장 큰 효도는 화목입니다. 오늘날, 많은 사람들이 물질이 있어야 만사형통한다고 믿습니다. 그러나 대부분의 다툼은 물질 때문에 일어납니다. 반면, 아브라함은 조카 롯과의 다툼에서 손해를 감수하고 화목을 택했습니다. 아브라함의 이 선택에 하나님은 기뻐하셨고, 그에게 큰 복을 주셨습니다. 야곱 또한 형 에서와 화해하며 복을 받았고, 요셉은 형들의 악행을 용서함으로 하나님의 축복을 받았습니다. 혈육의 형제자매뿐만 아니라 믿음의 형제자매와도 화평을 이루는 것이 중요합니다. 시편 133편은 형제가 연합하여 동거함이 얼마나 선하고 아름다운지 노래합니다. 하나님은 화평을 이루는 곳에 임재하시며, 화목하지 않은 곳에서는 거하시지 않습니다. 대한민국은 어려운 시기를 지나 세계적으로 뛰어난 나라가 되었습니다. 우리는 이 번영의 시대에 세계 평화를 위해 쓰임 받아야 합니다. 가정과 교회에서 화평의 사신으로 살아갈 때, 하나님께서는 기뻐하시고 우리를 통해 세계 복음화의 역사를 이루실 것입니다.

주님, 제가 화평을 이루는 삶을 살도록 도와주소서.

5월 8일

부모통해 자녀를 세우심

사사기 3장 1-6절

1 여호와께서 가나안의 모든 전쟁들을 알지 못한 이스라엘을 시험하려 하시며 2 이스라엘 자손의 세대 중에 아직 전쟁을 알지 못하는 자들에게 그것을 가르쳐 알게 하려 하사 남겨 두신 이방 민족들은 3 블레셋의 다섯 군주들과 모든 가나안 족속과 시돈 족속과 바알 헤르몬 산에서부터 하맛 입구까지 레바논 산에 거주하는 히위 족속이라 4 남겨 두신 이 이방 민족들로 이스라엘을 시험하사 여호와께서 모세를 통하여 그들의 조상들에게 이르신 명령들을 순종하는지 알고자 하셨더라

하나님께서는 이스라엘을 훈련시키기 위해 블레셋과 같은 이방 족속을 남겨 두셨습니다. 이는 이스라엘이 전쟁을 배우고, 하나님께 순종하며 살아가도록 하기 위함이었습니다. 하나님을 섬긴다는 것은 단순히 예배나 교회에서의 사역에 국한된 것이 아닙니다. 예수님께서 지극히 작은 자를 섬기는 것이 곧 하나님을 섬기는 것이라고 말씀하셨듯이, 하나님을 섬기는 자는 그 공동체 안에서 섬김의 본을 보여야 합니다. 우리 삶에서 블레셋과 같은 어려운 존재들이 남겨진 것은 우리가 하나님을 섬기며 훈련받는 기회입니다. 특히 부모님은 우리에게 있어서 큰 역할을 하십니다. 오늘날 기대수명이 늘어나면서 부모님을 돌보아야 하는 시기가 길어지고 있습니다. 그러나 부모님을 섬기는 것은 하나님을 섬기는 일과 다름없습니다. 부모님의 손과 발, 귀와 기억이 되어 드리는 것이야말로 하나님께서 기뻐하시는 일입니다. 부모님은 블레셋 같은 존재와 비교할 수 없는 분들입니다. 그들은 우리를 축복하시고, 죽을 때까지 우리를 사랑하십니다. 성경에서 야곱과 노아가 자녀들을 축복한 이야기는 부모의 축복권이 얼마나 중요한지 보여줍니다. 부모님의 축복은 우리 삶에 실질적인 영향력을 미칩니다. 하나님께서는 부모님을 통해 자녀를 세우시며, 부모님을 잘 섬기는 자는 하나님의 큰 복을 받게 될 것입니다.

주님, 부모님을 섬기는 것을 하나님을 섬기는 마음으로 행하게 하소서.

5월 **9**일

부모의 뒷모습을 따라가는 자녀들

사사기 11:34-40

34입다가 미스바에 있는 자기 집에 이를 때에 보라 그의 딸이 소고를 잡고 춤추며 나와서 영접하니 이는 그의 무남독녀라 35입다가 이를 보고 자기 옷을 찢으며 이르되 어찌할꼬 내 딸이여 너는 나를 참담하게 하는 자요 너는 나를 괴롭게 하는 자 중의 하나로다 내가 여호와를 향하여 입을 열었으니 능히 돌이키지 못하리로다 하니 36딸이 그에게 이르되 나의 아버지여 아버지께서 여호와를 향하여 입을 여셨으니 아버지의 입에서 낸 말씀대로 내게 행하소서 이는 여호와께서 아버지를 위하여 아버지의 대적 암몬 자손에게 원수를 갚으셨음이니이다 하니라

부모의 뒷모습은 자녀의 신앙에 지대한 영향을 미칩니다. 그러나 훌륭한 부모에게서 반드시 훌륭한 자녀가 나오지는 않으며, 형편없는 부모에게서도 훌륭한 자녀가 나오는 경우가 있습니다. 다윗이나 사무엘의 자녀들처럼 부모의 신앙이 자녀에게 완벽히 전수되지 않기도 합니다. 그럼에도 자녀는 부모의 뒷모습을 보고 따라가는 경향이 큽니다. 우리가 자녀에게 보여주어야 할 뒷모습은 종교생활이 아닌 참된 신앙생활입니다. 종교생활은 의식만 남은 것이지만, 신앙생활은 하나님의 생명으로 충만한 삶입니다. 우리는 자녀가 신앙생활을 잘하기를 바라며, 이를 위해 내가 먼저 하나님을 알고 사랑하며 섬기는 모습을 보여주어야 합니다. 입다는 하나님과 함께하며 하나님으로 충만해졌기에 자신의 딸을 서원대로 제물로 바칠 수 있었습니다. 입다의 딸 역시 아버지의 신앙을 보며 자랐기에 그 결정을 순순히 받아들였습니다. 이 사건은 그 딸의 깊은 신앙과 하나님을 향한 충만한 사랑을 보여줍니다. 예수님께서 십자가에서 보여주신 뒷모습은 하나님과 인류를 향한 사랑의 극치입니다. 우리 또한 자녀에게, 다음세대에 하나님으로 충만한 뒷모습을 보여주어야 합니다. 사건을 통해 얻는 것이 아니라 하나님을 얻고 그분으로 기뻐하는 삶을 살아야 합니다.

하나님을 사랑하고 섬기는 참된 신앙의 뒷모습을 자녀들에게 보여줄 수 있도록 도와주소서.

5월 **10**일

다음 일을 계획하신다

출애굽기 7:14-19

17여호와가 이같이 이르노니 네가 이로 말미암아 나를 여호와인 줄 알리라 볼지어다
내가 내 손의 지팡이로 나일 강을 치면 그것이 피로 변하고

부모의 사랑은 무엇과도 비교할 수 없으며, 자식을 위해 끝없이 헌신하고 계획하는 모습은 하나님의 사랑을 보여줍니다. 하나님도 우리를 절대로 포기하지 않으시고, 우리의 미래를 위해 끊임없이 일하십니다. 본문에서 하나님께서는 이스라엘 백성을 구원하시기 위해 열 가지 재앙을 계획하십니다. 이 과정은 모세에게도 숨 막히는 일이었겠지만, 하나님은 바로가 쉽게 굴복하지 않을 것을 아시고도 포기하지 않으셨습니다. 오히려 한 걸음 한 걸음 계획하시며, 결국 이스라엘을 애굽에서 건져내실 것입니다. 우리가 종종 현실 앞에서 절망하고 포기하고 싶을 때도 하나님은 우리 곁에 계시며, 여전히 다음 일을 계획하고 계십니다. 부모가 자식을 절망 속에서 포기하지 않듯이, 하나님도 우리를 결코 버리지 않으십니다. 히브리서에서도 하나님께서 결코 우리를 떠나지 않으시며, 세상 것에 의지하지 말라고 강조하십니다. 세상의 모든 것은 결국 사라지지만, 하나님은 영원히 우리와 함께하시며 우리의 부모로서 우리를 지키십니다. 하나님을 기쁘시게 하는 것은 단순히 외적인 행위가 아닙니다. 부모님을 닮아가는 것이 진정한 효도인 것처럼, 하나님의 마음을 깨달아 그분을 닮아가는 것이 하나님을 기쁘시게 하는 일입니다. 하나님의 마음은 열방을 향한 사랑에 있습니다. 그러므로 우리가 하나님의 자녀로서 열방을 품고 그들을 축복하는 것이 바로 하나님을 기쁘시게 하는 삶입니다. 우리는 민수기 6장 24-26절의 말씀을 마음에 새기고, 이 세상을 향해 축복하는 자로 살아가야 합니다. 하나님은 포기하지 않으시고, 우리를 통해 새로운 일을 계획하고 계십니다.

하나님, 절망 속에서도 당신의 계획을 신뢰하며 하나님의 마음을 품고 열방을 축복하게 하소서.

5월 11일

제자가 되는 길
– 내가 갈 목적지를 아십니까?

누가복음 14:25-35

³³이와 같이 너희 중의 누구든지 자기의 모든 소유를 버리지 아니하면 능히 내 제자가 되지 못하리라 ³⁴소금이 좋은 것이나 소금도 만일 그 맛을 잃으면 무엇으로 짜게 하리 요 ³⁵땅에도, 거름에도 쓸 데 없어 내버리느니라 들을 귀가 있는 자는 들을지어다 하시 니라

하나님께서 아브라함을 가나안으로 인도하신 것은 단순히 땅을 주시기 위함이 아니었습니다. 그 과정에서 아브라함이 하나님을 사랑하고 그 말씀에 순종하는 제자가 되게 하시려는 것이 하나님의 진정한 목적이었습니다. 아브라함은 결국 이삭을 번제로 드릴 때까지 순종하며 하나님께 그 목적에 도달했음을 증명했습니다. 그러나 오늘날 우리는 종종 목적이 없거나 잘못된 목적을 가지고 살아갑니다. 필요에 따라 돈이나 성공이 목적이 되어버리며, 진정한 목적을 잃어버리고 흔들리기 쉽습니다. 본문은 이런 목적의 부재가 얼마나 비참한 것인지 경고합니다. 우리를 향한 하나님의 목적은 오직 하나, 우리가 예수님의 제자가 되는 것입니다. 본문에서 예수님은 부모와 형제, 심지어 자신의 생명까지도 미워하지 않으면 제자가 될 수 없다고 하십니다. 이는 모든 것보다 예수님을 닮는 것이 우리의 최우선적 가치임을 가르치시는 말씀입니다. 예수님의 제자가 되는 것이 하나님의 목적이며, 그 목적에 이르렀을 때 하나님은 우리에게 필요한 모든 것을 준비해 주십니다. 예수님을 닮아가는 길은 자기 십자가를 지는 길입니다. 하나님과 이웃을 사랑하며 그 사랑 안에서 순종할 때, 진정한 기쁨과 평안을 누리게 됩니다. 예수님은 아버지의 뜻에 순종하여 십자가를 지셨고, 그로 인해 모든 무릎이 예수의 이름에 꿇게 되는 역사가 이루어졌습니다. 우리 역시 예수님의 제자가 되어 그 발자취를 따를 때, 하나님께 영광을 돌리며 온 열방이 그 앞에 무릎 꿇게 되는 역사를 경험하게 될 것입니다.

주님, 제가 오늘도 예수님을 닮아가는 제자가 될 수 있도록 도와주소서.

5월 **12**일

깨어 있어야 할 이유

누가복음 12:35-40

⁴⁰그러므로 너희도 준비하고 있으라 생각하지 않은 때에 인자가 오리라 하시니라

우리가 깨어 있어야 하는 이유는 신앙의 길에서 언제든지 마귀의 올무에 걸릴 수 있기 때문입니다. 신앙생활을 오래한 사람, 믿음이 깊은 사람도 마귀의 덫에 걸리는 것은 한 순간입니다. 성경은 여러 곳에서 '늘 깨어 있으라'고 권면합니다. 첫째, 깨어 있어야 마귀의 올무에 걸리지 않기 때문입니다. 마귀는 우는 사자처럼 삼킬 자를 찾아다닙니다벧전 5:8. 깨어 있지 않으면 미움과 관계의 어려움이 발생하며, 마귀의 올무에 쉽게 빠지게 됩니다. 둘째, 시험에 들지 않기 위해 깨어 있어야 합니다. 시험에 들면 하나님과의 관계에 문제가 생기며, 심지어 하나님의 존재마저 의심하게 됩니다. 이러한 시험은 누구에게나 닥칠 수 있기 때문에 우리는 깨어 있어야 합니다. 셋째, 주님의 오심이 언제일지 모르기 때문입니다. 우리가 주님을 맞이할 준비가 되어 있지 않을 때 주님이 오신다면, 혹은 우리가 세상을 떠나게 된다면 얼마나 부끄러운 모습으로 하나님 앞에 서게 될지 생각해보아야 합니다. 깨어 있는 삶은 두 가지를 붙드는 삶입니다. 첫째는 하늘과 땅의 정체성을 붙드는 것입니다. 우리는 하늘의 시민이며 동시에 이 땅에 하나님의 종으로 보내졌다는 정체성을 가져야 합니다. 사도 바울도 "우리의 시민권은 하늘에 있다"고 말하며빌 3:20, 이 땅에서 하나님의 종으로서의 삶을 살았습니다. 우리 역시 하늘의 시민으로서, 그리고 하나님의 종으로서 살아가는 것이 깨어 있는 삶입니다. 둘째는 기도를 붙드는 것입니다. "기도에 감사함으로 깨어 있으라"골 4:2라는 말씀처럼, 우리는 항상 기도하는 삶을 살아야 합니다. 기도는 우리의 영혼을 지키는 가장 중요한 수단입니다. 기도를 쉬면 우리는 영적으로 약해지고, 마귀의 공격에 취약해집니다. 깊은 기도를 위해서는 우리 각자에게 주어진 스올, 즉 시련과 고난이 필요할 때도 있습니다. 우리는 시험에 빠지지 않기 위해, 그리고 주님을 준비된 모습으로 맞이하기 위해 깨어 있어야 합니다. 깨어 있음은 하늘의 정체성을 가지고 기도의 삶을 사는 것입니다.

 하나님, 깨어 있어 하늘의 정체성과 기도를 붙드는 삶을 살게 하소서.

5월 **13**일

내가 할 수 있는 것은 무엇인가

누가복음 12:54-59

⁵⁴또 무리에게 이르시되 너희가 구름이 서쪽에서 이는 것을 보면 곧 말하기를 소나기가 오리라 하나니 과연 그러하고 ⁵⁵남풍이 부는 것을 보면 말하기를 심히 더우리라 하나니 과연 그러하니라 ⁵⁶외식하는 자여 너희가 천지의 기상은 분간할 줄 알면서 어찌 이 시대는 분간하지 못하느냐 ⁵⁷또 어찌하여 옳은 것을 스스로 판단하지 아니하느냐 ⁵⁸네가 너를 고발하는 자와 함께 법관에게 갈 때에 길에서 화해하기를 힘쓰라 그가 너를 재판장에게 끌어 가고 재판장이 너를 옥졸에게 넘겨 주어 옥졸이 옥에 가둘까 염려하라 ⁵⁹네게 이르노니 한 푼이라도 남김이 없이 갚지 아니하고서는 결코 거기서 나오지 못하리라 하시니라

목회와 신학교 강의를 시작했을 때, 저는 많은 일을 해낼 수 있을 것이라 믿었습니다. 그러나 시간이 지나면서 깨닫게 된 것은, 내가 할 수 있는 일이 사실 아무것도 없다는 것입니다. 성공적인 일들이 없었던 것은 아니지만, 모든 것은 하나님의 손에 있었습니다. 본문에서 예수님께서는 단지 시대를 분별하라는 것이 아니라, 우리에게 "네가 할 수 있는 일이 무엇이냐"라고 물으십니다. 그렇습니다. 우리가 할 수 있는 것은 아무 것도 없으며, 하나님을 온전히 의지해야 합니다. 하나님을 의지하지 못하는 이유에는 세 가지가 있습니다. 첫째, 우리는 어느새 어른이 되어 하나님을 의지하는 어린아이의 마음을 잃어버립니다. 마치 어린아이가 본능적으로 부모를 의지하듯, 우리는 하나님을 전적으로 의지해야 합니다. 둘째, 기다리지 못해서 하나님을 의지하지 못합니다. 하나님의 때를 기다리며 그분을 신뢰할 때 우리는 새 힘을 얻게 됩니다. 셋째, 우리는 우리의 본질을 잊습니다. 하나님께서 우리를 창조하실 때의 본질, 즉 오직 하나님만을 바라보는 삶을 회복해야 합니다. 우리는 아무 것도 할 수 없지만, 하나님을 온전히 의지할 때 그분이 모든 것을 이루십니다. 우리 공동체가 이 진리를 깊이 깨닫고, 오직 하나님만 의지하는 기도의 삶을 살아가길 소망합니다.

 하나님, 오직 주님만 의지하며 겸손하게 살아가게 하소서.

5월 **14**일

하나님의 힘 vs 바로의 힘

출애굽기 7:20-25

25여호와께서 나일 강을 치신 후 이레가 지나니라

이스라엘 백성은 애굽의 바로에게 억압받았으나, 하나님은 그들을 해방시키고 광야 40년 동안 이끄셨습니다. 그러나 그들은 가나안 땅을 앞두고 거인 같은 현실의 두려움에 무너졌습니다. 이들은 하나님의 능력을 경험했음에도 불구하고 눈앞의 현실에 갇혀 스스로를 메뚜기처럼 작게 여겼습니다. 우리도 마찬가지입니다. 하나님께서 우리의 아버지이심을 고백하면서도, 현실의 거대한 장벽 앞에서 하나님의 힘을 쉽게 잊어버립니다. 우리 삶의 '바로'는 무엇입니까? 경제적 어려움, 건강 문제, 암울한 미래일 수 있습니다. 그러나 하나님은 여전히 말씀하십니다. "그들은 네 먹이라." 우리는 바로와 비교할 수 없는 능력을 가지신 하나님과 함께하기에 두려워할 필요가 없습니다. 하나님은 곧 말씀이십니다. 하나님의 능력, 사랑, 생명은 말씀을 통해 드러납니다. 하나님 말씀의 능력을 깨달은 자들은 그 어떤 상황에서도 말씀을 붙들고 살아가는데, 이 길은 결코 쉽지 않습니다. 오늘 말씀에서도 모세와 아론이 하나님의 명령을 따랐을 때, 바로의 마음은 오히려 더욱 완악해졌습니다. 현실은 때때로 하나님의 말씀에 순종할 때 더 어려워질 수 있습니다. 하지만 히브리서 11장 3절은 우리에게 믿음의 눈으로 보이지 않는 하나님의 역사를 보라고 권면합니다. 말씀대로 살아가는 것이 어렵기에, 하나님은 우리에게 성령 충만을 약속하셨습니다. 우리의 속사람을 날마다 새롭게 하시는 성령의 역사가 있을 때 우리는 두려움 없이 말씀을 붙들 수 있습니다. 성령 충만은 단회적인 것이 아닙니다. 날마다 새롭게 성령 안에 잠겨야만 합니다. 매일 기도하며 성령의 도우심을 구하고 말씀을 붙들 때, 우리는 바로의 힘이 아닌 하나님의 능력으로 세상을 이길 수 있습니다.

 하나님, 현실의 두려움 속에서도 성령으로 충만하여 말씀을 붙들게 하소서.

5월 **15**일

입다의 승리 비결

사사기 11:12-33

32이에 입다가 암몬 자손에게 이르러 그들과 싸우더니 여호와께서 그들을 그의 손에 넘겨 주시매 33아로엘에서부터 민닛에 이르기까지 이십 성읍을 치고 또 아벨 그라밈까지 매우 크게 무찌르니 이에 암몬 자손이 이스라엘 자손 앞에 항복하였더라

 우리는 인생에서 수많은 전쟁을 치르는데, 질병, 관계, 불안과 같은 싸움에서 배움이 있을지라도 진정한 승리가 아니면 상처만 남습니다. 오늘 말씀에서 입다는 전혀 준비되지 않은 이스라엘을 이끌고 암몬과의 전쟁에서 승리합니다. 입다가 승리할 수 있었던 비결은 무엇일까요? 입다의 승리 이유는 단순히 힘을 키웠거나, 신앙이 단순했기 때문이 아닙니다. 입다가 하나님께 서원한 것도 직접적인 이유는 아니었습니다. 진정한 승리 비결은 "여호와의 영이 입다에게 임하셨기 때문"입니다. 에스겔서에서 죽어있는 뼈들이 하나님의 생기로 살아났듯, 여호와의 영이 임하면 삶과 죽음의 차이가 나타납니다. 영이 떠난 자에게는 혼란과 고통만이 남았습니다. 한국교회가 부흥했던 초창기에도 하나님의 영이 강하게 임하셨을 때, 제대로 된 시설이 없어도 부흥이 일어났습니다. 그러나 어느 순간부터 규모와 시스템에 집중하면서 하나님의 영이 떠나기 시작했습니다. 교회가 세상과의 싸움에서 백전백패하는 이유는 도덕적 문제나 봉사의 부족 때문이 아니라, 성령의 임재가 없기 때문입니다. 우리가 아무리 많이 봉사해도, 하나님의 영이 없다면 영적 승리는 불가능합니다. 예수님의 제자들도 성령이 임하기 전에는 두려움에 휩싸여 흩어졌지만, 성령이 임한 후에는 복음의 용사로 변화되었습니다. 우리도 마찬가지입니다. 여호와의 영이 없으면 우리는 두려움과 불안 속에서 실패를 경험하게 됩니다. 그러나 여호와의 영이 임하시면 모든 전쟁에서 진정한 승리를 얻을 수 있습니다. 날마다 여호와의 영을 구하며 승리하는 삶을 살기를 축복합니다.

주님, 성령의 임재로 모든 전쟁에서 승리하게 하소서.

5월 **16**일

성령으로 기뻐하신 이유

누가복음 10:21-24

21그 때에 예수께서 성령으로 기뻐하시며 이르시되 천지의 주재이신 아버지여 이것을 지혜롭고 슬기 있는 자들에게는 숨기시고 어린 아이들에게는 나타내심을 감사하나이다 옳소이다 이렇게 된 것이 아버지의 뜻이니이다

우리는 삶에서 기쁨을 찾으려 하지만, 그 기쁨은 상황에 따라 사라지기 쉽습니다. 그러나 성령이 주시는 기쁨은 세상 기쁨과 달리 영원하고 흔들리지 않는 기쁨입니다. 본문에서 예수님은 복음을 전하고 돌아온 제자들에게 "귀신들이 항복한 것으로 기뻐하지 말고, 너희 이름이 하늘에 기록된 것으로 기뻐하라"고 하시며 성령으로 기뻐하셨습니다. 예수님이 성령으로 기뻐하신 이유는 무엇일까요? 첫째, 성령으로 인한 기쁨은 하나님을 알게 되는 기쁨입니다. 인간의 힘으로는 하나님을 알 수 없고, 오직 성령을 통해서만 하나님을 진정으로 알 수 있습니다. 제자들은 예수님과 함께 3년을 보냈지만, 성령의 임재 전에는 하나님을 온전히 알지 못했습니다. 하지만 성령이 임하자 그들의 마음이 열리고, 하나님을 깊이 알게 되어 기쁨이 충만해졌습니다. 둘째, 성령으로 인한 기쁨은 하나님의 나라를 세우는 비전을 품는 기쁨입니다. 성령이 임한 제자들은 담대하게 복음을 전하고, 기쁨으로 예배하고 나누며 섬겼습니다. 그들의 기쁨은 세상의 성공이나 물질적인 소유에서 나오는 것이 아니라, 하나님 나라의 비전을 이루어가는 데서 왔습니다. 성령으로 충만할 때 하나님의 나라를 세우는 비전을 품고, 그 안에서 참된 기쁨을 얻게 됩니다. 셋째, 성령으로 인한 기쁨은 하나님을 인격적으로 만나는 기쁨입니다. 성령이 임하지 않으면 하나님이 추상적이고 먼 존재로 느낄 수 있지만 성령이 임하면 하나님은 우리의 삶 속에서 직접 경험하고 느낄 수 있는 인격적인 하나님이 됩니다. 우리는 성령이 주시는 기쁨을 사모하며, 하나님을 더 깊이 알고 하나님의 나라를 세우는 비전을 품으며 살아가야 합니다.

하나님, 성령으로 충만한 기쁨을 누리며, 하나님을 알고 하나님 나라의 비전을 이루어가는 삶을 살게 하소서.

5월 **17**일

성령에 붙잡힌 자, 사단에 붙잡힌 자

욥기 1:6-12

6하루는 하나님의 아들들이 와서 여호와 앞에 섰고 사탄도 그들 가운데에 온지라 7여호와께서 사탄에게 이르시되 네가 어디서 왔느냐 사탄이 여호와께 대답하여 이르되 땅을 두루 돌아 여기저기 다녀왔나이다 8여호와께서 사탄에게 이르시되 네가 내 종 욥을 주의하여 보았느냐 그와 같이 온전하고 정직하여 하나님을 경외하며 악에서 떠난 자는 세상에 없느니라

욥기 1장 6절에서 12절은 사단이 하나님 앞에 나와 욥의 신앙을 시험하는 장면입니다. 사단은 욥이 하나님을 경외하는 이유가 그가 받은 축복 때문이라고 주장하며, 그의 소유를 빼앗으면 욥이 하나님을 저주할 것이라고 도전합니다. 이 본문은 성령에 붙잡힌 자와 사단에 붙잡힌 자의 차이를 분명히 보여줍니다. 사단에 붙잡힌 자는 불만과 원망으로 가득 차 있습니다. 사단은 우리의 삶에 불만을 심어주며, 하나님에 대한 불평을 통해 관계를 파괴하려 합니다. 이러한 불만은 자기 자신, 타인, 그리고 하나님께까지 이어져 결국 모든 것을 어둠 속으로 몰아넣습니다. 반면 성령에 붙잡힌 자는 창조적이고 생명을 살리는 삶을 삽니다. 성령에 붙잡힌 사람은 어떤 상황에서도 새로운 시작을 볼 수 있고, 끝까지 하나님의 승리를 기대하며 나아갑니다. 출애굽기 15장에서 모세는 이스라엘 백성의 불만 속에서도 하나님께 부르짖었고, 그 결과 하나님은 그들에게 물을 공급하셨습니다. 성령에 붙잡힌 자는 언제나 하나님의 일하심을 기대하며 믿음으로 응답합니다. 우리의 삶에서도 불만과 좌절이 찾아올 때, 성령의 인도하심을 따라 창조적인 믿음의 길을 걸어가야 합니다. 상황이 아무리 어렵더라도, 성령에 붙잡힌 자는 절망하지 않고 하나님의 승리를 바라보며 나아갈 수 있습니다.

주님, 성령에 붙잡혀 불만을 넘어 생명을 살리는 자로 살게 하옵소서.

5월 **18**일

최고의 선물
– 하나님의 생명을 전하는 사명

누가복음 10:1-20

20그러나 귀신들이 너희에게 항복하는 것으로 기뻐하지 말고 너희 이름이 하늘에 기록된 것으로 기뻐하라 하시니라

하나님께서 우리에게 주신 최고의 선물은 영원한 생명입니다. 오늘 본문은 생명을 전달하는 사명과 그 사명을 다할 때 주어지는 축복을 가르쳐줍니다. 생명은 우리가 주는 것이 아니라 하나님께서 주시는 것이며, 우리는 그 생명을 전달하는 도구일 뿐입니다. 예수님께서는 제자들을 보내시며, 두 명씩 함께 가라고 하셨습니다. 이는 동역자가 필요함을 뜻하며, 서로를 격려하고 기도해 줄 수 있는 동반자가 있어야 한다는 뜻입니다. 또한, 전대나 배낭을 갖지 말고 하나님만 의지하라고 하셨습니다. 우리의 능력이나 물질로 생명을 전하는 것이 아니라, 오직 하나님의 능력과 은혜로 전해야 한다는 의미입니다. 우리는 생명을 전달할 때 '평안을 빌라'는 주님의 말씀에 따라 상대방의 자격 여부와 상관없이 복음을 선포해야 합니다. 우리가 선포한 것은 땅에 떨어지지 않고, 그들이 받지 않으면 우리에게로 돌아옵니다. 따라서 우리는 전하는 자로서의 사명을 감당하되, 상대방의 반응에 연연하지 말고 마음에 상처를 받지 말아야 합니다. 또한, 복음을 전할 때는 실패와 거절에도 불구하고 끝까지 생명을 전하는 사명을 포기하지 말아야 합니다. 우리가 이 사명을 다할 때, 사단이 물러나는 놀라운 역사를 경험하게 됩니다. 우리는 모두 하나님의 생명을 전하는 통로로 부름받았습니다. 이 사명을 감당하며 살아가기를 소망합니다.

하나님, 우리가 받은 최고의 선물인 하나님의 생명을 소중히 여기며, 이 생명을 많은 이들에게 전하는 통로로 살아가게 하소서.

5월 **19**일

내가 맺을 열매

누가복음 13:1-9

1그 때 마침 두어 사람이 와서 빌라도가 어떤 갈릴리 사람들의 피를 그들의 제물에 섞은 일로 예수께 아뢰니 2대답하여 이르시되 너희는 이 갈릴리 사람들이 이같이 해 받으므로 다른 모든 갈릴리 사람보다 죄가 더 있는 줄 아느냐 3너희에게 이르노니 아니라 너희도 만일 회개하지 아니하면 다 이와 같이 망하리라 … 6이 비유로 말씀하시되 한 사람이 포도원에 무화과나무를 심은 것이 있더니 와서 그 열매를 구하였으나 얻지 못한지라 7포도원지기에게 이르되 내가 삼 년을 와서 이 무화과나무에서 열매를 구하되 얻지 못하니 찍어버리라 어찌 땅만 버리게 하겠느냐 8대답하여 이르되 주인이여 금년에도 그대로 두소서 내가 두루 파고 거름을 주리니 9이 후에 만일 열매가 열면 좋거니와 그렇지 않으면 찍어버리소서 하였다 하시니라

예수님께서는 이 땅에 평화를 주러 오신 것이 아니라, 하나님 아버지께 의존하지 않으면 끊임없는 분쟁 속에서 망하게 된다고 말씀하셨습니다. 본문에서 예수님은 사람들이 생각하는 죄와 저주에 대한 오해를 바로잡으시며, "회개하지 않으면 다 같이 망한다"는 경고를 주십니다. 사람들은 빌라도가 갈릴리 사람들을 죽인 사건이나 실로암 망대 붕괴로 죽은 사람들을 죄인으로 여겼지만, 예수님은 그들을 죄로 정죄하기보다 자신들의 죄를 돌아보도록 촉구하셨습니다. 예수님은 우리가 모두 죄인임을 깨닫고 회개하라고 하십니다. 로마서 3장 23절에 나와 있듯이 "모든 사람이 죄를 범하였으매 하나님의 영광에 이르지 못하더니"라는 말씀이 오늘 우리에게도 적용됩니다. 주님은 우리가 열매를 맺기를 원하시며, 이를 위해 오랫동안 기다리시고 돌보십니다. 그러나 영원히 기다리시는 것은 아니며, 열매를 맺을 기회는 영원하지 않습니다. 주님이 다시 오시거나 우리의 인생이 끝나는 날이 다가오면 더는 열매를 맺을 수 없습니다. 따라서 우리에게 주어진 시간을 허비하지 않고, 매일 매일 열매를 맺는 삶을 살아야 합니다. 성령의 열매인 사랑, 희락, 화평, 오래 참음, 자비, 양선, 충성, 온유, 절제를 맺으며 살아갈 때 우리는 주님께서 기대하시는 빛의 자녀로 살아가게 됩니다. 중요한 것은 주님 안에 거하고, 포도나무에 붙어 있듯이 예수님께 붙어 있지 않으면 열매를 맺을 수 없다는 사실입니다.

주님, 성령의 열매를 맺는 삶을 살게 하소서.

5월 **20**일

매인 자를 풀어주라

누가복음 13:10-17

16그러면 열여덟 해 동안 사탄에게 매인 바 된 이 아브라함의 딸을 안식일에 이 매임에서 푸는 것이 합당하지 아니하냐 17예수께서 이 말씀을 하시매 모든 반대하는 자들은 부끄러워하고 온 무리는 그가 하시는 모든 영광스러운 일을 기뻐하니라

누가복음 13장에서 예수님은 18년 동안 귀신에 사로잡혀 몸을 펴지 못했던 여인을 고치십니다. 사단에 매여 고통받던 여인이 풀려난 순간, 그녀는 기쁨으로 하나님께 영광을 돌렸습니다. 그러나 이를 못마땅하게 여긴 유대 지도자들은 예수님을 비난했습니다. 예수님은 그들을 외식하는 자들이라고 꾸짖으시며, 안식일에 사람을 구하는 것이 마땅하다고 말씀하십니다. 안식일의 의미는 단순한 휴식이 아니라, 창조가 완성되었음을 의미하며, 하나님께서 피조세계에 기쁨으로 개입하셔서 운행하시는 날입니다. 그러나 인간이 범죄함으로 인해 안식일은 상실되었고, 예수님께서는 그 잃어버린 안식일을 회복하기 위해 이 땅에 오셨습니다. 주님은 안식일의 진정한 의미를 우리에게 되찾아 주셨습니다. 안식일은 형식적인 규율이 아니라, 하나님의 구원과 회복을 경험하는 날입니다. 예수님께서는 안식일에 사람을 고치심으로, 형식에 갇혀 있던 안식일의 참된 의미를 회복하셨습니다. 이로 인해 안식일은 토요일이 아니라, 주님의 부활을 기념하는 주일이 되었습니다. 주님께서 우리에게 주신 안식일은 단지 쉼이 아니라, 죄와 사망의 권세에서 벗어나 진정한 자유와 생명을 누리는 날입니다. 안식일이 회복된 오늘날, 우리는 하나님께 영광 돌리는 삶을 살아가야 합니다. 첫째, 형식이 아닌 사랑을 담아 예배드려야 합니다. 주일을 지키는 것은 신앙인의 기초이며, 자녀에게도 이 기본을 가르쳐야 그들이 살아날 수 있습니다. 둘째, 나만이 아니라 온 세상 사람들이 하나님께 영광 돌릴 수 있도록 힘써야 합니다. 우리도 주님처럼 죄의 종들에게 묶인 사람들을 풀어주고, 그들을 자유롭게 하여 하나님의 나라로 인도하는 삶을 살아야 합니다.

하나님, 안식일을 회복시켜 주셔서 감사드립니다. 주님의 사랑과 은혜를 기억하며 묶인 자들을 풀어주는 삶을 살게 하소서.

5월 21일

하나님 나라가 이루어지는 방법 I

누가복음 13:18-21

18그러므로 예수께서 이르시되 하나님의 나라가 무엇과 같을까 내가 무엇으로 비교할까 19마치 사람이 자기 채소밭에 갖다 심은 겨자씨 한 알 같으니 자라 나무가 되어 공중의 새들이 그 가지에 깃들였느니라 20또 이르시되 내가 하나님의 나라를 무엇으로 비교할 까 21마치 여자가 가루 서 말 속에 갖다 넣어 전부 부풀게 한 누룩과 같으니라 하셨더라

예수님께서 사역을 시작하시며 첫 마디로 "회개하라, 천국이 가까 이 왔느니라"라고 외치셨습니다. 이 말씀은 주님께서 이 땅에 오 신 목적이 바로 하나님의 나라를 이루기 위함임을 보여줍니다. 4복음서에서 하나 님의 나라는 122번 언급되며, 예수님은 90회 이상 그 나라에 대해 말씀하시는데, 그 만큼 하나님의 나라는 주님과 우리에게 매우 소중한 개념입니다. 인간은 항상 이상적 인 국가를 꿈꾸며 여러 시도를 했습니다. 그러나 자본주의는 경제적 성장을 통해 행 복을 이루려 했으나 빈부격차는 더욱 심화되었습니다. 공산주의는 평등을 통해 유토 피아를 만들려 했지만 실패로 끝났고, 사회주의도 많은 문제를 안고 있습니다. 세상 의 방식은 모두 인간의 죄성 때문에 이상적인 나라를 이루지 못합니다. 그러나 하나 님의 나라는 세상 방식과는 전혀 다른 원리로 이루어집니다. 그것은 겨자씨와 누룩처 럼 작고 보이지 않는 방식으로 시작됩니다. 예수님은 겨자씨와 같이 이 땅에 오셨습 니다. 모든 권세를 가지신 하나님이 가장 비천한 모습으로 오셨고, 그 겨자씨는 자라 서 큰 나무가 되어 많은 이들이 깃들일 수 있는 자리가 되었습니다. 또한, 예수님은 누 룩처럼 이 땅에 오셨습니다. 누룩은 그 자체로는 아무런 변화가 없지만 가루 속에 들 어갈 때 비로소 효력을 발휘합니다. 예수님은 이 세상에 들어오셔서 우리를 변화시키셨 고, 우리도 세상 속으로 들어가 하나님의 나라를 확장하는 역할을 해야 합니다. 진정한 성공과 행복은 세상의 방식이 아닌, 예수님처럼 겨자씨가 되고 누룩이 되어 겸손히 세 상 속에서 하나님의 나라를 이루어갈 때 얻을 수 있습니다. 우리가 하나님의 나라를 이 루기 위해 살아갈 때, 그 나라의 기쁨과 평강이 우리 삶에 충만히 임할 것입니다.

하나님, 저를 겨자씨와 누룩으로 삼아 세상 속에서 하나님의 나라를 이루는 도구로 사용해 주소서.

5월 **22**일

하나님의 나라가 이루어지는 방법 II

누가복음 13:22-30

30보라 나중 된 자로서 먼저 될 자도 있고 먼저 된 자로서 나중 될 자도 있느니라 하시더라

그리스도인의 삶의 목적은 하나님의 나라를 이루어가는 것입니다. 그러나 많은 소유와 성공으로는 하나님의 나라가 이루어지지 않습니다. 오히려 겸손히 겨자씨와 누룩과 같이 작고 보이지 않는 자리에서 섬길 때 하나님의 나라는 이루어집니다. 하나님의 나라를 방해하는 자가 되지 않기 위해 우리는 좁은 문을 선택해야 합니다. 좁은 문은 고통스럽고 외로울 수 있으나, 그것은 곧 생명과 영광의 문입니다. 본문에서 주님은 십자가의 길, 곧 좁은 문을 통과하시기 위해 예루살렘을 향해 나아가셨습니다. 좁은 문은 십자가이며, 이는 곧 하나님의 말씀에 순종하는 삶을 의미합니다. 이 길은 예수 생명을 가진 자만이 걸을 수 있으며, 그 길을 걷기 위해서는 힘써야 합니다. 주님께서 "힘쓰라"고 하신 것은 단순한 권고가 아닙니다. 신앙의 길은 훈련과 지속적인 노력을 요구합니다. 운동선수가 골을 넣기 위해 끊임없이 훈련하듯, 우리도 하나님의 나라를 이루기 위해 매일 신앙 훈련을 멈추지 말아야 합니다. 우리의 목표는 단순히 구원받은 감격에 머무는 것이 아니라, 하나님의 나라에까지 입성하는 것입니다. 이를 위해 우리는 기도, 사랑, 예배, 전도에 힘써야 합니다. 첫째, 기도에 힘써야 합니다. 기도는 성전에서만 하는 것이 아니라, 일상 속에서 언제나 가능합니다. 둘째, 손 대접에 힘써야 합니다. 사랑하기 어려운 사람, 즉 낯선 이와 이방인을 사랑하는 것이 좁은 문으로 가는 길입니다. 셋째, 예배에 힘써야 합니다. 우리가 예배드릴 때 하나님의 응답을 받으며, 예배는 우리 신앙의 핵심입니다. 넷째, 말씀 전파에 힘써야 합니다. 때를 얻든지 못 얻든지 복음을 전하는 것이 하나님의 나라를 이루는 길입니다. 이러한 신앙훈련에 힘쓸 때, 우리는 좁은 문으로 들어가 하나님의 나라를 이루고, 주님의 위로와 기쁨을 누릴 수 있습니다.

 좁은 문을 선택하여 하나님의 나라를 이루는 삶을 살게 하소서.

5월 23일

하나님의 나라가 이루어지는 방법 III

누가복음 13:31-35

34예루살렘아 예루살렘아 선지자들을 죽이고 네게 파송된 자들을 돌로 치는 자여 암탉이 제 새끼를 날개 아래에 모음 같이 내가 너희의 자녀를 모으려 한 일이 몇 번이나 그러나 너희가 원하지 아니하였도다 35보라 너희 집이 황폐하여 버린 바 되리라 내가 너희에게 이르노니 너희가 주의 이름으로 오시는 이를 찬송하리로다 할 때까지는 나를 보지 못하리라 하시니라

하나님의 나라는 예수 그리스도의 오심으로 이 땅에서 시작되었으며, 우리는 그 나라를 이루어가는 동역자로 부름 받았습니다. 그리고 하나님의 나라는 다음 세 가지를 통해 이루어집니다. 첫째로, 하나님의 나라는 겨자씨로 살아갈 때 이루어집니다. 하나님은 세상의 큰 힘이나 권력으로 나라를 세우지 않으셨습니다. 겨자씨가 큰 나무로 자라듯이, 우리의 작은 믿음도 하나님의 역사 속에서 크게 자라날 것입니다. 둘째로, 하나님의 나라는 좁은 문으로 들어가기를 힘쓸 때 이루어집니다. 힘써 좁은 문으로 들어가려는 노력은 신앙의 여정에서 필수적입니다. 지칠 수 있지만, 포기하지 않고 하나님을 의지하며 끝까지 달려갈 때 우리는 하나님의 나라를 향해 나아갈 수 있습니다. 셋째로, 하나님의 나라는 십자가의 죽음을 통해 이루어집니다. 예수님은 십자가를 통해 하나님의 나라를 완성하셨습니다. 예수님은 자신의 능력으로 헤롯을 제압할 수도 있었지만, 그 길을 선택하지 않으시고 대신, 십자가를 지는 길을 택하셨고, 이를 통해 하나님의 나라를 완성하셨습니다. 우리도 예수님을 따라 자기 부인의 길을 걷고, 십자가를 질 때 하나님의 나라가 이루어집니다. 하나님의 나라는 우리가 겨자씨처럼 심겨져 성령과 함께 살아갈 때, 좁은 문으로 들어가는 삶을 힘쓸 때, 그리고 십자가를 지고 자기를 부인할 때 이루어집니다. 우리의 생각을 내려놓고 오직 하나님만 바라보며 그분의 뜻을 따를 때, 우리는 하나님의 나라를 이루어가는 자들이 될 것입니다.

 주님, 제가 십자가를 지고 하나님의 나라를 이루는 삶을 살게 하소서.

5월 24일

안식일은 사랑하는 것이다

누가복음 14:1-6

1안식일에 예수께서 한 바리새인 지도자의 집에 떡 잡수시러 들어가시니 그들이 엿보고 있더라 2주의 앞에 수종병 든 한 사람이 있는지라 3예수께서 대답하여 율법교사들과 바리새인들에게 이르시되 안식일에 병 고쳐 주는 것이 합당하냐 아니하냐 4그들이 잠잠하거늘 예수께서 그 사람을 데려다가 고쳐 보내시고 5또 그들에게 이르시되 너희 중에 누가 그 아들이나 소가 우물에 빠졌으면 안식일에라도 곧 끌어내지 않겠느냐 하시니 6그들이 이에 대하여 대답하지 못하니라

하나님께서 안식일을 지키라고 명하신 이유는 우리가 그분 앞에 나아가 예배하며 사랑을 나누기 위함입니다. 구약의 안식일 규례는 하나님과의 관계 회복을 위한 것이었으며, 신약에 와서는 예수님을 통해 그 의미가 완성되었습니다. 예수님의 부활로 인해 우리는 주일에 안식일의 의미를 기억하며 하나님을 경배하고, 그분의 사랑을 이웃에게 나눌 수 있는 특권을 얻게 되었습니다. 본문에서 예수님은 안식일에 수종병 환자를 치유하시기 전, 바리새인들과 율법사들에게 "안식일에 병을 고치는 것이 합당하냐"고 물으셨습니다. 예수님은 안식일이 단순히 아무 일도 하지 않는 날이 아니라, 사랑을 실천하는 날임을 강조하셨습니다. 그분은 병자를 치유하심으로 안식일의 참된 의미는 하나님께 받은 사랑을 이웃에게 나누는 것임을 보여주셨습니다. 안식일은 우리가 하나님께 예배드리고, 그분의 사랑을 이웃과 나누는 날입니다. 오늘날도 안식일은 우리가 하나님을 향한 사랑을 고백하는 날이며, 동시에 그 사랑을 다른 사람들에게 나누는 날이어야 합니다. 예배만 드리고 끝나는 것이 아니라, 성도들과 교제하며 하나님의 사랑을 나눌 때 비로소 안식일을 제대로 지키는 것입니다. 사랑이 없는 예배와 봉사는 아무런 의미가 없으며, 하나님이 기뻐하시는 참된 안식일은 사랑이 담긴 예배와 실천입니다. 하나님께서 내게 베푸신 사랑을 기억하고, 그 사랑을 세상에 나누는 성도가 되기를 바랍니다.

 주님, 주일에 사랑을 담아 예배하고 그 사랑을 이웃에게 나누게 하소서.

5월 **25**일

청함 받은 자의 복

누가복음 14:15-24

22종이 이르되 주인이여 명하신 대로 하였으되 아직도 자리가 있나이다 23주인이 종에게 이르되 길과 산울타리 가로 나가서 사람을 강권하여 데려다가 내 집을 채우라 24내가 너희에게 말하노니 전에 청하였던 그 사람들은 하나도 내 잔치를 맛보지 못하리라 하였다 하시니라

세상의 큰 행사에 초대받는 것은 특별한 일처럼 느껴지지만, 우리를 왕 되신 하나님의 잔치에 날마다 초대하시는 은혜를 생각한다면, 세상의 초대에 크게 흔들릴 필요가 없습니다. 하나님께서 베푸신 은혜로 우리는 하나님의 잔치에 참석할 수 있는 복을 받았습니다. 예수님은 십자가를 통해 우리에게 새 유월절을 열어주셨고, 우리가 왕 같은 제사장으로 지성소에 들어가 그 잔치에 참여하게 하셨습니다. 오늘 말씀은 예수님께서 큰 잔치를 베풀고 많은 사람을 초대하셨지만, 여러 이유로 사양하는 사람들의 이야기를 전합니다. 이것은 단순한 전도의 비유가 아니라, 천국 잔치에 초대받은 것이 얼마나 큰 은혜인지를 깨닫지 못하는 당시 바리새인들과 우리를 향한 경고입니다. 아무도 스스로 자격을 갖추어 그 잔치에 올 수 없고, 하나님의 긍휼과 사랑을 입은 자들만이 그 잔치에 참여할 수 있으며, 믿음조차도 하나님께서 주신 선물입니다. 천국 잔치에 초대받은 자로서의 복을 누리며 살아가기 위해, 우리는 첫째로 하나님 앞에 온전한 예배자로 살아야 합니다. 예배를 통해 하나님의 은혜를 경험하고 그 기쁨을 전해야 합니다. 둘째로 감사하는 삶을 살아가야 합니다. 우리의 감사는 상황에 좌우되지 않으며, 죄로부터 해방된 은혜를 기억하며 감사해야 합니다. 셋째로 축복하며 살아야 합니다. 하나님만이 우리의 복이심을 깨닫고, 우리가 서로를 축복하며 살아갈 때, 하나님의 은혜와 평강이 더욱 깊어집니다. 우리는 전적인 하나님의 은혜로 천국 잔치에 초대받은 자들입니다. 그러므로 예배하고, 감사하고, 축복하며 살아가는 삶을 살아야 합니다.

 주님, 천국 잔치에 초대받은 은혜를 깨닫고, 감사하며 살아가게 하소서.

5월 26일

아흔아홉이 아닌 하나가 된 자

누가복음 15:1-7

7내가 너희에게 이르노니 이와 같이 죄인 한 사람이 회개하면 하늘에서는 회개할 것 없는 의인 아흔아홉으로 말미암아 기뻐하는 것보다 더하리라

우리의 신앙의 출발은 '사랑받은 자'로부터 시작됩니다. 그리스도인이라면, 하나님께서 독생자 예수 그리스도를 통해 우리를 구원하시고 사랑하셨다는 사실을 믿는 자들입니다. 그러나 안타깝게도 우리는 종종 삶의 조건이나 상황에 따라 이 사랑을 의심합니다. 그러나 하나님의 사랑은 그런 조건과는 상관이 없습니다. 예수 그리스도를 통해 영생을 얻은 우리, 하나님의 자녀는 이미 사랑받은 자입니다. 본문에서 주님은 잃어버린 양의 비유를 통해 우리가 얼마나 소중한 존재인지를 가르쳐 주십니다. 잃어버린 양이 바로 우리입니다. 우리가 비록 연약하고, 병들고, 세상에서 볼 때 아무 쓸모가 없는 존재처럼 보일지라도, 하나님께서는 우리 한 사람을 찾으시고 기뻐하십니다. 죄인 한 사람이 회개할 때, 하늘에서는 의인 아흔아홉보다 더 큰 기쁨이 있다고 하셨습니다. 우리는 이미 하나님의 사랑을 받은 자들입니다. 예수님의 십자가 희생을 통해 구원을 받은 우리는 보배롭고 존귀한 존재입니다. 그러나 우리는 이 사실을 자주 잊고 세상의 가치관에 휘둘리며 자신을 비하하거나 하나님의 사랑을 의심하곤 합니다. 하지만 우리 안에는 하나님의 생명, 예수 그리스도의 생명이 있습니다. 그 때문에 우리의 생명은 소중하며, 어떤 상황에서도 우리는 하나님께 사랑받는 자입니다. 사랑받은 자로서 우리는 긍휼과 자비, 겸손, 온유, 오래 참음의 열매를 맺게 됩니다. 어려운 상황에서도 성령의 음성을 통해 "너는 내가 사랑하는 자녀이다"라는 하나님의 말씀을 들을 수 있다면, 우리는 어떤 고난도 이겨낼 수 있습니다. 우리는 아흔아홉이 아닌, 하나가 된 존재입니다. 하나님의 사랑은 결코 변하지 않으며, 그 사랑은 영원합니다. 어려움 속에서도 변치 않는 하나님의 사랑을 확신하고, 그 사랑으로 살아가는 성도가 되기를 축복합니다.

하나님의 변함없는 사랑을 깨닫고, 그 사랑으로 날마다 살아가게 하소서.

5월 **27**일

잃어버렸다가 찾은 소중한 존재

누가복음 15:8-10

8어떤 여자가 열 드라크마가 있는데 하나를 잃으면 등불을 켜고 집을 쓸며 찾아내기까지 부지런히 찾지 아니하겠느냐 9또 찾아낸즉 벗과 이웃을 불러 모으고 말하되 나와 함께 즐기자 잃은 드라크마를 찾아내었노라 하리라 10내가 너희에게 이르노니 이와 같이 죄인 한 사람이 회개하면 하나님의 사자들 앞에 기쁨이 되느니라

본문의 여인은 열 드라크마 중 하나를 잃고 온 힘을 다해 그 드라크마를 찾습니다. 여인이 잃어버린 드라크마가 단순한 돈 이상의 상징적 의미를 지니고 있었을 것입니다. 그래서 여인은 그 소중한 드라크마를 찾기 위해 모든 노력을 기울였으며, 찾고 난 후에는 이웃과 벗들을 불러 잔치를 엽니다. 한 드라크마보다 더 많은 경비가 들었을 것이지만 여인에게 그 드라크마는 그만큼 소중한 것이었습니다. 이 비유에서 주님은 우리가 바로 그 잃어버린 드라크마라고 하십니다. 하나님께서는 독생자 예수 그리스도를 십자가에 내어주시며, 하나님의 모든 것을 걸고 우리를 찾으셨습니다. 죄인이었던 우리가 회개하여 하나님의 자녀가 되었을 때, 우리는 하나님께 귀하고 존귀한 존재가 되었습니다. 하나님은 "내가 너를 지명하여 불렀나니 너는 내 것이라... 네가 내 눈에 보배롭고 존귀하니"사 43:1-4라고 말씀하십니다. 우리는 이처럼 하나님의 눈에 보배롭고 존귀한 자들입니다. 그러나 우리는 종종 이 소중한 정체성을 잊고, 세상 속에서 스스로를 하찮게 여기거나 다른 사람과 비교하며 자신을 비하합니다. 또한, 우리의 주변 사람들, 특히 교회의 믿음의 형제자매들이 얼마나 소중한 존재인지 잊고 무심하게 대할 때도 있습니다. 그러나 그 중 하나라도 잃어버리면 공동체는 온전하지 않습니다. 하나님께서 우리를 보배롭고 존귀하게 여기시듯, 우리는 대장부처럼 그분의 음성을 붙들고 하나님의 음성에 따라 존귀한 자로 살아가야 합니다. 우리가 잃어버렸다가 찾은 드라크마와 같은 소중한 존재라는 사실을 잊지 않고, 날마다 대장부로 살아가기를 소망합니다.

하나님께서 나를 존귀하게 여기신다는 사실을 기억하며, 대장부처럼 살아가게 하소서.

5월 28일

아버지의 품에서 누리는 참된 행복

누가복음 15장 11-24

17이에 스스로 돌이켜 이르되 내 아버지에게는 양식이 풍족한 품꾼이 얼마나 많은가 나는 여기서 주려 죽는구나 18내가 일어나 아버지께 가서 이르기를 아버지 내가 하늘과 아버지께 죄를 지었사오니 19지금부터는 아버지의 아들이라 일컬음을 감당하지 못하겠나이다 나를 품꾼의 하나로 보소서 하리라 하고 20이에 일어나서 아버지께로 돌아가니라 아직도 거리가 먼데 아버지가 그를 보고 측은히 여겨 달려가 목을 안고 입을 맞추니 21아들이 이르되 아버지 내가 하늘과 아버지께 죄를 지었사오니 지금부터는 아버지의 아들이라 일컬음을 감당하지 못하겠나이다 하나 22아버지는 종들에게 이르되 제일 좋은 옷을 내어다가 입히고 손에 가락지를 끼우고 발에 신을 신기라 23그리고 살진 송아지를 끌어다가 잡으라 우리가 먹고 즐기자 24이 내 아들은 죽었다가 다시 살아났으며 내가 잃었다가 다시 얻었노라 하니 그들이 즐거워하더라

하나님의 자녀가 아버지의 품에서 누리는 행복은 이 세상 어디에서도 찾을 수 없습니다. 사람들은 세상의 풍요로움 속에서 행복을 찾으려 하지만, 세상 것은 결코 영원한 만족을 주지 않습니다. 탕자가 아버지의 품을 떠났을 때의 삶은 자유롭다고 느낄 수 있었으나, 그 결과는 낭비와 비참함이었습니다. 본문은 이를 분명히 보여줍니다. 첫째, 아버지를 떠난 삶은 모든 것이 낭비로 끝납니다. 탕자는 재산을 낭비하고, 고통을 겪으며 스스로 아버지께 돌아갈 결단을 내립니다. 둘째, 아버지를 떠난 결과는 비참함입니다. 탕자는 자신이 아들이라 부를 자격조차 없다고 생각하게 됩니다. 이것이 바로 세상이 주는 결과입니다. 그러나 중요한 사실은, 우리가 아버지의 품으로 돌아가는 순간 아버지는 기뻐하시며 우리를 영광으로 맞아주신다는 것입니다. 하나님께서는 우리가 스스로 깨닫고 아버지의 품으로 돌아오기를 원하십니다. 아버지 품에 있을 때만이 참된 평안과 행복이 있습니다. 그렇기에, 우리의 참된 행복은 하나님의 말씀대로 사는 삶에서 비롯됩니다. "이 율법 책을 네 입에서 떠나지 말게 하며 주야로 묵상하여 다 지켜 행하라 그리하면 네 길이 평탄하게 될 것이며 네가 형통하리라"수 1:8. 매일매일 아버지의 말씀을 따르고, 아버지의 품으로 돌아가는 것이야말로 우리의 행복이자 아버지께 드리는 영광입니다.

주님의 품에서 참된 행복을 누리며 매일 주님의 뜻대로 살게 하소서.

5월 **29**일

하나님의 마음으로 세상을 바라보는 눈

누가복음 15:25-32

25맏아들은 밭에 있다가 돌아와 집에 가까이 왔을 때에 풍악과 춤추는 소리를 듣고 26 한 종을 불러 이 무슨 일인가 물은대 … 32이 네 동생은 죽었다가 살아났으며 내가 잃었다가 얻었기로 우리가 즐거워하고 기뻐하는 것이 마땅하다 하니라

세 상을 바라보는 우리의 눈은 매우 중요합니다. 본문에서 맏아들은 돌아온 동생을 기뻐하지 못하고 분노했습니다. 하지만 아버지는 "너는 나와 항상 함께 있으니 내 것이 다 네 것이로되, 네 동생은 죽었다가 살아났으니 기뻐하는 것이 마땅하다"라며 아들의 마음을 다독였습니다. 여기서 아버지의 선언은 "너는 나야"라는 강력한 메시지를 담고 있습니다. 이 말씀은 하나님의 형상을 따라 창조된 우리에게도 동일하게 적용됩니다. 우리는 예수 그리스도의 보혈로 인해 하나님의 형상을 회복한 존재들입니다. 하나님은 우리를 그분의 자녀로 삼으셨으며, 그 안에서 우리는 주님과 연합된 존재임을 기억해야 합니다. "너는 나다"라는 선언은 하나님이 우리에게 주신 최고의 은혜입니다. 그렇다면 우리는 이 하나님의 마음의 눈, 즉 사랑의 눈을 어떻게 가질 수 있을까요? 첫째, 우리는 영생을 소유해야 합니다. 그것은 우리의 노력이나 공로가 아니라 오직 하나님의 은혜로 주어집니다. 둘째, 사랑의 눈을 사모해야 합니다. 하나님의 마음으로 세상을 바라보며, 가족과 이웃을 향한 사랑을 멈추지 말아야 합니다. 셋째, 사랑의 눈을 훈련해야 합니다. 지속적인 훈련을 통해 우리는 '다름'을 '필요'로 받아들이며 참된 기쁨과 행복을 누릴 수 있습니다. 모세가 120세에도 눈이 흐려지지 않았던 것은 하나님 마음의 눈으로 가나안을 바라보았기 때문입니다. 우리도 하나님이 주신 영원한 천국을 바라보는 눈을 사모하며, 그 눈으로 세상을 바라보는 성도가 되어야 합니다.

하나님, 저에게 주님의 사랑의 눈을 허락하셔서, 모든 상황 속에서 기쁨과 행복을 누리게 하소서.

5월 **30**일

내일을 바라보며 오늘을 충성되게 살자

누가복음 16:1-13

12너희가 만일 남의 것에 충성하지 아니하면 누가 너희의 것을 너희에게 주겠느냐 13 집 하인이 두 주인을 섬길 수 없나니 혹 이를 미워하고 저를 사랑하거나 혹 이를 중히 여기고 저를 경히 여길 것임이니라 너희는 하나님과 재물을 겸하여 섬길 수 없느니라

우화에서 하루살이와 메뚜기는 각각 내일과 내년을 모르고 오늘만을 살고 있습니다. 이는 사람들이 내일을 알지 못하고, 순간에만 집중하며 살아가는 모습을 상징합니다. 그러나 그리스도인들은 영원한 내일을 바라보며 오늘을 준비해야 하는 복된 자들입니다. 우리는 이 영원한 내일을 위해 충성스럽게 살아가야 합니다. 누가복음 16장의 불의한 청지기는 주인의 재산을 낭비했으나, 주인에게 해고당할 것을 알자 빚을 탕감해주며 미래를 대비했습니다. 이 청지기의 지혜로운 처신을 주인은 칭찬했습니다. 주님께서 "불의한 재물로 친구를 사귀라" 하신 말씀은 불의한 삶을 살라는 의미가 아닙니다. 오히려, 세상 사람들이 내일을 준비하는데 불의한 재물도 사용한다면, 우리는 영원한 내일을 바라보며 더욱 지혜롭고 충성되게 살아야 한다는 가르침입니다. 영원한 내일을 준비하는 삶은 세상의 재물과 끊임없이 싸워야 하는 삶입니다. "너희는 하나님과 재물을 겸하여 섬길 수 없느니라"13절. 그러나 믿음의 선진들은 내일을 바라보며 이 싸움에서 승리했습니다. 모세는 마지막 순간에도 강건한 몸과 마음으로 약속의 땅을 바라볼 수 있었고, 아브라함은 믿음으로 고향을 떠났으며, 여호수아와 갈렙도 내일을 바라보며 모든 어려움을 이겨냈습니다. 사도 바울 역시 그리스도를 위하여 모든 것을 잃어버리고도 기뻐했습니다. 오늘 우리의 싸움은 결코 쉬운 것이 아니지만, 이 싸움을 통해 우리가 내일을 준비하고 있는 것 자체가 큰 복입니다. 하나님께서 우리의 충성된 삶을 기억하시고, 마지막 날에 "지혜롭고 충성된 종"이라 칭하실 것입니다.

 주님, 오늘도 내일을 바라보며 충성된 삶을 살게 하소서.

5월 **31**일
하나님을 사랑하기

누가복음 16:14-18

14바리새인들은 돈을 좋아하는 자들이라 이 모든 것을 듣고 비웃거늘 15예수께서 이르시되 너희는 사람 앞에서 스스로 옳다 하는 자들이나 너희 마음을 하나님께서 아시나니 사람 중에 높임을 받는 그것은 하나님 앞에 미움을 받는 것이니라 16율법과 선지자는 요한의 때까지요 그 후부터는 하나님 나라의 복음이 전파되어 사람마다 그리로 침입하느니라 17그러나 율법의 한 획이 떨어짐보다 천지가 없어짐이 쉬우리라 18무릇 자기 아내를 버리고 다른 데 장가 드는 자도 간음함이요 무릇 버림당한 여자에게 장가 드는 자도 간음함이니라

하나님께서는 우리에게 오직 하나님만 사랑하라고 명령하십니다. 이 명령이 때로는 이기적이고 비현실적이라 느껴질 수 있지만, 하나님을 사랑하는 것은 우리 삶에서 가장 현실적이고 필요한 일입니다. 하나님만이 선하신 분이시기에, 하나님을 사랑하는 것이야말로 우리가 세상에서 온전히 살아갈 수 있는 기초입니다. 신명기 10:12-13절은 하나님을 사랑하는 것이 우리의 행복을 위한 것임을 분명히 말합니다. 하나님을 사랑할 때, 우리는 진정한 행복을 누리게 됩니다. 예배와 찬양, 헌신과 봉사가 하나님을 사랑하는 마음에서 비롯될 때, 그 모든 것이 기쁨과 행복으로 가득 차게 됩니다. 세상은 우리가 하나님을 사랑하며 살아가는 모습을 비웃을 수 있지만, 예수님께서는 하나님을 사랑하는 행위가 영원한 가치를 지닌다고 가르치셨습니다. 마리아가 예수님의 발에 향유를 부은 것처럼, 우리가 드리는 헌신과 사랑은 하나님께서 기뻐 받으시는 것입니다. 바리새인들은 겉으로는 율법을 지키는 척했으나, 그 안에 진정한 하나님 사랑이 없었습니다. 예수님은 그들을 꾸짖으십니다. 하나님을 사랑하는 것이 추상적으로 느껴질 때, 예수님의 말씀을 기억해야 합니다. 하나님을 사랑하는 것은 곧 이웃을 사랑하는 것이며, 이웃을 사랑하는 것이 하나님을 사랑하는 것입니다. 가족을 돌보고, 교회를 위해 헌신하며, 이웃을 위해 기도하는 것이 바로 하나님을 사랑하는 구체적인 방법입니다.

하나님을 사랑하는 마음으로 이웃을 섬기며, 참된 행복을 누리게 하소서.

6월

누가복음

6월 1일

천국을 확신하십니까?

누가복음 16:19-31

25아브라함이 이르되 얘 너는 살았을 때에 좋은 것을 받았고 나사로는 고난을 받았으니 이것을 기억하라 이제 그는 여기서 위로를 받고 너는 괴로움을 받느니라 26그뿐 아니라 너희와 우리 사이에 큰 구렁텅이가 놓여 있어 여기서 너희에게 건너가고자 하되 갈 수 없고 거기서 우리에게 건너올 수도 없게 하였느니라 27이르되 그러면 아버지여 구하노니 나사로를 내 아버지의 집에 보내소서 28내 형제 다섯이 있으니 그들에게 증언하게 하여 그들로 이 고통 받는 곳에 오지 않게 하소서 29아브라함이 이르되 그들에게 모세와 선지자들이 있으니 그들에게 들을지니라 30이르되 그렇지 아니하니이다 아버지 아브라함이여 만일 죽은 자에게서 그들에게 가는 자가 있으면 회개하리이다 31이르되 모세와 선지자들에게 듣지 아니하면 비록 죽은 자 가운데서 살아나는 자가 있을지라도 권함을 받지 아니하리라 하였다 하시니라

본문은 부자와 거지 나사로의 이야기를 통해 천국에 대한 깊은 교훈을 줍니다. 부자는 자신의 호화로운 삶에만 집중하며, 대문 앞에 있는 나사로를 돌보지 않았습니다. 그러나 죽은 후 그들의 운명은 달라졌습니다. 나사로는 천국으로 갔지만, 부자는 지옥에서 고통을 겪었습니다. 이 이야기는 우리에게 천국을 확신하며 살아가야 한다는 중요한 메시지를 줍니다. 천국을 준비하는 사람은 이 땅에서 주어진 자원과 기회를 하나님과 이웃을 사랑하는 데 사용합니다. 세상에서 아무리 성공해도, 하나님과의 관계를 무시하고 살아간다면, 그 끝은 비참할 수밖에 없습니다. 부자는 하나님 마음을 살 수 있는 때를 놓쳤고, 그 결과 영원한 고통 속에 갇히게 되었습니다. 이처럼 천국과 지옥은 세상을 떠난 후에는 바뀔 수 없는 현실입니다. 천국을 확신하는 사람은 천국 복음을 지키고, 그 안에 거하며, 전하는 삶을 살아갑니다. 우리는 이 땅에서 천국을 준비할 기회를 결코 놓쳐서는 안 됩니다. 천국을 확신하며 살아가는 삶은 우리의 모든 것을 하나님의 뜻에 맞게 사용하게 만듭니다.

주님, 제게 주어진 시간과 자원을 하나님의 나라를 위해 사용하며, 천국을 준비하는 삶을 살게 하소서.

6월 **2**일

천국의 사람은 남을 실족케 하지 않는다

누가복음 17:1-2

1예수께서 제자들에게 이르시되 실족하게 하는 것이 없을 수는 없으나 그렇게 하게 하는 자에게는 화로다 2그가 이 작은 자 중의 하나를 실족하게 할진대 차라리 연자맷돌이 그 목에 매여 바다에 던져지는 것이 나으리라

예수님께서는 천국 백성으로서 우리가 남을 실족하게 해서는 안 된다고 경고하십니다. 살아가는 동안 우리 자신이 실족할 수 있는 환경은 많지만, 무엇보다 중요한 것은 우리의 정체성을 잊지 않고 끝까지 믿음으로 견디는 것입니다. 천국 백성이라는 정체성을 붙들고 사는 사람은 실족하지 않으며, 더 나아가 다른 사람을 실족하게 하지 않습니다. 본문에서는 남을 실족하게 하는 것이 얼마나 심각한 죄인지 말씀하십니다. 남을 실족하게 하는 것보다는 차라리 연자 맷돌을 목에 매고 바다에 던져지는 것이 낫다고 하십니다. 하지만 우리는 종종 다른 사람을 무시하거나 상처를 주어 실족하게 만들 때가 있습니다. 천국 백성은 이런 일을 경계해야 하며, 하나님의 은혜를 깨달은 자답게 다른 이를 불쌍히 여기고 존중하며 살아야 합니다. 천국 백성은 하나님의 은혜로 부요함을 누리지만, 그 부요함을 자랑하거나 남을 무시하는 것이 아니라, 겸손하게 하나님의 은혜를 나누는 사람입니다. 나의 모든 것이 하나님의 은혜임을 고백하고, 그 은혜를 다른 사람들에게도 흘러보낼 때, 우리는 천국 백성다운 삶을 살아가게 됩니다.

주님, 나의 말과 행동으로 다른 이를 실족하게 하지 않게 하시고, 은혜로 덧입어 겸손히 섬기게 하소서.

6월 **3**일

천국의 사람은 용서한다

누가복음 17:3-4
3너희는 스스로 조심하라 만일 네 형제가 죄를 범하거든 경고하고 회개하거든 용서하
라 4만일 하루에 일곱 번이라도 네게 죄를 짓고 일곱 번 네게 돌아와 내가 회개하노라
하거든 너는 용서하라 하시더라

예수님께서는 실족하는 일이 반드시 일어날 것을 경고하시며, 실족을 방치하지 말고 끊어내야 함을 강조하셨습니다. 특히 실족은 개인에게만 영향을 미치는 것이 아니라 공동체 전체에 '화'를 가져올 수 있기에 더욱 경계해야 합니다. 가룟 유다의 예를 통해, 실족의 위험은 누구에게나 있으며, 경고의 소리에 귀를 기울이지 않으면 결국 걷잡을 수 없는 상황에 이르게 됩니다. 우리는 스스로를 먼저 돌아보며 적극적으로 조심해야 합니다. 여기서 첫 번째로 요구되는 것은 경고입니다. 하지만 경고는 사랑이 담겨 있어야 하고, 자기 자신을 먼저 꾸짖을 줄 아는 사람이 상대방을 꾸짖을 수 있습니다. 형제의 눈 속의 티를 보기 전에 자신의 눈 속 들보를 먼저 봐야 하며, 사랑 없는 꾸짖음은 상처만 남깁니다. 두 번째로 요구되는 것은 용서입니다. 회개하면 용서하라는 말씀은 상대방이 무릎 꿇을 때까지 기다리라는 뜻이 아닙니다. 천국 백성으로서 언제나 용서의 문을 열어놓으라는 뜻입니다. 이미 일만 달란트를 탕감받은 우리는 언제든지 용서할 준비가 되어 있어야 합니다. 천국 백성은 항상 용서의 문을 열어두고, 사랑으로 경고하며 실족의 상태를 끊어내야 합니다. 이를 통해 가정, 교회, 사회가 생명으로 치료되고 하나님 나라의 역사를 경험하게 될 것입니다.

 주님, 언제나 용서의 문을 열어 두며 사랑으로 형제를 품게 하소서.

6월 **4**일

심는 믿음의 사람

누가복음 17:5-6

5사도들이 주께 여짜오되 우리에게 믿음을 더하소서 하니 6주께서 이르시되 너희에게 겨자씨 한 알만한 믿음이 있었더라면 이 뽕나무더러 뿌리가 뽑혀 바다에 심기어라 하였을 것이요 그것이 너희에게 순종하였으리라

제 자들은 용서의 삶이 얼마나 어려운지 알기에 "우리에게 믿음을 더하소서"라고 요청합니다. 이에 예수님은 "겨자씨 한 알만한 믿음"을 말씀하시며, 작은 믿음이라도 심으면 상상할 수 없는 기적이 일어날 것을 가르치셨습니다. 겨자씨는 작고 보잘것없지만, 심기만 하면 큰 나무가 되어 생명의 역사가 일어납니다. 이처럼 하나님의 말씀도 우리가 심으면 그 말씀대로 열매가 맺힙니다. 용서, 사랑, 감사 등 하나님이 주신 말씀을 믿음으로 심을 때, 반드시 변화의 열매를 거둘 수 있습니다. 하나님은 우리가 주어진 시간, 재능, 물질을 통해 심기를 원하십니다. 육체를 위해 심으면 썩어 없어질 것을 거두지만, 성령을 위해 심으면 영생의 열매를 맺게 됩니다. 그러나 어리석게도 우리는 종종 겨자씨를 심지 않고 당장 먹어버리곤 합니다. 십일조는 대표적인 예입니다. 십일조는 하나님께 대한 감사와 찬송의 씨앗입니다. 아브람이 전쟁에서 승리한 후, 그 얻은 것의 십분의 일을 하나님께 드린 것은 자신이 아니라 하나님이 승리하게 하셨음을 인정한 찬송이었습니다. 십일조는 하나님께 찬송을 심는 씨앗이며, 이 씨앗을 심으면 하나님께서 계속해서 찬송의 열매를 맺게 하십니다. 예수님도 자신의 생명을 이 땅에 심으셨습니다. 그 생명의 씨앗을 심음으로 예수님은 대제사장이 되셨고, 그 열매는 오늘날 우리입니다. 우리가 무엇을 심는가에 따라 가정, 교회, 세상에 하나님의 역사가 나타납니다. 겨자씨 한 알의 믿음을 가지고 주님의 말씀을 심어야 합니다. 하나님은 반드시 때가 되면 열매를 맺게 하실 것입니다. 우리도 이 겨자씨 한 알의 믿음을 소유하여 이 땅과 전 세계를 향해 믿음의 씨앗을 심는 자들이 되기를 소망합니다.

주님, 작은 믿음을 가지고도 기적을 이루시는 하나님을 믿고 말씀의 씨앗을 심게 하소서.

6월 5일

무익한 종

누가복음 17:7-10

7너희 중 누구에게 밭을 갈거나 양을 치거나 하는 종이 있어 밭에서 돌아오면 그더러 곧 와 앉아서 먹으라 말할 자가 있느냐 8도리어 그더러 내 먹을 것을 준비하고 띠를 띠고 내가 먹고 마시는 동안에 수종들고 너는 그 후에 먹고 마시라 하지 않겠느냐 9명한 대로 하였다고 종에게 감사하겠느냐 10이와 같이 너희도 명령 받은 것을 다 행한 후에 이르기를 우리는 무익한 종이라 우리가 하여야 할 일을 한 것뿐이라 할지니라

예수님께서는 겨자씨 한 알만한 믿음을 강조하시며, 그 믿음이 기적의 열매를 맺을 것이라 말씀하셨습니다. 겨자씨는 하나님의 말씀을 상징합니다. 우리가 그 말씀을 듣고 심을 때, 하나님은 그분의 뜻을 이루는 열매를 맺게 하십니다. 이와 같은 말씀 뒤에 예수님은 종의 비유를 이야기하십니다. 종은 자신의 뜻을 주장하지 않고 오직 주인의 뜻을 따릅니다. 우리는 하나님의 말씀의 종으로, 말씀을 심고 순종하며 살아가는 자들입니다. 예수님도 말씀의 종으로 오셔서 아버지의 뜻을 이루셨습니다. 심지어 십자가에서 죽으시는 순간까지도 아버지의 뜻을 생각하셨습니다. 우리는 종으로서 하나님의 뜻을 따르는 삶이 우리의 행복을 위한 것임을 기억해야 합니다. 종으로 살아가는 것은 쉬운 일이 아닙니다. 특히 일이 잘 될 때, 힘을 가질 때는 종의 삶을 잊기 쉽습니다. 그러나 우리는 언제나 말씀의 종으로 살아야 합니다. 그럴 때 하나님께서는 생명의 역사를 이루시고, 영광을 받으시며, 하나님의 나라가 이루어집니다. 한국교회와 이 민족이 말씀의 종으로 살아갈 때, 반드시 하나님의 나라가 이루어질 것입니다. 오늘날에도 영혼을 구원하는 일은 멋진 시설이나 프로그램이 아닌, 말씀에 순종하는 종의 삶에서 비롯됩니다. 종으로 살아가는 교회와 성도들만이 하나님의 나라를 세울 수 있습니다. 우리는 무익한 종입니다. 우리의 순종과 섬김은 그저 해야 할 일을 한 것뿐이라 고백하는 자들이 무익한 종입니다. 주님처럼 종의 삶을 통해 하나님께 영광을 돌리고 생명을 살리는 성도가 되기를 소망합니다.

 주님, 종의 마음으로 말씀에 순종하며 하나님 나라를 이루어가는 삶을 살게 하소서.

6월 **6**일

마음만 아프게 하는 전쟁과
참된 힘의 사용

사사기 21:8-15

13온 회중이 림몬 바위에 있는 베냐민 자손에게 사람을 보내어 평화를 공포하게 하였더니 14그 때에 베냐민이 돌아온지라 이에 이스라엘 사람이 야베스 길르앗 여자들 중에서 살려 둔 여자들을 그들에게 주었으나 아직도 부족하므로 15백성들이 베냐민을 위하여 뉘우쳤으니 이는 여호와께서 이스라엘 지파들 중에 한 지파가 빠지게 하셨음이었더라

6월은 나라를 위해 희생한 분들을 기억하는 호국보훈의 달입니다. 특히 현충일은 6.25 전쟁에서 나라를 지키기 위해 목숨을 바친 순국선열들을 기념하는 날입니다. 이날을 통해 우리는 세 가지를 기억해야 합니다. 첫째, 오늘날 우리의 자유와 번영이 희생한 이들의 덕분임을 기억하고 감사해야 합니다. 둘째, 우리는 주어진 일을 성실하게 감당해야 합니다. 마태복음 25장의 달란트 비유처럼, 우리에게 맡겨진 사명을 책임감 있게 수행할 때 칭찬을 받습니다. 셋째, 하나님이 주신 힘을 올바르게 사용하는 것이 중요합니다. 본문에서 이스라엘 백성들은 전쟁으로 베냐민 지파를 구하려다가 오히려 길르앗 사람들을 죽이는 실수를 범했습니다. 예수님은 우리에게 힘을 사용하는 전혀 다른 방법을 가르치셨습니다. 예수님은 제자들을 파송하시면서 세상의 힘이나 물질에 의지하지 말고 오직 하나님의 능력에 의지하라고, 힘을 사용하여 자신을 부인하고 남을 살리라고 하셨습니다. '누구든지 나를 위하여 목숨을 잃으면 구원하리라'는 말씀처럼, 진정한 힘은 남을 살리기 위해 자신을 희생하는 데 있습니다. 우리 역시 성령 충만할 때, 하나님께서 주신 힘을 세상의 방식을 따르지 않고, 다른 사람을 살리는 데 사용할 수 있습니다. 60여년 전 가난 속에서 '민족복음화와 세계선교'를 목표로 세워진 우리 교회는 이제 '한국의 시대를 준비하라'는 하나님의 명령을 붙들고 있습니다. 성령께서 주시는 힘으로, 우리는 자신을 부인하고 남을 살리는 길을 걸어야 합니다.

성령의 능력으로 자신을 부인하고, 남을 살리는 힘을 사용하게 하소서.

6월 **7**일

지금이 어느 때인지 알라

누가복음 17:20-37

²³사람이 너희에게 말하되 보라 저기 있다 보라 여기 있다 하리라 그러나 너희는 가지도 말고 따르지도 말라 ²⁴번개가 하늘 아래 이쪽에서 번쩍이어 하늘 아래 저쪽까지 비침같이 인자도 자기 날에 그러하리라

지금이 어떤 시기인지에 대한 생각은 사람마다 다릅니다. 어떤 이는 살기 좋은 시기라고 하고, 또 다른 이는 불안하고 어려운 시기라고 여깁니다. 하지만 하나님의 백성은 성경이 지금을 어떻게 말하는지 알아야 합니다. 로마서 13장 11절은 "자다가 깰 때가 벌써 되었으니 이는 우리의 구원이 처음 믿을 때보다 가까웠음이라"고 말씀하시는데, 이는 구원이 더 가까운 때, 곧 종말의 시대를 의미합니다. 또한 많은 사람이 종말에 대해 의문을 품지만 성경은 예수님의 초림부터 재림까지의 전체 기간, 우리가 사는 이 시대가 종말의 때임을 가르칩니다. 본문에서 예수님은 종말의 시대를 살아가는 우리에게 두 가지를 기억하라고 하십니다. 첫 번째는 '하나님 나라'입니다. 바리새인들이 하나님의 나라가 언제 임하느냐고 물을 때, 예수님은 "하나님의 나라는 너희 안에 있느니라"고 대답하십니다. 종말의 시대를 사는 우리는 이미 하나님의 통치 아래 있습니다. 하나님의 나라가 우리 안에 이루어졌다는 사실을 기억하며, 매일 하나님의 통치 속에서 살아갈 때, 그분의 사랑과 통치 아래에서 우리는 열매를 맺고, 하나님 나라의 백성으로서 온전한 삶을 살아가게 됩니다. 두 번째는 '기회'입니다. 노아와 롯의 때를 언급하신 것은, 세상의 끝이 갑작스럽게 온다는 것을 상기시키기 위함입니다. 종말의 시대를 사는 우리는 주어진 기회를 놓치지 말아야 합니다. 헌신할 기회, 섬길 기회, 전도할 기회는 영원히 주어지는 것이 아니며, 그 끝이 언제 올지 알 수 없기에 오늘 주어진 기회를 귀하게 여겨야 합니다. 종말의 때에, 하나님의 통치 아래에 있다는 사실을 기억하며, 주어진 기회를 놓치지 않고 열매를 맺는 삶을 살아내어 착하고 충성된 종이라 칭찬받는 삶이 되기를 소망합니다.

종말의 시대를 살아가며, 하나님의 통치 아래에서 주어진 기회를 놓치지 않고 충성된 삶을 살게 하소서.

6월 8일

너희는 이 믿음이 있나?

누가복음 18:1-8

8내가 너희에게 이르노니 속히 그 원한을 풀어 주시리라 그러나 인자가 올 때에 세상에서 믿음을 보겠느냐 하시니라

예수님께서는 과부와 불의한 재판장의 비유를 통해 항상 기도하고 낙심하지 말라고 하십니다. 많은 이들이 이 구절을 '열심히 기도하면 원하는 것을 얻을 수 있다'고 해석하지만, 예수님이 여기서 말씀하시는 믿음은 다릅니다. 본문은 누가복음 17장에서 이어지는 맥락 속에 있습니다. 17장에서 예수님은 하나님의 나라가 이미 우리 안에 임했다고 하십니다. 그러므로 '인자가 올 때 세상에서 믿음을 보겠느냐'고 물으신 믿음은, 하나님의 나라가 이미 우리 가운데 있으며, 우리가 하나님의 백성이라는 사실을 믿는 믿음을 뜻합니다. 하나님은 우리의 삶 속에서 우리를 철저히 보호하고 책임지십니다. 하나님의 통치 아래에 있다는 것은 바로 이 보호와 인도하심을 믿는 것을 의미합니다. 우리는 예수님의 십자가 희생을 통해 하나님 나라의 시민권을 얻게 되었습니다. 하나님은 우리와 함께하시고, 우리를 떠나지 않겠다고 약속하셨습니다. 그분의 보호와 인도하심을 수없이 많은 성경 구절에서 확인할 수 있습니다. 그러나 문제는 우리의 믿음이 늘 흔들린다는 것입니다. 도마처럼 우리는 항상 '이것만 해결되면 믿겠다'라고 하지만, 또 다른 문제에 부딪히면 다시 의심하게 됩니다. 예수 님은 풍랑 가운데서도 우리에게 '어찌하여 믿음이 없느냐'고 물으십니다. 결국, 우리가 필요로 하는 것은 바로 이 믿음입니다. 이 믿음이 없다면 우리는 두려움과 절망 속에 살아갈 수밖에 없습니다. 주님께서는 오늘도 우리에게 묻고 계십니다. '너는 이 믿음이 있느냐?' 우리는 하나님의 백성이며, 어떤 상황에서도 하나님이 우리를 책임지신다는 믿음을 가져야 합니다. 밤낮으로 이 믿음을 구하고, 믿음 위에 굳건히 서서 나아가는 성도가 되기를 바랍니다.

하나님 나라의 백성임을 믿고, 어떤 상황에서도 하나님을 신뢰하는 믿음을 주소서.

6월 **9**일

찾아오신 예수님

누가복음 18:9-14

14내가 너희에게 이르노니 이에 저 바리새인이 아니고 이 사람이 의롭다 하심을 받고 그의 집으로 내려갔느니라 무릇 자기를 높이는 자는 낮아지고 자기를 낮추는 자는 높아지리라 하시니라

예 수님은 가난하고 병든 자들, 소외되고 멸시받는 자들에게 찾아 오셨습니다. 그러나 이는 특정한 사람들만을 위한 것이 아니라, 온 인류를 위해 찾아오신 것입니다. 주님께서 시간과 공간의 제약을 받는 인간의 몸으로 우리에게 오셨다는 것보다 더 큰 은혜는 없습니다. 하지만 주님을 영접하는 자와 그렇지 못한 자가 있습니다. 본문에서 바리새인은 자신을 의롭게 여기며 세리를 비난하고, 세리는 자신이 죄인임을 고백하며 하나님의 자비를 구합니다. 주님은 스스로 높아져 남을 비판하는 자에게는 머물지 않으시고, 겸손히 죄를 인정하고 하나님의 자비를 구하는 자에게 머무십니다. 우리는 언제나 세리의 자리에 머물러야 합니다. 바리새인의 자리에 서 있는 것은 하나님께서 악하게 여기시는 큰 죄입니다. 다윗도 자신의 승리에 도취되어 인구를 계수하는 죄를 범했을 때 큰 재앙을 맞이했습니다. 그러나 철저하게 회개하고 다시 하나님을 의지하는 세리의 자리에 섰을 때, 하나님의 은혜를 입었습니다. 우리도 성공하거나 칭찬받을 때일수록 더욱 세리의 마음을 가져야 합니다. 교회도 마찬가지입니다. 큰 성장을 이루었을 때 주님의 마음을 잃고 바리새인이 된다면 그 성공은 아무 의미가 없습니다. 하나님이 함께하시고 역사하시는 교회는 세리의 마음으로 섬기고, 가장 낮은 자를 찾아가는 교회입니다. 우리는 베다니 교회로 시작한 마음을 잊지 않고, 계속해서 세리의 마음을 간직해야 합니다. 우리의 자랑은 우리의 능력이 아니라 하나님을 아는 것에 있습니다. '자랑하는 자는 주 안에서 자랑하라'는 말씀은 주님 안에서 겸손하게 자랑할 수 있는 은혜를 의미합니다. 주님이 우리 안에 머무실 수 있도록, 세리의 자리에 서는 싸움을 지속적으로 이어가며, 주님으로 인해 자랑거리가 되는 삶을 살기를 축복합니다.

주님 앞에 겸손히 서서, 세리의 마음으로 살아가게 하소서.

6월 **10**일

한 가지 부족한 것

누가복음 18:18-30

18어떤 관리가 물어 이르되 선한 선생님이여 내가 무엇을 하여야 영생을 얻으리이까 19예수께서 이르시되 네가 어찌하여 나를 선하다 일컫느냐 하나님 한 분 외에는 선한 이가 없느니라 20네가 계명을 아나니 간음하지 말라, 살인하지 말라, 도둑질하지 말라, 거짓 증언 하지 말라, 네 부모를 공경하라 하였느니라 21여짜오되 이것은 내가 어려서 부터 다 지키었나이다 22예수께서 이 말을 들으시고 이르시되 네게 아직도 한 가지 부족한 것이 있으니 네게 있는 것을 다 팔아 가난한 자들에게 나눠 주라 그리하면 하늘에서 네게 보화가 있으리라 그리고 와서 나를 따르라 하시니

부 자 관리가 예수님께 영생을 얻는 방법을 묻자, 예수님은 계명을 지키는 것이 중요하다고 말씀하셨습니다. 그러나 그는 이미 어려서부터 계명을 지켜왔음을 자랑했습니다. 예수님은 그에게 '네게 한 가지 부족한 것이 있다'며, 모든 재산을 팔아 가난한 자들에게 나누어주라고 하셨습니다. 이는 단순히 재물을 나누는 것이 부족하다는 뜻이 아니라, 그가 영생이 자신의 행위가 아닌 하나님의 은혜로 주어지는 것임을 깨닫지 못했기 때문입니다. 사람의 힘으로는 구원을 얻을 수 없으며, 오직 하나님의 은혜로 가능함을 주님은 가르쳐 주십니다. 재물이 있든 없든, 하나님의 은혜로 영생을 받은 자는 이미 모든 것을 소유한 자입니다. 베드로가 모든 것을 버리고 주를 따랐다고 자랑했을 때, 주님은 더 나아가 모든 것을 버린 자는 현세에 여러 배를 받고, 내세에 영생을 얻을 것이라 하셨습니다. 이는 우리가 소유한 영생이 그 무엇과도 비교할 수 없는 큰 선물임을 의미합니다. 우리가 받은 복음과 영생은 세상의 어떤 것과도 바꿀 수 없는 것입니다. 예수님을 소유한 자는 아무리 가난해도 부요한 자이며, 예수가 없는 자는 아무리 재물이 많아도 빈곤한 자입니다. 교회의 부흥이나 국가의 번영도 영생의 은혜를 놓친다면 아무 의미가 없습니다. 우리가 삶 속에서 영생을 가진 자로서의 삶을 살아갈 때, 예수님이 우리를 통해 증거되며, 세상이 변화될 것입니다.

영생의 은혜를 누리며, 복음을 자랑하고 살아가는 삶을 살게 하소서.

6월 **11**일

기적 - 예수 생명을 소유한 자의 기쁨

누가복음 18:31-34

31예수께서 열두 제자를 데리시고 이르시되 보라 우리가 예루살렘으로 올라가노니 선지자들을 통하여 기록된 모든 것이 인자에게 응하리라 32인자가 이방인들에게 넘겨져 희롱을 당하고 능욕을 당하고 침 뱉음을 당하겠으며 33그들은 채찍질하고 그를 죽일 것이나 그는 삼 일 만에 살아나리라 하시되 34제자들이 이것을 하나도 깨닫지 못하였으니 그 말씀이 감취었으므로 그들이 그 이르신 바를 알지 못하였더라

예수님께서는 제자들에게 예루살렘으로 올라가셔서 고난을 당하고 죽음을 맞이하신 후 삼일 만에 부활하실 것을 말씀하셨지만 제자들은 이 엄청난 기적의 메시지를 깨닫지 못했습니다. 우리도 또한 이 세상에서의 삶이 끝난 후 하나님의 영원한 품에 안기는 기적을 소유하고 있는데도 종종 그 기적을 잊고 낙심하며 살아갑니다. 우리가 예수님의 십자가와 부활을 통해 영원한 생명을 얻은 것은 인간의 노력으로 얻어진 것이 아니라 전적으로 하나님의 은혜로 주어진 기적입니다. 우리가 예수님을 믿고 고백할 수 있다는 사실 자체가 우리의 결심이나 의지가 아닌, 하나님이 주신 선물, 즉 기적입니다. 이것을 잊지 않고 기억할 때, 우리는 세상의 그 어떤 것과도 비교할 수 없는 큰 기쁨 가운데 살아갈 수 있습니다. 사단은 우리에게 이 기적을 망각하게 하여, 우리가 고난을 당할 때 절망하게 만듭니다. 그러나 우리는 예수 생명을 소유한 자로서, 어떤 상황 속에서도 주님의 이름으로 사단의 속임수를 물리쳐야 합니다. 사도 바울이 말한 것처럼, 우리 안에 있는 보배는 사방으로 우겨쌈을 당하여도 드러나게 되어 있습니다고후 4:7-10. 예수 생명을 소유한 사람은 어려움 속에서 더 빛을 발합니다. 그 빛을 통해 많은 이들이 주님께 돌아오게 됩니다. 우리는 이 땅에서의 삶이 끝날 때, 하나님의 품에 안기는 기적을 소유한 사람들입니다. 그러므로 어떤 상황에서도 기쁨을 잃지 말아야 하며, 그 기쁨을 다른 이들과 나누는 삶을 살아가야 합니다. 사도 바울은 "주 안에서 항상 기뻐하라"빌 4:4고 명령합니다. 이 말씀은 우리의 기쁨이 환경에 좌우되는 것이 아니라, 예수 생명을 소유한 자로서 누리는 기적의 기쁨에 기초함을 일깨워줍니다.

주님, 제가 소유한 예수 생명의 기적을 기억하고, 그 기쁨을 다른 이들과 나누게 하소서.

6월 **12**일

무엇 하여 주기를 원하느냐

누가복음 18:35-43

41네게 무엇을 하여 주기를 원하느냐 이르되 주여 보기를 원하나이다 42예수께서 그에게 이르시되 보라 네 믿음이 너를 구원하였느니라 하시매 43곧 보게 되어 하나님께 영광을 돌리며 예수를 따르니 백성이 다 이를 보고 하나님을 찬양하니라

예수님은 여리고 근처에서 한 맹인을 만나셨을 때, 그에게 "네게 무엇을 하여 주기를 원하느냐"라고 물으셨습니다. 이 질문은 단순한 배려 이상의 깊은 영적 의미를 담고 있습니다. 예수님은 이미 그 맹인의 필요를 아셨지만, 그의 입으로 간절히 말하게 하심으로 그가 진정으로 필요한 것이 무엇인지 깨닫게 하셨습니다. 맹인은 "네 믿음이 너를 구원하였느니라"는 주님의 말씀은 육신의 회복을 넘어 영원한 생명까지 주신다는 약속이었습니다. 우리가 일상에서 마주하는 수많은 사람들에게도 예수님의 질문처럼 "무엇을 하여 주기를 원하느냐"라는 태도로 접근할 수 있습니다. 때로는 말이 필요 없을지라도, 우리는 상대방의 필요를 마음으로 읽고 그들의 고통에 손을 내밀 수 있습니다. 이는 하나님께 영광을 돌리는 첫걸음이 됩니다. 주님의 본을 따라, 우리도 세상을 향해 이 질문을 품고 살아갈 때, 하나님의 사랑과 은혜가 전파되고 많은 이들이 하나님께 영광을 돌리게 될 것입니다. 베드로와 요한이 성전 미문 앞에 앉은뱅이를 향해 "은과 금은 내게 없거니와, 나사렛 예수 그리스도의 이름으로 일어나 걸으라"라고 외친 것처럼, 우리도 가진 것이 많지 않더라도 하나님의 이름으로 이웃을 도울 수 있습니다. 하나님께서 주신 믿음과 사랑을 나누는 그 순간, 우리는 하나님의 영광을 드러내는 일을 하는 것입니다. 우리의 모든 행위가 하나님께 영광을 돌리는 것이 되어야 합니다. 고린도전서 10:31은 "무엇을 하든지 다 하나님의 영광을 위하여 하라"라고 가르칩니다. 우리가 이 질문을 품고 살아간다면, 그 결과는 놀라운 하나님의 역사를 이끌어낼 것입니다. 맹인이 주님의 은혜로 눈을 뜬 후 하나님께 영광을 돌렸듯이, 우리의 작은 섬김과 사랑의 실천이 하나님께 영광을 돌리는 시작점이 됩니다.

하나님, 저를 통해 당신의 사랑과 은혜가 흘러나오게 하소서.

6월 **13**일

인자로 오신 이유

누가복음 19:1-10

10인자가 온 것은 잃어버린 자를 찾아 구원하려 함이니라

모 든 사람은 목적을 가지고 살아갑니다. 본문의 삭개오는 부자가 되는 것을 인생의 목적으로 삼았던 사람입니다. 삭개오의 변화를 일으킨 것은 예수님과의 만남이었습니다. 예수님께서는 이 땅에 오실 때부터 분명한 목적을 가지고 계셨습니다. '잃어버린 자를 찾아 구원하려 함이니라' 10절. 예수님의 이 목적은 그분의 사역 전반을 통해 일관되게 나타났습니다. 세리와 죄인들과 함께하셨고, 사람들의 비난에도 불구하고 잃어버린 영혼들을 찾아가셨습니다. 십자가 앞에서도 예수님은 자신의 목적을 잊지 않으셨습니다. 그분은 오직 한 가지, 하나님의 백성들에게 생명을 주고 더 풍성하게 하는 것을 목표로 하셨습니다. 예수님을 만난 사람들은 그분의 목적을 자신들의 목적으로 삼게 됩니다. 삭개오는 예수님을 만나 부자가 되는 것이 아닌, 구원받고 영생을 얻는 것이 자신의 진정한 목적임을 깨달았습니다. 오늘 우리도 예수님과의 만남을 통해 인생의 목적이 바뀌어야 합니다. 땅의 것을 목표로 삼기보다, 위의 것을 바라보는 삶으로 변화해야 합니다. 골로새서 3장 1-3절에서 사도 바울은 그리스도와 함께 다시 살리심을 받은 사람은 위의 것을 찾으라고 권면합니다. 하나님의 나라를 목적으로 삼고, 이 땅의 것들은 그 목적을 이루기 위한 수단으로 삼는 삶이야말로 진정한 기쁨과 평안을 누리는 길입니다. 예수님을 만나면 우리의 삶의 목적이 영원한 생명과 하나님의 나라로 향하게 됩니다. 돈, 건강, 지식 등은 그 목적을 이루기 위한 수단일 뿐입니다. 세상 것들이 목적이 되지 않도록, 예수님을 통해 주어진 새로운 목적을 붙잡고 살아가는 복된 성도가 되기를 소망합니다.

주님, 제 삶의 목적이 위의 것을 바라보는 것이 되게 하시고, 주신 모든 것들을 하나님의 나라를 위해 사용하는 지혜를 주소서.

6월 **14**일

재림 때까지 이렇게 살자

누가복음 19:11-19

16그 첫째가 나아와 이르되 주인이여 당신의 한 므나로 열 므나를 남겼나이다 17주인이 이르되 잘하였다 착한 종이여 네가 지극히 작은 것에 충성하였으니 열 고을 권세를 차지하라 하고 18그 둘째가 와서 이르되 주인이여 당신의 한 므나로 다섯 므나를 만들었나이다 19주인이 그에게도 이르되 너도 다섯 고을을 차지하라 하고

과학이 아무리 발달하고 우주에 대한 새로운 발견이 이어진다 해도, 주님의 재림은 분명한 사실이자 변하지 않는 진리입니다. 언제 다시 오실지 우리는 알 수 없지만, 성경은 그 날까지 충성되이 살아가야 함을 가르쳐줍니다. 본문에서 열 명의 종이 한 므나씩 받았지만, 어떤 종은 열 므나, 다른 종은 다섯 므나를 남겼습니다. 여기서 중요한 것은 얼마나 성과를 낸 것인지가 아니라, 그들이 얼마나 충성되이 주님의 뜻을 따라 살아갔는지입니다. 이처럼 충성된 삶을 살아야하는 이유는 두 가지가 있습니다. 첫째, 주님이 반드시 다시 오시기 때문입니다. 제자들은 예수님께서 예루살렘에 입성하실 때 하나님의 나라가 당장 세워질 것이라 기대했지만, 주님은 다시 오실 먼 미래를 염두에 두고 말씀하셨습니다. 우리의 삶이 현실에 묶여 재림을 잊어버리기 쉽지만, 주님은 반드시 돌아오십니다. 그날은 우리가 예상하지 못한 때에 찾아올 수 있기에, 우리는 날마다 주님 앞에 충성되게 살아가야 합니다. 둘째, 나 같은 자에게도 한 므나를 맡겨주셨기 때문입니다. 우리는 그저 은혜로 선택받아 주님의 일에 참여할 기회를 얻었습니다. 능력이나 자격 때문이 아니라, 하나님의 충성된 종으로 여겨 주신 그 은혜에 감사하며 살아야 합니다. 우리의 직분과 역할은 다를 수 있지만, 모두 동일하게 한 므나씩 받았습니다. 주님은 그 한 므나로 얼마나 충성되게 살았는지 보시며, 재림의 날에 우리를 칭찬하시고 상급을 주실 것입니다. 따라서 우리는 주님을 만나게 될 그날까지 매일 충성된 삶을 살아야 합니다. 그 충성은 곧 하나님의 뜻에 순종하는 삶입니다. 주님께서 맡기신 한 므나에 충성하여, 우리의 삶을 통해 하나님의 나라가 확장되고, 주님께 영광을 돌리게 될 것입니다.

 주님이 다시 오실 그날까지 맡겨진 일에 충성하며, 하나님의 뜻을 이루는 삶을 살게 하소서.

6월 **15**일

오해로 빚어진 결과

누가복음 19:20-27
20또 한 사람이 와서 이르되 주인이여 보소서 당신의 한 므나가 여기 있나이다 내가 수건으로 싸 두었었나이다 21이는 당신이 엄한 사람인 것을 내가 무서워함이라 당신은 두지 않은 것을 취하고 심지 않은 것을 거두나이다

인간관계에서 오해는 흔히 일어날 수 있습니다. 그러나 사람 간의 오해보다 더 심각한 것은 하나님에 대한 오해입니다. 본문의 열 므나 비유는 이를 잘 보여줍니다. 주인이 악한 사람이라고 오해한 한 사람은 받은 한 므나를 수건에 싸두었고, 결국 비참한 결말을 맞았습니다. 그는 자신이 오해한 대로 모든 것을 빼앗기고, 심지어 멸망의 길을 가게 되었습니다. 반면, 나머지 두 사람은 주인을 신뢰하며 받은 므나로 충성하여 큰 상을 받았습니다. 이 비유에서 주님은, 자신이 십자가에 달리실 때 제자들과 이스라엘 백성들이 하나님에 대해 오해할 것을 염려하셨습니다. 예수님을 로마의 압제로부터 해방시켜 줄 정치적 왕으로 기대했던 그들은 주님의 십자가 죽음을 목격한 후에는 절망할 수밖에 없었을 것입니다. 그래서 예수님은 이 비유를 통해 "십자가가 끝이 아니다. 나는 반드시 돌아온다. 너희는 맡겨진 일에 충성하라"는 중요한 교훈을 주셨습니다. 우리도 하나님에 대한 오해로 인해 믿음에서 멀어질 때가 있습니다. '하나님이 나를 사랑하신다면 왜 이런 어려움이 있을까?'라고 생각하며 하나님의 사랑을 의심하기도 합니다. 하지만 하나님은 우리의 오해 때문에 뜻을 바꾸시는 분이 아니며 우리의 오해를 넘어 그분의 계획대로 우리를 이끌어 가시는 분이십니다. 중요한 것은 우리가 하나님의 변함없는 사랑을 오해하지 않는 것입니다. 하나님의 사랑을 확신할 때 우리는 은혜 가운데 생명의 삶을 살아갈 수 있습니다. 다윗과 요셉은 많은 고난을 겪었지만 하나님의 사랑에 대한 확신을 가지고 넉넉한 삶을 살았습니다. 사도 바울 또한 복음 전파의 길에서 많은 어려움을 겪었지만, 그는 그 모든 고난 속에서 하나님의 사랑을 오해하지 않았기에 복음의 진전을 고백할 수 있었습니다. 우리도 하나님의 사랑을 믿으며 어떤 상황에서도 그분을 신뢰하는 넉넉한 생명의 사람이 되기를 기도합니다.

하나님의 사랑을 오해하지 않고, 맡겨진 일에 충성하는 믿음의 사람이 되게 하소서.

6월 16일

예수님과 같이 예루살렘으로 가자

누가복음 19:28-32

28예수께서 이 말씀을 하시고 예루살렘을 향하여 앞서서 가시더라 29감람원이라 불리는 산쪽에 있는 벳바게와 베다니에 가까이 가셨을 때에 제자 중 둘을 보내시며 30이르시되 너희는 맞은편 마을로 가라 그리로 들어가면 아직 아무도 타 보지 않은 나귀 새끼가 매여 있는 것을 보리니 풀어 끌고 오라 31만일 누가 너희에게 어찌하여 푸느냐 묻거든 말하기를 주가 쓰시겠다 하라 하시매 32보내심을 받은 자들이 가서 그 말씀하신 대로 만난지라

예수님께서는 예루살렘으로 가시기 위해 제자들에게 나귀 새끼를 준비하라고 명령하십니다. 이는 스가랴 9장 9절의 예언을 성취하기 위함이며, 또한 예수님이 겸손하신 왕으로서 예루살렘에 입성하시는 모습을 보여줍니다. 세상의 왕들이 말을 타고 정복자로 행차하지만, 예수님은 섬기는 왕으로서 겸손하게 나귀 새끼를 타셨습니다. 겸손은 힘과 능력이 있음에도 불구하고 자신을 낮추는 것입니다. 익은 곡식이 고개를 숙이듯, 진정한 겸손은 자신을 드러내지 않으며 남을 더 귀하게 여깁니다. 성경은 우리에게 겸손으로 허리를 동이라고 말씀합니다벧전 5:5-6. 하나님은 교만한 자를 대적하시지만, 겸손한 자에게는 은혜를 베푸십니다. 예수님도 겸손의 왕으로서 십자가를 지셨기에, 우리도 섬기는 왕으로서 겸손한 삶을 살아가야 합니다. 겸손은 단순히 외적으로 보이는 행동이 아니라, 하나님 앞에서 말씀에 순종하며 무릎을 꿇는 내면의 자세입니다. 사울과 다윗의 차이는 바로 여기에 있습니다. 다윗은 죄를 범했을 때 언제나 하나님 앞에 돌아와 회개했지만, 사울은 말씀에 순종하지 않았습니다. 진정한 겸손은 하나님의 말씀에 순종하는 것입니다. 우리가 겸손하게 주님을 따를 때, 많은 열매를 맺을 수 있습니다. 겸손은 세상에서 성공하기 위한 전략이 아니라, 하나님과의 관계 속에서 맺는 열매입니다. 우리는 섬기는 왕으로서 예수님과 함께 겸손의 길을 걸어야 합니다. 그 길은 때로는 고난이 따를 수 있지만, 하나님은 고난을 통해 우리를 겸손하게 만드십니다. 그러므로 평생을 겸손으로 살아가는 자가 되기를 축복합니다.

주님, 겸손으로 허리를 동여 주의 말씀에 순종하게 하소서.

6월 **17**일

나귀 새끼를 쓰시는 주님

누가복음 19:33-40

33나귀 새끼를 풀 때에 그 임자들이 이르되 어찌하여 나귀 새끼를 푸느냐 34대답하되 주께서 쓰시겠다 하고

예수님이 평생을 하나님의 말씀을 이루면서 살 수 있었던 비결은 두 가지입니다. 첫째, 예수님은 하나님의 말씀을 온전히 신뢰하셨습니다. 길들여지지 않은 나귀새끼를 타신 것도 하나님의 말씀에 온전히 순종하기 위함이었습니다. 예수님께서는 세상의 시선이나 체면을 신경 쓰지 않으셨고, 오직 하나님의 말씀이 이루어짐을 믿고 행하셨습니다. 둘째, 예수님은 겸손의 종으로 사셨습니다. 예수님은 자신을 낮추시고 죽기까지 순종하셨습니다. 그 결과, 우리는 그분 앞에 무릎 꿇고 구원을 받게 되었습니다. 세상은 힘으로 상대를 굴복시키려 하지만, 예수님은 겸손으로 세상을 정복하셨습니다. 예수님은 하나님의 말씀을 따르며, 힘이 아닌 겸손함으로 사역하셨고, 이는 우리에게도 중요한 본이 됩니다. 예수님은 어린아이와 같은 겸손함을 요구하셨고, 혼자 힘으로 천국에 갈 수 없음을 가르치셨습니다. 우리의 힘이 아닌 하나님의 손을 붙잡아야만 우리는 천국에 들어갈 수 있습니다. 우리가 겸손의 종으로 살기를 원하시기에, 때로 하나님은 우리에게 고난과 역경을 허락하십니다. 그러나 이 과정을 통해 우리는 겸손해지고, 하나님께서 머무시는 복 있는 사람이 됩니다. 하나님께서는 겸손한 자에게 은혜를 주시며, 결국 그를 높이실 것입니다. 우리가 겸손의 종이 될 때, 하나님이 함께하심으로 복을 누리며, 마침내 그분의 뜻을 이루는 도구로 쓰임 받게 됩니다. 길들여지지 않은 나귀새끼도 하나님의 뜻 안에서 쓰임 받았습니다. 우리의 삶과 관계 역시 마찬가지입니다. 우리가 먼저 하나님을 신뢰하고 겸손한 종이 되어 그분의 말씀을 따를 때, 하나님은 우리와 함께하시며 우리의 이웃도 변화시켜 주실 것입니다.

 주님, 하나님의 말씀을 전적으로 신뢰하고 겸손히 순종하여 복 있는 사람이 되게 하소서.

6월 **18**일

도성을 보고 우시며 그 도성으로 가신다

누가복음 19:41-44

41가까이 오사 성을 보시고 우시며

예수님께서 예루살렘을 바라보시며 눈물을 흘리셨습니다. 그 이유는 예루살렘의 백성들이 세상적인 힘과 외형적인 성벽을 의지하며 영원할 것이라 착각하고 있었기 때문입니다. 주님은 그들의 자랑스러운 도성이 결국 무너질 것을 아셨기에 그들을 보며 안타까워하셨습니다. 마치 말라기서에서 이스라엘 백성들이 세상의 축복이 없음을 근거로 하나님을 원망하던 모습과도 같습니다. 세상 것은 영원하지 않으며, 그것을 통해 하나님의 사랑을 평가할 수 없습니다. 하나님은 우리에게 세상을 사랑하지 말라고 하셨습니다. 세상 것에 집착하면 결국 하나님을 떠나게 되기 때문입니다. 예수님은 세상적인 힘을 의지하는 예루살렘 백성들에게 탄식하신 후 그들을 외면하지 않고 그 도성으로 들어가셨습니다. 그리고 십자가의 길을 걸어가셨습니다. 예수님은 모든 힘과 능력을 가지셨지만, 그 힘을 사용하지 않으시고 오히려 무기력한 모습으로 십자가에서 죽으심으로써 진정한 생명은 세상적인 힘이 아닌 십자가를 통해서만 가능함을 보여주셨습니다. 갈릴리에서의 사역과 부활 후의 모습에서 예수님은 세상의 효과와 효율을 따지지 않고 오직 십자가의 길만이 세상을 변화시킬 수 있는 유일한 길임을 가르쳐 주셨습니다. 사도 바울도 이 진리를 깨달았기에 "십자가 외에 결코 자랑할 것이 없다"고 고백했습니다. 오늘날 우리는 세상에서 힘을 가지고 무언가를 이루려는 유혹에 자주 빠집니다. 그러나 예수님께서 예루살렘을 바라보며 탄식하시고도 십자가의 길을 포기하지 않으신 것처럼, 우리도 끝까지 십자가의 길을 가야 합니다. 하나님의 정하신 때에 반드시 생명의 역사가 일어날 것입니다. 주님은 매 순간 우리에게 기도하고 예배하며 사랑하라고 말씀하십니다. 그 명령에 순종할 때, 가정과 교회, 사회, 그리고 온 세상에 하나님의 나라가 이루어질 것입니다.

 주님, 세상의 유혹 속에서도 포기하지 않고 십자가의 길을 끝까지 걸어가게 하소서.

6월 **19**일

기도 없이 행하는 것은 사망의 길

누가복음 19:45-48

45성전에 들어가사 장사하는 자들을 내쫓으시며 46그들에게 이르시되 기록된 바 내 집은 기도하는 집이 되리라 하였거늘 너희는 강도의 소굴을 만들었도다 하시니라 47예수께서 날마다 성전에서 가르치시니 대제사장들과 서기관들과 백성의 지도자들이 그를 죽이려고 꾀하되 48백성이 다 그에게 귀를 기울여 들으므로 어찌할 방도를 찾지 못하였더라

기도는 그리스도인에게 필수적인 영적 행위지만, 결코 쉬운 일이 아닙니다. 기도는 단순히 종교적 행위가 아니라, 살아계신 하나님과의 교제입니다. 우리는 그리스도를 통해 사망에서 생명으로 옮겨졌고, 이제 살아있는 자로서 하나님께 기도할 수 있게 되었습니다. 그러나 사단은 우리의 기도를 방해하려고 온갖 방법을 동원합니다. 바쁘다는 이유로, 피곤하다는 이유로, 기도의 무용성을 느끼게 하여 우리를 기도에서 멀어지게 합니다. 하지만 기도 없이 무엇인가를 이루려는 것은 교만이며, 결국 그것은 사망의 길로 인도합니다. 본문에서 예수님께서 성전에서 장사하는 자들을 내쫓으신 것은 단순히 성전에서 상업 행위를 금지하려는 것이 아니었습니다. 예수님은 자신의 십자가 죽음을 통해 단번에 영원한 제사를 이루심으로, 더 이상 제물이 필요하지 않음을 선포하신 것입니다. 이제 우리는 그리스도 안에서 새로운 신분을 얻었고, 왕 같은 제사장으로서 성소에 들어가 하나님께 기도할 수 있는 특권을 누리게 되었습니다. 예수님은 항상 기도하셨습니다. 이른 새벽에도, 어려운 순간에도, 십자가를 앞둔 마지막 순간까지 기도를 쉬지 않으셨습니다. 우리역시 성전이 된 삶의 현장에서 기도를 멈추지 말아야 합니다. 성전이 만민이 기도하는 집이라면, 우리는 기도하는 자로서 하나님과의 깊은 교제를 나누는 것이 마땅합니다. 하나님은 우리에게 그분의 뜻을 이루기 위해 기도를 요구하십니다. 우리 역시 예수님처럼 '영화롭게' 되기를 기도해야 합니다. 교회가, 나라가, 그리고 온 세계가 하나님의 영광 안에 거할 수 있도록 기도하는 성도가 되어야 합니다.

하나님, 기도를 멈추지 않고, 모든 일을 기도로 의탁하며 살아가게 하소서.

6월 20일

돌을 든 자, 돌을 들지 않은 자

누가복음 20:1-8

1하루는 예수께서 성전에서 백성을 가르치시며 복음을 전하실새 대제사장들과 서기관들이 장로들과 함께 가까이 와서 2말하여 이르되 당신이 무슨 권위로 이런 일을 하는지 이 권위를 준 이가 누구인지 우리에게 말하라 3대답하여 이르되 나도 한 말을 너희에게 물으리니 내게 말하라 4요한의 세례가 하늘로부터냐 사람으로부터냐 5그들이 서로 의논하여 이르되 만일 하늘로부터라 하면 어찌하여 그를 믿지 아니하였느냐 할 것이요 6만일 사람으로부터라 하면 백성이 요한을 선지자로 인정하니 그들이 다 우리를 돌로 칠 것이라 하고 7대답하되 어디로부터인지 알지 못하노라 하니 8예수께서 이르시되 나도 무슨 권위로 이런 일을 하는지 너희에게 이르지 아니하리라 하시니라

대제사장들과 서기관들은 예수님께서 성전에서 가르치시며 복음을 전하시는 것을 못마땅히 여겼습니다. 그들은 자신들의 권위가 도전받는 느낌을 받았기 때문입니다. 예수님께 트집을 잡으려 했으나 예수님의 질문에 대답하지 못하고 결국 물러납니다. 예수님께서는 이 사건을 통해 옛 성전과 새 성전을 분명히 구분하여 보여주십니다. 옛 성전은 세상적 힘과 특권이 지배하는 곳이었으나, 예수님은 십자가를 통해 누구나 들어갈 수 있는 새 성전을 세우셨습니다. 교회는 부한 자나 가난한 자, 배운 자나 배우지 못한 자 모두가 평등하게 하나님 앞에 나아갈 수 있는 곳이어야 합니다. 교회 안에서는 힘 있는 자도 돌을 내려놓고, 돌을 들지 않은 자는 자격지심을 가질 필요가 없습니다. 모두가 존귀한 형제 자매로서 서로를 귀히 여기며 하나님 앞에서 평등하게 서야 합니다. 이러한 교회가 하나님께서 기뻐하시는 교회이며, 하나님의 뜻을 이루는 교회입니다.

주님, 교회 안에서 모든 사람을 형제 자매로 여기며, 하나님의 뜻을 이루는 공동체가 되게 하소서.

6월 **21**일

하나님의 일을 막을 수 있겠는가?

누가복음 20:19-26

25이르시되 그런즉 가이사의 것은 가이사에게, 하나님의 것은 하나님께 바치라 하시
니 26그들이 백성 앞에서 그의 말을 능히 책잡지 못하고 그의 대답을 놀랍게 여겨 침
묵하니라

 우리는 종종 다른 사람들과 견해차이로 인해 갈등을 겪습니다. 이러한 문제는 가정, 사회, 교회에서도 마찬가지입니다. 하지만 주님은 이러한 상황 속에서 우리의 믿음이 무엇인지 깨닫게 하십니다. 본문에서 서기관들과 대제사장들은 예수님의 가르침이 자신들을 겨냥한 것임을 알았지만, 그들은 회개하지 않고 예수님을 죽일 방법만을 찾았습니다. 죄로 가득 찬 인간은 스스로를 구원할 수 없습니다. 그러나 하나님께서는 이러한 죄인을 구원하기 위해 세상에 오셨습니다. 하나님의 방식은 세상의 방식과 다릅니다. 세상은 힘과 권력으로 문제를 해결하려 하지만, 주님은 십자가에서 죽으심으로 사랑의 구원을 이루셨습니다. 하나님의 뜻은 절대 변하지 않으며, 그 뜻은 언제나 사랑과 생명을 낳습니다. 주님께서는 죽음이 끝이 아님을 아셨고, 한 알의 밀이 땅에 떨어져 죽으면 많은 열매를 맺는다는 진리를 믿으셨습니다. 우리도 주님의 방식을 따르며, 믿음을 가지고 십자가의 길을 걸어가야 합니다. 믿음 없이 하나님을 기쁘시게 할 수 없으며, 하나님께서는 반드시 우리를 통해 생명의 역사를 이루실 것입니다. 이스라엘 백성이 여리고 성을 정복할 때처럼, 우리는 끝까지 인내하며 하나님을 신뢰해야 합니다. 하나님께서 정하신 시간까지 믿음을 포기하지 않고 나아가는 자만이 승리를 경험할 수 있습니다. 이 세상의 문제는 우리가 부딪혀 해결하는 것이 아니라, 예수님처럼 자신을 내어줄 때 변화됩니다. 내가 죽을 때 생명이 태어납니다. 이 진리를 붙잡고, 우리 모두가 십자가의 길을 걸어가며 하나님 나라를 이루는 성도가 되기를 소망합니다.

주님의 십자가를 따르며, 끝까지 믿음을 지키는 자가 되게 하소서.

6월 **22**일

살아있는 자의 하나님, 살아있는 나

누가복음 20:27-40

38하나님은 죽은 자의 하나님이 아니요 살아 있는 자의 하나님이시라 하나님에게는 모든 사람이 살았느니라 하시니 39서기관 중 어떤 이들이 말하되 선생님 잘 말씀하셨 나이다 하니 40그들은 아무 것도 감히 더 물을 수 없음이더라

유대인들은 오랜 세월 이방 민족들의 지배를 받으며 하나님께 선택받은 민족임에도 왜 고난을 겪는지 의문을 가졌습니다. 그들은 이스라엘의 회복 방법을 놓고 여러 파로 나뉘었는데, 그중 사두개파는 부활을 믿지 않으며 현실에 타협하는 길을 선택했습니다. 본문에서 사두개인들은 예수님을 곤경에 빠뜨리려 부활에 관한 질문을 던졌습니다. 하지만 예수님은 그들의 함정에 빠지지 않고, 부활의 진리를 설명하시며 "하나님은 죽은 자의 하나님이 아니라 살아 있는 자의 하나님"이라고 말씀하십니다. 이는 하나님이 항상 살아계시며, 그분 안에 있는 자는 영원히 산다는 의미입니다. 하나님은 어제의 하나님일 뿐만 아니라 오늘의 하나님, 나의 하나님이십니다. 그리고 우리는 오늘도 살아계신 하나님을 신뢰해야 합니다. 많은 사람들은 자신이 아는 것만 믿으려 하지만 우리가 알고 보는 것은 제한적이며, 하나님은 우리의 이성과 합리성을 초월하신 분입니다. 그분을 온전히 믿는 것이 진정한 살아있음의 증거이며, 영생을 소유한 자만이 그분과 연합된 삶을 누릴 수 있습니다. 기독교 신앙의 핵심은 살아있음 자체가 최고의 복이라는 것입니다. 하나님은 세상 것도 주실 수 있지만, 그보다 더 큰 복인 영생을 주시기 위해 인간의 모습으로 이 땅에 오셔서 십자가를 지셨습니다. 에베소서에서 말하듯 우리는 그분을 찬양하며 기뻐하는 자들입니다. 우리의 삶 속에서 어려움이 있더라도, 우리가 살아있는 자로서 하나님을 찬송할 때, 음부의 권세는 물러가고 하늘문이 열릴 것입니다. 이러한 삶을 통해 세상은 참된 교회의 모습을 보고, 살아계신 하나님을 만나게 될 것입니다.

주님, 살아있는 자로서 하나님의 영광을 찬양하며 살게 하소서.

6월 23일
엄중한 심판 받을 자

누가복음 20:45-47

45모든 백성이 들을 때에 예수께서 그 제자들에게 이르시되 46긴 옷을 입고 다니는 것을 원하며 시장에서 문안 받는 것과 회당의 높은 자리와 잔치의 윗자리를 좋아하는 서기관들을 삼가라 47그들은 과부의 가산을 삼키며 외식으로 길게 기도하니 그들이 더 엄중한 심판을 받으리라 하시니라

많은 사람들은 자기중심적인 신앙으로 출발하지만, 우리의 신앙은 점차 이타적인 삶으로 변화되어야 합니다. 예수님은 서기관들을 삼가라 하시며, 자기중심적인 삶이 가져오는 심판을 경고하십니다. 자기만을 드러내고 자랑하려는 사람은 결국 하나님의 뜻을 알지 못하고, 심판의 대상이 됩니다. 그러나 이타적인 삶이야말로 그리스도인이 따라야 할 길입니다. 예수님은 십자가에서 자신을 온전히 내어주셨고, 우리에게도 그와 같은 이타적인 삶을 요구하십니다. 사도 바울은 "내가 그리스도와 함께 십자가에 못 박혔나니 이제는 내가 사는 것이 아니요, 내 안에 그리스도께서 사시는 것이라"갈 2:20고 고백했습니다. 우리도 자기중심적인 삶에서 벗어나, 예수님처럼 다른 사람을 위해 기도하고, 하나님의 말씀으로 우리의 마음을 채워야 합니다. 이타적인 삶은 단순한 선택이 아니라, 우리 신앙의 필수적인 요구입니다. 이러한 삶이 천국의 길로 이끌며, 그리스도의 사랑을 세상에 전하는 도구가 됩니다.

주님, 이타적인 삶을 살아가며, 다른 사람에게 그리스도의 사랑을 전할 수 있는 믿음을 주옵소서.

6월 **24**일

온전한 헌신

누가복음 21:1-4

1예수께서 눈을 들어 부자들이 헌금함에 헌금 넣는 것을 보시고 2또 어떤 가난한 과부가 두 렙돈 넣는 것을 보시고 3이르시되 내가 참으로 너희에게 말하노니 이 가난한 과부가 다른 모든 사람보다 많이 넣었도다 4저들은 그 풍족한 중에서 헌금을 넣었거니와 이 과부는 그 가난한 중에서 자기가 가지고 있는 생활비 전부를 넣었느니라 하시니라

과부의 두 렙돈 이야기는 단순히 헌금에 관한 말씀이 아닙니다. 본문에는 부자들과 가난한 과부가 등장합니다. 부자들은 자신이 부족함이 없다고 여기지만, 과부는 자신이 받은 은혜가 얼마나 큰지를 깨달았기에 가진 모든 것을 드릴 수 있었습니다. 과부의 헌신은 단순한 물질적 헌금이 아니라, 예수님을 만난 후 경험한 크신 은혜에 대한 응답이었습니다. 사도 바울도 그가 받은 은혜가 얼마나 큰지를 깨닫고, 자신의 고난 속에서도 흔들리지 않고 온전히 헌신했습니다. 바울에게 은혜는 그리스도의 능력이었으며, 그것이 그의 삶을 이끌어 갔습니다. 오늘날 우리도 환경의 어려움 속에서 넘어지지 않으려면 예수님을 만난 은혜가 있어야 합니다. 은혜를 잃어버린 사람은 작은 고난에도 무너집니다. 그러나 은혜를 깊이 경험한 사람은 온전히 헌신하며, 생명을 살리는 자리에 설 수 있습니다.

주님, 받은 은혜에 온전히 반응하며, 모든 상황 속에서 헌신할 수 있는 믿음을 주옵소서.

6월 **25**일

예수님의 죽음을 보셨나요?

누가복음 23:44-49

⁴⁴때가 제육시쯤 되어 해가 빛을 잃고 온 땅에 어둠이 임하여 제구시까지 계속하며 ⁴⁵ 성소의 휘장이 한가운데가 찢어지더라

매 해 한국전쟁 몇 주년이 돌아올 때마다 우리는 전쟁의 아픔과 교훈을 기억해야 합니다. 첫째, 전쟁은 결코 일어나서는 안 됩니다. 이 전쟁은 고아, 이산가족, 장애 등 깊은 상처를 남겼으며, 여전히 이념 갈등이 계속되고 있습니다. 둘째, 많은 희생을 통해 우리는 지금의 대한민국을 이루었습니다. 예수님의 피흘리심으로 우리가 구원받았듯이 순국선열의 희생을 잊지 말아야 합니다. 셋째, 한국전쟁은 유엔과 여러 국가들의 도움으로 민주주의를 지킬 수 있었습니다. 복음으로 그 빚을 갚는 선교한국이 우리의 비전입니다. 넷째, 우리는 전쟁의 폐허에서 일어나 경제적 번영을 이루었지만, 이 번영이 성숙한 신앙과 포용으로 이어져야만 합니다. 이 모든 교훈을 되새기기 위해 우리는 예수 그리스도의 죽음을 바라봐야 합니다. 첫째, 예수님의 죽으심으로 우리는 하나님 앞에 담대히 나아갈 수 있는 은혜를 얻었습니다. 휘장이 찢어진 사건은 우리가 하나님과 직접 화목하게 되었다는 놀라운 은혜를 상징합니다. 둘째, 예수님의 죽음은 끝이 아니라 새로운 시작입니다. 주님은 마지막 순간에도 하나님께 자신의 영혼을 의탁하셨고, 우리에게 죽음 이후에 영원한 생명이 있음을 확신하게 하셨습니다. 그러나 이 진리를 제대로 보는 것은 성령의 도우심이 없이는 불가능합니다. 본문에 나오는 사람들 중에서도 예수님의 죽음을 제대로 본 사람은 거의 없었습니다. 성령께서 우리의 눈을 열어주실 때만이 우리는 예수님의 죽으심을 통해 진정한 구원의 의미를 깨달을 수 있습니다. 성령 충만을 사모하며 통일한국, 복음한국, 선교한국을 이루는 데 우리의 사명을 감당해야 합니다.

성령의 도우심으로 예수님의 죽음을 바르게 보고, 우리 민족과 세계를 품는 통일한국, 복음한국, 선교한국의 주역이 되게 하소서.

6월 **26**일

나의 자랑

누가복음 21:5-9

5어떤 사람들이 성전을 가리켜 그 아름다운 돌과 헌물로 꾸민 것을 말하매 예수께서 이르시되 6너희 보는 이것들이 날이 이르면 돌 하나도 돌 위에 남지 않고 다 무너뜨려지리라 7그들이 물어 이르되 선생님이여 그러면 어느 때에 이런 일이 있겠사오며 이런 일이 일어나려 할 때에 무슨 징조가 있사오리이까 8이르시되 미혹을 받지 않도록 주의하라 많은 사람이 내 이름으로 와서 이르되 내가 그라 하며 때가 가까이 왔다 하겠으나 그들을 따르지 말라 9난리와 소요의 소문을 들을 때에 두려워하지 말라 이 일이 먼저 있어야 하되 끝은 곧 되지 아니하리라

세상은 영원할 것처럼 보이는 것들조차 결국 무너집니다. 예수님께서 성전의 아름다움을 자랑하는 사람들에게 성전이 무너질 것을 예언하셨듯이, 우리가 자랑하는 것들 또한 결국은 사라질 운명에 있습니다. 당시 유대인들이 자랑하던 성전은 AD 70년에 돌 하나 남지 않고 파괴되었고, 현재는 그 잔재만 남아 그들은 통곡하며 기도하고 있습니다. 이처럼 세상 것은 모두 일시적입니다. 우리의 자랑거리가 무엇입니까? 남편, 아내, 자녀, 재산, 명예 등 이 모든 것은 결국 사라질 수밖에 없습니다. 예수님은 이러한 무너질 세상 것에 우리의 삶을 걸지 말고 미혹받지 말며 두려워하지 말라고 말씀하십니다. 우리가 자랑해야 할 것은 십자가입니다. 사도 바울은 "그러나 내게는 우리 주 예수 그리스도의 십자가 외에 결코 자랑할 것이 없으니"갈 6:14라고 고백했습니다. 십자가는 우리의 죄를 깨닫게 하고, 동시에 하나님의 사랑을 확증하는 표징입니다. 그리스도께서 십자가에서 죽으실 때, 우리는 그분과 함께 죄로부터 죽었고 부활하여 새 생명을 얻었습니다. 우리는 십자가만을 자랑해야 합니다. 세상 것은 무너질 것이나, 십자가의 은혜와 사랑은 영원합니다. 십자가 외에 다른 자랑거리가 없는 삶, 그리스도의 은혜를 깊이 깨닫는 성도로 살아가기를 기도합니다.

주님, 무너질 세상 것에 마음을 두지 않고, 오직 십자가만을 자랑하는 삶을 살게 하소서.

6월 **27**일

세상은 스스로 세상을 만들 수 없다

누가복음 21:10-19
18너희 머리털 하나도 상하지 아니하리라 19너희의 인내로 너희 영혼을 얻으리라

믿음이 없으면 아무리 많은 것을 가졌더라도 우리는 참된 평안과 생명을 누릴 수 없습니다. 믿음을 잃으면 우리 마음에 염려가 가득 차고, 그 염려는 마치 군대처럼 우리를 압도하여 믿음 없이는 이를 물리칠 수 없습니다. 하나님께서는 우리에게 믿음을 선물로 주셨고, 우리는 이 믿음을 항상 사용해야 합니다. 모든 일의 결론은 하나님께 달려 있음을 우리는 기억해야 합니다. 본문은 우리가 살아가는 이 시대가 종말의 시대임을 경고합니다. 주님이 다시 오실 때까지 우리는 전쟁, 기근, 전염병, 환난을 겪을 수 있지만, 이 모든 것을 통해 하나님께서 우리와 함께하심을 믿음으로 붙들고 살아가야 합니다. 이러한 어려움 속에서 우리에게 필요한 것은 문제를 미리 걱정하는 것이 아니라 하나님이 함께하신다는 증거를 바라보는 믿음입니다. 믿음이 자라기 위해서는 세 가지 중요한 요소가 있습니다. 첫째, 말씀을 먹어야 합니다. 매일 말씀을 묵상하고 읽어야만 믿음이 자랄 수 있습니다. 주일 강단에서 선포되는 말씀은 우리에게 가장 중요한 영적 양식이 되며, 이를 통해 우리는 믿음의 기초를 다질 수 있습니다. 둘째, 기도해야 합니다. 기도는 말씀을 통해 얻은 영적인 양식을 소화하고, 믿음을 실천하게 하는 운동과 같습니다. 기도가 없는 믿음은 비대해지고, 결국 비판과 정죄에 빠지기 쉽습니다. 셋째, 순종해야 합니다. 말씀을 받고 기도했지만 순종하지 않는다면 우리의 믿음은 자라지 않으며, 결국 영적인 장애를 겪게 될 것입니다. 우리는 믿음이 자라기 위해 말씀을 먹고, 기도하며, 순종하는 삶을 살아가야 합니다. 세상은 스스로 세상을 만들 수 없고, 오직 하나님만이 모든 것을 이루실 수 있다는 믿음을 붙들고, 날마다 하나님과 동행하는 성도가 되기를 축복합니다.

주님, 오직 하나님만이 세상을 이끄신다는 믿음을 붙들고 날마다 순종하게 하소서.

6월 **28**일

종말을 살아가는 지혜

누가복음 21:20-28

28이런 일이 되기를 시작하거든 일어나 머리를 들라 너희 속량이 가까웠느니라 하시더라

종말은 예수님의 초림부터 재림까지의 시간을 의미하며, 우리는 지금 그 시대를 살아가고 있습니다. 그러나 종말의 시간을 의식하지 못한 채 살아가는 경우가 많습니다. 기독교인이라면 언제나 종말의 시간에 깨어 있어야 하며, 그것이 지혜로운 삶의 태도입니다. 예수님은 본문에서 예루살렘의 멸망을 포함한 여러 종말의 징조에 대해 말씀하시며, 그 시대에 살아가는 우리에게도 동일한 교훈을 주십니다. 종말의 시간에 머무는 사람은 예수님을 찾습니다. 위기와 어려움 속에서, 사람들은 자연스럽게 예수님을 의지하게 됩니다. 이것은 곧, 어려움이 주는 은혜입니다. 하지만 종말의 시간에 머무는 성도는 평안한 때에도 예수님을 찾으며 깨어 있습니다. 사도 바울은 "주의 날이 도둑같이 이를 줄을 너희 자신이 자세히 알기 때문이라"살전 5:2고 말하며, 그날이 우리에게 도둑같이 임하지 않도록 언제나 빛에 속해 살아가야 한다고 권면합니다. 종말의 시간을 인식한 성도는 예수로 충만해지기를 소망합니다. 이 세상의 것들이 아무리 채워진다 해도 참된 만족은 오직 예수님께로부터만 옵니다. 나그네와 같은 우리의 인생 속에서, 세상 것은 한순간에 사라질 수 있음을 깨달을 때, 우리는 예수님으로 채워지기를 간절히 구하게 됩니다. 또한, 종말의 시간을 의식한 사람은 영혼 구원의 긴박함을 알고 힘씁니다. "주께서는 너희를 대하여 오래 참으사 아무도 멸망하지 아니하고 다 회개하기에 이르기를 원하시느니라"벤후 3:9. 종말의 시간에 머무는 사람은 영혼 구원의 중요성을 깨닫고, 언제든지 복음을 전하기 위해 헌신합니다. 오늘도 종말의 시간에 깨어 예수님을 만나고, 예수로 충만하며, 영혼을 구원하는 일에 힘쓰는 삶을 살아가기를 소망합니다.

 주님, 종말의 시간에 깨어 있어 예수님만을 바라보며 살아가게 하소서.

6월 **29**일

종말의 시간에 어떻게 살까

누가복음 21:34-36

34너희는 스스로 조심하라 그렇지 않으면 방탕함과 술취함과 생활의 염려로 마음이 둔하여지고 뜻밖에 그 날이 덫과 같이 너희에게 임하리라

주 님께서는 십자가의 죽음을 앞두고 제자들에게 종말을 대비하는 삶에 대해 당부하셨습니다. 이 말씀은 오늘날 종말의 시대를 살아가는 우리에게도 귀한 교훈이 됩니다. 예수님은 "너희는 스스로 조심하라"고 명하셨습니다. 이는 세상의 유혹과 염려에 마음을 빼앗기지 않도록 주의하라는 경고입니다. 마음이 둔해지는 것은 세상에 마음을 빼앗기는 것을 의미하며, 하나님의 사랑을 잃고 세상에 집착하게 만듭니다. 이렇게 되면 우리도 세상 사람들과 마찬가지로 병들고, 아프고, 죽음을 맞을 수 있습니다. 성경은 "모든 지킬 만한 것 중에 더욱 네 마음을 지키라 생명의 근원이 이에서 남이니라"잠언 4:23고 말씀합니다. 하나님의 사랑과 이웃 사랑을 잃지 않도록 우리는 스스로 돌아보며 기도와 깨어 있음으로 마음을 지켜야 합니다. 고린도전서 13장은 사랑이 없으면 "소리 나는 구리와 울리는 꽹과리"와 같다고 경고합니다. 이처럼 사랑을 잃어버린다면, 아무리 큰 은사를 가졌어도, 아무리 헌신하고 봉사해도 모든 것은 무의미해집니다. 사단은 끊임없이 우리의 마음을 흔들어 사랑을 빼앗으려 하지만, 우리는 하나님을 경외하며 그의 계명을 지켜야 합니다. 하나님을 사랑하고 이웃을 사랑하는 마음을 끝까지 붙들 때, 하나님께서 약속하신 일곱 가지 복을 누리게 됩니다. 첫째, 하나님의 기념책에 기록됩니다. 둘째, 하나님의 특별한 소유로 삼으십니다. 셋째, 하나님께서 아들처럼 아끼십니다. 넷째, 의인과 악인을 분별하십니다. 다섯째, 치료의 광선을 비추십니다. 여섯째, 진정한 기쁨을 주십니다. 일곱째, 악을 이기고 승리하게 하십니다. 마음을 지켜 하나님을 사랑하는 삶을 살며, 종말의 시간을 준비하는 성도가 되길 소망합니다.

 하나님, 세상의 유혹에 마음을 빼앗기지 않고 끝까지 주님을 사랑하게 하소서.

6월 **30**일

말씀과 함께 하기

누가복음 21:37-38
37예수께서 낮에는 성전에서 가르치시고 밤에는 나가 감람원이라 하는 산에서 쉬시니
38모든 백성이 그 말씀을 들으려고 이른 아침에 성전에 나아가더라

예 수님께서는 종말의 시대를 살아가는 우리에게 두 가지 중요한 가르침을 주셨습니다. 첫째는 말씀입니다. 말씀은 생명의 사람들만이 들을 수 있으며, 그들은 죽음 직전까지도 말씀을 꼭 붙잡아야 합니다. 말씀은 인생의 길을 밝혀주는 등불이요, 천국 가는 그 날까지 어두운 세상에서 살아갈 유일한 길입니다. 우리의 삶은 말씀에 의지할 때 가장 아름다운 길을 걷게 됩니다. 말씀을 붙잡고 하루하루 나아가는 것이 승리의 비결입니다. 둘째는 기도입니다. 기도는 생명의 사람들에게 호흡과 같습니다. 예수님께서도 기도를 놓치지 않으셨고, 기도를 통해 아버지의 뜻을 구하고, 그 뜻대로 살아갈 힘을 얻으셨습니다. 우리는 종말의 시대를 살아가며 매일 습관적으로 기도하고, 하나님의 뜻을 따를 수 있는 힘을 구해야 합니다. 주님께서 감람산에서 쉼을 얻으셨던 것처럼, 기도는 우리에게도 평안과 쉼을 줍니다. 응답이 있을 때까지 기도하며 하나님께 나아가야 합니다. 종말의 시대를 살아가는 우리는 말씀과 기도로 무장하고, 하나님이 주시는 힘으로 승리의 길을 걸어가야 합니다.

 하나님, 말씀과 기도를 통해 종말의 시대를 살아가는 지혜와 힘을 허락하소서.

july

7월

누가복음

7월 **1**일

진정한 감사

누가복음 20:9-18

17그들을 보시며 이르시되 그러면 기록된 바 건축자들의 버린 돌이 모퉁이의 머릿돌이 되었느니라 함이 어찜이냐 18무릇 이 돌 위에 떨어지는 자는 깨어지겠고 이 돌이 사람 위에 떨어지면 그를 가루로 만들어 흩으리라 하시니라

감사는 선택이 아니라 하나님의 명령입니다. 우리는 흔히 암이나 치매 같은 질병을 심각한 사회 문제로 여기면서도, 감사하지 않는 삶이 더 큰 중병이 될 수 있음을 잊고 살아갑니다. '아무것도 염려하지 말고 다만 모든 일에 기도와 간구로 감사함으로 하나님께 아뢰라'라는 말씀은, 환경에 따라 감사가 이루어지는 것이 아니라, 감사함으로 환경을 지배할 수 있음을 보여줍니다. 우리가 감사해야 할 이유는 크게 세 가지인데 첫째, 구속의 은혜에 대한 감사입니다. 우리는 예수 그리스도의 희생을 통해 하나님의 나라에 속하게 되었습니다. 구원의 은혜를 생각하며 감사하는 것은 우리의 환경을 뛰어넘는 감사의 첫걸음입니다. 둘째, 우리의 모든 것이 하나님의 은혜이기에 감사해야 합니다. 우리는 우리의 삶에서 이룬 모든 것이 마치 우리의 노력 때문인 것처럼 생각할 수 있지만, 사실은 모두 하나님의 은혜입니다. 먹고, 걷고, 예배드릴 수 있는 모든 순간이 하나님의 선물임을 깨달으면 우리는 자연스럽게 감사할 수밖에 없습니다. 셋째, 교회를 주신 것에 대한 감사입니다. 교회는 성령의 열매이자 구원의 방주입니다. 하나님의 구속 은혜를 생각하고, 우리의 삶을 인도하시는 하나님의 은혜를 기억하며, 교회를 주신 것에 감사하는 것이 바로 진정한 감사입니다.

 주님, 어떤 상황 속에서도 구원의 은혜와 하나님의 인도하심에 감사하는 마음을 허락하소서.

7월 **2**일

기억하여 하나님을 증인 삼자

신명기 8:11-20

11내가 오늘 네게 명하는 여호와의 명령과 법도와 규례를 지키지 아니하고 네 하나님 여호와를 잊어버리지 않도록 삼갈지어다 12네가 먹어서 배부르고 아름다운 집을 짓고 거주하게 되며 13또 네 소와 양이 번성하며 네 은금이 증식되며 네 소유가 다 풍부하게 될 때에 14네 마음이 교만하여 네 하나님 여호와를 잊어버릴까 염려하노라 여호와는 너를 애굽 땅 종 되었던 집에서 이끌어 내시고

하나님의 백성으로서 우리는 삶 속에서 늘 조심해야 합니다. 그 중에서도 가장 경계해야 할 것은 우리 마음속에 '내가'라는 생각이 자리 잡을 때입니다. '내가 했어', '내가 이룬 것이야'라는 생각이 우리의 마음을 지배할 때, 우리는 결국 자기 자신을 우상으로 섬기게 되어버립니다. 하나님은 이스라엘에게 "네 하나님 여호와를 잊지 말라"고 명하시는데, 이 말씀은 우리의 삶 가운데 역사하시고 모든 것을 이끄시는 분이 하나님이심을 기억하라는 것입니다. 하나님께서 이루신 것을 내가 한 것으로 착각할 때 교만이 시작됩니다. 그렇기에 삶의 모든 순간에 '내가'라는 생각이 떠오를 때마다, 우리는 그것을 '여호와'로 바꾸어야 합니다. 성공한 사람은 자신이 아닌 하나님께서 하셨음을 감사하는 사람입니다. 사도 바울과 다윗이 훌륭한 영성을 가질 수 있었던 이유는 그들 속에 '내가' 아닌 '여호와'가 있었기 때문입니다. 우리도 '내가'라는 생각을 내려놓고 하나님께 영광을 돌리며, 우리의 삶 속에서 하나님을 증인으로 삼고 살아가기를 축복합니다.

하나님, 내가 아닌 주님께서 하셨음을 기억하며, 모든 순간에 주님을 증인으로 삼게 하소서.

7월 **3**일

감사의 회복과 우리가 되신 하나님

누가복음 11:1-4

1예수께서 한 곳에서 기도하시고 마치시매 제자 중 하나가 여쭈오되 주여 요한이 자기 제자들에게 기도를 가르친 것과 같이 우리에게도 가르쳐 주옵소서 2예수께서 이르시되 너희는 기도할 때에 이렇게 하라 아버지여 이름이 거룩히 여김을 받으시오며 나라가 임하시오며 3우리에게 날마다 일용할 양식을 주시옵고 4우리가 우리에게 죄 지은 모든 사람을 용서하오니 우리 죄도 사하여 주시옵고 우리를 시험에 들게 하지 마시옵소서 하라

감사는 단순한 선택이 아니라 하나님의 명령입니다. 하나님을 아버지라 부를 수 있고, 예수님과 묶여진 우리가 되었기에 감사할 수밖에 없습니다. 예수님과 하나 되어 우리는 하나님을 아버지로 모시고, 일용할 양식과 용서, 그리고 열매 맺는 삶을 약속받았습니다. 우리의 삶에 감사가 없다면, 불평과 원망이 자리잡게 됩니다. 그러나 감사는 우리와 하나 되신 하나님으로부터 시작됩니다. 하나님께서는 우리를 통해 아버지의 이름을 영화롭게 하시고, 우리가 예수님과 묶여 있기에 생명과 구원의 열매를 맺게 하십니다. 맥추절의 의미도 단순한 감사에 그치지 않고, 성령의 열매가 우리 안에 맺히는 것을 기념하는 절기입니다. 감사를 잃어버린 사람은 교회에서 하나님 앞에 나아가 잠잠히 회복의 은혜를 받아야 합니다. 관계 속에서 감사가 살아날 때, 우리는 생명 있는 관계를 맺게 되고, 하나님은 우리에게 필요한 모든 것을 공급해 주십니다. 감사는 선택이 아닌 우리의 의무이며, 하나님과 살아 있는 관계를 맺는 중요한 통로입니다. 예수님과 묶여 있는 성령의 사람으로서, 감사의 열매가 끊어지지 않는 삶을 살아가기를 결단합시다.

하나님, 예수님과 하나 되어 늘 감사가 넘치는 삶을 살게 하소서.

7월 4일

애굽에서 맥추절까지 인도하신 하나님께 감사

출애굽기 1:1-7

1야곱과 함께 각각 자기 가족을 데리고 애굽에 이른 이스라엘 아들들의 이름은 이러하니 2르우벤과 시므온과 레위와 유다와 3잇사갈과 스불론과 베냐민과 4단과 납달리와 갓과 아셀이요 5야곱의 허리에서 나온 사람이 모두 칠십이요 요셉은 애굽에 있었더라 6요셉과 그의 모든 형제와 그 시대의 사람은 다 죽었고 7이스라엘 자손은 생육하고 불어나 번성하고 매우 강하여 온 땅에 가득하게 되었더라

감사는 사람의 인격을 나타내는 중요한 척도입니다. 삶에서 감사할 수 있는 능력은 단순한 선택이 아니라 신앙의 중요한 기본입니다. 하나님께서 이스라엘 백성을 애굽에서 불러내시고, 광야를 지나 맥추절을 주신 의미는 그들이 고난 속에서도 감사하고, 하나님의 언약 백성으로서의 정체성을 지키라는 뜻이 담겨 있습니다. 첫째, 현실의 감사는 하나님께서 허락하신 상황에서 그분의 뜻을 깨닫는 훈련을 통해 가능합니다. 우리가 처한 현실이 어렵더라도 하나님의 섭리 안에 있음을 믿고 감사하는 것이 첫 걸음입니다. 둘째, 하나님 자녀로서의 감사는 우리가 그분의 구속사 속에서 살아가고 있음을 기억하는 것입니다. 유월절의 피, 맥추절의 첫 열매, 수장절의 수확을 통해 하나님은 그분의 백성을 구원하고, 궁극적으로 천국에 인도하심을 보여주셨습니다. 이 과정을 통해 우리는 어떤 상황에서도 소망을 품고 감사할 수 있는 신앙을 배우게 됩니다. 마지막으로, 언약 백성으로서의 감사는 하나님의 영원한 계획 속에서 우리가 걸어가고 있음을 인식하는 감사입니다. 맥추절은 구원받은 백성이 고난을 이겨내고, 궁극적으로 가나안에 들어가게 될 것이라는 확신을 주며, 우리는 성령의 인도하심으로 성화되어 영원한 본향으로 나아갈 것을 믿고 감사해야 합니다.

하나님, 어떤 상황에서도 감사하는 믿음을 허락하시고, 언약 백성으로서의 소망을 잃지 않게 하소서.

7월 **5**일

은혜를 기억하라

사사기 4:1-3

1에훗이 죽으니 이스라엘 자손이 또 여호와의 목전에 악을 행하매 2여호와께서 하솔에서 통치하는 가나안 왕 야빈의 손에 그들을 파셨으니 그의 군대 장관은 하로셋 학고임에 거주하는 시스라요 3야빈 왕은 철 병거 구백 대가 있어 이십 년 동안 이스라엘 자손을 심히 학대했으므로 이스라엘 자손이 여호와께 부르짖었더라

신명기 16:9-12

10네 하나님 여호와 앞에 칠칠절을 지키되 네 하나님 여호와께서 네게 복을 주신 대로 네 힘을 헤아려 자원하는 예물을 드리고 12너는 애굽에서 종 되었던 것을 기억하고 이 규례를 지켜 행할지니라

성경에서 악은 단순히 도덕적 죄가 아닌, 하나님을 잊는 것을 의미합니다. 하나님을 떠나는 것이 진정한 악이며, 이를 멈추는 방법은 하나님의 은혜를 기억하는 것입니다. 이스라엘은 하나님이 주신 은혜를 잊을 때마다 악을 행했고, 그 결과는 고통스러운 20년간의 학대였습니다. 하나님께서는 절기를 통해 그분의 은혜를 기억하라고 명하셨습니다. 유월절, 맥추절, 초막절은 모두 하나님이 행하신 구원의 은혜를 기억하고 감사하는 절기입니다. 은혜를 기억하는 사람은 그에 합당한 감사와 나눔의 삶을 살아갑니다. 사도 바울은 자신의 모든 것이 하나님의 은혜로 이루어졌다고 고백했습니다. 우리도 하나님의 은혜를 잊지 않고, 그 은혜에 감사로 반응하며 살아야 합니다. 은혜를 기억하지 못했던 삶을 회개하고, 하나님 앞에 감사의 삶을 결단할 때, 하나님께서는 우리와 우리 다음 세대에게 은혜를 베푸실 것입니다.

주님, 주신 은혜를 기억하며 감사와 나눔의 삶을 살게 하소서

7월 **6**일

감사로 공경하라

잠언 3:9-10

9네 재물과 네 소산물의 처음 익은 열매로 여호와를 공경하라 10그리하면 네 창고가
가득히 차고 네 포도즙 틀에 새 포도즙이 넘치리라

인간은 하나님의 형상대로 창조된 관계적 존재입니다. 우리의 관
계는 처음엔 필요로 시작되지만, 감사로 이어질 때 성숙해집니
다. 맥추절은 첫 열매를 하나님께 드리며 감사하는 절기이며, 성령을 통해 교회가
시작된 것을 기념하는 날이기도 합니다. 하나님께서는 우리가 감사할 때 불평을 쫓아
내고, 우리의 지경을 넓히며, 우리가 가진 것을 지켜주시겠다고 약속하십니다. 감사는
하나님께서 우리에게 명령하신 삶의 태도입니다. 어려운 상황에서도 감사할 때, 우리
는 불평에서 자유로워지고, 하나님께서 주시는 복을 경험하게 됩니다. 감사는 환경을
넘어선 하나님과의 관계에서 나오는 참된 보화입니다. 우리가 늘 감사하며 나아갈
때, 개인과 교회, 나아가 열방까지도 회복될 수 있습니다.

주님, 모든 상황 속에서 불평하지 않고 감사로 하나님을 공경하며 살아가게
하소서.

7월 **7**일

이 땅에 오셔서 몸을 맡기신 주님

누가복음 22:1-6

¹유월절이라 하는 무교절이 다가오매 ²대제사장들과 서기관들이 예수를 무슨 방도로 죽일까 궁리하니 이는 그들이 백성을 두려워함이더라 ³열둘 중의 하나인 가룻인이라 부르는 유다에게 사탄이 들어가니 ⁴이에 유다가 대제사장들과 성전 경비대장들에게 가서 예수를 넘겨 줄 방도를 의논하매 ⁵그들이 기뻐하여 돈을 주기로 언약하는지라 ⁶ 유다가 허락하고 예수를 무리가 없을 때에 넘겨 줄 기회를 찾더라

예수님의 이 땅에 오심은 범상치 않았습니다. 동정녀 마리아의 몸을 통해 태어나셨고, 천군천사들이 그 탄생을 찬송하며 경배했습니다, 수많은 병자를 고치시며 죽은 자를 살리셨습니다. 세상의 힘을 초월하는 권세와 능력을 보이셨지만, 주님은 유월절이 다가옴에 따라 스스로 그 힘을 사용하지 않으심으로 자신의 죽음을 준비하셨습니다. 예수님은 우리를 위한 새 언약을 이루시기 위해 자신의 몸을 말씀에 맡기셨고, 그 피로 새 언약의 백성들을 세우셨습니다. 이는 구약에서 예언된 대로, 이제는 외적인 율법을 따르는 것이 아니라 마음속에 기록된 하나님의 법을 따르는 새 언약의 백성이 되었다는 뜻입니다. 우리도 주님처럼 평생을 말씀에 자신을 맡기는 싸움을 해야 합니다. 세상의 눈에는 어리석게 보일지라도, 말씀에 순종함으로 참된 쉼과 영생을 얻을 수 있으며, 말씀에 나 자신을 맡길 때 진정한 승리가 이루어집니다. 하나님께 자신을 맡기고, 말씀에 순종하는 삶이 진정한 믿음의 여정임을 기억합시다.

주님, 우리도 예수님처럼 말씀에 나 자신을 맡기며 살게 하소서.

7월 **8**일

나는 하나님 나라에 속한 자

누가복음 22:24-34

24또 그들 사이에 그 중 누가 크냐 하는 다툼이 난지라 25예수께서 이르시되 이방인의 임금들은 그들을 주관하며 그 집권자들은 은인이라 칭함을 받으나 26너희는 그렇지 않을지니 너희 중에 큰 자는 젊은 자와 같고 다스리는 자는 섬기는 자와 같을지니라

하나님 나라의 백성으로서 우리가 우선적으로 붙잡아야 할 것은 '성공'이 아니라 '섬김'입니다. 자신이 가진 모든 것을 내어주며, 가난하고 소외된 자들을 섬겼던 선교사 서서평의 삶은 그 진리를 분명히 보여줍니다. 예수님께서도 제자들에게 섬김이 참된 위대함이라고 가르치셨습니다. 예수님은 세상에 가장 큰 자로 오셨지만, 섬기는 자로서 본을 보이셨습니다. 그의 섬김으로 인해 우리는 재창조된 존재가 되었습니다. 주님께서 우리를 끝까지 사랑하시며 발을 씻겨주신 것처럼, 우리도 섬김을 통해 생명의 열매를 맺을 수 있습니다. 스데반이 자신에게 돌을 던지는 자들을 위해 기도하며 섬길 수 있었던 이유도 예수님의 섬김을 받은 자였기 때문입니다. 이 땅에서 가난할지라도 우리는 하나님 나라의 영원한 생명을 소유한 자로서 모든 것을 가진 자입니다. 이러한 확신이 있을 때 우리는 참된 섬김을 실천할 수 있습니다. 섬김이 없는 공동체는 갈등과 다툼이 일어나지만, 섬김이 있는 곳에는 하나됨이 있습니다. 우리는 하늘에 속한 자로서 하나님의 사랑과 통치를 받는 믿음을 가질 때, 섬기는 자리에 나아갈 수 있습니다.

주님, 주님의 섬김을 본받아 낮은 자리에서 사랑으로 섬기게 하소서.

7월 9일

두 자루의 칼을 가지신 예수님

누가복음 22:35-38

35그들에게 이르시되 내가 너희를 전대와 배낭과 신발도 없이 보내었을 때에 부족한 것이 있더냐 이르되 없었나이다 36이르시되 이제는 전대 있는 자는 가질 것이요 배낭도 그리하고 검 없는 자는 겉옷을 팔아 살지어다 37내가 너희에게 말하노니 기록된 바 그는 불법자의 동류로 여김을 받았다 한 말이 내게 이루어져야 하리니 내게 관한 일이 이루어져 감이니라 38그들이 여짜오되 주여 보소서 여기 검 둘이 있나이다 대답하시되 족하다 하시니라

세상에는 두 가지 칼이 있습니다. 하나는 세상의 힘을 상징하는 칼이고, 다른 하나는 생명을 살리는 칼입니다. 많은 사람들은 세상의 힘을 얻기 위해 칼을 선택합니다. 이 칼은 사람들의 인정을 받고 자랑할 수 있는 도구이기 때문에, 평생을 이를 위해 노력합니다. 그러나 그 결과는 스스로를 망치고, 자손에게까지 영향을 미치며 결국 사라지고 맙니다. 반면, 믿음의 사람은 자신을 희생함으로써 다른 이에게 생명을 주는 칼을 소유해야 합니다. 예수님은 그 칼을 선택하셨습니다. 비록 모든 권세를 가지신 분이었지만, 그 힘을 자신을 위해 사용하지 않고 오히려 생명을 살리는 칼을 드셨습니다. 이 칼을 소유함으로써 우리는 예수님을 통해 생명을 얻게 되었습니다. 예수님은 제자들에게 "검 없는 자는 겉옷을 팔아 살지어다"라고 하셨습니다. 이는 세상에서의 힘과 더불어 생명을 살리는 믿음을 소유하라는 뜻입니다. 주님은 우리에게 생명을 살리는 칼을 주셨습니다. 이 칼을 사용하여 내 자신을 희생하고, 나의 이웃과 교회를 살리도록 부르심을 받았습니다.

주님, 생명을 살리는 칼을 들게 하소서.

7월 **10**일

십자가 앞에서 기도할 이유

누가복음 22:39-46

39예수께서 나가사 습관을 따라 감람 산에 가시매 제자들도 따라갔더니 40그 곳에 이르러 그들에게 이르시되 유혹에 빠지지 않게 기도하라 하시고 41그들을 떠나 돌 던질 만큼 가서 무릎을 꿇고 기도하여 42이르시되 아버지여 만일 아버지의 뜻이거든 이 잔을 내게서 옮기시옵소서 그러나 내 원대로 마시옵고 아버지의 원대로 되기를 원하나이다 하시니 43천사가 하늘로부터 예수께 나타나 힘을 더하더라 44예수께서 힘쓰고 애써 더욱 간절히 기도하시니 땀이 땅에 떨어지는 핏방울 같이 되더라 45기도 후에 일어나 제자들에게 가서 슬픔으로 인하여 잠든 것을 보시고 46이르시되 어찌하여 자느냐 시험에 들지 않게 일어나 기도하라 하시니라

기도는 그리스도인의 영적 호흡이며, 하나님과의 관계에서 필수적인 요소입니다. 예수님께서 십자가의 죽음을 앞두고 감람산에서 기도하신 모습을 통해 기도의 중요성을 배울 수 있습니다. 예수님은 습관을 따라 기도하셨으며, 이처럼 우리도 기도를 습관으로 삼아야 합니다. 기도는 나이와 상황을 초월해 지속해야 하는 영적 헌신입니다. 기도하지 않을 때, 우리는 다음의 사유로 인해 영적으로 죽게 됩니다. 첫째, 기도하지 않으면 사단의 시험에 빠지기 쉽습니다. 예수님은 기도로 광야에서 사단의 시험을 이기셨습니다. 둘째, 기도하지 않으면 하나님의 말씀이 시험거리가 될 수 있습니다. 예수님은 십자가의 고난 앞에서 '아버지의 뜻대로 되기를 원한다'고 기도하심으로 고난을 이겨내셨습니다. 셋째, 기도하지 않으면 다른 사람의 연약함으로 인해 시험에 들게 됩니다. 예수님은 제자들에게 시험에 들지 않도록 기도하라고 권면하셨습니다. 기도 없는 삶은 이미 죽은 삶입니다. 십자가 앞에서 반드시 기도하며, 끝까지 하나님 앞에 서는 날까지 기도를 멈추지 않는 성도가 되기를 소망합니다.

주님, 십자가 앞에서 흔들리지 않고 끝까지 기도하는 자가 되게 하소서.

7월 **11**일

이것까지 참으라

누가복음 22:47-53

47말씀하실 때에 한 무리가 오는데 열둘 중의 하나인 유다라 하는 자가 그들을 앞장서 와서 48예수께 입을 맞추려고 가까이 하는지라 예수께서 이르시되 유다야 네가 입맞춤으로 인자를 파느냐 하시니 49그의 주위 사람들이 그 된 일을 보고 여짜오되 주여 우리가 칼로 치리이까 하고 50그 중의 한 사람이 대제사장의 종을 쳐 그 오른쪽 귀를 떨어뜨린지라 51예수께서 일러 이르시되 이것까지 참으라 하시고 그 귀를 만져 낫게 하시더라 52예수께서 그 잡으러 온 대제사장들과 성전의 경비대장들과 장로들에게 이르시되 너희가 강도를 잡는 것 같이 검과 몽치를 가지고 나왔느냐 53내가 날마다 너희와 함께 성전에 있을 때에 내게 손을 대지 아니하였도다 그러나 이제는 너희 때요 어둠의 권세로다 하시더라

 늘날 "참으라"는 말은 점차 잊혀지고 있습니다. 그러나 자신의 감정을 모두 표출하는 삶은 공동체의 평화를 해치며, 하나님은 우리가 참기를 원하십니다. 예수님은 가룟 유다의 배신과 제자들의 혼란 속에서, 대제사장의 종의 귀를 자른 제자에게 "이것까지 참으라"고 말씀하시며 그 종을 치유하셨습니다. 이 말씀에는 끝까지 인내하라는 깊은 의미가 담겨 있습니다. 참을 수 있는 비결은 첫째, 기도입니다. 예수님은 잡히시기 전 감람산에서 기도하셨고, 그 기도를 통해 사명을 완수할 힘을 얻으셨습니다. 우리도 어려운 순간에 기도함으로써 인내의 힘을 얻어야 합니다. 둘째, 하나님의 때를 믿음의 눈으로 바라보아야 합니다. 예수님은 십자가의 고난이 하나님을 영화롭게 하는 순간임을 아셨고, 그 믿음으로 참으셨습니다. 우리도 참기 어려운 상황이 하나님께 영광이 되는 순간임을 믿고 끝까지 인내해야 합니다. 주님의 말씀을 마음에 새기고, 기도와 믿음으로 인내하며 하나님의 영광을 위한 삶을 살아가기를 소망합니다.

주님, 참기 힘든 순간에도 기도 속에서 힘을 얻고, 당신의 영광을 위해 끝까지 인내할 수 있게 도와주옵소서.

7월 **12**일

십자가 전과 십자가 후

누가복음 22:54-65

54예수를 잡아·끌고 대제사장의 집으로 들어갈새 베드로가 멀찍이 따라가니라 … 61 주께서 돌이켜 베드로를 보시니 베드로가 주의 말씀 곧 오늘 닭 울기 전에 네가 세 번 나를 부인하리라 하심이 생각나서 62밖에 나가서 심히 통곡하니라

기독교 신앙의 출발은 종종 세상적인 필요에서 시작됩니다. 어려움 속에서 하나님을 찾는 것은 자연스러운 일이며, 이를 통해 우리는 교회에 나와 하나님의 은혜를 경험하게 됩니다. 그러나 하나님은 우리를 그 상태에 머물게 하지 않으시고, 궁극적으로 십자가를 만나게 하십니다. 십자가를 만나면 우리의 삶에는 세 가지 중요한 변화가 일어납니다. 첫째, 우리는 자신의 죄인됨을 고백하게 됩니다. 십자가 앞에서 우리는 다른 사람을 정죄하는 대신, 우리 자신이 예수님을 십자가에 못 박은 죄인임을 깨닫습니다. 둘째, 그리스도의 사랑을 깊이 깨닫게 됩니다. 주님의 십자가 사랑을 알 때, 우리는 어떤 상황에서도 담대히 살아갈 힘을 얻습니다. 셋째, 우리는 십자가 외에는 자랑할 것이 없음을 깨닫게 됩니다. 모든 것이 하나님의 은혜이며, 십자가를 자랑하며 살아가게 됩니다. 베드로는 십자가를 만나기 전 자신의 연약함을 알지 못하고 주님을 배반하지 않겠다고 했지만, 결국 주님을 세 번 부인하며 통곡했습니다. 그러나 십자가를 만난 후, 그는 형제를 세우고 기도하며 십자가의 길을 보여주는 사람이 되었습니다. 십자가를 만난 우리는 성령의 인도하심을 따라 세상에 감당할 수 없는 자로 변화됩니다. 우리가 십자가를 만나고, 그 길을 따르기를 소망합니다.

 주님, 제가 십자가를 만나 그 사랑을 세상에 전하며 살아가게 하소서.

7월 **13**일

담담하게 길을 가시는 주님

누가복음 22:66-71

66날이 새매 백성의 장로들 곧 대제사장들과 서기관들이 모여서 예수를 그 공회로 끌어들여 67이르되 네가 그리스도이거든 우리에게 말하라 대답하시되 내가 말할지라도 너희가 믿지 아니할 것이요 68내가 물어도 너희가 대답하지 아니할 것이니라 … 71그들이 이르되 어찌 더 증거를 요구하리요 우리가 친히 그 입에서 들었노라 하더라

예수님께서 십자가의 길을 걸어가신 것은 결코 쉬운 일이 아니었습니다. 밤새 조롱과 구타를 당하셨지만, 주님은 하나님의 권능의 보좌 우편에 앉게 될 것을 확신하셨기에 그 길을 담담하게 걸어가셨습니다. 이 확신은 예수님뿐 아니라 사도 바울과 스데반, 그리고 이사야와 요한에게도 동일하게 나타났습니다. 그들은 하나님의 보좌를 바라보며 고난 속에서도 담대하게 사명을 감당했습니다. 우리가 이 세상을 살아가며 겪는 고난과 시련 속에서도 담담하게 살아갈 수 있는 비결은 성령의 충만함에 있습니다. 성령께서 우리의 영적 눈을 열어 하나님의 권능의 보좌를 보게 하실 때, 우리는 이 땅의 고난을 초월해 영원한 본향을 바라보며 살아갈 수 있습니다. 하늘 보좌를 확실히 보고, 주님이 걸어가신 십자가의 길을 담담하게 따르는 삶을 살아가는 성도가 되기를 소망합니다.

주님, 성령의 충만함으로 하늘 보좌를 보고, 주님이 걸어가신 길을 따라 담담하게 살아가게 하소서.

7월 **14**일

왕이신 예수

누가복음 23:1-7

1무리가 다 일어나 예수를 빌라도에게 끌고 가서 2고발하여 이르되 우리가 이 사람을 보매 우리 백성을 미혹하고 가이사에게 세금 바치는 것을 금하며 자칭 왕 그리스도라 하더이다 하니 3빌라도가 예수께 물어 이르되 네가 유대인의 왕이냐 대답하여 이르시되 네 말이 옳도다 4빌라도가 대제사장들과 무리에게 이르되 내가 보니 이 사람에게 죄가 없도다 하니

인간은 본능적으로 누군가를 섬기도록 창조되었습니다. 그래서 하나님을 왕으로 섬기지 못하면 결국 세상의 왕이나 자신을 섬기게 되는데, 하나님을 왕으로 섬기는 자에게는 창조 질서 속에서 세상을 다스리고 누릴 수 있는 권세가 주어집니다창 2:16. 우리는 왕이신 하나님을 섬기며 그분의 자녀로서 모든 권세를 누릴 수 있었습니다. 그러나 선과 악을 스스로 판단하며 하나님을 왕으로 섬기지 않고 스스로 왕이 되려 할 때, 하나님과의 관계는 끊어지고 우리는 영원한 생명을 잃게 되었습니다. 하지만 우리를 다시 그분의 자녀로 삼기 위해 하나님께서 이 땅에 오셨습니다. 참된 왕이신 예수님은 세상의 왕들이나 권력자들과 달리, 우리에게 생명을 주기 위해 십자가를 지셨습니다. 하나님을 왕으로 섬기는 백성은 그 삶 속에서 나라를 위해 간구해야 합니다. 우리가 의의 백성으로 살 때, 이 민족도 하나님께서 세우시는 복된 나라가 될 것입니다. 복음으로 통일된 한국, 선교하는 한국을 위해 끊임없이 기도해야 합니다. 왕이신 예수님을 섬기며 십자가를 따를 때, 우리는 생명과 영광, 그리고 왕권을 누리게 됩니다.

 주님, 끝까지 왕이신 하나님을 섬기며 그분의 권세를 누리는 삶을 살게 하소서.

7월 15일

원수가 친구로

누가복음 23:8-12

8헤롯이 예수를 보고 매우 기뻐하니 이는 그의 소문을 들었으므로 보고자 한 지 오래
였고 또한 무엇이나 이적 행하심을 볼까 바랐던 연고러라 9여러 말로 물으나 아무 말
도 대답하지 아니하시니 10대제사장들과 서기관들이 서서 힘써 고발하더라 11헤롯이
그 군인들과 함께 예수를 업신여기며 희롱하고 빛난 옷을 입혀 빌라도에게 도로 보내
니 12헤롯과 빌라도가 전에는 원수였으나 당일에 서로 친구가 되니라

 오늘날 우리는 종종 유불리를 따져가며 사람과의 관계를 형성하
고 유지합니다. 데레사 수녀는 '나는 날마다 생산성과 싸운다'라
고 했습니다. 유익이 있으면 친구가 되고, 그렇지 않으면 원수가 되는 모습은 정치
인뿐 아니라, 우리의 삶에서도 흔히 발견됩니다. 교회 내에서도 마찬가지로, 유익에
따라 사람을 대하고, 목회자들 역시 성도들을 자기 유익에 맞추어 대하는 경우가 있
습니다. 이런 모습들은 성경에서도 비판받고 있으며, 하나님은 이와 같은 목자들을
책망하셨습니다겔 34:8-10. 본문에서 헤롯은 예수를 만나기를 오랫동안 기대했으나, 예
수님이 자신의 기대에 부응하지 않자 돌변하여 조롱하고 모욕합니다. 헤롯은 자기 유
익을 위해 사람을 대하며, 순간적인 기쁨은 금세 실망으로 바뀌어 예수를 원수처럼
대했습니다. 이 모습은 우리 자신의 삶에서도 발견될 수 있으며, 우리도 종종 헤롯과
같은 태도로 사람을 대할 때가 있습니다. 그러나 주님은 그러한 우리를 위해 이 땅에
오셔서 친구로, 아버지로 우리를 품으셨습니다. 우리가 어떻게 하나님을 의지할 수
있을까요? 잠언 3장 5-6절은 '마음을 다해 여호와를 신뢰하고, 범사에 그를 인정하
라'고 가르칩니다. 하나님을 신뢰하고 그분이 모든 일을 주관하심을 인정할 때, 우리
는 하나님을 의지하며 살아갈 수 있습니다. 세상은 하루아침에 무너질 수 있지만, 하
나님은 영원히 변치 않으십니다. 우리가 세상을 의지하지 않고 하나님만을 의지할
때, 공동체는 살아나고 우리는 참된 평안을 누릴 수 있습니다.

주님, 세상 대신 오직 하나님만을 신뢰하고 의지하는 삶을 살게 하소서.

7월 **16**일

어버이 마음, 주님의 마음

누가복음 23:13-25

²⁰빌라도는 예수를 놓고자 하여 다시 그들에게 말하되 ²¹그들은 소리 질러 이르되 그를 십자가에 못 박게 하소서 십자가에 못 박게 하소서 하는지라 ²²빌라도가 세 번째 말하되 이 사람이 무슨 악한 일을 하였느냐 나는 그에게서 죽일 죄를 찾지 못하였나니 때려서 놓으리라 하니 ²³그들이 큰 소리로 재촉하여 십자가에 못 박기를 구하니 그들의 소리가 이긴지라 ²⁴이에 빌라도가 그들이 구하는 대로 하기를 언도하고

부모의 마음을 이해하기는 쉽지 않지만, 그 마음을 알아가는 노력은 중요합니다. 부모의 사랑은 조건 없는 절대적인 사랑으로, 시공간을 초월해 자식을 위하는 마음입니다. 마찬가지로, 우리는 하나님의 마음을 온전히 알지 못하지만, 그분의 사랑 또한 무한하고 절대적입니다. 하나님은 우리를 너무나 사랑하셔서 이 땅에 오셔서 십자가를 지시고 죽으셨습니다. 본문에서 예수님은 무죄하신 분임에도 불구하고 십자가를 지시는 길을 묵묵히 걸으십니다. 사람들은 강도 바라바를 석방하고 예수님을 죽이려 했으며, 그 가운데 우리도 그 자리에 있음을 기억해야 합니다. 그러나 예수님은 우리를 위해 그 길을 가셨고, 그분의 죽음 외에는 우리를 살리는 방법이 없었기에 그 길을 선택하셨습니다. 우리가 그 사랑을 깨닫기 위해서는 성령의 도우심이 필요합니다. 성령께서 우리에게 임하셔야만, 이기적이고 자기중심적인 우리는 하나님의 사랑을 이해할 수 있습니다. 부모의 마음을 알지 못하면 효도할 수 없듯이, 하나님의 사랑을 알지 못하면 그분의 계명을 지킬 수 없습니다. 하나님의 사랑이 우리의 삶을 강권하여 그 사랑으로 전도하고 봉사하게 하시는 것은 큰 복입니다. 우리는 부모의 마음을 알고 공경하며, 하나님의 사랑을 깨닫고 그 사랑 안에서 살아가는 자로 서야 합니다. 성령의 충만함을 구하며, 하나님의 자녀로서 그분의 도리를 행하는 복된 성도가 되길 기도합니다.

주님, 부모님의 마음을 알고 공경하게 하시고, 하나님의 사랑을 깨달아 그 사랑 안에서 살게 하소서.

7월 **17**일

조롱 중에도 걸어가시는 주님

누가복음 23:26-38

26그들이 예수를 끌고 갈 때에 시몬이라는 구레네 사람이 시골에서 오는 것을 붙들어 그에게 십자가를 지워 예수를 따르게 하더라 27또 백성과 및 그를 위하여 가슴을 치며 슬피 우는 여자의 큰 무리가 따라오는지라 28예수께서 돌이켜 그들을 향하여 이르시되 예루살렘의 딸들아 나를 위하여 울지 말고 너희와 너희 자녀를 위하여 울라 29보라 날이 이르면 사람이 말하기를 잉태하지 못하는 이와 해산하지 못한 배와 먹이지 못한 젖이 복이 있다 하리라

우리는 살아가야 할 이유와 목적을 잃을 때 불행을 느낍니다. 하지만 그 목적이 세상적인 성공에만 있다면, 결국 허무함에 직면하게 됩니다. 성경은 그리스도인의 목적을 명확히 제시하며, 예수님은 직접 보여주셨습니다. "너희는 값으로 산 것이 되었으니 너희 몸으로 하나님께 영광을 돌리라"고전 6:19-20라고 하셨습니다. 우리의 삶은 하나님께 영광을 돌리는 것이 목적입니다. 본문에서 예수님은 극심한 조롱과 핍박을 견디시며 십자가의 길을 걸으셨습니다. 그분은 백퍼센트 하나님이시면서도, 백퍼센트 인간이셨기에 모든 감정을 느끼셨습니다. 그럼에도 불구하고 주님은 "하나님께 영광"이라는 목적에 자신을 묶으셨기에 십자가를 지실 수 있었습니다요 12:27-28. 우리도 때로는 조롱과 핍박을 경험하지만, '하나님께 영광'이라는 목적에 묶여 있으면 성령께서 지혜를 주시고, 말씀을 통해 그 길을 인도하십니다. 예수님께서 십자가를 지실 수 있었던 이유는 세 가지입니다. 첫째, 그분은 자신을 핍박하는 자들이 무지함을 이해하셨습니다. 둘째, 예수님은 자신의 죽음이 생명의 열매를 맺게 할 것을 아셨습니다요 12:24. 셋째, 예수님은 우리가 동역자임을 이해하셨기에 십자가의 길을 묵묵히 걸으셨습니다. 우리의 목적은 '오직 하나님께 영광'이며, 이를 이루기 위해 성령의 충만함을 구해야 합니다. 성령의 지혜와 권능으로 예수님의 길을 따라가 하나님의 영광을 이루어가는 삶이 되길 소망합니다.

주님, 성령의 지혜와 능력으로 하나님께 영광 돌리는 삶을 살게 하소서.

7월 **18**일

낙원을 생각하시는 주님

누가복음 23:39-43

³⁹달린 행악자 중 하나는 비방하여 이르되 네가 그리스도가 아니냐 너와 우리를 구원하라 하되 ⁴⁰하나는 그 사람을 꾸짖어 이르되 네가 동일한 정죄를 받고서도 하나님을 두려워하지 아니하느냐 ⁴¹우리는 우리가 행한 일에 상당한 보응을 받는 것이니 이에 당연하거니와 이 사람이 행한 것은 옳지 않은 것이 없느니라 하고 ⁴²이르되 예수여 당신의 나라에 임하실 때에 나를 기억하소서 하니 ⁴³예수께서 이르시되 내가 진실로 네게 이르노니 오늘 네가 나와 함께 낙원에 있으리라 하시니라

 세 상에는 죽음이 끝이라고 생각하는 사람들이 많습니다. 그러나 우리는 죽음 너머에 영원한 삶이 있음을 믿습니다. 이 믿음은 스스로 가질 수 있는 것이 아니라, 성령께서 우리에게 찾아오셔서 주신 선물입니다. 우리는 하늘로부터 와서 이 땅을 살아가며 다시 하늘나라로 돌아갈 존재들입니다. 따라서 우리는 본향을 사모하며, 죽음 너머에 있는 하나님 나라를 소망하게 됩니다. 본향을 확신하는 사람은 세상의 것에 집착하지 않고, 영원한 나라의 시민권을 가진 자로 살아갑니다. 본문에서 예수님은 십자가에 달려 조롱과 비난을 받으셨지만, 두려워하거나 비참해하지 않으셨습니다. 오히려 죽음 너머의 낙원을 생각하며, 함께 십자가에 달린 행악자까지도 낙원으로 이끄셨습니다. 예수님의 진정한 힘은 바로 죽음 너머를 바라보는 믿음에서 나왔습니다. 그리스도인의 참된 힘도 이와 같습니다. 우리의 자랑은 물질이나 지식이 아니라, 죽음 이후에 있을 영원한 하나님의 나라에 대한 확신입니다. 이 확신을 유지하는 것은 우리의 힘으로는 불가능하며, 오직 성령의 충만함으로 가능합니다. 성령께서 우리의 연약함을 도우실 때, 우리는 어려움과 풍요 속에서도 흔들리지 않고 천국을 소망하며 살아갈 수 있습니다. 성령 충만의 진수를 보여준 스데반처럼, 우리도 죽음 앞에서도 담대하게 하나님 나라를 바라보고, 세상을 용서하는 넉넉함을 가질 수 있습니다. 우리의 힘으로는 불가능한 이 길을 성령께서 인도하시어, 우리는 주님과 스데반처럼 천국에 묶인 자로 살아가기를 기도합니다.

성령의 도우심으로 죽음 너머 낙원을 생각하며, 천국에 묶인 자로 살아가게 하소서.

7월 **19**일

길을 예비하시는 하나님

누가복음 23:50-56

50공회 의원으로 선하고 의로운 요셉이라 하는 사람이 있으니 51(그들의 결의와 행사에 찬성하지 아니한 자라) 그는 유대인의 동네 아리마대 사람이요 하나님의 나라를 기다리는 자라 52그가 빌라도에게 가서 예수의 시체를 달라 하여

누가복음 23장 50-56절에서 우리는 아리마대 요셉의 이야기를 통해 하나님께서 우리 삶을 어떻게 예비하시는지 배우게 됩니다. 요셉은 공회의원이었고, 예수님의 제자였지만 그 사실을 공개적으로 밝히지 못한 인물이었습니다. 그러나 그는 예수님의 시신을 요구해 장사지내는 중대한 역할을 맡았습니다. 그의 행동은 단순한 용기나 신앙적 결단을 넘어서, 이미 하나님께서 오래전에 계획하신 일을 성취한 것이었습니다. 700여 년 전에 이사야 선지자를 통해 예언된 "그가 죽은 후에 부자와 함께 있었도다"라는 말씀이 아리마대 요셉을 통해 이루어진 것입니다사 53:9. 이 사건은 우리의 삶에도 중요한 교훈을 줍니다. 하나님께서는 우리를 향한 계획을 가지고 계시고, 그 계획을 이루기 위해 우리를 준비시키시고, 필요한 모든 것을 예비해두십니다. 때로는 우리가 이해할 수 없는 상황을 만날 때도 있지만, 하나님께서는 한 치의 오차도 없이 우리의 길을 예비하시며, 그분의 뜻을 이루십니다. 우리 삶의 여정에서도 하나님은 때때로 눈앞에 보이는 확실한 보장을 주시지 않으실 때가 있습니다. 하지만 믿음으로 한 걸음 내딛을 때, 하나님은 우리의 길을 열어주십니다. 우리는 아리마대 요셉처럼 하나님이 예비하신 자들을 만나기도 하고, 때로는 우리가 누군가의 삶 속에서 아리마대 요셉의 역할을 할 수 있습니다. 하나님은 당신의 자녀인 우리 삶을 철저히 준비하시며, 우리가 그분의 뜻을 따라 살도록 인도하십니다. 하나님께서 우리에게 요구하시는 것은 그분을 향한 신뢰와 믿음의 행보입니다. 이 땅에서 하나님의 나라와 의를 이루며, 그분의 계획 속에서 담대히 살아가는 성도가 되기를 소망합니다.

하나님, 제 삶을 예비하시는 당신의 손길을 신뢰하며 믿음으로 살아가게 하소서.

7월 20일

천한 여인의 용기, 우리의 도전

누가복음 24:1-6

5여자들이 두려워 얼굴을 땅에 대니 두 사람이 이르되 어찌하여 살아 있는 자를 죽은 자 가운데서 찾느냐 6여기 계시지 않고 살아나셨느니라 갈릴리에 계실 때에 너희에게 어떻게 말씀하셨는지를 기억하라

누가복음 24장 1-6절에 등장한 여인들이 향품을 준비해 예수님의 무덤을 찾아간 것은 참으로 용기 있는 행동이었습니다. 그러나 이들은 용감한 영웅으로 기록되기보다는, 하나님께서 약속하신 일을 이루기 위해 부르심을 받은 도구들이었습니다. 그들은 그저 유대 전통을 따라 행동했지만, 하나님께서 그들을 통해 부활의 첫 증인으로 세우셨습니다. 우리도 마찬가지입니다. 우리가 예배에 참석하고 사역을 감당하는 것 또한 우리의 의지로 된 것이 아니라, 하나님께서 부르시고 세우셨기 때문에 가능한 일입니다. 본문에서 여인들은 예수님의 시신이 사라진 것을 보고 근심하였습니다. 하지만 천사는 그들에게 "살아 있는 자를 죽은 자 가운데서 찾느냐"며, 예수님의 부활을 상기시켰습니다. 이 사건을 통해 우리는 두 가지를 깨닫게 됩니다. 첫째, 우리는 하나님의 약속을 이루는 존재입니다. 하나님께서는 그분의 계획 속에서 우리를 세우시고, 우리를 통해 그 약속을 이루어가십니다. 둘째, 주님의 부활은 곧 우리의 부활입니다. 로마서 6장 4-5절에서 언급된 것처럼, 우리는 예수님의 죽음과 부활에 연합된 자들입니다. 예수님의 부활을 믿는다는 것은 곧 우리가 새 생명을 얻었음을 의미합니다. 이 믿음을 가진 우리는 항상 두려워하지 않습니다. 부활하신 주님께서 함께하시기 때문입니다. 우리도 인생의 무덤 같은 상황을 마주할 수 있습니다. 그러나 그곳은 예수님의 부활을 만나는 장소이기도 합니다. 그분이 우리의 주인이시고, 그분의 계획 속에 우리가 있음을 믿는다면, 어떤 길도 기쁨과 감사로 걸어갈 수 있습니다. 그리스도 안에서 기뻐하며, 주님의 사랑과 관용을 세상에 나타내는 성도가 되기를 소망합니다.

주님, 부활의 생명을 믿고 어떤 상황에서도 두려움 없이 주님의 길을 걸어가게 하소서.

7월 **21**일

눈이 열리니

누가복음 24:13-35

30그들과 함께 음식 잡수실 때에 떡을 가지사 축사하시고 떼어 그들에게 주시니 31그들의 눈이 밝아져 그인 줄 알아 보더니 예수는 그들에게 보이지 아니하시는지라 32그들이 서로 말하되 길에서 우리에게 말씀하시고 우리에게 성경을 풀어 주실 때에 우리 속에서 마음이 뜨겁지 아니하더냐 하고

누가복음 24장 13-35절에 나오는 엠마오로 가는 두 제자의 이야기는 우리에게 큰 교훈을 줍니다. 그들은 예수님의 부활 소식을 들었지만, 절망 속에서 주님을 알아보지 못했습니다. 주님께서 그들과 동행하셨으나, 그들의 눈은 닫혀 있었습니다. 그러나 예수님께서 떡을 떼실 때 그들의 눈이 열려 예수님을 알아보게 되었고, 그들은 다시 예루살렘으로 돌아가 주님께서 살아나셨음을 전했습니다. 이처럼 우리의 영적인 눈이 열리는 것은 주님의 은혜 덕분입니다. 우리는 나면서부터 영적 소경이었고, 스스로는 빛을 볼 수 없었지만, 예수님께서 십자가에서 죽으시고 부활하심으로 우리의 눈을 열어주셨습니다. 우리는 이제 빛 되신 예수님을 볼 수 있게 되었고, 영원한 나라를 바라볼 수 있는 축복을 받았습니다. 그러나 현실의 어려움과 고난 속에서는 여전히 주님이 보이지 않을 때가 많습니다. 마치 한쪽 눈으로만 세상을 바라보며 낙심하고 절망할 때가 있습니다. 하지만, 그 순간에도 주님은 우리와 함께 계시며, 우리가 주님의 임재를 깨닫도록 성령께서 우리에게 눈을 열어주십니다. 욥과 엘리야도 극심한 고난과 절망 속에서 하나님을 보지 못했지만, 끝내 그들의 영적 눈이 열려 하나님의 함께하심을 깨달았습니다. 우리 역시 어려움 속에서 세상적인 욕망이나 절망에 빠지기보다, 영적인 눈을 들어 하나님을 바라봐야 합니다. 주님이 우리와 함께하신다는 사실을 깨달을 때 우리는 담대히 나아갈 수 있습니다. 그리고 주님의 사랑으로 다른 사람들에게도 다가가 그들을 생명으로 인도하는 삶을 살아가야 합니다. 우리의 눈이 열려 하나님의 사랑을 깨달을 때, 그 사랑을 다른 이들과 나눌 수 있게 될 것입니다.

 주님, 저의 눈을 열어 당신의 사랑과 함께하심을 매 순간 깨닫게 하소서.

7월 **22**일

참된 평안

누가복음 24:36-43

36이 말을 할 때에 예수께서 친히 그들 가운데 서서 이르시되 너희에게 평강이 있을지어다 하시니

사람은 누구나 편안함과 안락함을 추구합니다. 이것은 자연스러운 본능이지만, 때로는 지나친 집착으로 인해 자신과 공동체에 해를 끼칠 수 있습니다. 그러므로 우리는 이러한 욕구를 절제하며, 하나님께서 주시는 진정한 평안을 찾아야 합니다. 누가복음 24장 36-43절에서 부활하신 예수님은 제자들에게 "너희에게 평강이 있을지어다"라고 말씀하십니다. 예수님은 단순한 문제 해결이 아니라, 우리의 마음에 평강이 임해야 참된 회복이 있음을 가르쳐 주십니다. 이 평강은 감정이나 추상적인 개념이 아닌, 부활하신 주님께서 우리와 함께하신다는 실제적 체험에서 오는 것입니다. 예수님은 제자들에게 손과 발을 보이시며, 직접 함께 식사하셨습니다. 이를 통해 제자들은 부활하신 주님을 체험하며 평강을 얻었습니다. 평강은 부활하신 주님이 우리와 함께 계시다는 믿음에서 시작됩니다. 현대의 우리도 이 믿음을 가질 때, 세상의 유혹과 어려움을 넘어서 진정한 평안을 누릴 수 있습니다. 그러나 이 평강은 우리 힘으로는 얻을 수 없습니다. 예수님께서는 요한복음 14장에서 성령을 통해 평강을 주시겠다고 약속하셨습니다. 성령님께서 부활하신 주님이 우리와 함께 계시다는 믿음을 심어주심으로, 우리는 평강을 누리며 십자가의 길을 담대하게 걸어갈 수 있습니다. 모세가 유혹을 거절하고 하나님과 함께 고난받는 것을 택할 수 있었던 것도 바로 이 평강에 근거한 믿음이 있었기 때문입니다. 오늘날 우리도 부활하신 주님이 삶 속에서 함께 하심을 믿을 때, 편안함과 안락함을 넘어 진정한 평강을 경험하게 됩니다. 이 평강이 우리를 십자가의 길로 인도하고, 그 길 끝에서 부활의 영광을 맛보게 할 것입니다. 우리의 일상에서 성령님의 인도하심을 구하며, 부활하신 주님과 함께하는 평강을 누리길 축복합니다.

 부활하신 주님과 함께하는 참된 평안을 제 삶 속에서 누리게 하소서.

7월 23일

하늘로 오르신 주님
- 축복과 통치의 시작

누가복음 24:50-53

25이르시되 미련하고 선지자들이 말한 모든 것을 마음에 더디 믿는 자들이여 26그리스도가 이런 고난을 받고 자기의 영광에 들어가야 할 것이 아니냐 하시고 27이에 모세와 모든 선지자의 글로 시작하여 모든 성경에 쓴 바 자기에 관한 것을 자세히 설명하시니라 28그들이 가는 마을에 가까이 가매 예수는 더 가려 하는 것 같이 하시니 29그들이 강권하여 이르되 우리와 함께 유하사이다 때가 저물어가고 날이 이미 기울었나이다 하니 이에 그들과 함께 유하러 들어가시니라 … 50예수께서 그들을 데리고 베다니 앞까지 나가사 손을 들어 그들에게 축복하시더니 51축복하실 때에 그들을 떠나 [하늘로 올려지시니 52그들이 [그에게 경배하고] 큰 기쁨으로 예루살렘에 돌아가 53늘 성전에서 하나님을 찬송하니라

 가복음의 마지막 부분은 우리에게 매우 중요한 메시지를 전합니다. 부활하신 주님을 보고도 두려움과 실의에 빠져 있던 제자들의 삶이 변화된 이유는 두 가지 장면을 목격했기 때문입니다. 첫째, 주님께서 그들을 축복하시는 모습을 보았기 때문입니다. 예수님은 제자들을 위해 간절히 기도하셨고, 그들의 마음을 새롭게 하셨습니다. 이 축복의 모습은 우리에게도 적용됩니다. 주님께서 오늘도 우리를 위해 중보하고 계시며, 우리는 그분의 기도를 통해 힘과 소망을 얻게 됩니다. 또한, 우리는 축복받는 자로만 머물지 않고, 다른 이들을 위해 기도하고 축복하는 자리에 서야 합니다. 하나님께서는 우리에게도 제사장으로서 다른 이들을 축복하라고 명령하셨습니다. 둘째, 제자들은 주님의 승천을 보았습니다. 그들은 예수님이 영원한 하나님의 나라로 올라가시는 장면을 목격하고, 이 땅의 두려움을 이길 수 있는 확신을 얻었습니다. 주님은 영원한 나라를 준비하시며, 다시 오셔서 우리를 그곳으로 영접하실 것입니다. 이 땅의 삶은 잠시일 뿐이며, 우리의 궁극적인 주소는 하늘에 있음을 기억해야 합니다. 이 두 가지 사실을 목격한 제자들은 두려움 대신 큰 기쁨으로 예루살렘에서 하나님을 찬양하게 되었습니다. 우리도 주님의 축복과 승천을 바라보며, 영원한 나라를 소망하며 기쁨으로 찬송하는 삶을 살아가야 합니다.

주님, 당신의 축복과 영원한 나라를 바라보며 기쁨으로 찬양하는 삶을 살게 하소서.

7월 **24**일

고난의 의미를 깨닫는 삶

욥기 1:1-5

1우스 땅에 욥이라 불리는 사람이 있었는데 그 사람은 온전하고 정직하여 하나님을 경외하며 악에서 떠난 자더라 2그에게 아들 일곱과 딸 셋이 태어나니라 3그의 소유물은 양이 칠천 마리요 낙타가 삼천 마리요 소가 오백 겨리요 암나귀가 오백 마리이며 종도 많이 있었으니 이 사람은 동방 사람 중에 가장 훌륭한 자라

욥 기서 1장 1절에서 5절은 욥의 경건한 삶을 보여주며, 의로운 사람에게도 고난이 찾아올 수 있음을 가르칩니다. 욥은 온전하고 정직하며, 하나님을 경외하고 악에서 떠난 자였습니다. 그는 풍성한 재산과 자녀를 소유했지만, 무엇보다도 자녀들의 영적 상태를 염려하며 그들을 위해 번제를 드리는 경건한 사람이었습니다. 이러한 욥의 삶은 그가 철저하게 하나님 앞에서 살아갔음을 보여줍니다. 우리는 종종 고난이 죄의 결과라고 생각하지만, 욥의 삶을 보면 고난이 반드시 죄의 결과는 아님을 깨닫게 됩니다. 하나님은 그의 고난을 통해 더 큰 계획을 이루시고, 욥이 하나님을 더 깊이 경험하도록 인도하십니다. 오늘날 우리도 욥과 같은 존재로, 그리스도를 통해 거룩하게 된 자들입니다. 하나님께서는 우리의 모든 것을 세심하게 살피시며, 고난 속에서도 우리를 보호하고 인도하십니다. 고난은 의미 없는 고통이 아닙니다. 하나님께서는 고난을 통해 우리의 믿음을 연단하시고, 우리를 향한 당신의 뜻을 이루십니다. 욥의 고난 속에 하나님의 깊은 섭리가 있었던 것처럼, 우리의 고난에도 하나님의 계획이 담겨 있습니다. 그러므로 고난 중에도 하나님을 신뢰하며 그분의 선하심을 기대해야 합니다.

주님, 고난 속에서도 하나님의 섭리를 깨닫고, 믿음으로 견디게 하옵소서. 아멘.

7월 **25**일

사단의 손에 잡힌 자, 성령의 손에 붙들린 자

욥기 1:8-12

8여호와께서 사탄에게 이르시되 네가 내 종 욥을 주의하여 보았느냐 그와 같이 온전하고 정직하여 하나님을 경외하며 악에서 떠난 자는 세상에 없느니라 9사탄이 여호와께 대답하여 이르되 욥이 어찌 까닭 없이 하나님을 경외하리이까 10주께서 그와 그의 집과 그의 모든 소유물을 울타리로 두르심 때문이 아니니이까 주께서 그의 손으로 하는 바를 복되게 하사 그의 소유물이 땅에 넘치게 하셨음이니이다 11이제 주의 손을 펴서 그의 모든 소유물을 치소서 그리하시면 틀림없이 주를 향하여 욕하지 않겠나이까 12여호와께서 사탄에게 이르시되 내가 그의 소유물을 다 네 손에 맡기노라 다만 그의 몸에는 네 손을 대지 말지니라 사탄이 곧 여호와 앞에서 물러가니라

욥기 1장 6절에서 12절은 사단이 하나님 앞에 나와 욥의 신실함을 시험하는 장면을 보여줍니다. 사단은 욥이 하나님을 경외하는 이유가 그의 소유와 축복 때문이라고 주장하면서, 욥의 모든 소유물을 빼앗으면 그가 하나님을 저주할 것이라 말합니다. 이에 하나님은 욥의 소유를 사단의 손에 맡기십니다. 여기서 우리는 사단이 사람을 멸망으로 이끌려는 자로 나타나는 것을 볼 수 있습니다. 사단은 언제나 인간을 무너뜨리려 하고 우리의 믿음을 흔들려고 합니다. 그러나 성령은 반대로 사람을 살리고, 세우는 일을 하십니다. 성령에 붙잡힌 사람은 상황을 믿음으로 해석하고, 주변 사람들에게 생명을 나누는 도구가 됩니다. 민수기 13장에서 정탐꾼들은 가나안 땅을 정탐하고 돌아온 후, 현실을 보고 부정적인 말을 전했습니다. 그들은 하나님이 약속하신 땅을 악평하며 백성들을 낙담하게 했습니다. 그러나 여호수아와 갈렙은 성령에 붙잡혀 그 땅이 젖과 꿀이 흐르는 땅이며 하나님이 우리에게 주신 것이라고 긍정적으로 보고했습니다. 이처럼 성령에 붙잡힌 사람은 현실을 부정적으로 보지 않고, 하나님의 약속을 믿으며 앞으로 나아갑니다. 우리도 성령에 붙잡힌 삶, 생명을 주며 공동체를 살리는 삶을 살아내어 어디서나 소망을 전하고, 하나님의 뜻을 이루는 자로 살아가야 합니다.

주님, 성령에 붙잡혀 생명을 전하는 자로 살게 하시고, 고난 속에서도 믿음으로 주님의 뜻을 따르게 하옵소서. 아멘.

7월 26일

하나님의 뜻을 바라보다

욥기 1:13-22

20욥이 일어나 겉옷을 찢고 머리털을 밀고 땅에 엎드려 예배하며 21이르되 내가 모태에서 알몸으로 나왔사온즉 또한 알몸이 그리로 돌아가올지라 주신 이도 여호와시요 거두신 이도 여호와시오니 여호와의 이름이 찬송을 받으실지니이다 하고 22이 모든 일에 욥이 범죄하지 아니하고 하나님을 향하여 원망하지 아니하니라

오늘 말씀은 욥이 겪은 갑작스러운 고난의 연속적인 장면을 보여줍니다. 스바 사람들이 와서 소와 종들을 빼앗고, 하늘에서 불이 내려 양과 종들이 타버리며, 갈대아 사람들이 낙타를 빼앗는 등 욥의 재산과 자녀들이 하루아침에 모두 사라집니다. 이런 극심한 고난은 욥이 예상하지 못한 '갑자기'의 연속이었는데, 우리도 살면서 이와 같은 갑작스러운 재난이나 고난에 직면하게 됩니다. 그러나 이 고난 앞에서 욥은 하나님을 원망하지 않고, 주신 이도 하나님이시며 거두신 이도 하나님이심을 고백하며 그분을 찬양합니다. 이 본문은 고난이 갑작스럽게 찾아오더라도 그 고난에는 분명한 하나님의 뜻과 의미가 담겨 있다는 교훈을 줍니다. 욥은 자신의 모든 것을 잃었지만, 그것이 단순한 불행이 아니라 하나님의 섭리와 주권 아래 있음을 깨달았습니다. 욥은 고난 속에서 그 고난을 통해 더 깊은 신앙의 길로 나아가고 있습니다. 그가 "주신 이도 여호와시요, 거두신 이도 여호와시니 여호와의 이름이 찬송을 받으실지니이다"라고 고백할 수 있었던 것은 고난 중에도 자신이 하나님의 계획 안에 있음을 확신했기 때문입니다. 우리가 고난의 순간을 맞이할 때, 상처로만 쌓지 않고 그 고난을 영적 자산으로 삼아야 합니다. 그리고 하나님의 섭리를 신뢰하며 그분의 인도하심을 기다려야 합니다. 고난은 우리에게 상처를 줄 수 있지만, 하나님을 향한 신뢰와 경외심을 놓지 않는다면 우리는 성령 안에서 그 고난의 의미를 발견할 때 우리는 더욱 성숙한 신앙을 쌓아갈 수 있습니다.

주님, 갑작스러운 고난 속에서도 주님의 섭리를 믿고 의지하며 나아가는 신앙을 허락하소서.

7월 **27**일

생명은 하나님의 손에 있다

욥기 2:1-6

4사탄이 여호와께 대답하여 이르되 가죽으로 가죽을 바꾸오니 사람이 그의 모든 소유물로 자기의 생명을 바꾸올지라 5이제 주의 손을 펴서 그의 뼈와 살을 치소서 그리하시면 틀림없이 주를 향하여 욕하지 않겠나이까 6여호와께서 사탄에게 이르시되 내가 그를 네 손에 맡기노라 다만 그의 생명은 해하지 말지니라

욥기 2장에서는 생명의 주권이 하나님의 손에 있음을 강조하고 있습니다. 사단은 욥의 재산과 자녀를 잃게 했지만, 욥은 여전히 하나님을 원망하지 않았습니다. 이에 사단은 "만약 욥이 자신의 몸에 고통을 받으면 하나님을 원망할 것이다"라고 주장하지만, 하나님은 "생명은 네가 손댈 수 없다"고 말씀하십니다. 이는 생명이 오직 하나님의 손에 있음과 더불어 두가지 중요한 교훈을 우리에게 알려줍니다. 첫째, 생명은 존귀하다는 사실입니다. 우리 시대는 생명을 경시하는 경향이 있습니다. 자살률이 높아지고, 심지어 신앙인들 사이에서도 생명을 쉽게 포기하는 일이 벌어지고 있습니다. 하지만 성경은 인간의 생명이 하나님의 손에 있음을 가르치며, 생명은 그 무엇보다 소중하다고 말합니다. 둘째, 생명은 두려워할 것이 없다는 사실입니다. 참새 한 마리조차도 하나님의 허락 없이는 땅에 떨어지지 않는다고 말씀하셨습니다마 10:29. 우리의 생명도 하나님께 달려 있으므로, 어떤 위협 속에서도 두려워할 필요가 없습니다. 고난과 핍박을 마주할 때 우리는 하나님께서 우리 생명을 지키심을 굳게 확신하고 담대하게 살아가야 합니다. 셋째, 육체와 생명을 통해 하나님의 영광을 드러내야 한다는 점입니다. 생명은 하나님께서 우리에게 주신 것이며, 우리는 그 생명을 통해 하나님을 영화롭게 해야 합니다. 예수님은 십자가에서 고통을 당하실 때도 하나님을 영화롭게 했습니다. 욥 역시 자신의 고통 속에서도 하나님을 원망하지 않았습니다. 우리도 삶의 고통 속에서 하나님의 영광을 드러내는 도구가 되어야 합니다.

주님, 저의 생명이 오직 하나님의 손에 있음을 믿습니다. 이 생명을 소중히 여기며, 고난 속에서도 두려움 없이 하나님의 영광을 드러내는 삶을 살게 하소서.

7월 **28**일

고난 속에 함께하시는 하나님

욥기 2:7-13

7사탄이 이에 여호와 앞에서 물러가서 욥을 쳐서 그의 발바닥에서 정수리까지 종기가 나게 한지라 8욥이 재 가운데 앉아서 질그릇 조각을 가져다가 몸을 긁고 있더니 9그의 아내가 그에게 이르되 당신이 그래도 자기의 온전함을 굳게 지키느냐 하나님을 욕하고 죽으라 10그가 이르되 그대의 말이 한 어리석은 여자의 말 같도다 우리가 하나님께 복을 받았은즉 화도 받지 아니하겠느냐 하고 이 모든 일에 욥이 입술로 범죄하지 아니하니라

욥기 2장 7-13절은 욥의 극심한 고난과 그 가운데서도 함께하시는 하나님의 섭리를 보여줍니다. 사단은 욥을 발바닥에서 정수리까지 종기로 치며 그를 육체적 고통으로 몰아넣습니다7-8절. 사단의 목적은 단순한 고통이 아니라, 욥과 하나님 사이의 관계를 끊는 것이었습니다. 그러나 욥은 고난 속에서도 하나님과의 관계를 끝까지 붙들며, 하나님께로 받은 복이 있다면 화도 받을 수 있다는 성숙한 믿음을 보여줍니다9-10절. 이는 참된 신앙이 고난 속에서도 하나님을 의지하는 것임을 가르쳐줍니다. 욥의 세 친구가 그의 고통을 듣고 찾아와 함께하며 위로하지만11-13절, 결국 그들의 위로는 제한적이었고, 욥을 더욱 괴롭게 만드는 순간도 있었습니다. 이는 인간의 위로가 한계가 있음을 보여주며, 진정한 위로는 오직 하나님께로부터 온다는 사실을 깨닫게 합니다. 우리 역시 고난 속에서 하나님과의 관계를 지키고, 사단의 목적을 이기며 하나님과 더욱 가까워질 때 진정한 승리를 경험하게 됩니다. 고통 속에서도 하나님께 나아가며, 우리의 소망을 그분께 두는 삶이 참된 믿음의 길입니다.

하나님, 고난 속에서도 주님과의 관계를 놓지 않고 끝까지 의지하며 나아가게 하소서.

7월 **29**일

고난 속에도 여전히 쓸모 있는 존재

욥기 3:1-19
¹그 후에 욥이 입을 열어 자기의 생일을 저주하니라

욥기 3장 1-19절에서 우리는 극심한 고통 속에 처한 욥이 자신의 태어난 날을 저주하며 스스로를 무가치한 존재로 여기고, 차라리 태어나지 않았더라면 좋았을 것이라 한탄하는 모습을 봅니다¹⁻⁵절. 욥은 삶의 의미를 상실하고, 자신의 존재가 아무 소용이 없다고 느낍니다. 하지만 그 고백 속에서도 중요한 신앙적 메시지가 담겨 있습니다. 욥의 절망과 자책에도 불구하고, 하나님은 여전히 그의 삶 속에 계시며 그를 돌보십니다. 하나님은 욥을 단 한 순간도 놓지 않으셨습니다. 우리의 삶에서도 고난이나 연약함 속에서 스스로를 무가치하게 여길 때가 있습니다. 그러나 성경은 분명히 말합니다. 하나님은 우리를 결코 쓸모없는 존재로 여기지 않으십니다. 욥이 겪은 고통과 같은 시간 속에서도 하나님은 그를 통해 더 깊은 신앙의 교훈을 주셨습니다. 모세와 다윗의 인생을 통해서도, 그들이 가장 약하고 쓸모없어 보였던 시기가 오히려 하나님께서 그들을 준비시키시고 사용하신 중요한 시간이었음을 볼 수 있습니다. 마찬가지로, 예수 그리스도께서 십자가 위에서 고난을 겪으셨을 때, 아무도 그 순간이 인류 구원의 중요한 시간이라고 생각하지 않았습니다. 그러나 그것이야말로 가장 귀중한 시간이었습니다. 욥의 고백은 우리에게 한 가지 진리를 상기시켜줍니다. 어떠한 고난과 절망 속에서도 우리는 하나님의 손에 붙들린 귀한 존재이며, 우리 삶은 결코 무의미하지 않다는 것입니다. 하나님께서는 우리를 사랑으로 지켜보시며, 고난 속에서도 여전히 쓸모 있는 존재로 사용하십니다. 우리에게 중요한 것은 그분의 뜻을 신뢰하고, 어떠한 상황 속에서도 하나님의 섭리 안에 있다는 믿음을 붙드는 것입니다.

하나님, 고난 속에서도 나의 존재가 주님 안에서 존귀하고 쓸모 있음을 믿고, 주님의 뜻에 순종하며 나아가게 하소서.

7월 30일

고난 속에서 은혜를 입다

욥기 3:20-26

24나는 음식 앞에서도 탄식이 나며 내가 앓는 소리는 물이 쏟아지는 소리 같구나 25내가 두려워하는 그것이 내게 임하고 내가 무서워하는 그것이 내 몸에 미쳤구나 26나에게는 평온도 없고 안일도 없고 휴식도 없고 다만 불안만이 있구나

욥기 3장 20-26절은 깊은 고통 속에 있는 욥의 한탄을 기록하고 있습니다. 그는 자신의 생명을 한탄하며 차라리 죽기를 소원합니다. "죽지 못해 산다"는 욥의 고백은 그의 고통이 얼마나 극심했는지를 잘 보여줍니다. 하지만 이 본문은 단순히 절망에 빠진 욥의 모습을 보여주는 것이 아니라, 고난 속에서도 하나님의 은혜를 경험할 수 있는 길을 우리에게 알려줍니다. 욥의 고난은 단순한 재앙이 아니었습니다. 하나님은 그를 돌보고 계셨고, 그 속에서도 하나님의 뜻은 이루어지고 있었습니다. 우리 역시 고난 속에서 하나님의 손길을 느끼기 어려울 때가 많지만, 그 고난이 결코 의미 없는 것이 아님을 깨달아야 합니다. 우리의 고난 속에는 하나님의 섭리가 있습니다. 첫째로, 고난은 우리로 하나님의 마음을 깨닫게 합니다. 욥은 나중에 고난을 통해 하나님을 더 깊이 알게 되었고, 하나님의 마음을 깨달았습니다. 둘째로, 고난은 우리로 하나님의 은혜를 깨닫게 합니다. 건강, 평안, 그리고 일상의 소중함은 고난을 통해 더욱 분명해집니다. 셋째로, 은혜를 입은 자는 그 은혜를 통해 하나님의 사명을 깨닫게 됩니다. 하나님께서는 은혜를 받은 자를 통해 구원의 일을 이루십니다. 결국, 고난 속에서도 하나님의 은혜를 찾고, 그 은혜를 통해 세상에 빛과 소망을 전하는 삶을 살아가는 것이 우리의 사명입니다.

주님, 고난 속에서도 주님의 은혜를 발견하고, 그 은혜를 통해 세상에 빛을 전하는 자가 되게 하소서.

7월 **31**일

인과응보를 넘어서는 신앙

욥기 4:1-11

8내가 보건대 악을 밭 갈고 독을 뿌리는 자는 그대로 거두나니 9다 하나님의 입 기운에 멸망하고 그의 콧김에 사라지느니라 10사자의 우는 소리와 젊은 사자의 소리가 그치고 어린 사자의 이가 부러지며 11사자는 사냥한 것이 없어 죽어 가고 암사자의 새끼는 흩어지느니라

 욥기 4장에서 욥의 친구 엘리바스는 욥에게 인과응보의 법칙을 적용하며, 그의 고난이 죄의 결과라고 말합니다. 엘리바스는 욥의 과거의 선행을 인정하면서도, 지금 겪는 고통이 결국 그의 행실에서 비롯되었다고 주장합니다. 그러나 우리는 성경을 통해 욥의 고난이 단순한 결과론적 고난이 아니라, 하나님의 섭리와 계획 안에 있음을 알게 됩니다. 우리는 종종 결과에 따라 사람을 평가하거나 자신의 가치를 결정짓는 실수를 범합니다. 특히 자녀를 대할 때, 그들의 성과나 실패를 통해 그들의 모든 것을 판단할 때가 많습니다. 그러나 하나님께서는 인과응보를 넘어서서 우리를 보십니다. 하나님은 우리의 결과가 아닌 그분과의 관계 속에서 우리의 가치를 보시며, 고난 중에도 우리와 함께하십니다. 욥의 이야기는 우리에게 중요한 교훈을 줍니다. 첫째, 우리는 인과응보의 법칙에서 벗어나 하나님을 신뢰해야 합니다. 우리의 고난은 단순히 행위의 결과로만 해석되지 않으며, 그 안에는 하나님의 깊은 계획이 있습니다. 둘째, 자녀가 하나님을 알아가고 사랑하게 하는 것이 그들의 성공보다 더 중요합니다. 성경은 하나님을 아는 지식이 그 무엇보다 귀하다고 말합니다. 마지막으로, 하나님을 사랑하는 자는 그 어떤 상황 속에서도 강하고 담대하게 설 수 있습니다. 고난 속에서도 하나님의 계획을 믿으며, 결과에 얽매이지 않고 하나님과의 깊은 관계를 추구하는 삶이 우리에게 주어진 길입니다. 하나님을 알고, 사랑하며, 그분 안에서 강하게 서는 믿음이 우리의 목표가 되어야 합니다.

주님, 우리의 삶 속에서 결과에 흔들리지 않고, 오직 하나님을 알고 사랑하며 신뢰하는 믿음을 주옵소서.

August

8월

습기

8월 **1**일

인과응보의 능선을 넘은 지혜로운 자

욥기 4:12-5:7

12어떤 말씀이 내게 가만히 이르고 그 가느다란 소리가 내 귀에 들렸었나니 13사람이 깊이 잠들 즈음 내가 그 밤에 본 환상으로 말미암아 생각이 번거로울 때에 14두려움과 떨림이 내게 이르러서 모든 뼈마디가 흔들렸느니라 15그 때에 영이 내 앞으로 지나매 내 몸에 털이 주뼛하였느니라

 엘리바스는 자신의 영적 체험을 바탕으로 욥의 고난을 죄에 대한 응보로 해석합니다. 그는 인간의 연약함과 하나님의 의로움을 강조하며, "사람이 어찌 하나님보다 의롭겠느냐"욥 4:17라는 말로 인간의 죄성을 지적합니다. 그러나 그의 관점은 고난을 지나치게 단순하게 해석한 것이며, 욥의 고난이 단순히 죄의 결과라는 잘못된 결론에 도달합니다. 진정한 지혜는 고난을 통해 하나님을 더욱 알아가는 것입니다. 우리는 인과응보의 능선을 넘은 자들로, 하나님을 아는 일과 그분을 사랑하는 일에 힘써야 합니다. 하나님은 고난 속에서도 우리와 함께하시며, 그 고난을 통해 우리에게 깊은 의미를 깨닫게 하십니다. 믿음의 사람들은 죽음 너머에 있는 하나님의 나라를 바라보며, 오늘의 고난을 넘어 영원한 본향을 사모하는 자들입니다.

주님, 고난 속에서도 하나님을 더 알아가고, 사랑하는 자로 살아가게 하옵소서.

8월 2일

징계의 능선을 넘은 자의 복

욥기 5:8-17

8나라면 하나님을 찾겠고 내 일을 하나님께 의탁하리라 9하나님은 헤아릴 수 없이 큰 일을 행하시며 기이한 일을 셀 수 없이 행하시나니 10비를 땅에 내리시고 물을 밭에 보내시며 11낮은 자를 높이 드시고 애곡하는 자를 일으키사 구원에 이르게 하시느니라

엘리바스는 욥에게 고난 속에서 하나님을 찾고 그분께 의탁하라고 권면합니다8절. 하나님은 헤아릴 수 없는 기이한 일을 행하시며, 낮은 자를 높이시고 애통하는 자를 구원으로 이끄시는 분입니다9-11절. 인간의 지혜와 교활한 계략은 하나님 앞에서 아무 소용이 없으며, 결국 그들은 어두운 길을 더듬으며 실패하게 됩니다12-14절. 엘리바스는 또한 고난과 징계 속에서도 하나님의 손길을 발견해야 한다고 말합니다. 징계는 하나님의 미움이 아니라 오히려 사랑의 과정이며, 그 징계를 통해 우리는 의와 평강의 열매를 맺게 됩니다17절. 히브리서 12장 11절에서도 징계가 주는 유익을 말하듯, 우리는 하나님의 징계를 받을 때, 그 안에서 성장을 경험하며 하나님과 더 가까워지는 복을 누리게 됩니다. 따라서 우리는 징계 속에서도 낙담하지 말고, 하나님의 사랑을 더욱 깊이 깨달으며 그분께 더욱 의지해야 합니다.

주님, 고난과 징계 속에서도 하나님의 사랑을 깨닫고, 의와 평강의 열매를 맺게 하옵소서.

8월 **3**일

징계에서 발견하는 하나님의 사랑

욥기 5:17-27

17볼지어다 하나님께 징계 받는 자에게는 복이 있나니 그런즉 너는 전능자의 징계를 업신여기지 말지니라 18하나님은 아프게 하시다가 싸매시며 상하게 하시다가 그의 손으로 고치시나니

엘리바스는 하나님께 징계를 받는 것이 복된 일이라고 선언합니다17절. 이 징계는 벌이 아니라 하나님이 우리를 더욱 성숙하게 하시는 과정입니다. 하나님은 아프게 하시다가도 싸매시고, 상하게 하시다가도 고치시며, 우리가 겪는 모든 환난에서 구원하십니다18-20절. 징계 속에서도 하나님은 우리를 보호하시며, 기근과 멸망 속에서도 두려움 없이 평안을 누릴 수 있게 하십니다 21-24절. 하나님의 징계를 넘어서면 우리는 영적인 평안과 더불어 풍성한 축복을 누리게 됩니다. 이는 자손의 번성과 장수라는 상징적 표현으로 나타나며25-26절, 결국 하나님의 백성에게 주어지는 영원한 생명을 의미합니다. 이처럼 징계는 하나님의 사랑의 손길이며, 그 속에서 더 큰 평강과 소망을 발견할 수 있습니다.

주님, 징계 속에서도 하나님의 사랑을 깊이 깨닫고 평강을 누리게 하옵소서.

8월 **4**일

의인의 고통과 하나님의 뜻

욥기 6:1-4, 24-30

24내게 가르쳐서 나의 허물된 것을 깨닫게 하라 내가 잠잠하리라 25옳은 말이 어찌 그리 고통스러운고, 너희의 책망은 무엇을 책망함이냐 26너희가 남의 말을 꾸짖을 생각을 하나 실망한 자의 말은 바람에 날아가느니라 27너희는 고아를 제비 뽑으며 너희 친구를 팔아 넘기는구나

욥은 극심한 고난 속에서 바다의 모래보다 크고 무거운 자신의 고통을 호소합니다. 그는 하나님의 침묵 속에서 홀로 고통을 감내하고 있습니다욥 6:2-4. 하지만 욥의 친구들은 그런 욥을 위로하기보다는 옳은 말을 하며 그를 책망할 뿐입니다. 이는 고난을 겪는 이들을 향한 우리의 태도를 돌아보게 합니다. 하나님께서는 다윗을 선택하실 때 외모를 보지 않고 중심을 보셨듯이삼상 16:7, 고난받는 자들의 중심을 보시며 그들을 위로하십니다. 우리도 외적인 상황만을 보고 판단할 것이 아니라 그들의 아픔을 깊이 이해하고, 함께 기도하며 그들을 중보해야 합니다. 의인의 고난은 무의미하지 않습니다. 예수님께서도 십자가의 고통을 당하셨을 때, 그 고난은 인류의 구원을 위한 생명의 열매를 맺었습니다. 마찬가지로, 의인으로 살아가는 우리의 고난도 하나님의 뜻 안에서 반드시 생명의 열매를 맺게 될 것입니다. 고난 속에서도 우리가 해야 할 일은 그들의 믿음이 흔들리지 않도록 기도하는 것입니다. 히브리서 4장 14-16절에서 예수님께서 우리의 대제사장이 되사 우리의 연약함을 동정하셨듯이, 우리도 고난당하는 이들을 위해 기도하며 그들의 믿음을 굳게 세워줘야 합니다. 고통 속에서도 하나님의 계획이 있음을 믿고, 그들을 위해 기도하는 중보자로서의 사명을 감당해야 합니다. 하나님께서 우리의 고난을 통해 생명의 열매를 맺으시기를 기대하며, 서로 중보하는 삶을 살아가도록 합시다.

주님, 고난 속에서 믿음을 지키고 생명의 열매를 맺는 은혜를 허락하소서.

8월 **5**일

하나님을 신뢰하는 의인의 기도

욥기 7:1-21

1이 땅에 사는 인생에게 힘든 노동이 있지 아니하겠느냐 그의 날이 품꾼의 날과 같지 아니하겠느냐 2종은 저녁 그늘을 몹시 바라고 품꾼은 그의 삯을 기다리나니 3이와 같이 내가 여러 달째 고통을 받으니 고달픈 밤이 내게 작정되었구나

욥은 극심한 고난 속에서 하나님께 정직하게 고백하며, 자신의 아픔과 절망을 숨기지 않고 하나님께 나아갑니다. 고통이 클수록 하나님께 가까이 나아가는 것은 의인된 우리가 누릴 수 있는 큰 은혜입니다. 세상의 것들이 갑자기 사라질 수 있는 현실 속에서, 우리의 유일한 소망은 하나님께 있음을 기억해야 합니다. 욥은 고통 속에서도 하나님이 자신에게 마음을 두고 계심을 신뢰하며, 그 고난을 통하여 더 깊이 하나님을 의지하고 있음을 고백합니다. 우리가 고통 중에 할 일은 첫째, 정직하게 하나님께 기도하는 것입니다. 둘째, 그 고통 속에서도 끝까지 하나님을 신뢰하며, 그 속에서 하나님의 영광을 드러내는 것입니다. 고난은 우리를 연단시키는 도구이며, 하나님께서 우리에게 마음을 두고 계신다는 증거입니다. 우리는 그 고통 속에서도 하나님의 뜻을 찾고 은혜를 깨달아야 합니다.

주님, 고통 속에서도 주님을 신뢰하며 하나님의 은혜를 깨닫게 하소서.

8월 **6**일

옳은 말보다 함께하는 친구

욥기 8:1-22

1수아 사람 빌닷이 대답하여 이르되 2네가 어느 때까지 이런 말을 하겠으며 어느 때까지 네 입의 말이 거센 바람과 같겠는가 3하나님이 어찌 정의를 굽게 하시겠으며 전능하신 이가 어찌 공의를 굽게 하시겠는가 4네 자녀들이 주께 죄를 지었으므로 주께서 그들을 그 죄에 버려두셨나니 5네가 만일 하나님을 찾으며 전능하신 이에게 간구하고 6또 청결하고 정직하면 반드시 너를 돌보시고 네 의로운 처소를 평안하게 하실 것이라 7네 시작은 미약하였으나 네 나중은 심히 창대하리라 8청하건대 너는 옛 시대 사람에게 물으며 조상들이 터득한 일을 배울지어다

빌닷은 욥에게 "정의롭고 공의로운 하나님이 어찌 너를 공평하게 다루지 않겠느냐"며 욥의 고난을 죄의 결과로만 해석합니다. 그의 말은 논리적으로 맞는 말이었지만, 고난을 겪는 욥에게는 옳은 말보다 더 큰 상처를 주었습니다. 고난을 겪는 의인에게 필요한 것은 단지 옳은 말이 아니라, 그들과 함께하며 묵묵히 기도하고 손을 잡아주는 친구입니다. 우리의 생각과 하나님의 생각은 하늘과 땅 차이만큼 다릅니다. 하나님께서 우리에게 주신 고난은 우리가 이해할 수 없는 깊은 목적과 선한 뜻을 담고 있습니다. 욥의 고난을 통해 하나님은 결국 그의 믿음을 더욱 성숙하게 하셨고, 이 고난을 통해 많은 사람들에게 위로와 교훈을 주셨습니다. 의인된 우리는 고난을 겪을 때 하나님께 더 나아가고, 고통 속에서도 끝까지 신뢰하며, 하나님의 뜻을 이루기를 소망해야 합니다. 또한 고난 중에 있는 자들을 정죄하기보다, 함께하며 기도로 손을 잡아주는 진정한 친구가 되어야 합니다.

주님, 고난당하는 자 곁에서 진정한 친구로 함께하며 하나님의 사랑을 전하게 하소서.

8월 **7**일

욥이 고백하는 하나님

욥기 9:1-35

1욥이 대답하여 이르되 2진실로 내가 이 일이 그런 줄을 알거니와 인생이 어찌 하나님 앞에 의로우랴 3사람이 하나님께 변론하기를 좋아할지라도 천 마디에 한 마디도 대답하지 못하리라 4그는 마음이 지혜로우시고 힘이 강하시니 그를 거슬러 스스로 완악하게 행하고도 형통할 자가 누구이랴 5그가 진노하심으로 산을 무너뜨리시며 옮기실지라도 산이 깨닫지 못하며 6그가 땅을 그 자리에서 움직이시니 그 기둥들이 흔들리도다 7그가 해를 명령하여 뜨지 못하게 하시며 별들을 가두시도다 8그가 홀로 하늘을 펴시며 바다 물결을 밟으시며 9북두성과 삼성과 묘성과 남방의 밀실을 만드셨으며 10측량할 수 없는 큰 일을, 셀 수 없는 기이한 일을 행하시느니라

욥기 9장에서 욥은 자신에게 닥친 고난 속에서 하나님의 위대하심과 자신이 그 하나님 앞에 얼마나 작은 존재인지를 고백합니다. 욥은 "인생이 어찌 하나님 앞에 의로우랴"라고 말하며, 인간이 하나님과 변론하는 것이 얼마나 무의미한 일인지 깨닫습니다2절. 그는 하나님의 지혜와 능력이 너무나 크시며4-10절, 인간은 그분 앞에서 무엇 하나 변명할 수 없는 존재임을 인정합니다. 이러한 욥의 고백은 하나님과 인간 사이의 본질적 거리감을 인식하게 합니다. 하나님은 우리의 이해를 초월하는 분이시며, 우리는 그분의 크신 계획을 다 알 수 없습니다. 그러나 욥은 이 고백 속에서도 하나님의 선하심을 의심하지 않습니다. 그는 자신의 고난의 이유를 이해하지 못하지만, 그럼에도 불구하고 하나님의 주권을 신뢰합니다. 이는 우리에게도 중요한 신앙의 자세를 가르칩니다. 고난 속에서도 우리는 하나님의 뜻과 계획을 받아들이며 그분을 신뢰해야 합니다. 예수 그리스도께서 우리의 중재자가 되신 것처럼, 우리는 하나님과의 관계 속에서 그리스도를 통해 구원과 회복을 얻을 수 있습니다.

주님, 우리의 이해를 초월하시는 주님의 주권을 신뢰하게 하시고, 고난 중에도 그 믿음을 잃지 않게 하소서.

8월 **8**일

하나님의 선하심을 신뢰하라

욥기 10:1-22

9기억하옵소서 주께서 내 몸 지으시기를 흙을 뭉치듯 하셨거늘 다시 나를 티끌로 돌려보내려 하시나이까 10주께서 나를 젖과 같이 쏟으셨으며 엉긴 젖처럼 엉기게 하지 아니하셨나이까 11피부와 살을 내게 입히시며 뼈와 힘줄로 나를 엮으시고 12생명과 은혜를 내게 주시고 나를 보살피심으로 내 영을 지키셨나이다

욥은 극심한 고난 속에서 자신의 영혼이 지쳐 있음을 고백하며, 이유를 알 수 없는 고통에 대해 하나님께 질문합니다. 자녀와 재산을 잃고, 육체적인 고통에 시달리는 욥은 차라리 태어나지 않았으면 좋았을 것이라 말하며, 하나님께서 자신을 왜 창조하셨는지 의문을 제기합니다. 하지만 그 모든 질문 속에서도 욥은 하나님을 끝까지 신뢰하고 있습니다. 우리가 고난 속에서 느끼는 혼란과 절망 속에도 하나님은 여전히 살아계십니다. 욥은 하나님의 섭리를 다 이해할 수 없었으나, 하나님께서는 결국 그 고난을 통해 선을 이루십니다. 이는 요셉의 이야기에서도 나타나며, 성경은 고난이 결코 헛되지 않음을 강조합니다. 하나님은 우리의 고난을 반드시 선으로 바꾸시는 분이십니다창 50:20, 롬 8:28. 예수님 또한 고난의 길을 가르치셨습니다. 누가복음 9:23에서 예수님은 "자기를 부인하고 날마다 자기 십자가를 지고 나를 따르라"고 말씀하셨습니다. 우리의 고난은 예수님을 따르는 과정에서 자연스럽게 발생하며, 그 고난은 결국 생명으로 인도하는 길입니다. 찬송가 작곡자 찰스 와이글도 순회 전도 중 아내와 자녀를 잃었지만, 그 고난 속에서 "예수가 함께 계시니 시험이 오나 겁 없네"라는 찬송을 작곡하며 하나님의 선하심을 증거했습니다. 따라서, 우리는 어떤 고난 속에서도 하나님의 선하심을 신뢰하며, 그 고난이 생명을 낳는 역사를 이루어가리라는 믿음을 가져야 합니다.

주님, 고난 속에서도 하나님의 선하심을 끝까지 신뢰하게 하소서.

8월 **9**일

광대하신 하나님 앞에서의 신뢰

욥기 11:1-12

5하나님은 말씀을 내시며 너를 향하여 입을 여시고 6지혜의 오묘함으로 네게 보이시기를 원하노니 이는 그의 지식이 광대하심이라 하나님께서 너로 하여금 너의 죄를 잊게 하여 주셨음을 알라 7네가 하나님의 오묘함을 어찌 능히 측량하며 전능자를 어찌 능히 완전히 알겠느냐

소발은 욥에게 하나님의 광대하심을 강조하며 그가 겪는 고난을 죄의 결과로 해석합니다. 그는 "하늘보다 높으시고 스올보다 깊으신" 하나님을 설명하며 욥의 죄를 자백할 것을 요구합니다7-8절. 그러나 우리는 소발의 지적이 부분적으로는 옳지만, 고난의 이유를 온전히 알 수 없는 하나님의 오묘한 뜻을 놓치고 있음을 기억해야 합니다. 하나님은 우리의 이해를 초월하시는 분입니다. 때로는 이유를 알 수 없는 고난 속에서도 우리는 그분의 광대하심을 신뢰해야 합니다. 욥처럼 고난의 이유를 다 알지 못할 때에도 하나님께 나아가 그분의 은혜를 구해야 합니다. 중요한 것은 고난을 통해 하나님이 우리를 향한 선한 계획을 이루신다는 믿음입니다. 소발의 충고가 논리적으로 옳아 보일지라도, 진정한 친구는 말이 아닌 함께 손을 잡고 기도하는 존재입니다. 고난 중에도 하나님의 광대하심과 그 사랑을 깊이 신뢰하며, 끝까지 인내하는 믿음을 가지는 것이야말로 우리에게 주어진 참된 힘입니다.

주님, 고난 속에서도 하나님의 광대하심을 신뢰하며 그 은혜를 깨닫게 하옵소서.

8월 10일

환난 중에 붙잡을 세 가지 진리

욥기 11:13-20

13만일 네가 마음을 바로 정하고 주를 향하여 손을 들 때에 14네 손에 죄악이 있거든 멀리 버리라 불의가 네 장막에 있지 못하게 하라 15그리하면 네가 반드시 흠 없는 얼굴을 들게 되고 굳게 서서 두려움이 없으리니 16곧 네 환난을 잊을 것이라 네가 기억할지라도 물이 흘러감 같을 것이며 17네 생명의 날이 대낮보다 밝으리니 어둠이 있다 할지라도 아침과 같이 될 것이요

 소발은 욥에게 회개하고 죄악을 버리면 고난이 끝날 것이라고 말합니다. 그러나 우리는 소발의 조언이 인간적인 논리에서는 옳을 수 있지만, 하나님의 광대하심과 섭리를 온전히 설명하지 못한다는 것을 알아야 합니다. 고난 중에서 우리가 잊지 말아야 할 세 가지 진리가 있습니다. 첫째, 하나님의 광대하심을 신뢰해야 합니다. 소발은 욥에게 하나님께 손을 들고 회개하라고 하지만, 고난은 단순히 죄의 결과가 아닐 수 있습니다. 우리는 우리의 이해를 초월하시는 하나님의 크심을 인정하고, 그분의 계획이 항상 선하다는 믿음을 가져야 합니다. 둘째, 고난 속에서 생명의 역사를 기대해야 합니다. 소발은 환난이 물처럼 흘러가 사라질 것이라 하지만, 하나님은 고난을 통해 새로운 생명을 이루십니다. 우리의 고난은 헛되지 않으며, 그 안에서 하나님께서 우리를 성숙하게 하시고 새 생명을 주십니다. 셋째, 고난은 하나님과 더 가까워지는 기회입니다. 고난 속에서 우리는 하나님을 더욱 의지하게 되며, 그분의 뜻을 깨닫고 더 깊은 신앙으로 나아가게 됩니다. 고난은 하나님과의 친밀함을 경험하는 중요한 과정입니다.

주님, 고난 중에도 하나님의 광대하심을 믿으며 그분과 더욱 가까워지게 하옵소서.

8월 11일

생명의 사람으로 살아가기

욥기 12:1-12

1욥이 대답하여 이르되 2너희만 참으로 백성이로구나 너희가 죽으면 지혜도 죽겠구나 3나도 너희 같이 생각이 있어 너희만 못하지 아니하니 그같은 일을 누가 알지 못하겠느냐 4하나님께 불러 아뢰어 들으심을 입은 내가 이웃에게 웃음거리가 되었으니 의롭고 온전한 자가 조롱거리가 되었구나

 욥의 고통은 상상을 초월합니다. 모든 것을 잃고 육신의 건강마저 잃은 욥에게, 친구들은 위로라는 이름으로 옳은 말들을 쏟아냈지만, 그것들은 오히려 욥을 더 아프게 했습니다. 본문에서 욥은 "너희가 죽으면 지혜도 죽겠구나"라며 친구들의 태도를 비판합니다2절. 그들의 말은 옳을 수 있으나, 욥에게는 생명과 위로가 되지 않았습니다. 우리는 생명의 사람이 되어야 합니다. 생명의 사람은 다른 이를 살리는 말을 하며, 어려움 속에 있는 이들에게 생명의 소리를 냅니다. 로마서 8장 28절처럼, 하나님은 모든 것이 합력하여 선을 이루신다는 전제를 가지고, 상대방의 고통을 평가하기보다는 그를 위해 기도하는 겸손한 태도를 가져야합니다. 욥의 친구들이 진정으로 해야 했던 일은 겸손히 욥을 위해 기도하며 그의 고통에 공감하는 것이었습니다. 우리도 어려움에 처한 이들에게 생명의 소리를 낼 수 있도록, 하나님 앞에서 겸손히 나아갑시다.

주님, 겸손히 기도하며 생명의 소리를 내는 사람이 되게 하소서.

8월 **12**일

하나님의 통치와 우리의 현실

욥기 12:13-25, 13:1-2

13지혜와 권능이 하나님께 있고 계략과 명철도 그에게 속하였나니 14그가 헐으신즉 다시 세울 수 없고 사람을 가두신즉 놓아주지 못하느니라

지혜와 권능이 하나님께 있고, 계략과 명철도 그에게 속하였나니 욥 12:13. 욥은 모든 상황을 하나님의 통치 아래에서 바라보았습니다. 우리의 현실이 아무리 어둡고 고통스러울지라도 하나님이 여전히 지혜와 권능으로 세상을 다스리심을 믿는 것이 얼마나 중요한지 욥은 증거합니다. 하나님의 통치를 믿지 못하면 우리는 하나님을 오해하게 됩니다. 하박국 선지자도 하나님의 정의를 이해하지 못하고 탄식했듯이, 우리 또한 고난 속에서 하나님의 공의를 의심할 수 있습니다. 하지만 우리는 하나님께서 우리의 현실을 완전하게 다스리고 계시며, 이 모든 상황 속에서도 우리를 사랑하고 계심을 믿어야 합니다. 이를 믿지 못할 때 우리는 고통을 더욱 심화시키고, 하나님의 말씀을 왜곡하게 됩니다. 그러나 믿음으로 하나님을 온전히 신뢰할 때, 비록 상황이 힘들더라도 우리는 하나님을 찬양하게 됩니다. 하박국의 고백처럼 "비록 무화과나무가 무성하지 못하며 포도나무에 열매가 없을지라도" 그는 여호와로 인해 기뻐했습니다 합 3:17-18. 하나님께서 모든 것을 통치하신다는 사실을 믿는 이는 그 어떠한 상황에서도 하나님께 찬양과 순종의 삶을 드릴 수 있습니다. 욥은 친구들에게, 하나님께서 모든 것을 다스리시는 분임을 고백하며 하나님께 대한 신뢰를 잃지 않았습니다. 우리가 또한 이러한 믿음을 소유하고 어떤 현실 속에서도 하나님을 인정하며 나아가기를 기도합니다.

주님, 우리의 현실 속에서 하나님의 통치를 온전히 믿으며 하나님을 찬양하게 하소서.

8월 **13**일

기억하는 자와 놀라워하는 자

누가복음 24:7-12

7이르시기를 인자가 죄인의 손에 넘겨져 십자가에 못 박히고 제삼일에 다시 살아나야 하리라 하셨느니라 한 대 8그들이 예수의 말씀을 기억하고 9무덤에서 돌아가 이 모든 것을 열한 사도와 다른 모든 이에게 알리니 10(이 여자들은 막달라 마리아와 요안나와 야고보의 모친 마리아라 또 그들과 함께 한 다른 여자들도 이것을 사도들에게 알리니라) 11사도들은 그들의 말이 허탄한 듯이 들려 믿지 아니하나 12베드로는 일어나 무덤에 달려가서 구부려 들여다 보니 세마포만 보이는지라 그 된 일을 놀랍게 여기며 집으로 돌아가니라

누가복음 24장 7-12절은 예수님의 부활을 목격한 여인들의 이야기를 통해 중요한 영적 교훈을 줍니다. 여인들은 예수님의 시신이 사라졌다고 놀란 것에 그친 것이 아니라 말씀하신 대로 사흘 만에 다시 살아날 것이라는 예수님의 약속을 기억하고 그 사실을 제자들에게 전했습니다. 말씀을 기억하고 그 말씀을 근거로 부활을 확신하며 증인된 삶을 산 것입니다. 반면, 제자들은 여인들의 이야기를 듣고도 쉽게 믿지 못했습니다. 그들은 예수님이 말씀하셨던 부활의 약속을 기억하지 못했기 때문에 단순히 놀라워하고, 실질적인 증거를 찾으려 했습니다. 기억하지 못한 자들은 놀라움에 머물고, 결국 자신을 위한 삶을 선택하게 됩니다. 기억하는 자와 기억하지 못한 자의 차이는 바로 말씀을 붙드는 태도입니다. 우리가 기억해야 할 것은 예수님의 부활 약속뿐만 아니라, 하나님께서 우리에게 주신 모든 말씀입니다. 대한민국이 일제에서 해방된 것처럼, 우리의 영적 광복 또한 예수 그리스도의 십자가와 부활을 통해 이루어집니다. 예수님께서 시험을 당하실 때마다 말씀으로 사단을 물리치신 것처럼, 우리도 어려움 속에서 말씀을 기억할 때 세상을 이길 수 있습니다. 오늘날 많은 교회가 문을 닫고 있지만, 말씀을 기억하는 자들은 결코 절망하지 않습니다. 하나님께서 모든 민족에게 복음을 전하기 전에는 결코 끝이 오지 않는다는 약속을 믿기 때문입니다. 성령께서 말씀을 우리에게 생각나게 하시고, 그 말씀이 우리를 지켜주십니다. 그러므로 우리는 성령을 사모하고, 성령과 함께 말씀을 기억하여 세상과 민족, 그리고 선교지에 영적인 광복을 이루어야 합니다.

 주님, 성령의 도우심으로 말씀을 기억하며 그 능력으로 살아가게 하소서.

8월 14일

그리스도는 누구신가?

누가복음 20:41-44

41예수께서 그들에게 이르시되 사람들이 어찌하여 그리스도를 다윗의 자손이라 하느냐 42시편에 다윗이 친히 말하였으되 주께서 내 주께 이르시되 43내가 네 원수를 네 발등상으로 삼을 때까지 내 우편에 앉았으라 하셨도다 하였느니라 44그런즉 다윗이 그리스도를 주라 칭하였으니 어찌 그의 자손이 되겠느냐 하시니라

성경은 하나님을 기억하라고 끊임없이 말씀합니다. 우리는 광복을 통해 하나님의 은혜를 기억해야 합니다. 그러나 지엽적인 광복인 세상의 해방을 넘어, 하나님은 우리에게 본질적인 영적 광복을 원하십니다. 그것은 죄의 어둠에서 해방되어 영원한 빛 가운데로 나아가는 일입니다. 이스라엘 백성은 나라를 회복하는 것만을 바라보다가 그리스도를 십자가에 못박는 실수를 범했습니다. 예수님은 단순한 다윗의 자손이 아닌, 본질적인 구원을 이루실 '주'이십니다. 그리스도만이 우리를 죄와 어둠에서 해방시킬 수 있는 분이십니다. 그의 순종으로 우리는 진정한 해방을 누리게 되었습니다. 우리가 지엽적인 해방에 머물지 말고, 궁극적인 영적 해방을 위해 나아가야 합니다. 예수님은 모든 민족에게 복음을 전하라고 명령하셨습니다. 교회가 선교와 전도를 잃으면 소망이 없습니다. 이제는 그리스도의 십자가 사랑을 마음으로 바라보고, 이 사랑을 세상에 전하는 순종의 삶을 살아가야 합니다.

주님, 영적 광복을 이루신 그리스도의 사랑을 기억하며, 이 사랑을 세상에 전하게 하소서.

8월 **15**일

진정한 광복을 꿈꾸자

누가복음 11장 29-32절

29무리가 모였을 때에 예수께서 말씀하시되 이 세대는 악한 세대라 표적을 구하되 요나의 표적 밖에는 보일 표적이 없나니 30요나가 니느웨 사람들에게 표적이 됨과 같이 인자도 이 세대에 그러하리라 31심판 때에 남방 여왕이 일어나 이 세대 사람을 정죄하리니 이는 그가 솔로몬의 지혜로운 말을 들으려고 땅 끝에서 왔음이거니와 솔로몬보다 더 큰 이가 여기 있으며 32심판 때에 니느웨 사람들이 일어나 이 세대 사람을 정죄하리니 이는 그들이 요나의 전도를 듣고 회개하였음이거니와 요나보다 더 큰 이가 여기 있느니라

오늘은 광복절입니다. 그러나 오늘날 젊은이들 사이에서는 단순한 공휴일 이상의 의미가 없게 된 것이 안타깝습니다. 이런 현실을 해소하기 위해 부모세대는 자녀들에게 광복절의 의미를 알려주고, 소중한 역사를 돌아보도록 가르쳐야 할 필요가 있습니다. 또한, 그리스도인인 우리에게는 또 하나의 광복, 진정한 광복이 필요합니다. 본래 우리는 영원한 빛이 우리 곁에 오셨지만, 그 빛을 알지 못하고 죄악의 어둠에 갇혀 살아갈 수밖에 없는 악한 세대였습니다. 예수님께서 요나의 표적 외에는 보일 것이 없다고 하신 것은, 그들만이 아닌 모든 인류가 주님의 십자가와 부활을 통해 진정한 빛을 경험해야 함을 의미합니다. 예수 그리스도의 죽음과 부활은 우리에게 빛을 주신 것뿐 아니라, 우리가 그 빛을 전 세계에 전파해야 할 사명도 주셨습니다. 우리는 진정한 광복을 얻은 자로서 다음 세 가지를 실천해야 합니다. 첫째, 매일 우리의 삶 속에 하나님의 이름이 머물게 해야 합니다. 이는 하나님의 은혜를 찬송하며 감사와 감격으로 예배하는 것입니다. 둘째, 어둠으로 가는 발걸음을 멈추고 늘 빛 앞에 서야 합니다. 광복을 맞은 우리가 다시 과거로 돌아가서는 안 됩니다. 셋째, 광복을 허락하신 예수님과 그 말씀에 순종하며 복음을 전하는 선교사들의 정신을 이어받아야 합니다. 우리는 온 세계 열방까지 하나님 나라를 세우기 위해 꿈을 꾸어야 합니다.

하나님, 우리의 삶 속에 하나님의 이름이 항상 머물게 하여 주시고, 진정한 광복을 이루게 하소서.

8월 16일

예수 그리스도와 하나 되는 교회

요한일서 2:18-29

21내가 너희에게 쓰는 것은 너희가 진리를 알지 못하기 때문이 아니라 알기 때문이요 또 모든 거짓은 진리에서 나지 않기 때문이라 22거짓말하는 자가 누구냐 예수께서 그리스도이심을 부인하는 자가 아니냐 아버지와 아들을 부인하는 그가 적그리스도니 23 아들을 부인하는 자에게는 또한 아버지가 없으되 아들을 시인하는 자에게는 아버지도 있느니라 24너희는 처음부터 들은 것을 너희 안에 거하게 하라 처음부터 들은 것이 너희 안에 거하면 너희가 아들과 아버지 안에 거하리라

 나님께서 우리 교회를 세우시고 이 기간 동안 우리는 말씀, 예수, 성전 중심의 목회 사상을 따라 왔습니다. 교회는 반석이신 예수 그리스도 위에 세워져야 하며, 이는 곧 예수님과 하나 되는 교회를 의미합니다. 교회는 성전 중심으로 하나님께 순종하며, 그 안에서 성도들은 영적으로 성장하고 그리스도의 장성한 분량까지 자라가야 합니다. 본문에서 말하는 '적그리스도'는 단지 마지막 때에 등장하는 인물이 아니라, 교회 공동체를 깨뜨리고 신앙을 파괴하는 자들을 가리킵니다. 그들은 공동체를 떠나고 교회를 무너뜨리는 역할을 하며, 우리가 교회 안에서 자라지 못하면 누구라도 적그리스도의 역할을 할 수 있습니다. 교회는 하나님 앞에서 성숙해져야 하며, 서로를 비판하지 않고 은혜로 섬기는 공동체가 되어야 합니다. 하나님께서 우리에게 주신 은혜로 교회는 민족 복음화와 세계 선교의 사명을 감당해야 합니다.

주님, 우리 교회가 하나 되어 예수 그리스도 안에서 자라가고, 민족과 세계를 향한 복음의 사명을 잘 감당하게 하소서.

8월 **17**일

수수께끼 풀고 망했다

사사기 14장 15-20

15일곱째 날에 이르러 그들이 삼손의 아내에게 이르되 너는 네 남편을 꾀어 그 수수께끼를 우리에게 알려 달라 하라 그렇지 아니하면 너와 네 아버지의 집을 불사르리라 너희가 우리의 소유를 빼앗고자 하여 우리를 청한 것이 아니냐 그렇지 아니하냐 하니

교회 설립 주년을 맞아 하나님의 은혜에 깊이 감사드립니다. 우리 교회는 민족복음화, 세계선교를 위하여 전 성도 사역화, 전 성도 선교화라는 두 가지 목표 아래 시작되었습니다. 당시 어려운 시대 속에서도 성령의 인도하심으로 이 비전을 품고 시작한 교회는 이제 구체적인 333비전을 통해 민족복음화와 세계 선교를 향한 꿈을 이루기 위해 노력하고 있습니다. 우리 교회의 목회 중심 사상은 성경 중심, 예수 중심 그리고 교회 중심인데, 특히 성경을 사사로이 해석해서는 안 되며, 하나님의 뜻을 올바르게 이해해야 한다는 성경 중심 사상이 중요합니다. 오늘 말씀에서 삼손의 아내가 풀 수 없는 수수께끼를 풀도록 압박받는 사건은 말씀이 하나님의 영이 함께하는 사람만이 진정으로 이해할 수 있는 것임을 보여줍니다. 하나님의 말씀을 전하는 자와 그 말씀을 받는 자 모두 역사적 근거를 바탕으로 두려운 마음으로 말씀을 대해야 합니다. 목회자와 성도 모두 성령의 증언을 잘 분별하여 순종하는 것이 중요합니다. 성경은 인간의 힘으로 풀 수 없는 인으로 봉해진 책입니다. 역사적 증거와 성령의 증언에 의해서만 올바르게 해석될 수 있습니다. 교회는 이 세 가지 중심을 평생 붙잡아야 하며, 이를 통해 각자의 삶이 변화되고, 가정과 교회, 민족과 세계가 하나님의 은혜로 살아나기를 소망합니다.

하나님, 성경의 진리를 올바르게 깨닫고 순종할 수 있는 믿음과 지혜를 주시옵소서.

8월 **18**일

하나님의 평안과 만나의 은혜

출애굽기 16:13-20

15이스라엘 자손이 보고 그것이 무엇인지 알지 못하여 서로 이르되 이것이 무엇이냐 하니 모세가 그들에게 이르되 이는 여호와께서 너희에게 주어 먹게 하신 양식이라 … 19모세가 그들에게 이르기를 아무든지 아침까지 그것을 남겨두지 말라 하였으나 20그들이 모세에게 순종하지 아니하고 더러는 아침까지 두었더니 벌레가 생기고 냄새가 난지라 모세가 그들에게 노하니라

출애굽기 16장 13-20절은 하나님께서 이스라엘 백성들에게 만나를 주시며 매일 그들의 필요를 채워주시는 장면을 보여줍니다. 광야에서 굶주리고 고통스러울 때 하나님은 매일의 양식을 통해 그들과 함께 하시며 보호하셨습니다. 하나님께서는 우리 인생에도 만나와 같은 은혜를 매일 베풀어 주시는데 이것은 교회도 마찬가지입니다. 한국중앙교회가 설립될 당시, 우리나라는 경제적으로 어려운 시기였지만, 하나님께서 교회를 세우시고 이끌어오셨습니다. 이 모든 과정에서 교회가 받은 은혜는 바로 하나님의 만나와 같은 선물이었습니다. 본문에서 하나님께서 이스라엘 백성들에게 만나를 매일 주시며 몇 가지 중요한 교훈을 주십니다. 첫째, 매일 하나님을 신뢰하는 자리로 나아가라는 것입니다. 우리는 매일 하나님을 의지하고, 그분께서 필요한 것을 공급해 주실 것을 믿어야 합니다. 둘째, 욕심부리지 말라는 교훈입니다. 탐심은 우상이며, 하나님을 의지하는 대신 세상적인 욕망에 집착하는 것은 하나님의 뜻에 어긋납니다. 셋째, 하나님의 말씀에 순종하라는 것입니다. 매일 주시는 만나를 순종하는 마음으로 받아들여야 합니다. 넷째, 안식일의 중요성도 강조됩니다. 하나님은 안식일 전에 이틀 치의 만나를 주시며, 안식일을 지키고 하나님과 교제하는 시간을 주십니다. 마지막으로, 만나가 여호와께서 주신 선물임을 기억해야 합니다. 우리의 삶 속에 있는 모든 것이 하나님의 선물이며 은혜인 것을 기억할 때 우리는 낙심하지 않고 교만하지 않으며, 감사와 겸손을 배울 수 있습니다. 하나님께서 주시는 만나를 매일 받아들이며, 모든 것이 여호와의 선물임을 기억하고, 감사와 찬양으로 하나님께 영광 돌리는 삶을 살아가길 소망합니다.

하나님, 매일 주시는 만나를 감사하며 여호와의 선물임을 기억하게 하소서.

8월 19일

내 집은

마태복음 21:12-17

12바벨론으로 사로잡혀 간 후에 여고냐는 스알디엘을 낳고 스알디엘은 스룹바벨을 낳고 13스룹바벨은 아비훗을 낳고 아비훗은 엘리아김을 낳고 엘리아김은 아소르를 낳고 14아소르는 사독을 낳고 사독은 아킴을 낳고 아킴은 엘리웃을 낳고 15엘리웃은 엘르아살을 낳고 엘르아살은 맛단을 낳고 맛단은 야곱을 낳고 16야곱은 마리아의 남편 요셉을 낳았으니 마리아에게서 그리스도라 칭하는 예수가 나시니라 17그런즉 모든 대수가 아브라함부터 다윗까지 열네 대요 다윗부터 바벨론으로 사로잡혀 갈 때까지 열네 대요 바벨론으로 사로잡혀 간 후부터 그리스도까지 열네 대더라

예수님께서 성전에서 매매하는 사람들을 내쫓으시며, "내 집은 기도하는 집이라"라고 말씀하신 본문은 우리가 꿈꾸는 집과 주님이 꿈꾸시는 집의 차이를 분명히 보여줍니다. 주님이 꿈꾸는 집은 기도하는 집입니다. 그곳에서는 하나님이 주인이 되시며, 모든 일이 그분의 뜻에 따라 이루어집니다. 우리의 삶 속에서도 기도하지 않는다면, 우리가 주인이 되어 살아가는 것입니다. 하지만 주님이 주인이신 집은 항상 그분의 뜻을 구하는 기도의 집입니다. 주님이 꿈꾸는 집은 모든 민족이 기도하는 집입니다. 예수님께서 성전으로 이끌어 치유하신 자들은 본래 성전에 들어올 수 없는 자들이었습니다. 하지만 주님은 만민이 하나님께 나아가 기도할 수 있는 집을 원하십니다. 또한, 주님이 꿈꾸는 집은 찬송으로 모든 부정적인 것을 덮는 집입니다. 어린아이들이 드리는 찬송이 모든 불평과 대적을 잠잠하게 합니다. 마지막으로, 주님이 꿈꾸는 집은 쉼이 있는 집입니다. 예수님께서 사랑하셨던 베다니는 가난과 슬픔이 있는 곳이었지만, 주님께는 쉼이 되는 장소였습니다. 교회와 성도의 삶은 이와 같이 세상에서 지친 사람들이 찾아와 쉴 수 있는 곳이 되어야 합니다. 기도와 찬송, 쉼이 있는 주님의 집을 이루어가기를 소망합니다.

주님, 제 삶이 주님이 꿈꾸시는 기도와 쉼이 있는 집이 되게 하소서.

8월 20일

기다림이 주는 은혜

욥기 13:3-19

3참으로 나는 전능자에게 말씀하려 하며 하나님과 변론하려 하노라 4너희는 거짓말을
지어내는 자요 다 쓸모 없는 의원이니라 5너희가 참으로 잠잠하면 그것이 너희의 지
혜일 것이니라 6너희는 나의 변론을 들으며 내 입술의 변명을 들어 보라

 욥은 자신의 고난을 단순히 죄의 결과로 단정하는 친구들 앞에
서 진리를 변론하고 있습니다. 그는 인간의 경험과 지식을 절
대화하는 태도를 경계하며, 오직 하나님 앞에서만 진리를 구하고자 합니다. 우리
또한 종종 자신의 생각과 경험을 절대화하여 타인을 기다려주지 못하고, 소통이 막히
는 상황을 겪습니다. 그러나 성경 외에 절대적인 것은 없습니다. 하나님만이 절대적
이시며, 우리 인간의 모든 지식과 경험은 상대적일 뿐입니다. 이러한 깨달음 속에서
기다림은 단순히 시간을 보내는 것이 아니라, 사랑과 축복 속에서 하나님이 일하실
때를 믿고 준비하는 과정입니다. 기다림은 수동적이지 않으며, 우리는 그 속에서 사
랑하며 축복하며 오늘 할 일을 감당해야 합니다. 하나님은 그 기다림 속에서 반드시
열매를 맺게 하십니다. 성령의 아홉 가지 열매인 사랑, 기쁨, 화평, 오래 참음, 자비, 양
선, 충성, 온유, 절제의 열매가 우리 삶 속에 가득할 것입니다. 하나님께서 아브라함과
야곱을 기다리신 것처럼, 오늘 우리도 서로를 기다리며 그 속에서 하나님의 역사를
체험해야 합니다.

주님, 기다림 속에서 사랑과 축복을 실천하며 성령의 열매를 맺는 삶을 살게
하소서.

8월 **21**일

욥의 두 가지 기도

욥기 13:20-28

²⁰오직 내게 이 두 가지 일을 행하지 마옵소서 그리하시면 내가 주의 얼굴을 피하여 숨지 아니하오리니 ²¹곧 주의 손을 내게 대지 마시오며 주의 위엄으로 나를 두렵게 하지 마실 것이니이다 ²²그리하시고 주는 나를 부르소서 내가 대답하리이다 혹 내가 말씀하게 하옵시고 주는 내게 대답하옵소서 ²³나의 죄악이 얼마나 많으니이까 나의 허물과 죄를 내게 알게 하옵소서

 욥은 극심한 고난 속에서 두 가지 기도를 드렸습니다. 첫 번째는 하나님께서 그에게서 손을 거두어 주시고, 그 고통에서 벗어나게 해달라는 기도입니다. 이는 우리의 고통을 가장 먼저 하나님께 올려드려야 한다는 것을 보여줍니다. 기도는 하나님과의 깊은 관계를 유지하는 신앙의 호흡이기 때문입니다. 우리는 크든 작든 모든 문제를 하나님 앞에 내려놓아야 합니다. 욥의 두 번째 기도는 그 고난의 의미를 깨닫고자 하는 간구였습니다. 그는 고난이 단지 우연이 아닌 하나님의 목적과 뜻이 있을 것이라고 믿었습니다. 하박국 선지자도 하나님께 고난의 이유를 물었을 때, 하나님은 "의인은 믿음으로 말미암아 살리라"라고 답하셨습니다. 이 대답이 하박국으로 하여금 고난 속에서도 하나님을 찬양하게 했습니다. 우리도 욥처럼 고난 속에서 하나님의 목적을 묻고 그 의미를 깨닫는 기도를 드려야 합니다. 욥의 기도는 우리가 평생토록 드려야 할 기도의 본입니다. 첫째, 우리의 모든 고통을 하나님께 맡기고 도움을 구하는 기도, 둘째, 그 고통 속에서 하나님의 뜻을 깨닫고자 하는 기도입니다. 이 두 기도를 통해 우리는 하나님과의 관계 속에서 더욱 성숙해지며 그분의 영광을 위해 살아갈 수 있습니다.

주님, 고난 속에서도 하나님의 손길을 구하며 그 뜻을 깨닫게 하여 주시옵소서.

나는 누구인가,
하나님이 주목하시는 존재

8월 22일

욥기 14:1-6

1여인에게서 태어난 사람은 생애가 짧고 걱정이 가득하며 2그는 꽃과 같이 자라나서 시들며 그림자 같이 지나가며 머물지 아니하거늘 3이와 같은 자를 주께서 눈여겨 보시나이까 나를 주 앞으로 이끌어서 재판하시나이까

여인에게서 태어난 사람은 생애가 짧고 걱정이 가득하며, 꽃과 같이 자라나 시들고 그림자같이 사라지는 존재입니다. 그러나 하나님은 이런 존재마저도 눈여겨보시며 주목하십니다. 우리의 날을 정하시고 우리의 삶을 주관하시는 하나님께서 보잘것없는 나를 어찌하여 이토록 관심을 기울이실까요? 사무엘하 7:18-19에서 다윗은 "나는 누구이며, 내 집은 무엇이기에 여기까지 이르게 하셨나이까?"라고 고백합니다. 고난과 역경 속에서도 그는 하나님의 은혜를 깨달으며 감사했습니다. 우리의 인생 역시 짧고 덧없으나, 하나님께서 우리를 존귀하게 여기시고 인도하심을 잊지 말아야 합니다. 시편 8:4-5은 "사람이 무엇이기에 주께서 그를 생각하시며, 그를 하나님보다 조금 못하게 하시고 영화와 존귀로 관을 씌우셨나이다"라고 말합니다. 우리는 하나님 앞에서 작고 연약한 존재이지만, 하나님께서 우리를 특별히 계획하시고 영화롭게 세우셨습니다. 하나님께서 나를 주목하신다는 이 사실은 우리를 겸손케 하며 동시에 담대하게 만듭니다. 나의 과거나 배경이 중요하지 않고, 하나님 손에 붙잡힌 나의 존재가 그분 안에서 얼마나 존귀한지 깨닫게 됩니다. 하나님께서 우리를 고난 속에서도 주목하시고 품으시며, 끝까지 인도하신다는 것을 기억하며, 그분을 경외하며 섬기는 삶을 살아가기를 소망합니다.

하나님, 저희가 언제나 주님 안에서 존귀한 존재임을 기억하고, 그 사랑을 깨달아 삶 속에서 주님을 경외하며 섬기게 하옵소서.

8월 **23**일

나무보다 못한 나를 기억하시는 하나님

욥기 14:7-17

7나무는 희망이 있나니 찍힐지라도 다시 움이 나서 연한 가지가 끊이지 아니하며 8그 뿌리가 땅에서 늙고 줄기가 흙에서 죽을지라도 9물 기운에 움이 돋고 가지가 뻗어서 새로 심은 것과 같거니와 10장정이라도 죽으면 소멸되나니 인생이 숨을 거두면 그가 어디 있느냐

 무는 희망이 있나니 찍힐지라도 다시 움이 나서 연한 가지가 끊이지 아니하며욥 14:7 욥은 나무를 비유로 자신의 연약함을 고백합니다. 나무는 찍혀도 다시 움이 나지만, 인간은 죽으면 소멸되어 아무런 희망이 없는 존재입니다. 그러나 하나님께서는 이러한 보잘것없는 욥에게도 관심을 두셨습니다. 우리는 종종 하나님의 관심이 우리가 바라는 형태로만 주어지기를 원합니다. 그러나 하나님은 때로 우리의 연약함과 실패를 통해 더 큰 은혜를 주시며 우리를 온전하게 하십니다. 욥은 이러한 하나님의 관심 속에서 참음과 기다림으로 나아가겠다고 고백합니다. 기도는 하나님 앞에서 우리의 무력함을 인정하고, 하나님의 능력을 의지하는 행위입니다. 우리가 가진 모든 경험과 지식에도 불구하고, 하나님 없이는 아무것도 할 수 없습니다. 욥처럼 우리는 나무보다도 못한 존재임을 깨닫고, 겸손히 하나님의 관심을 믿으며 기도해야 합니다. 하나님께서 우리에게 주시는 '기도의 지팡이'를 붙잡고, 그분의 인도하심을 따르는 삶을 살아가길 바랍니다.

하나님, 나무보다 못한 저를 기억하시고 관심 가져주시는 은혜에 감사드립니다. 저의 연약함 속에서도 주님을 신뢰하며, 겸손히 기도의 자리로 나아가게 하소서.

8월 **24**일

아무 응답이 없을 때의 기도

욥기 14:18-22

18무너지는 산은 반드시 흩어지고 바위는 그 자리에서 옮겨가고 19물은 돌을 닳게 하고 넘치는 물은 땅의 티끌을 씻어버리나이다 이와 같이 주께서는 사람의 희망을 끊으시나이다 20주께서 사람을 영원히 이기셔서 떠나게 하시며 그의 얼굴 빛을 변하게 하시고 쫓아보내시오니 21그의 아들들이 존귀하게 되어도 그가 알지 못하며 그들이 비천하게 되어도 그가 깨닫지 못하나이다 22다만 그의 살이 아프고 그의 영혼이 애곡할 뿐이니이다

 무너지는 산은 반드시 흩어지고 바위는 그 자리에서 옮겨가고 물은 돌을 닳게 하고 넘치는 물은 땅의 티끌을 씻어버리나이다 이와 같이 주께서는 사람의 희망을 끊으시나이다. 욥은 무너진 산과 옮겨지는 바위처럼 자신의 희망이 사라져가는 상황에서 하나님께서 침묵하심을 경험합니다. 그의 고통은 하나님의 응답이 없다는 단절 속에서 더욱 깊어졌습니다. 오늘날 우리 역시 삶의 고난과 하나님의 침묵을 경험할 때, 신앙이 흔들리기 쉽습니다. 그러나 고통 중에도 하나님을 바라보는 것은 성숙한 믿음의 길입니다. 17세기 몰타 페스트로 수많은 이들이 죽었을 때, 존 던 목사님은 역병에 걸려 병상에서 하나님께 기도했습니다. 그의 기도는 두 가지였습니다. 첫째, "고통 속에서도 하나님만 바라보게 해 주세요." 둘째, "나의 무력함이 드러나게 하셔서 하나님이 나의 전부가 되게 해 주세요." 이 기도는 우리의 고통 가운데서도 여전히 하나님을 신뢰하고 바라보게 합니다. 하나님께서 침묵하실 때, 우리에게 필요한 것은 인간적인 방법이 아니라 계기판을 바라보는 비행기 기장처럼 하나님을 바라보는 것입니다. 고통 속에서도 하나님을 의지하고 그분의 인도하심을 신뢰합시다. 그 속에서 우리는 하나님께서 이루실 일들을 기대할 수 있습니다.

하나님, 고통 속에서도 오직 하나님만 바라보게 하시고, 나의 무력함 속에서 하나님이 나의 전부가 되게 하소서.

8월 **25**일

옳게 사는 자가 독사가 되지 않으려면

욥기 15:1-16

1데만 사람 엘리바스가 대답하여 이르되 2지혜로운 자가 어찌 헛된 지식으로 대답하겠느냐 어찌 동풍을 그의 복부에 채우겠느냐 3어찌 도움이 되지 아니하는 이야기, 무익한 말로 변론하겠느냐 4참으로 네가 하나님 경외하는 일을 그만두어 하나님 앞에 묵도하기를 그치게 하는구나

 옳게 사는 것은 중요하지만, 사랑 없이 행해지는 옳음은 독사가 되어 타인을 해칠 수 있습니다. 오늘 본문에서 엘리바스는 욥에게 옳은 말을 하고 있지만, 그 말은 욥에게 큰 고통과 상처가 되었습니다. 엘리바스는 자신의 지혜와 경건함을 드러내며 욥을 정죄했으나, 그의 말에는 자비와 사랑이 없었기에 독이 되었습니다. 우리가 기도하고 옳게 산다 해도, 사랑이 없으면 우리의 말과 행동은 다른 이들에게 상처를 줄 수 있습니다. 예수님께서는 겟세마네 동산에서 잠든 제자들을 꾸짖기보다 그들의 연약함을 이해하셨습니다. 마음은 원이로되 육신이 약하다는 말씀으로 그들을 품으셨습니다. 우리도 예수님처럼 타인의 연약함을 이해하고 사랑으로 대해야 합니다. 옳게 사는 것이 독이 되지 않기 위해선 사랑이 반드시 동반되어야 합니다. 욥의 고난을 통해 우리는 하나님께서 우리의 이해를 초월한 일을 이루고 계신다는 사실을 배웁니다. 어려움 속에서도 하나님의 섭리를 신뢰하며, 그분의 뜻을 따라 살아가는 것이 참된 믿음입니다. 우리의 신앙은 옳음과 사랑을 겸비하며, 하나님의 신비로운 계획을 신뢰하는 삶이어야 합니다.

하나님, 우리가 옳게 살되 사랑 없이 독사의 입이 되지 않게 하시고, 고난 중에도 하나님의 섭리를 신뢰하는 믿음을 주옵소서.

8월 **26**일

절망 중에도 하나님은 일하신다

욥기 15:17-35

17내가 네게 보이리니 내게서 들으라 내가 본 것을 설명하리라 18이는 곧 지혜로운 자들이 전하여 준 것이니 그들의 조상에게서 숨기지 아니하였느니라 19이 땅은 그들에게만 주셨으므로 외인은 그들 중에 왕래하지 못하였느니라 20그 말에 이르기를 악인은 그의 일평생에 고통을 당하며 포악자의 햇수는 정해졌으므로 21그의 귀에는 무서운 소리가 들리고 그가 평안할 때에 멸망시키는 자가 그에게 이르리니 22그가 어두운 데서 나오기를 바라지 못하고 칼날이 숨어서 기다리느니라

엘리바스는 욥에게 그가 겪는 고난이 죄 때문이라며 무거운 독설을 퍼붓고 있습니다. 그는 고통의 원인을 인간의 악함으로 치부하며, 절망을 욥에게 강요합니다. 그러나 욥의 상황은 그저 인과응보의 원리에 따른 것이 아닙니다. 하나님께서는 인류의 죄와 연약함을 이해하시며, 때로는 그 이해할 수 없는 고난을 통해서도 자신의 뜻을 이루십니다. 우리 하나님은 절망 중에도 일하십니다. 인간의 눈으로 볼 때 완전한 좌절과 파괴처럼 보이는 순간에도 하나님은 여전히 그의 계획을 성취하고 계십니다. 그분의 주권 아래에서 이루어지는 고난은 단지 심판이 아니라, 그의 영광을 위한 수단이 될 수 있습니다. 이스라엘이 애굽의 압제에서 자유를 얻는 그 여정에서도 하나님은 그들을 절망에서 구원하셨으며, 우리 민족이 6·25의 절망적인 상황에서도 하나님의 계획하심 속에서 보호받고 회복된 것처럼 말입니다. 절망 속에서도 하나님은 신실하게 일하시는 분이십니다. 우리는 믿음으로 그분의 섭리를 신뢰하며, 고난의 시간 속에서도 그분의 손길을 바라보아야 합니다. 교만과 절망은 믿음의 백성이 경계해야 할 두 가지입니다. 하나님께 매여 있는 삶, 그분께 부르짖는 기도를 놓치지 않는 삶이 참된 믿음의 길입니다. 우리에게 주어진 사명은 어떤 상황에서도 그분의 일하심을 신뢰하며 하나님을 찬양하는 것입니다.

주님, 절망 중에도 일하시는 하나님의 손길을 신뢰하며, 어떤 상황 속에서도 소망을 잃지 않게 하소서.

8월 **27**일

근심을 풀어주는 자

욥기 16:1-5

1욥이 대답하여 이르되 2이런 말은 내가 많이 들었나니 너희는 다 재난을 주는 위로자들이로구나 3헛된 말이 어찌 끝이 있으랴 네가 무엇에 자극을 받아 이같이 대답하는가 4나도 너희처럼 말할 수 있나니 가령 너희 마음이 내 마음 자리에 있다 하자 나도 그럴 듯한 말로 너희를 치며 너희를 향하여 머리를 흔들 수 있느니라 5그래도 입으로 너희를 강하게 하며 입술의 위로로 너희의 근심을 풀었으리라

욥기 16장에서 욥은 그에게 고통을 덜어주지 못하고 오히려 더 큰 상처를 주는 친구들의 위로에 대해 절망하고 있습니다. 욥은 자신의 고난 속에서 친구들의 말이 전혀 도움이 되지 않고, 오히려 그를 더 깊은 절망으로 몰아넣는다고 고백합니다. 이 본문은 우리에게 진정한 위로자가 되는 것의 중요성을 일깨워줍니다. 하나님께서 우리에게 기대하시는 것은 사람을 살리고, 그들의 아픔과 근심을 이해하며 공감하는 자로 살아가는 것입니다. 사람을 살리는 언어는 그들의 상처를 치유하고, 무거운 짐을 덜어주는 힘을 가집니다. 그러나 비판적이고 판단적인 말은 상대방을 더욱 무너뜨리며, 하나님께서 원하시는 공동체의 모습에서 멀어지게 합니다. 예수 그리스도께서는 이 땅에 오셔서 연약한 자들을 품으시고, 그들의 아픔을 이해하시며 그들을 위로하셨습니다. 우리는 예수님의 본을 따라야 합니다. 그분은 우리를 위해 기도하시며 우리의 근심을 풀어주시는 분이십니다. 그러므로 우리도 주변 사람들을 향해 그리스도의 마음을 품고, 사랑과 온유함으로 그들을 세워야 합니다. 특히 가족과 교회 공동체 안에서 서로의 고통을 공감하고, 근심을 덜어주는 언어를 사용할 때, 우리는 하나님의 사랑을 나타내는 진정한 위로자가 될 수 있습니다. 욥의 친구들처럼 정죄와 비판을 쏟아내는 자가 아닌, 하나님의 사랑을 반영하며, 사람들을 세우고 그들의 근심을 덜어주는 말로 축복의 통로가 되어 매 순간 다른 이들을 격려하고 위로하는 자로 살아가기를 바랍니다.

주님, 저희의 입술을 통해 사람을 살리고, 근심을 풀어주는 자가 되게 하시고, 예수 그리스도의 사랑과 온유함을 본받아 모든 관계에서 진정한 위로자가 되게 하소서.

8월 **28**일

고난 속에서 주님을 바라보는 시선

욥기 16:6-22

19지금 나의 증인이 하늘에 계시고 나의 중보자가 높은 데 계시니라 20나의 친구는 나를 조롱하고 내 눈은 하나님을 향하여 눈물을 흘리니 21사람과 하나님 사이에와 인자와 그 이웃 사이에 중재하시기를 원하노니 22수년이 지나면 나는 돌아오지 못할 길로 갈 것임이니라

욥은 고난 속에서 자신의 시선을 하나님께로 돌리고자 했습니다. 그의 친구들은 욥이 어떤 숨겨진 죄 때문에 고난을 당한다고 비난했지만, 욥은 그들의 판단과 달리 하나님께서 이 고난을 허락하셨음을 고백합니다. 그는 고통의 원인을 사람이나 환경에서 찾지 않고, 모든 것을 주관하시는 하나님께로부터 왔다고 믿었습니다. 이러한 태도는 고난 속에서도 하나님의 주권을 신뢰하는 모습입니다. 욥은 "주께서 나를 피로하게 하셨다"7절고 고백하며, 고통의 깊은 자리에서조차 하나님께서 이 모든 일을 허락하신 것임을 인정했습니다. 그는 자신의 고난을 피하거나 변명하지 않고, 오히려 하나님 앞에 서서 그 이유를 묻습니다. 이는 그가 하나님을 향한 신뢰를 잃지 않았음을 보여줍니다. 또한, 욥은 자신의 기도가 정결하다고 고백하며17절, 그가 고난 속에서도 하나님의 은혜를 구하며 나아가고 있음을 알 수 있습니다. 그의 시선은 사람에게서 멀어져 하나님께로 향해 있었습니다. 이는 우리가 어떠한 고난과 역경 속에서도 마찬가지로, 우리의 시선을 주님께 맞추고 주님의 은혜와 자비를 구해야 함을 일깨워줍니다. 하나님을 신뢰하는 사람은 고난 속에서도 주님 앞에 무릎을 꿇습니다. 주님께서 모든 상황을 주관하신다는 믿음이 우리에게 소망을 줍니다. 따라서 우리의 시선은 항상 주께로 향해야 하며, 이로써 고난의 순간에도 주님의 위로와 능력을 경험할 수 있습니다.

주님, 저희가 고난 속에서도 항상 주님께 시선을 맞추고 주님의 은혜를 신뢰하며 나아갈 수 있도록 인도하여 주옵소서.

8월 **29**일

욥의 고난이 주는 세 가지 죽음

욥기 17:1-16

11나의 날이 지나갔고 내 계획, 내 마음의 소원이 다 끊어졌구나 12그들은 밤으로 낮을 삼고 빛 앞에서 어둠이 가깝다 하는구나 13내가 스올이 내 집이 되기를 희망하여 내 침상을 흑암에 펴놓으매 14무덤에게 너는 내 아버지라, 구더기에게 너는 내 어머니, 내 자매라 할지라도 15나의 희망이 어디 있으며 나의 희망을 누가 보겠느냐 16우리가 흙 속에서 쉴 때에는 희망이 스올의 문으로 내려갈 뿐이니라

욥은 고난 속에서 세 가지 죽음을 경험합니다. 첫째는 '사회적 죽음'입니다. 그는 친구들과의 관계가 끊어져 홀로 고립되었습니다. 코로나 시대를 살아가는 우리의 상황과도 유사합니다. 관계가 단절되고 개인주의가 만연한 이 시대, 교회는 최소한 이러한 사회적 죽음을 막는 공동체가 되어야 합니다. 둘째는 '생물학적 죽음'입니다. 욥은 주변으로부터 도움을 받을 수 없는 상황에 처해 있었습니다. 우리의 공동체는 도움이 필요한 자들에게 손을 내밀어야 하며, 신앙 공동체는 이런 생물학적 죽음의 위험에서 서로를 지켜내는 역할을 감당해야 합니다. 셋째는 '영원한 죽음'입니다. 욥은 고난 속에서도 영원한 소망을 놓지 않았습니다. 그는 자신의 고난이 궁극적으로 하나님의 계획 속에 있음을 믿었습니다. 그리스도 안에서 우리는 영원한 생명을 소유한 자들입니다. 이는 우리로 하여금 어떤 고난에도 두려워하지 않게 하고, 영생의 확신 가운데 거하게 합니다. 우리는 이 땅에서 사회적, 생물학적 죽음에 맞서 싸워야 하며, 궁극적으로는 영원한 생명의 소망을 나누는 자들이 되어야 합니다.

주님, 우리에게 영원한 생명의 소망을 굳건히 붙잡게 하시고, 이웃의 고통을 외면하지 않으며 그들을 세우는 도구로 사용해 주소서.

8월 30일

은혜를 잊으면 일어나는 일

욥기 18:1-21

19그는 그의 백성 가운데 후손도 없고 후예도 없을 것이며 그가 거하던 곳에는 남은 자가 한 사람도 없을 것이라 20그의 운명에 서쪽에서 오는 자와 동쪽에서 오는 자가 깜짝 놀라리라 21참으로 불의한 자의 집이 이러하고 하나님을 알지 못하는 자의 처소도 이러하니라

욥기 18장에서 수아 사람 빌닷은 욥에게 매우 가혹하게 말하며 욥의 고통을 정죄합니다. 이를 통해 우리는 하나님의 은혜를 잊을 때 어떤 일이 일어나는지를 세 가지 측면에서 생각해 볼 수 있습니다. 첫째, 하나님의 은혜를 잊으면 주변 사람들을 불편하게 만듭니다. 빌닷은 욥에게 고통의 이유를 설명하지만, 그의 말 속에는 위로나 은혜에 대한 이해가 없습니다. 은혜를 알고 있는 사람은 다른 이들의 연약함을 이해하며 위로할 수 있지만, 은혜를 잊으면 말과 행동이 주변 사람들을 더 힘들게 만들 뿐입니다. 둘째, 하나님의 은혜를 잊으면 사랑하거나 도울 수 없습니다. 빌닷은 욥의 고통을 악인의 결과로 설명하며 그를 정죄합니다5-20절. 이는 그가 욥을 진정으로 사랑하지 못하고 있다는 것을 보여줍니다. 셋째, 하나님의 은혜를 잊으면 교만과 자기 자랑만 남습니다. 빌닷은 욥을 불의한 자로 단정하며, 자신은 욥과 다르다는 교만한 태도를 보입니다21절. 은혜를 잊으면 우리는 자신의 의로움을 자랑하게 되고, 결국 교만해집니다. 사도 바울은 "내가 나 된 것은 하나님의 은혜로 된 것"이라 고백하며, 그가 수고하고 일한 모든 것조차도 하나님의 은혜임을 인정했습니다고전 15:10. 우리도 이와 같은 겸손과 은혜의 고백이 있어야 합니다. 하나님의 은혜를 잊지 않고 기억하는 삶만이 참된 겸손과 사랑을 실천할 수 있는 삶입니다. 은혜를 기억하며, 그 은혜로 주변 사람들에게 위로와 사랑을 전하는 자가 되기를 소망합니다.

주님, 저에게 주신 은혜를 잊지 않게 하시고, 그 은혜로 다른 이들을 사랑하고 섬기는 삶을 살게 하소서.

8월 **31**일

고난 중에 하나님을 바라보는 믿음

욥기 19:1-6

1욥이 대답하여 이르되 2너희가 내 마음을 괴롭히며 말로 나를 짓부수기를 어느 때까지 하겠느냐 3너희가 열 번이나 나를 학대하고도 부끄러워 아니하는구나 4비록 내게 허물이 있다 할지라도 그 허물이 내게만 있느냐 5너희가 참으로 나를 향하여 자만하며 내게 수치스러운 행위가 있다고 증언하려면 하려니와 6하나님이 나를 억울하게 하시고 자기 그물로 나를 에워싸신 줄을 알아야 할지니라

욥은 자신의 고난 속에서 친구들의 비난과 오해로 인해 더욱 깊은 고통을 겪습니다. 친구들은 욥의 고난을 그의 죄와 연관 지으며 정죄하고 있지만, 욥은 자신이 범한 죄와 현재 당하는 고통 사이의 인과관계를 이해하지 못합니다. 그는 고난의 이유를 알지 못하면서도 하나님께서 자신을 에워싸고 계시며 그 고난을 허락하셨음을 인식합니다. 이것은 우리에게도 중요한 깨달음을 줍니다. 우리가 겪는 고난의 이유를 다 알 수 없을 때, 믿음으로 하나님을 신뢰해야 합니다. 고난은 우리의 인품을 연단하고, 우리를 더욱 그리스도를 닮아가게 만듭니다. 예수님께서 십자가를 지신 이유를 아셨기에 그 고난을 견디신 것처럼, 우리도 하나님께서 이끄시는 새 일을 믿고 그 안에 담긴 의미를 깨닫기 위해 기도해야 합니다. 고난 중에는 자신이나 타인을 정죄하지 말고, 오히려 하나님의 사랑을 기억하며 서로를 위해 중보하는 사랑이 필요합니다. 하나님께서는 고난을 통해 새 일을 행하시며, 그 과정을 통해 우리가 더욱 하나님을 찬양하게 하십니다.

하나님, 고난 속에서도 주님의 사랑을 기억하며 새 일을 이루시는 하나님을 신뢰하게 하소서.

9월

습기

9월 **1**일

열릴 수 없는 문 앞에서의 믿음

욥기 19:7-12

⁹나의 영광을 거두어가시며 나의 관모를 머리에서 벗기시고 ¹⁰사면으로 나를 헐으시니 나는 죽었구나 내 희망을 나무 뽑듯 뽑으시고 ¹¹나를 향하여 진노하시고 원수 같이 보시는구나 ¹²그 군대가 일제히 나아와서 길을 돋우고 나를 치며 내 장막을 둘러 진을 쳤구나

본 문에서 욥은 그의 고통을 묘사하며, 하나님께 간구했으나 응답이 없고 그의 모든 길이 막혀 있음을 이야기합니다. 인간의 모든 노력에도 불구하고 열리지 않는 문 앞에서 우리는 무기력함을 느낍니다. 이는 욥만의 경험이 아니며, 우리 또한 인생에서 아무리 애써도 해결되지 않는 문제에 직면할 때가 있습니다. 이러한 상황에서 우리가 해야 할 일은 무엇일까요? 요한복음 6장에서 예수님은 오병이어의 기적을 행하신 후, 사람들에게 영생의 양식을 위해 일하라고 말씀하십니다. "하나님께서 보내신 이를 믿는 것이 하나님의 일"이라 하셨습니다요 6:29. 우리의 노력과 시도에도 불구하고 상황이 풀리지 않을 때, 하나님께서 열어주셔야만 그 문이 열립니다. 그렇기 때문에 우리가 해야 할 일은 예수 그리스도께서 통치자 되심을 믿고 신뢰하는 것입니다. 이사야 22장 22절과 요한계시록 3장 7절은 하나님께서 열면 닫을 자가 없고, 닫으면 열 자가 없음을 말씀하십니다. 동독과 서독의 통일도, 러시아의 붕괴도 인간의 노력이나 정책이 아닌, 궁극적으로는 하나님께서 여신 결과입니다. 따라서 우리 믿음의 백성들은 이 사실을 기억하며 닫힌 문 앞에서도 통치자 되신 하나님을 신뢰해야 합니다. 출애굽기 14장에서 이스라엘 백성이 홍해 앞에 서 있을 때, 그들은 스스로 길을 열 수 없었습니다. 그러나 하나님께서 모세에게 지시하시고 그가 순종했을 때, 하나님께서 길을 여셨습니다. 마찬가지로 우리 인생의 닫힌 문 앞에서도, 우리는 하나님의 말씀에 순종하며 그분께서 여시는 날을 기다려야 합니다. 그 말씀에 순종할 때 하나님께서 앞길을 열어주십니다.

주님, 인생의 닫힌 문 앞에서도 주님의 주권을 신뢰하며, 믿음으로 기다리고 순종할 수 있도록 도와주시옵소서.

9월 **2**일

고독 속에서 하나님을 바라보는 믿음

욥기 19:13-29

26내 가죽이 벗김을 당한 뒤에도 내가 육체 밖에서 하나님을 보리라 27내가 그를 보리니 내 눈으로 그를 보기를 낯선 사람처럼 하지 않을 것이라 내 마음이 초조하구나

욥은 자신의 형제, 친구, 심지어 아내와 종들마저 자신을 외면한 극심한 고독의 상황을 묘사합니다. 그러나 그는 이 처절한 고독의 순간에도 하나님께 대한 신뢰를 잃지 않았습니다. 현대 사회에서 고독은 사회적 문제로 대두되고 있습니다. 많은 이들이 고립된 채 살아가며, 이러한 고독은 우울증과 같은 정신적 문제를 야기하기도 합니다. 그러나 성경은 우리에게 고독이 하나님의 백성에게 복이 될 수 있음을 가르칩니다. 고독은 우리를 하나님께로 인도하며, 오직 하나님만을 바라보게 하기 때문입니다. 시편 42편 1절에서 다윗은 "사슴이 시냇물을 찾기에 갈급함 같이 내 영혼이 주를 찾기에 갈급하나이다"라고 고백합니다. 욥은 고독의 순간에 하나님께서 자신의 모든 것을 기록하고 기억하신다는 믿음을 놓지 않았습니다. 그는 "나의 말이 곧 기록되었으면, 책에 씌어졌으면 좋겠노라"욥 19:23라고 고백하며, 하나님께서 자신의 고통을 기억하시고 자신을 돌보신다는 확신을 가졌습니다. 또한, 욥은 "내가 알기에는 나의 대속자가 살아 계시니 마침내 그가 땅 위에 서실 것이라"욥 19:25라고 고백하며, 자신의 구원자가 되신 하나님을 향한 소망을 표현합니다. 이는 고독이 단순히 우리를 괴롭히는 시간이 아니라, 하나님 앞에서 회복과 구원을 경험하는 시간이 될 수 있음을 보여줍니다. 우리 모두 인생에서 고독의 순간을 경험할 수 있습니다. 그러나 그 순간에 우리는 고통을 두려워하거나 원망하지 말고, 오히려 하나님을 바라보아서 고독의 시간을 하나님을 만나는 시간으로 바꿀 수 있어야 합니다.

주님, 고독의 순간에도 주님의 손길을 신뢰하며, 오직 하나님만을 바라볼 수 있는 믿음을 허락하여 주시옵소서.

9월 **3**일

억울함 속에서 하나님을 의지하는 지혜

욥기 20:12-19

12그는 비록 악을 달게 여겨 혀 밑에 감추며 13아껴서 버리지 아니하고 입천장에 물고 있을지라도 14그의 음식이 창자 속에서 변하며 뱃속에서 독사의 쓸개가 되느니라

오늘 본문에서 소발은 욥을 비난하며 그가 악을 달게 여기고 재물을 부당하게 취한 결과로 고난을 당하고 있다고 주장합니다. 그러나 소발의 이러한 비난은 억울하게도 사실과 다릅니다. 욥은 이미 모든 것을 잃고 극심한 고난 속에 있었지만, 친구들은 오히려 그를 정죄하며 고통을 더하고 있습니다. 이러한 억울한 상황 속에서 욥은 더욱 하나님을 신뢰하며 나아갔습니다. 우리도 삶에서 예상치 못한 억울한 상황을 마주할 때가 있습니다. 그럴 때 우리는 세 가지를 기억해야 합니다. 첫째, 억울함은 우리를 변화시키는 기회가 될 수 있습니다. 억울한 일을 겪을 때 우리는 겸손히 자신의 모습을 돌아보고, 하나님 앞에서 더욱 성숙해질 수 있는 기회로 삼아야 합니다. 둘째, 하나님은 억울한 상황 속에서도 더 좋은 길을 예비하십니다. 예수님께서 십자가에서 억울한 죽음을 당하셨지만, 하나님께서는 그 죽음을 통해 구원의 역사를 이루셨습니다. 우리의 억울함 뒤에도 하나님께서 계획하신 선한 길이 있음을 믿어야 합니다. 셋째, 억울한 상황 속에서 하나님께 나아가 부르짖는 것이 필요합니다. 다윗은 억울할 때마다 하나님께 기도하며 호소했고, 하나님께서 그의 기도를 들어주셨습니다. 우리도 억울한 일이 생길 때마다 하나님께 나아가 우리의 억울함을 맡기고 하나님의 도우심을 구해야 합니다. 억울함은 우리의 삶에서 피할 수 없는 부분일 수 있지만, 그 속에서도 하나님의 선하심을 바라보며 의지하는 것이 신앙인의 길입니다. 우리는 억울함을 이겨내고 하나님 앞에 더욱 나아갈 때, 하나님께서 우리를 인도하시고 영화롭게 하실 것을 확신해야 합니다.

 주님, 억울한 상황에서도 하나님을 의지하며, 선하신 뜻을 신뢰할 수 있는 믿음을 허락하여 주옵소서.

9월 4일

악담에서 벗어나는 길

욥기 20:20-29

20그는 마음에 평안을 알지 못하니 그가 기뻐하는 것을 하나도 보존하지 못하겠고 21남기는 것이 없이 모두 먹으니 그런즉 그 행복이 오래 가지 못할 것이라 22풍족할 때에도 괴로움이 이르리니 모든 재난을 주는 자의 손이 그에게 임하리라

우리는 삶에서 수많은 악담과 오해를 듣습니다. 이로 인해 자존 감이 흔들리고, 자신을 부정적으로 바라보게 되는 경우가 많습니다. 욥은 친구 소발의 악담을 들으며 극심한 고통 속에 있었습니다. 소발은 욥이 악하기 때문에 모든 재난을 자초했다고 말하며, 그의 모든 것을 빼앗기게 될 것이라 단언합니다. 그러나 이와 같은 악담은 결코 진리가 아닙니다. 하나님께서 우리에게 말씀하시는 것만이 진리입니다. 하나님은 욥을 비천한 자가 아니라 존귀한 존재로 부르셨습니다. 우리의 가치와 존재는 세상의 악한 말이 아니라 하나님께서 창세전에 계획하시고 택하신 하나님의 백성이라는 사실에 있습니다. 악담을 들을 때마다 우리는 그것이 거짓임을 깨달아야 합니다. 하나님 앞에서 우리의 존재를 다시 확인하고, 하나님이 주시는 신령한 복과 은혜를 기억하며 감사와 찬송으로 나아가는 것이 중요합니다. 하나님은 우리의 진정한 가치를 알고 계시며, 그분의 말씀으로 우리를 세우십니다. 우리는 세상에 흔들리지 않고, 하나님의 말씀을 붙들어야 합니다.

주님, 세상의 악한 말에 흔들리지 않고, 하나님의 진리 안에서 저의 정체성을 찾고 살아가게 하소서.

9월 **5**일

기독교인이 가질 목표

욥기 21:1-16

7어찌하여 악인이 생존하고 장수하며 세력이 강하냐 8그들의 후손이 앞에서 그들과 함께 굳게 서고 자손이 그들의 목전에서 그러하구나 … 14그럴지라도 그들은 하나님께 말하기를 우리를 떠나소서 우리가 주의 도리 알기를 바라지 아니하나이다 15전능자가 누구이기에 우리가 섬기며 우리가 그에게 기도한들 무슨 소용이 있으랴 하는구나 16그러나 그들의 행복이 그들의 손 안에 있지 아니하니 악인의 계획은 나에게서 멀구나

욥은 친구들의 반복된 비난에 답하며, 세상의 불의한 자들이 형통하고 장수하는 모습을 지적합니다. 악인들은 풍요롭고, 자녀들이 번성하며, 모든 것이 평안하게 보입니다. 그러나 이들은 하나님을 멀리하고, 하나님을 알기를 원하지 않는다고 당당히 말합니다. 그럼에도 불구하고 그들의 삶은 번영하는 듯 보이며, 하나님의 매가 그들에게 임하지 않는 현실을 욥은 의문시합니다. 욥의 말 속에서 우리는 기독교인이 가질 참된 목표가 무엇인지 고민하게 됩니다. 욥은 자신이 겪는 고통이 죄로 인한 것이 아님을 강조하며, 악인들의 겉보기 번영과는 다른 하나님의 계획을 바라봅니다. 우리의 목표는 세상에서 잘 먹고 잘 사는 것이 아니라, 하나님의 사랑받는 자녀로서, 어떠한 상황에서도 하나님의 기쁨이 되는 삶을 사는 것입니다. 하나님께서 우리에게 주신 신령한 복은 곧 우리가 하나님의 자녀라는 신분이며, 이는 세상의 형통과는 비교할 수 없는 영원한 가치입니다. 기독교인의 목표는 삶의 형편과 상관없이 하나님이 주신 그 신분 안에서 감사와 찬송을 올려드리는 것입니다. 우리는 이 싸움을 매일 이어가야 합니다. 악인들이 형통해 보일지라도, 우리의 눈은 그들의 겉모습에 흔들리지 않고, 하나님 안에서의 참된 평안과 기쁨을 붙들어야 합니다. 예수님께서 광야에서 사탄의 시험을 말씀으로 이기셨듯이, 우리 역시 하나님이 주신 말씀을 붙잡고 세상 속에서 승리하는 삶을 살아야 합니다.

하나님, 어떠한 상황에서도 하나님의 사랑받는 자녀임을 기억하며, 감사와 찬송으로 살아가게 하소서.

9월 6일

산 너머에 계신 하나님

욥기 21:17-34

31누가 능히 그의 면전에서 그의 길을 알려 주며 누가 그의 소행을 보응하랴 32그를 무덤으로 메어 가고 사람이 그 무덤을 지키리라 33그는 골짜기의 흙덩이를 달게 여기리니 많은 사람들이 그보다 앞서 갔으며 모든 사람이 그의 뒤에 줄지었느니라 34그런데도 너희는 나를 헛되이 위로하려느냐 너희 대답은 거짓일 뿐이니라

욥은 친구들의 끊임없는 비난과 왜곡된 판단에 맞서 악인의 번영을 이야기합니다. 세상에서는 악인들이 번성하고, 고난 없는 삶을 살며 심지어 화려한 장례를 맞이하는 경우가 많습니다. 그러나 이러한 현상은 하나님이 악인을 축복하신 것이 아니라, 우리의 시야 너머에 하나님의 깊은 계획이 있다는 사실을 보여줍니다. 욥의 친구들은 모든 고난을 죄의 결과로 해석하며 욥을 정죄했습니다. 그러나 욥은 고난이 단순히 죄의 결과가 아니라 하나님의 섭리 안에 있음을 강조합니다. 우리는 삶에서 만나는 이해할 수 없는 고난과 절망적인 상황 속에서도 하나님이 그 너머에 계셔서 선한 일을 이루신다는 믿음을 가져야 합니다. 하나님의 계획은 우리 인간의 이해를 초월하며, 그분은 고난 속에서도 결국 자신의 영광과 선한 뜻을 이루어 가십니다.

하나님, 우리의 이해를 넘어서는 고난 속에서도 주님의 선한 계획을 신뢰하게 하소서.

9월 7일

우리 교회의 어르신은 누구인가?

욥기 22:1-11

1데만 사람 엘리바스가 대답하여 이르되 2사람이 어찌 하나님께 유익하게 하겠느냐 지혜로운 자도 자기에게 유익할 따름이니라 3네가 의로운들 전능자에게 무슨 기쁨이 있겠으며 네 행위가 온전한들 그에게 무슨 이익이 되겠느냐 4하나님이 너를 책망하시며 너를 심문하심이 너의 경건함 때문이냐 5네 악이 크지 아니하냐 네 죄악이 끝이 없느니라

엘리바스는 욥을 향해 죄와 악의 결과로 고난을 겪고 있다고 정죄합니다. 그는 욥의 과거 행위를 비난하며, 그 고난이 욥의 잘못 때문이라고 단정합니다. 그러나 이는 진정으로 위로하고 회복시키는 말이 아닙니다. 엘리바스의 말은 논리적으로 옳을 수 있으나, 진정한 공감과 사랑이 없기에 욥에게 비수처럼 다가옵니다. 우리 교회의 어르신들은 많은 경험과 지식을 쌓아오신 분들입니다. 그 경험이 때로는 옳고 그름을 따지게 만들지만, 교회는 사람을 살리고 세우는 곳이 되어야 합니다. 교회의 어르신으로서 우리는 그저 정죄하고 비난하는 자리가 아닌, 손을 잡아 주고 함께 걸어가는 자리에 있어야 합니다. 예수님께서 우리를 친구라 부르시며 죄가 아닌 사랑으로 다가오신 것처럼, 우리는 사랑과 은혜로 서로를 붙잡아 주어야 합니다. 지식과 경험은 큰 축복이지만, 그것을 넘어 손을 잡아주는 것이 진정한 어른의 역할입니다. 우리의 경험과 지식을 통해 손을 내밀어 줄 때, 그곳에 생명의 역사가 일어납니다. 우리 교회의 어르신들이 손을 내밀어 지지하고 기도할 때, 우리 교회가 하나님께서 기뻐하시는 공동체로 세워질 것입니다.

하나님, 우리에게 주신 지식과 경험을 사랑으로 사용하여 서로를 세우는 도구로 삼게 하옵소서.

9월 **8**일

결과로 판단하지 않는 신앙
- 하나님의 때를 기다리라

욥기 22:12-20

16그들은 때가 이르기 전에 끊겨 버렸고 그들의 터는 강물로 말미암아 함몰되었느니라 17그들이 하나님께 말하기를 우리를 떠나소서 하며 또 말하기를 전능자가 우리를 위하여 무엇을 하실 수 있으랴 하였으나 18하나님이 좋은 것으로 그들의 집에 채우셨느니라 악인의 계획은 나에게서 머니라 19의인은 보고 기뻐하고 죄 없는 자는 그들을 비웃기를 20우리의 원수가 망하였고 그들의 남은 것을 불이 삼켰느니라 하리라

엘리바스는 욥의 현재 고난을 죄의 결과로 판단하며, 욥이 악한 길을 걷고 있다고 정죄합니다. 그는 욥의 고난을 단순히 그가 지은 죄의 결과로 보고, 하나님의 섭리와 은혜를 제대로 이해하지 못한 채 판단하고 있습니다. 하지만 고난은 항상 죄의 결과가 아니며, 하나님께서 그분의 섭리 안에서 허락하신 시련일 수 있습니다. 사람의 현재 상황을 근거로 판단하는 것은 하나님께서 기뻐하지 않으시는 일이며, 이는 오히려 상대에게 큰 상처를 줄 수 있습니다. 고린도전서 4장 1-5절에서 바울은 오직 하나님만이 모든 것을 공정하게 판단하실 수 있다고 가르칩니다. 사람의 눈에 보이는 결과나 외적 상황은 하나님의 깊은 뜻을 온전히 반영하지 못합니다. 우리 주 예수님께서 십자가에 달리셨을 때, 사람들은 그분을 실패자이자 저주받은 자로 여겼습니다. 그러나 그 뒤에는 부활이라는 하나님의 영광스러운 계획이 있었습니다. 우리도 현재의 결과로 타인을 판단하기보다, 하나님께서 이루실 완전한 뜻을 믿고 기다려야 합니다. 하나님은 모든 것을 보시고 아시는 분이시며, 그분의 계획은 우리의 이해를 초월합니다. 그러므로 우리는 판단하기보다, 하나님의 때를 기다리며 그분의 뜻을 신뢰하는 자들이 되어야 합니다.

하나님, 오늘의 결과로 나 자신이나 다른 사람을 판단하지 않고, 오직 주님의 때와 계획을 신뢰하는 믿음을 주옵소서.

9월 9일

올바른 지적
- 사랑과 함께하는 성장

욥기 22:21-30

21너는 하나님과 화목하고 평안하라 그리하면 복이 네게 임하리라 22청하건대 너는 하나님의 입에서 교훈을 받고 하나님의 말씀을 네 마음에 두라 23네가 만일 전능자에 게로 돌아가면 네가 지음을 받을 것이며 또 네 장막에서 불의를 멀리 하리라

엘리바스는 욥에게 하나님과 화목하고 하나님의 말씀을 마음에 두라고 지적합니다. 그의 말은 진리였으나, 욥의 상황을 이해하지 못한 채 이루어졌기 때문에 오히려 욥에게 상처를 주었습니다. 성경은 지적을 필요로 하지만, 그 방식이 잘못되면 상대를 해칠 수 있습니다. 올바른 지적을 위해서는 몇 가지 원칙이 필요합니다. 첫째, 지적은 자식처럼 사랑하는 마음으로 해야 합니다. 마태복음 18장은 형제를 권면할 때 개인적으로 먼저 접근하고, 그가 듣지 않더라도 포기하지 말라고 가르칩니다. 둘째, 용서받은 자로서 지적해야 합니다. 마태복음 18장의 비유에서 예수님은 우리가 받은 용서를 기억하며, 그 용서 안에서 다른 사람을 지적해야 한다고 하십니다. 셋째, 함께 자라가는 마음으로 지적해야 합니다. 갈라디아서 6장 1-2절은 지적할 때 온유한 심령으로 접근하고, 자신도 함께 성장해야 함을 강조합니다. 올바른 지적은 서로를 살리고, 하나님의 사랑 안에서 함께 성장하게 합니다. 그러므로 우리는 사랑과 겸손으로 지적하며, 함께 자라가는 공동체가 되기를 소망해야 합니다.

하나님, 제가 지적할 때 사랑과 겸손으로 할 수 있게 하시고, 올바른 지적을 통해 서로 함께 자라가는 공동체가 되게 하소서.

9월 **10**일

고난 중에 영광을 보라

욥기 23:1-12

10그러나 내가 가는 길을 그가 아시나니 그가 나를 단련하신 후에는 내가 순금 같이 되어 나오리라 11내 발이 그의 걸음을 바로 따랐으며 내가 그의 길을 지켜 치우치지 아니하였고 12내가 그의 입술의 명령을 어기지 아니하고 정한 음식보다 그의 입의 말씀을 귀히 여겼도다

 욥기 23장에서 욥은 하나님을 찾을 수 없고, 그분의 응답을 듣지 못하는 깊은 고난 속에서도 여전히 하나님을 신뢰합니다. 그는 "내가 가는 길을 그가 아시나니 그가 나를 단련하신 후에는 내가 순금같이 되어 나오리라"고 고백하며, 고난이 단순한 고통이 아니라 하나님의 섭리 가운데 있는 단련의 과정임을 인정합니다. 이는 하나님의 주권과 섭리를 신뢰하는 믿음의 태도입니다. 시편 42편 11절에서 시편 기자는 "내 영혼아, 네가 어찌하여 낙심하며 어찌하여 내 속에서 불안해하는가? 너는 하나님께 소망을 두라"고 자신에게 권면합니다. 이는 신자가 고난 중에도 하나님께 소망을 두고 그분의 선하신 계획을 신뢰해야 함을 보여줍니다. 누가복음 18장의 예수님의 비유에서도 과부는 불의한 재판관에게 끊임없이 간청하여 결국 응답을 받았습니다. 마찬가지로, 우리는 하나님께 끊임없이 기도하며 그분의 응답을 기다려야 합니다. 예수님께서 십자가의 고난을 통해 아버지를 영화롭게 하셨듯이, 우리의 고난 또한 하나님의 영광을 드러내는 도구가 될 수 있습니다. 고난은 우리를 연단하며, 궁극적으로 하나님의 영광을 이루는 데 쓰임 받습니다. 그러므로 우리는 고난 중에도 하나님을 신뢰하며 소망 가운데 살아야 합니다.

하나님, 고난 속에서도 주님의 영광을 바라보며 소망과 인내로 나아가는 믿음을 허락하소서.

9월 **11**일

절대 주권자 앞에서

욥기 23:13-17

13그는 뜻이 일정하시니 누가 능히 돌이키랴 그의 마음에 하고자 하시는 것이면 그것을 행하시나니 14그런즉 내게 작정하신 것을 이루실 것이라 이런 일이 그에게 많이 있느니라 15그러므로 내가 그 앞에서 떨며 지각을 얻어 그를 두려워하리라 16하나님이 나의 마음을 약하게 하시며 전능자가 나를 두렵게 하셨나니 17이는 내가 두려워하는 것이 어둠 때문이나 흑암이 내 얼굴을 가렸기 때문이 아니로다

욥기 23장에서 욥은 절대 주권자이신 하나님 앞에 서 있습니다. 그는 하나님의 뜻이 변치 않으며 그분이 정하신 계획을 누가 돌이킬 수 없음을 고백합니다. "그는 뜻이 일정하시니 누가 능히 돌이키랴"는 욥의 고백은 하나님의 주권적 섭리가 인간의 모든 상황을 관통하고 있음을 보여줍니다. 하나님은 절대적으로 주권을 가지신 분이시며, 그분의 뜻은 결코 변경되지 않습니다. 욥은 이러한 하나님의 절대 주권 앞에서 두려움을 느끼며 그분의 섭리에 겸손히 복종합니다. 이는 개혁주의 신학에서 강조하는 하나님의 주권과 섭리에 대한 절대적인 신뢰를 보여줍니다. 하나님께서는 우리가 이해할 수 없는 고난 가운데서도 우리를 영화롭게 하실 계획을 가지고 계십니다. 욥은 이 믿음을 가지고 자신을 단련하시는 하나님의 섭리를 받아들였습니다. 우리 역시 삶의 고난 속에서 하나님의 영광을 바라봐야 합니다. 하나님의 뜻은 절대로 변하지 않으며, 그분은 그 뜻을 반드시 이루십니다. 절대 주권자 앞에서 우리는 겸손히 그분의 뜻에 순종하며, 모든 상황을 통해 하나님을 영화롭게 하는 삶을 살아가야 합니다.

하나님, 절대 주권자이신 주님의 뜻을 신뢰하며 겸손히 순종하는 믿음을 허락하소서.

9월 **12**일

진정한 감사

욥기 24:1-12

1어찌하여 전능자는 때를 정해 놓지 아니하셨는고 그를 아는 자들이 그의 날을 보지 못하는고 … 12성 중에서 죽어가는 사람들이 신음하며 상한 자가 부르짖으나 하나님 이 그들의 참상을 보지 아니하시느니라

욥은 친구들이 세상의 불의와 고난을 단순한 인과응보로 해석하는 시각을 반박하며, 하나님께서 악인들을 당장 심판하지 않는 상황을 언급합니다. 그는 오히려 세상이 불의와 고통으로 가득한 모습을 냉철히 바라보면서도, 하나님께서 이를 통해 더 깊은 목적을 이루심을 믿습니다. 욥은 친구들이 말하는 것처럼 하나님이 즉각적으로 정의를 실현하지 않음을 지적하며, 하나님이 정하신 때와 방식은 인간의 이해를 초월한다고 고백합니다. 이러한 시각은 욥이 하나님을 절대 주권자로 인정하며 그분의 계획을 신뢰하는 믿음을 보여줍니다. 우리는 종종 상황과 조건에 따라 감사의 유무가 결정되곤 합니다. 그러나 욥이 보여준 시각처럼, 진정한 감사는 환경이 아니라 하나님을 어떻게 바라보느냐에서 비롯됩니다. 그분의 절대주권을 인정하고, 모든 상황 속에서 하나님의 선한 계획을 신뢰할 때, 우리의 감사는 조건을 넘어서 지속될 수 있습니다. 우리의 믿음은 세상의 관점과 하늘의 관점을 균형 있게 바라보며, 하나님께서 이루실 영광을 기대하는 믿음이어야 합니다.

 하나님, 어떤 상황에서도 절대주권을 믿고 진정한 감사를 드리게 하소서.

9월 **13**일

친구의 신앙과 욥의 신앙

욥기 24:13-25

22그러나 하나님이 그의 능력으로 강포한 자들을 끌어내시나니 일어나는 자는 있어도 살아남을 확신은 없으리라 23하나님은 그에게 평안을 주시며 지탱해 주시나 그들의 길을 살피시도다 24그들은 잠깐 동안 높아졌다가 천대를 받을 것이며 잘려 모아진 곡식 이삭처럼 되리라 25가령 그렇지 않을지라도 능히 내 말을 거짓되다고 지적하거나 내 말을 헛되게 만들 자 누구랴

욥과 친구들의 신앙은 서로 크게 다릅니다. 친구들은 욥의 고난을 단순히 죄의 결과로 해석하며, 회개하면 모든 것이 해결될 것이라 믿습니다. 이들은 신앙을 율법적인 관점에서 바라보며 하나님과 사람의 관계를 '행위와 보상'이라는 틀에 맞추어 이해합니다. 반면, 욥은 하나님에 대한 깊은 신뢰를 지니고 있었고, 하나님의 절대 주권을 신뢰하며 고난을 감내합니다. 욥은 악한 자들이 세상에서 번영할 수 있지만 결국 그들의 모든 것은 사라진다고 선언하며, 하나님은 세상의 것으로 사람을 평가하지 않으신다고 강조합니다. 욥은 하나님 자체가 자신에게 복임을 확신하고, 그분의 존재 자체가 자신의 생명임을 고백합니다. 욥의 신앙은 세상의 풍요로움이나 결과물이 아닌 하나님과의 관계에 근거한 신앙입니다. 따라서 욥은 고난 중에도 하나님을 신뢰하며 그분이 자기 삶의 주인임을 인정합니다. 이는 우리 모두에게 도전이 됩니다. 우리의 신앙이 단순히 세상의 축복에 의존하는 것이 아닌 하나님 그분을 우리의 소망으로 삼는 신앙이 되기를 바랍니다.

하나님, 우리의 신앙이 욥과 같이 세상의 것에 의존하지 않고, 오직 주님만을 바라보며 견고하게 자라가게 하소서.

9월 **14**일

어린아이로 있는 싸움

욥기 25:1-6

1수아 사람 빌닷이 대답하여 이르되 2하나님은 주권과 위엄을 가지셨고 높은 곳에서 화평을 베푸시느니라 3그의 군대를 어찌 계수할 수 있으랴 그가 비추는 광명을 받지 않은 자가 누구냐 4그런즉 하나님 앞에서 사람이 어찌 의롭다 하며 여자에게서 난 자가 어찌 깨끗하다 하랴 5보라 그의 눈에는 달이라도 빛을 발하지 못하고 별도 빛나지 못하거든 6하물며 구더기 같은 사람, 벌레 같은 인생이랴

빌닷의 말은 옳아 보이지만 욥의 현실과 하나님에 대한 깊은 이해에서 볼 때 중요한 문제가 있음을 드러냅니다. 빌닷은 "하나님 앞에서 인간이 어떻게 의롭다 하겠느냐"라고 말하며 하나님의 절대적인 위엄과 인간의 연약함을 강조합니다. 그러나 그 말은 옳은 것 같이 보여도 욥의 상황과는 맞지 않는 점이 있습니다. 빌닷은 자신의 지식과 경험에 기반한 신앙을 절대적인 것으로 여기며, 다른 가능성을 받아들이지 않습니다. 신앙생활에서 하나님에 대한 진리를 알고, 말씀에 따라 사는 것이 중요하지만 그것을 절대화하여 자신이 모든 것을 알고 있다는 태도로 고착된다면, 오히려 하나님이 역사하시는 방식을 놓칠 위험이 있습니다. 하나님은 인간의 지혜와 지식을 뛰어넘는 방식으로 일하시며, 우리가 그분의 뜻을 온전히 이해하기에는 한계가 있기 때문입니다. 따라서 우리는 언제나 하나님께 순종하는 '어린아이의 마음'을 가져야 합니다. 어린아이는 자신에게 기준이 없으며, 전적으로 부모를 의지하는 존재입니다. 그와 같이 우리는 자신의 지혜를 의지하지 말고, 하나님을 전적으로 신뢰하며 그분의 인도하심을 받아야 합니다. 하나님께서 역사하실 때 어린아이와 같은 순수한 마음을 가진 자를 사용하십니다. 신앙이 깊어질수록 자칫 자기 경험과 지식에 의존하여 하나님께서 새롭게 하시는 일을 받아들이기 어려워질 수 있습니다. 그렇기에 우리는 언제나 자신을 낮추어 하나님의 뜻을 겸손히 듣고 따르는 자세를 유지해야 합니다. 우리 모두 매일 이 싸움을 놓치지 않고 어린아이와 같이 하나님의 말씀에 귀 기울이며, 그분을 온전히 신뢰하는 신앙을 지켜나가길 바랍니다.

하나님, 제 마음을 어린아이와 같이 겸손하게 하사, 오직 주님의 뜻을 따르고 전적으로 의지하는 믿음을 허락하소서.

9월 **15**일

고난 중의 위로

욥기 26:1-14

14보라 이런 것들은 그의 행사의 단편일 뿐이요 우리가 그에게서 들은 것도 속삭이는 소리일 뿐이니 그의 큰 능력의 우렛소리를 누가 능히 헤아리랴

욥기 26장에서 욥은 친구 빌닷의 말을 듣고 나서 그의 위로가 실질적인 도움이 되지 않는다고 비판하며 고난 속에서의 진정한 위로를 강조합니다. 빌닷은 하나님을 높이며 욥의 죄를 회개하라고 권면하지만, 욥에게 그 말은 상처와 아픔만을 남깁니다. 욥은 빌닷의 위로가 표면적이고 기계적임을 지적하며, 진정한 위로는 말이 아닌 함께하는 데 있으며, 고통받는 자의 상황에 동참하는 데 있다고 강조합니다. 욥은 고난 중에도 하나님을 신뢰하며 그분의 위대하심을 인정합니다. 그는 하나님께서 모든 것을 주관하시는 분이심을 고백하며, 자신이 이해할 수 없는 상황 속에서도 하나님의 주권을 신뢰합니다. 하나님께서는 그분의 전능한 섭리로 온 우주를 통치하시며, 인간의 모든 한계를 넘어 일하시는 분이십니다. 욥은 인간의 고난과 하나님의 주권 사이에서 자신의 이해를 뛰어넘는 하나님의 크심을 인정하며, 그 신비 속에서 위로를 찾습니다. 개혁주의 신학의 관점에서 볼 때, 이 본문은 하나님의 절대적 주권과 신비를 강조합니다. 하나님은 인간의 이성과 이해를 초월하는 분으로, 우리가 고난을 겪는 이유를 이해하지 못할지라도 그분의 섭리를 신뢰하고 순종하는 것이 중요합니다. 욥의 고백은 인간의 고난이 하나님의 섭리 안에 있음을 인정하고, 그 고난 속에서도 하나님의 위로를 찾는 믿음을 보여줍니다. 결국, 진정한 위로는 사람의 말이 아닌 하나님과의 관계에서 오며, 그분의 신실하심과 사랑을 신뢰할 때만 경험할 수 있습니다.

주님, 고난 속에서도 주님의 절대적인 주권을 신뢰하며, 진정한 위로를 찾는 믿음을 제게 허락하소서.

9월 **16**일

하나님의 솜씨를 가르치겠다

욥기 27:1-12

11하나님의 솜씨를 내가 너희에게 가르칠 것이요 전능자에게 있는 것을 내가 숨기지 아니하리라 12너희가 다 이것을 보았거늘 어찌하여 그토록 무익한 사람이 되었는고

욥은 자신의 정당함이 부정당하고 고통받는 고난 속에서도 하나님에 대한 신앙을 굳게 지키며, 하나님의 공의와 전능하심을 높이 찬양하고 있습니다. 이는 욥이 하나님의 주권 아래에 있다는 사실을 깊이 인식하고 있음을 보여줍니다. "나의 호흡이 내 속에 있고 하나님의 숨결이 내 코에 있느니라"3절라는 욥의 말은, 인간의 생명이 하나님께 달려 있음을 강조합니다. 욥은 결코 거짓을 말하지 않고, 자신의 온전함을 지키겠다고 다짐합니다4-6절. 이는 하나님 앞에서의 바른 삶을 유지하려는 의지와 고난 속에서도 하나님의 정의를 붙들려는 신앙의 표현입니다. 개혁주의 신앙의 핵심인 하나님의 절대적 주권과 인간의 겸손한 순종이 욥의 이러한 태도 속에서 드러납니다. 욥은 또한 하나님의 솜씨, 즉 하나님의 놀라운 능력과 섭리를 다른 이들에게 전하겠다고 선언합니다11절. 이는 단순히 자신의 고난을 넘어서서 하나님의 영광을 드러내고, 그분의 진리를 증거하려는 그의 결단을 보여줍니다. 이러한 욥의 고백은 우리에게 하나님의 솜씨를 묵상하고, 그분의 주권을 인정하며, 우리의 모든 삶 속에서 하나님을 드러내는 것이 우리에게 주신 하나님의 사명이라는 중요한 교훈을 줍니다. 바울과 실라가 감옥에서도 하나님을 찬양하며 그분의 능력을 드러냈듯이, 우리도 어떤 상황에서도 하나님의 영광을 나타내는 자가 되어야 합니다. 하나님은 우리의 고난 속에서도 일하고 계시며, 우리는 그분의 주권과 섭리를 신뢰함으로써 그분의 이름을 높일 수 있습니다.

주님, 우리의 삶 속에서 어떠한 고난이 찾아와도 하나님의 주권을 신뢰하며, 그분의 영광을 나타내는 자가 되게 하소서.

9월 **17**일

악인의 결말과 하나님의 영광

욥기 27:13-23

13악인이 하나님께 얻을 분깃, 포악자가 전능자에게서 받을 산업은 이것이라 14그의 자손은 번성하여도 칼을 위함이요 그의 후손은 음식물로 배부르지 못할 것이며 15그 남은 자들은 죽음의 병이 돌 때에 묻히리니 그들의 과부들이 울지 못할 것이며

욥은 고난 속에서조차 하나님의 주권을 신뢰하며, 악인의 끝이 결국 무의미하고 덧없는 것임을 설명합니다. 그는 세상에서 악인이 쌓은 부와 권력이 결국 허망하게 사라지고 하나님의 심판을 받을 것이라는 사실을 고백합니다. 욥의 이 고백은 인간의 노력과 성공이 아무리 크더라도, 그것이 하나님을 떠난 것이라면 결국 무의미하게 끝나게 된다는 교훈을 우리에게 줍니다. 또한, 이 말씀은 '하나님의 절대 주권'과 '인간의 유한함'을 잘 드러냅니다. 악인의 형통함도 결국 하나님의 섭리 안에 있으며, 그들이 쌓은 모든 것은 공의로우신 하나님의 심판을 피할 수 없습니다. 욥은 고난 가운데서도 하나님을 의심하지 않고, 오히려 그분의 섭리를 바라보며 그 길을 걸어가고자 했습니다. 욥의 이러한 모습은 신앙의 출발이 인간의 소유나 성공이 아닌, 하나님의 은혜에 대한 확신에서 비롯된다는 것을 보여줍니다. 우리는 하나님께 받은 구원의 은혜를 기초로 살아가야 하며, 우리 삶의 모든 순간은 하나님의 영광을 위해 사용되어야 합니다. 고난이 닥칠 때 우리는 하나님의 선하심을 의심하기 쉽지만, 욥처럼 하나님의 주권을 신뢰하며 그분의 영광을 위해 살아가야 합니다. 고난 중에도 하나님을 향한 신뢰와 찬양을 놓치지 않는 삶이야말로 하나님께 영광 돌리는 참된 신앙의 모습입니다.

하나님, 고난 중에도 주님의 주권을 신뢰하며 우리의 모든 삶으로 주님께 영광 돌리게 하소서.

9월 **18**일

하나님의 지혜와 믿음의 길

욥기 28:1-14

12그러나 지혜는 어디서 얻으며 명철이 있는 곳은 어디인고 13그 길을 사람이 알지 못하나니 사람 사는 땅에서는 찾을 수 없구나

 욥기 28장은 하나님의 지혜의 깊이를 탐구하는 본문입니다. 인간은 노력으로 금과 은을 찾고, 산을 뚫으며 보물을 얻을 수 있지만, 하나님의 지혜는 그러한 방식으로 얻을 수 없는 것입니다. 욥은 "지혜는 어디서 얻으며 명철이 있는 곳은 어디인가?"욥 28:12라고 묻습니다. 이는 인간의 모든 노력에도 불구하고, 하나님의 지혜를 온전히 알 수 없음을 강조합니다. 개혁주의 신학적 관점에서, 우리는 하나님의 지혜와 섭리를 이해하려 하기보다는 그분의 말씀을 신뢰해야 합니다. 신앙은 먼저 믿는 데서 시작합니다. 인간의 지식과 경험으로 하나님의 지혜를 이해하려 한다면 오히려 실망과 혼란에 빠질 수 있습니다. 오직 하나님의 말씀을 신뢰할 때, 비로소 그분의 깊은 지혜를 조금이나마 엿볼 수 있게 됩니다. 하박국 선지자는 불의한 자들이 번영하고 하나님의 백성이 고난받는 것을 보며 하나님께 항의했습니다. 그러나 하나님께서는 "의인은 믿음으로 말미암아 살리라"합 2:4고 응답하셨습니다. 하나님의 지혜는 우리의 이해를 초월합니다. 따라서 우리는 그분을 신뢰하고 그분의 말씀에 순종해야 합니다. 이러한 믿음이 있을 때, 우리의 삶은 평안과 기쁨으로 충만하게 됩니다.

주님, 우리가 하나님의 지혜를 신뢰하며 그분의 선하신 인도하심을 따라 살 수 있는 믿음을 허락하여 주옵소서.

9월 **19**일

값으로 살 수 없는 하나님의 지혜

욥기 28:15-22

15순금으로도 바꿀 수 없고 은을 달아도 그 값을 당하지 못하리니 16오빌의 금이나 귀한 청옥수나 남보석으로도 그 값을 당하지 못하겠고 17황금이나 수정이라도 비교할 수 없고 정금 장식품으로도 바꿀 수 없으며 18진주와 벽옥으로도 비길 수 없나니 지혜의 값은 산호보다 귀하구나

욥기 28장은 하나님의 지혜의 가치를 강조합니다. 지혜는 세상의 어떤 재물과도 비교할 수 없는 소중한 것입니다. 오늘날 세상은 물질적 부유함이 행복과 모든 문제 해결의 열쇠라고 가르치지만, 욥은 하나님의 지혜야말로 참된 가치를 지닌다고 선언합니다. 부와 명예가 아닌, 하늘로부터 오는 지혜만이 우리의 삶을 인도할 수 있습니다. 우리는 종종 돈만 있으면 모든 것을 해결할 수 있다고 생각합니다. 그러나 이는 마귀의 속임수입니다. 돈은 일시적인 도움을 줄 수 있지만, 참된 평안과 영원한 삶을 제공하지 못합니다. 디모데전서 6장 10절은 돈을 사랑함이 일만 악의 뿌리라고 경고하며, 이로 인해 믿음에서 떠나 많은 고통에 빠질 수 있다고 하면서 우리의 신앙이 물욕에 잠식당하지 않도록 일깨워 줍니다. 또한, 솔로몬 왕의 예화를 통해 우리는 지혜가 하나님으로부터 온다는 것을 배울 수 있습니다. 솔로몬은 왕의 자리에서 하나님께 부나 명예가 아닌 지혜를 구했고, 하나님은 이를 기뻐하시며 부귀와 장수까지 더하여 주셨습니다. 이는 우리가 먼저 하나님의 지혜를 구할 때, 그분께서 우리의 필요도 채워주심을 보여줍니다. 하나님의 지혜는 우리의 현실에서는 종종 보이지 않기 때문에, 우리는 자주 그 중요성을 놓치곤 합니다. 그러나 참된 지혜는 우리 삶의 방향을 잡아주며, 물질이 주지 못하는 깊은 만족과 평안을 제공합니다.

주님, 물질에 의존하지 않고 하나님의 지혜를 구하며, 그 지혜로 우리의 삶을 인도받게 하소서.

9월 **20**일

하나님을 아는 참된 지혜

욥기 28:23-28

23하나님이 그 길을 아시며 있는 곳을 아시나니 24이는 그가 땅 끝까지 감찰하시며 온 천하를 살피시며 25바람의 무게를 정하시며 물의 분량을 정하시며 26비 내리는 법칙을 정하시고 비구름의 길과 우레의 법칙을 만드셨음이라 27그 때에 그가 보시고 선포하시며 굳게 세우시며 탐구하셨고 28또 사람에게 말씀하셨도다 보라 주를 경외함이 지혜요 악을 떠남이 명철이니라

욥기 28장은 하나님을 아는 참된 지혜에 대해 강조합니다. 참된 지혜는 오직 하나님께로부터만 옵니다. 하나님은 그분만의 방식으로 온 세상을 살피시고, 모든 피조물을 통치하시며, 우리의 길을 알고 계십니다. 이러한 하나님의 지혜는 우리에게 하나님을 경외하는 것이야말로 참된 지혜이며, 악을 떠나는 것이 명철임을 가르칩니다. 많은 경우 사람들은 성경 공부나 신학을 통해 하나님을 알 수 있다고 생각합니다. 하지만 실제로 하나님을 아는 것은 지식의 축적에만 있지 않습니다. 참된 지혜는 하나님이 우리를 얼마나 사랑하셨는지를 깊이 깨닫고 그 사랑에 반응하는 것입니다. 그 사랑을 깨닫고 하나님께 순종하고 경외하는 것이야말로 하나님을 아는 참된 지혜입니다. 이스라엘의 바리새인과 서기관들은 엄청난 성경 지식을 가졌지만, 그들은 정작 예수님을 알아보지 못했습니다. 그들의 지식이 하나님의 사랑과 은혜로 이어지지 않았기 때문입니다. 그분의 사랑을 깨닫고, 또 사랑하며 사는 것이 참된 하나님을 아는 것입니다. 우리가 욥기 28장의 참된 지혜를 얻기 위해 할 일은 두 가지입니다. 첫째는 하나님의 말씀에 순종하고, 순종 후에 하나님 앞에 예배하고 기도하는 것입니다. 둘째는 화평을 이루며, 다른 사람을 위해 중보 기도 하는 것입니다. 이 두 가지를 실천할 때 우리는 하나님을 아는 지혜를 얻게 되고, 그분의 은혜로 우리의 삶이 풍성해집니다.

하나님, 주님의 지혜로 우리를 채우시고, 주를 경외하며 악을 떠나는 삶을 살아갈 수 있도록 도와주소서.

9월 **21**일

세상적 영광과 하나님의 은혜

욥기 29:1-11

¹욥이 풍자하여 이르되 ²나는 지난 세월과 하나님이 나를 보호하시던 때가 다시 오기를 원하노라 ³그 때에는 그의 등불이 내 머리에 비치었고 내가 그의 빛을 힘입어 암흑에서도 걸어다녔느니라 ⁴내가 원기 왕성하던 날과 같이 지내기를 원하노라 그 때에는 하나님이 내 장막에 기름을 발라 주셨도다

욥기 29장은 욥이 한때 누렸던 부와 명예를 회상하며, 그 시절의 영광과 사람들의 존경을 그리워하는 장면을 보여줍니다. 그는 그 당시 하나님이 보호하시고 축복하시던 날들을 기억하며, 세상적 성공이 가져다준 존경과 형통함을 이야기합니다. 하지만 이러한 회상은 세상적 영광이 얼마나 일시적이며, 진정한 가치는 하나님께로부터만 온다는 사실을 깨닫게 합니다. 욥은 자신의 부와 명예가 사람들로부터 존경을 얻는 데 기여했음을 인정하지만, 그 모든 것의 일시적 성격을 경험합니다. 세상의 부와 명예는 일시적으로 사람들에게 인정받을 수 있게 해주지만, 결국 모든 것이 하나님께 달려 있다는 것을 욥은 깨닫게 됩니다. 이는 세상의 축복을 하나님께서 주신 은혜로 이해하고, 그분께 영광을 돌리는 삶이 참된 지혜임을 보여줍니다. 예수님께서도 마태복음 16장에서 세상적 표적을 구하는 무리들을 경고하시며, 진정한 가치는 하나님을 경외하고 그분의 뜻을 따르는 데 있음을 가르치셨습니다. 세상의 부와 명예가 주어질 때, 그것은 우리 마음을 하나님에게서 멀어지게 할 위험이 있습니다. 그러나 모든 것을 은혜로 알고 살아가는 사람은 이 세상 속에서도 참된 평강과 하나님의 인정을 경험할 수 있습니다.

주님, 우리에게 주신 모든 것이 은혜임을 기억하며, 그 은혜로 주님을 높이고 겸손히 살아가게 하소서.

9월 22일

세상에서의 힘과 참된 은혜의 사용

욥기 29:12-20

12이는 부르짖는 빈민과 도와 줄 자 없는 고아를 내가 건졌음이라 13망하게 된 자도 나를 위하여 복을 빌었으며 과부의 마음이 나로 말미암아 기뻐 노래하였느니라

 욥기 29장 12-20절은 욥이 과거 자신이 힘과 부유함을 가졌을 때 행했던 선행을 회상하는 장면입니다. 욥은 세상의 권세를 가졌을 때 가난하고 고통받는 자들을 도우며, 맹인의 눈이 되고, 과부와 고아의 보호자가 되었음을 강조합니다. 그는 의를 옷으로 삼아 입고 정의를 실천하며 약자를 돌보았으며, 불의한 자에게서 억울하게 탈취된 것을 되찾아 주기도 했습니다. 이러한 욥의 삶은 하나님의 은혜를 받은 자로서 그 은혜를 이웃과 나누는 삶의 본보기를 보여줍니다. 그러나 욥은 이러한 선행을 통해 평안한 삶과 지속적인 축복을 기대했지만, 실제로 그의 삶에는 큰 고난이 닥쳤습니다. 이는 인간의 노력으로 모든 것을 보장받을 수 없음을 보여줍니다. 세상의 모든 것은 하나님의 주권 아래에 있으며, 우리가 가진 모든 힘과 자원은 하나님의 은혜로 주어진 것입니다. 따라서 우리는 이 은혜를 자랑할 것이 아니라, 하나님을 기억하며 그분의 뜻에 따라 약자를 섬기고 정의를 실현해야 합니다. 하나님께서 우리에게 주신 모든 것을 받은 것으로 여기고, 우리의 힘과 자원을 나누는 삶을 살아가는 것이 참된 그리스도인의 자세입니다. 받은 은혜를 나눌 때, 우리는 하나님의 사랑을 이 세상에 드러내며, 그분의 생명을 나누는 도구가 됩니다. 이러한 삶은 결국 우리에게 참된 기쁨과 만족을 가져다줄 것입니다.

주님, 저에게 주신 은혜를 기억하며, 그 은혜를 세상에 나누는 삶을 살게 하옵소서.

9월 **23**일

은혜로 받은 힘의 사용

욥기 29:12-20

15나는 맹인의 눈도 되고 다리 저는 사람의 발도 되고 16빈궁한 자의 아버지도 되며 내가 모르는 사람의 송사를 돌보아 주었으며 17불의한 자의 턱뼈를 부수고 노획한 물건을 그 잇새에서 빼내었느니라 18내가 스스로 말하기를 나는 내 보금자리에서 숨을 거두며 나의 날은 모래알 같이 많으리라 하였느니라 19내 뿌리는 물로 뻗어나가고 이슬이 내 가지에서 밤을 지내고 갈 것이며 20내 영광은 내게 새로워지고 내 손에서 내 화살이 끊이지 않았노라

욥은 과거 자신이 부와 권력을 가지고 있을 때 약자를 돕고 정의를 실천했던 것을 회상합니다. 그는 가난한 자와 고아를 구하고, 과부를 기쁘게 했으며, 맹인의 눈과 다리 저는 사람의 발이 되어주었습니다. 이러한 그의 모습은 단지 개인적인 도덕적 성취가 아니라, 하나님께서 주신 은혜로 인한 사명으로 이루어진 일이었습니다. 세상에서 힘과 권세를 가질 때, 우리는 그 힘이 하나님께로부터 온 것임을 인식하고, 이를 통해 다른 이들을 섬기며 하나님의 뜻을 이루어야 합니다. 그러나 욥의 경험은 세상의 선행이 곧 고난을 면제해 주지 않는다는 사실을 보여줍니다. 욥은 정의롭게 살았음에도 불구하고 고난을 겪었고, 이는 인간의 능력이 아닌 하나님의 섭리에 의존해야 함을 강조합니다. 개혁주의 생명신학의 관점에서, 욥의 이야기는 하나님의 절대 주권과 은혜를 깨닫고 그분을 신뢰하는 삶의 중요성을 일깨워줍니다. 또한, 우리의 선행은 예수 그리스도의 모범을 따르는 것입니다. 예수님께서 세상에 오셔서 약자와 죄인을 위해 힘을 사용하셨듯이, 우리도 받은 은혜를 기억하며 이웃을 위해 사용할 때 진정한 하나님의 나라를 경험할 수 있습니다.

주님, 저에게 주신 은혜를 기억하며, 그 힘을 이웃을 섬기고 주님의 영광을 위해 사용할 수 있도록 도와주소서.

9월 **24**일

십자가의 길에서의 외침

욥기 30:1-8

¹그러나 이제는 나보다 젊은 자들이 나를 비웃는구나 그들의 아비들은 내가 보기에 내 양 떼를 지키는 개 중에도 둘 만하지 못한 자들이니라 ²그들의 기력이 쇠잔하였으니 그들의 손의 힘이 내게 무슨 소용이 있으랴

욥기 30장 1-8절에서 욥은 과거의 영광과 현재의 고통을 극명하게 대조하고 있습니다. 과거에는 존경받고 영향력을 행사하던 욥이었으나, 이제는 자신보다 하찮게 여겨졌던 자들로부터 조롱을 받는 처지가 되었습니다. 이는 세상적 힘과 지위가 얼마나 쉽게 무너질 수 있는지를 보여줍니다. 세속적 힘에 기초한 인정과 존경은 일시적이며, 인간의 연약함을 지탱해 줄 수 없습니다. 욥이 젊고 힘이 있을 때 그는 정의와 사랑을 실천했습니다. 그러나 이제 그가 힘을 잃고 고난에 처하자, 그의 곁에 있던 사람들은 떠나가고 오히려 그를 조롱합니다. 개혁주의 신학의 관점에서 볼 때, 우리의 힘과 영광은 하나님께로부터 주어진 것이며, 그 힘은 하나님의 뜻을 따라 섬김과 사랑에 사용되어야 합니다. 예수님께서 십자가에서 보여주신 자기 비움과 고난은 우리에게 진정한 섬김의 본질이 무엇인지를 가르쳐줍니다. 욥의 상황은 예수님의 십자가 고난과 연결됩니다. 예수님은 모든 능력을 가지셨으나 스스로를 낮추시고 비난과 멸시를 참으셨습니다. 존 뉴턴의 변화된 삶의 이야기 또한 이 메시지를 잘 보여줍니다. 우리가 세상의 기준을 초월하여 하나님의 은혜 안에서 우리의 연약함과 구원의 은혜를 인식하며 살아가는 것이 중요합니다.

하나님, 제가 세상적 힘이 아닌 주님의 은혜에 의지하며 겸손히 주님의 길을 따르도록 도와주소서.

9월 **25**일

하나님만 사랑해야 합니다

욥기 30:9-15

9이제는 그들이 나를 노래로 조롱하며 내가 그들의 놀림거리가 되었으며 10그들이 나를 미워하여 멀리 하고 서슴지 않고 내 얼굴에 침을 뱉는도다 11이는 하나님이 내 활시위를 늘어지게 하시고 나를 곤고하게 하심으로 무리가 내 앞에서 굴레를 벗었음이니라 12그들이 내 오른쪽에서 일어나 내 발에 덫을 놓으며 나를 대적하여 길을 에워싸며 13그들이 내 길을 헐고 내 재앙을 재촉하는데도 도울 자가 없구나

욥기 30장 9-15절에서 욥은 과거의 영광을 잃고 사람들로부터 멸시와 조롱을 받는 자신의 비참한 상황을 고백합니다. 이는 세상의 명예와 소유가 얼마나 쉽게 사라질 수 있는지 보여줍니다. 과거 욥이 존경받고 많은 이들을 도왔지만, 지금은 비웃음을 당하며 도움을 받지 못하는 처지에 있습니다. 이는 세상의 것이 얼마나 일시적이며, 의지할 대상이 되지 못함을 나타냅니다. 개혁주의 생명신학의 관점에서, 우리의 모든 것은 하나님께로부터 왔고 결국 떠나갑니다. 하나님만이 영원히 변하지 않는 분이시며, 참된 소망이 되십니다. 세상의 소유와 명예는 우리의 것이 아니며, 하나님을 영광스럽게 하기 위한 도구로만 사용되어야 합니다. 욥이 겪은 고통은 예수님의 십자가의 고난과도 닮아 있습니다. 예수님도 모든 제자들에게서 버림받으셨지만, 그 길을 끝까지 걸어가셨습니다. 이는 오직 하나님을 사랑하고 그분의 뜻에 따라 살아가는 것이 참된 삶임을 보여줍니다. 말라기서에서 하나님께서는 이스라엘 백성들이 하나님을 멸시하며, 그분의 사랑을 잊고 세상의 것에 집착하는 모습을 책망하십니다. 우리의 예배와 헌신은 사랑과 감사에서 나와야 하며, 그렇지 않다면 헛된 것이 됩니다. 따라서 우리는 세상의 일시적인 것에 마음을 빼앗기지 않고, 하나님만을 사랑하며 그분의 영광을 위해 살아가야 합니다. 이 싸움을 매일 이어나갈 때에만 참된 평안을 누릴 수 있습니다.

하나님, 제가 세상의 유혹을 떨쳐내고 오직 주님만을 사랑하며 살아가게 하소서.

9월 **26**일

하나님과 교제하는 자의 복

욥기 30:16-23

16이제는 내 생명이 내 속에서 녹으니 환난 날이 나를 사로잡음이라 17밤이 되면 내 뼈가 쑤시니 나의 아픔이 쉬지 아니하는구나 18그가 큰 능력으로 나의 옷을 떨쳐 버리시며 나의 옷깃처럼 나를 휘어잡으시는구나 19하나님이 나를 진흙 가운데 던지셨고 나를 티끌과 재 같게 하셨구나 20내가 주께 부르짖으나 주께서 대답하지 아니하시오며 내가 섰사오나 주께서 나를 돌아보지 아니하시나이다

욥은 극심한 고통 속에서 하나님과의 단절을 경험하고, 그로 인해 깊은 절망을 느꼈습니다. 그는 하나님께 부르짖었으나 아무런 응답이 없었고, 그 단절은 그에게 있어 말로 표현할 수 없는 고통이었습니다. 하나님과의 관계가 단절되는 것은 육체적 고통보다 더 큰 아픔을 가져옵니다. 그러나 우리는 이러한 단절의 경험을 통해 하나님과의 관계의 소중함을 깨달을 수 있습니다. 하나님과의 단절을 느낀다는 것은 하나님이 우리의 아버지이시며, 우리가 그분의 자녀라는 증거입니다. 예수 그리스도께서 십자가에서 하나님과의 단절을 경험하신 이유는 우리를 위해서였습니다. 예수님의 그 고통은 우리를 하나님과 다시 연결하기 위한 것이었고, 그로 인해 우리는 하나님과의 교제 속에서 살아갈 수 있는 복을 누리게 되었습니다. 하나님은 우리가 그분과 사랑으로 교제하기를 원하시며, 그 안에서 진정한 생명과 평안을 주시길 원하십니다. 우리가 삶의 고난 속에서 하나님과의 단절을 느낄 때, 그것은 오히려 하나님과 더 깊이 연결되기 위한 초청일 수 있습니다. 하나님은 우리의 아버지이시기에 결코 우리를 버리시지 않습니다. 날마다 그분과의 교제를 회복하며, 하나님의 사랑 안에서 살아가는 우리가 되기를 소망합니다.

하나님, 어떤 상황에서도 하나님과의 교제를 놓치지 않게 하시고, 그 사랑 안에 머물게 하소서.

9월 **27**일

고난의 이유를 모를 때

욥기 30:24-31

24그러나 사람이 넘어질 때에 어찌 손을 펴지 아니하며 재앙을 당할 때에 어찌 도움을 부르짖지 아니하리이까 25고생의 날을 보내는 자를 위하여 내가 울지 아니하였는가 빈궁한 자를 위하여 내 마음에 근심하지 아니하였는가 26내가 복을 바랐더니 화가 왔고 광명을 기다렸더니 흑암이 왔구나

고난은 누구도 피하고 싶어 하지만, 모든 이에게 찾아옵니다. 오늘 본문에서 욥은 자신이 겪는 고난의 이유를 알 수 없어 괴로워하며 하나님께 호소합니다. 그는 빈궁한 자와 고통받는 자들을 돌보며 의로운 삶을 살았지만, 예상치 못한 고난이 자신에게 닥친 상황에서 그 이유를 찾지 못해 혼란스러워합니다. 고난의 불가해성은 우리의 삶에서도 흔히 맞닥뜨리는 현실입니다. 그러나 이러한 고난의 경험 속에서 우리는 예수 그리스도의 십자가를 떠올려야 합니다. 예수님은 아무 죄도 없으셨지만, 세상의 모든 죄를 짊어지고 십자가에서 극심한 고난을 겪으셨습니다. 그 고난은 이해할 수 없는 것이었으나, 하나님께 영광을 돌리고 우리에게 생명을 주기 위한 길이었습니다. 예수님께서는 그 길을 피하지 않으셨으며, 하나님의 뜻에 온전히 순종하셨습니다. 욥의 고난처럼 이유를 알 수 없는 고난이 우리에게 닥칠 때, 우리는 예수님의 고난에서 해답을 찾을 수 있습니다. 하나님은 우리가 당하는 고난을 통해 반드시 영광을 받으시며, 그 과정에서 생명의 열매를 맺게 하십니다. 고난이 헛되지 않음을 기억하며, 그 속에서 하나님의 뜻을 구하고 순종함으로써 영광과 생명의 열매를 기대해야 합니다.

하나님, 이유를 알 수 없는 고난 속에서도 주님의 영광을 기대하며 순종할 수 있는 믿음을 허락하옵소서.

9월 **28**일

하나님 앞에서 사는 자의 복

욥기 31:1-8

[1]내가 내 눈과 약속하였나니 어찌 처녀에게 주목하랴 [2]그리하면 위에 계신 하나님께서 내리시는 분깃이 무엇이겠으며 높은 곳의 전능자께서 주시는 기업이 무엇이겠느냐 [3]불의한 자에게는 환난이 아니겠느냐 행악자에게는 불행이 아니겠느냐 [4]그가 내 길을 살피지 아니하시느냐 내 걸음을 다 세지 아니하시느냐

욥기 31장에서 욥은 자신의 결백을 주장하며, 하나님 앞에서의 삶이 얼마나 큰 복인지 강조합니다. 욥은 "내가 내 눈과 약속하였나니"라며 마음속 정결을 지키기 위해 노력했음을 고백합니다[1절]. 그는 자신의 모든 걸음이 하나님 앞에 드러나 있음을 인식하며, 진실된 삶을 살아왔음을 당당히 선포합니다. 욥의 이러한 고백은 오늘날 우리에게 깊은 도전을 줍니다. 하나님 앞에서 진실되게 산다는 것은 단지 행동의 문제가 아닌, 내면의 순결함을 유지하는 것이기 때문입니다. 종교개혁의 정신인 "코람데오"Coram Deo, 즉 "하나님 앞에서" 살아가는 삶은 우리의 모든 순간이 하나님 앞에 있음을 기억하는 것입니다. 욥은 모든 것을 가졌을 때나 잃었을 때나 하나님 앞에서 변함없이 살아왔으며, 이는 참된 복과 승리의 근원이었습니다. 창세기 17장에서 하나님께서 아브라함에게 "내 앞에서 행하라"고 하신 것처럼, 하나님 앞에서의 삶은 하나님의 인도하심과 축복으로 이어집니다. 욥의 삶은 우리에게 하나님 앞에서 사는 자의 복을 가르쳐 줍니다. 그 복은 단지 물질적인 축복이 아니라, 모든 상황 속에서 하나님과 동행하는 데서 오는 참된 평안과 담대함입니다. 하나님 앞에서 사는 자에게 하나님은 언제나 복을 주시며, 끝내 승리로 이끄시는 분이십니다.

하나님, 제 삶이 언제나 주님 앞에 있음을 기억하며 정직하고 겸손하게 살아가도록 도와주소서.

9월 **29**일

의인은 믿음으로 산다

욥기 31:9-15

14하나님이 일어나실 때에 내가 어떻게 하겠느냐 하나님이 심판하실 때에 내가 무엇이라 대답하겠느냐 15나를 태 속에 만드신 이가 그도 만들지 아니하셨느냐 우리를 뱃속에 지으신 이가 한 분이 아니시냐

 욥은 자신의 도덕적 순결과 공의를 강조하며 자신이 정결하게 살았음을 담대하게 고백하고 있지만, 그는 극심한 고난을 겪고 있습니다. 그러나 욥은 그 고난 속에서도 하나님을 향한 신뢰를 잃지 않았습니다. 종종 "왜 바르게 사는 사람들이 이런 고난을 겪는가?"라는 의문이 들 때가 있습니다. 하박국 선지자도 불의를 묵과하는 것처럼 보이는 상황에 대해 하나님께 항의했습니다. 그러자 하나님께서는 그에게 "의인은 믿음으로 말미암아 살리라"고 응답하셨습니다. 여기서 의인이란 상황에 관계없이 하나님을 신뢰하고 그분의 통치를 믿는 자이며, 믿음이란 이해되지 않는 고난 속에서도 하나님께서 여전히 역사하시고 우리를 사랑하신다는 확신입니다. 이러한 믿음은 하박국 선지자가 "비록 무화과나무가 무성하지 못하고, 밭에 소출이 없어도 나는 여호와로 말미암아 즐거워하리로다"라고 고백할 수 있게 했습니다. 상황이 변하지 않아도 하나님을 믿는 믿음 안에서 참된 평안과 기쁨을 찾은 것입니다. 요한일서 4장 18-19절은 "사랑 안에 두려움이 없다"고 말씀합니다. 이 사랑은 하나님께서 먼저 우리에게 주신 사랑이며, 이 사랑 안에 있을 때 우리는 어떤 두려움도 이겨낼 수 있습니다. 디모데전서 6장에서 바울은 "믿음의 선한 싸움을 싸우라"고 권면합니다. 돈과 세상의 유혹을 사랑하지 말고, 오직 하나님께 대한 신뢰를 붙잡고 영생을 향해 나아가라는 것입니다. 우리가 받은 믿음은 하나님께서 우리를 사랑하시고, 우리를 통해 세상에 선한 영향을 미치게 하시는 힘입니다. 그 믿음 안에서 참된 기쁨과 자유를 누리시기 바랍니다.

하나님, 이해할 수 없는 고난 속에서도 믿음으로 살아가며, 당신의 사랑 안에서 참된 평안과 기쁨을 누리게 하소서.

9월 **30**일

왜 가난한 자를 도와야 하는가

욥기 31:16-23

16내가 언제 가난한 자의 소원을 막았거나 과부의 눈으로 하여금 실망하게 하였던가 17나만 혼자 내 떡덩이를 먹고 고아에게 그 조각을 먹이지 아니하였던가 18실상은 내가 젊었을 때부터 고아 기르기를 그의 아비처럼 하였으며 내가 어렸을 때부터 과부를 인도하였노라 … 23나는 하나님의 재앙을 심히 두려워하고 그의 위엄으로 말미암아 그런 일을 할 수 없느니라

욥은 자신이 어려운 자들을 도우며 살아온 이유를 분명하게 고백합니다. 첫째, 그것은 하나님의 명령이기 때문입니다. 욥은 가난한 자와 과부, 고아를 돌보는 것을 마땅히 해야 할 일로 여기며, 만약 그들을 외면했다면 자신의 팔이 부서지는 것이 마땅하다고까지 말합니다. 레위기 19장에서도 하나님은 우리가 수확할 때 가난한 자를 위해 이삭을 남겨두라 명령하셨습니다. 이는 단순히 남는 것을 나누는 것이 아니라, 처음부터 이웃의 필요를 염두에 두고 살아가라는 것입니다. 둘째, 돕는 것은 받은 은혜에 대한 응답입니다. 욥은 자신이 가진 모든 것이 하나님의 은혜임을 깨달았습니다. 여호수아 24장에서 하나님은 이스라엘에게 "너희가 수고하지 않은 땅과 성읍들을 너희에게 주었다"고 하셨습니다. 모든 것이 하나님의 은혜로 주어진 것이기에, 우리는 받은 것을 나누는 것이 당연합니다. 셋째, 이웃을 돕는 것은 참된 경건의 표현입니다. 야고보서 1장 27절은 고아와 과부를 돌보는 것이 정결하고 거룩한 경건이라고 말합니다. 진정한 신앙은 가난한 자를 돌보는 사랑의 실천에서 나타납니다. 마태복음 25장에서 예수님은 마지막 심판 때 "내 형제 중 지극히 작은 자 하나에게 한 것이 곧 내게 한 것이라"고 말씀하셨습니다. 하나님께서 우리에게 주신 은혜에 비하면 우리가 나누는 것은 매우 작은 것이지만, 하나님은 그 나눔을 기뻐하시고 우리를 축복의 통로로 사용하십니다. 그러므로 우리는 받은 은혜를 기억하며 이웃을 돌보며, 참된 경건을 이루어가야 합니다.

하나님, 받은 은혜를 기억하며 어려운 이웃을 사랑으로 돌보게 하시고, 우리의 삶이 참된 경건의 길로 나아가게 하소서.

10월

용기

10월 **1**일

주님께 소망을 둔 자

욥기 31:24-34

24만일 내가 내 소망을 금에다 두고 순금에게 너는 내 의뢰하는 바라 하였다면 … 34내가 언제 큰 무리와 여러 종족의 수모가 두려워서 대문 밖으로 나가지 못하고 잠잠하였던가

욥은 자신이 고난 중에도 하나님께 소망을 두었음을 당당히 고백합니다. 그는 재물에 소망을 두거나, 세상의 유혹에 마음을 빼앗긴 적이 없으며, 오히려 하나님을 자신의 기쁨과 희망으로 삼았습니다. 욥은 가난한 자와 나그네에게 문을 열어주며, 자신이 가진 것을 이웃과 나누는 삶을 살았습니다. 이는 그가 하나님께 받은 은혜를 이웃과 나누는 것을 당연한 책임으로 여겼기 때문입니다. 우리 역시 하나님께 소망을 두고, 세상의 유혹에 마음을 빼앗기지 않아야 합니다. 시편 146편은 "야곱의 하나님을 자기의 도움으로 삼으며 여호와 자기 하나님에게 소망을 두는 자는 복이 있다"고 말씀합니다. 히브리서 12장에서는 우리가 "믿음의 주요, 온전하게 하시는 이인 예수를 바라보라"고 권면합니다. 세상의 바람과 풍랑 속에서도 예수님을 바라보는 것이 믿음의 본질입니다. 우리에게 닥쳐오는 모든 어려움에도 불구하고 하나님을 바라보며 소망을 두는 자는 참된 평안과 기쁨을 누릴 수 있습니다.

하나님, 주님께 소망을 두고 이웃을 사랑하며, 세상의 유혹에 흔들리지 않는 믿음을 주옵소서.

10월 2일

원인 모를 고난을 겪을 때

욥기 31:35-40

³⁵누구든지 나의 변명을 들어다오 나의 서명이 여기 있으니 전능자가 내게 대답하시기를 바라노라 나를 고발하는 자가 있다면 그에게 고소장을 쓰게 하라 … ⁴⁰밀 대신에 가시나무가 나고 보리 대신에 독보리가 나는 것이 마땅하니라 하고 욥의 말이 그치니라

욥은 이유를 알 수 없는 고난을 겪으며 자신의 무죄함을 하나님께 항변합니다. 그는 하나님께 자신의 상황을 설명하고자 하고, 만일 하나님께서 그에게 잘못이 있음을 밝히신다면 그것을 왕관처럼 기쁘게 받아들이겠다고 말합니다^{욥 31:35-36}. 그만큼 욥은 자신의 무고함에 대해 확신하고 있었으며, 고통 속에서도 하나님과의 관계를 유지하려는 의지가 있었습니다. 그러나 친구들은 계속해서 그를 정죄하고 그의 고난이 죄로 인한 결과라고 주장합니다. 욥의 고통은 그가 죄를 지었기 때문이 아니라, 하나님을 더 깊이 알게 하려는 하나님의 계획에 있었습니다. 우리도 때로는 원인을 모르는 고난을 겪을 때가 있습니다. 이때 우리는 두 가지를 기억해야 합니다. 첫째, 하나님 앞에 돌아서서 회개할 것이 있는지를 점검해야 합니다. 회개는 단순한 죄의 고백이 아니라, 하나님께로 돌아가는 행위입니다. 둘째, 여전히 고난이 해결되지 않을 때도 그 고난 속에서 하나님이 유익을 주시고 계심을 믿어야 합니다. 로마서 8장 28절은 우리에게 모든 것이 합력하여 선을 이루게 하신다고 말합니다. 고난을 통해 우리는 하나님을 더 깊이 알게 되며, 성숙한 신앙인으로 자라나고, 나아가 우리를 통해 하나님의 놀라운 일을 이루게 하십니다. 욥은 고난 속에서도 하나님을 향한 믿음을 놓지 않았습니다. 그의 고백처럼, 우리도 이유를 알 수 없는 고난 속에서 하나님의 뜻을 신뢰하고, 그 고난을 통해 하나님을 더 깊이 알아가는 은혜를 누릴 수 있습니다.

하나님, 이유를 알 수 없는 고난 속에서도 주님을 더 깊이 알게 하시고,
그 고난을 통해 당신의 뜻을 이루게 하소서.

10월 **3**일

화를 내는 정의는 악을 만든다

욥기 32:1-22

1욥이 자신을 의인으로 여기므로 그 세 사람이 말을 그치니 2람 종족 부스 사람 바라겔의 아들 엘리후가 화를 내니 그가 욥에게 화를 냄은 욥이 하나님보다 자기가 의롭다 함이요 … 22이는 아첨할 줄을 알지 못함이라 만일 그리하면 나를 지으신 이가 속히 나를 데려가시리로다

욥의 세 친구들은 그가 당한 고통을 보며 계속해서 그 원인을 그의 죄 때문이라고 주장했습니다. 그러나 욥은 자신에게 죄가 없다고 반박하며, 왜 이런 고통이 자신에게 닥쳤는지 이해할 수 없다고 항변합니다. 이 논쟁을 지켜보던 젊은 엘리후는 결국 화를 참지 못하고 욥과 세 친구들을 책망하게 됩니다. 엘리후는 자기 속에 있는 정의감을 분노로 드러내며, 욥의 교만과 친구들의 무능함을 지적합니다. 하지만 성경은 분노를 통한 정의감이 결국 악을 만들어낸다고 가르칩니다. 욥의 친구들처럼 화를 내며 상대를 설득하려 하거나, 엘리후처럼 분노로 말할 때, 오히려 더 큰 악을 낳을 수 있습니다. 이는 우리가 역사의 주관자가 하나님이심을 잊을 때 발생하는 오류입니다. 모세 또한 정의감에 불타서 이집트인을 죽였지만, 그 결과는 고난과 도피의 삶이었습니다. 하나님은 우리의 분노를 통한 정의가 아니라, 그의 섭리를 믿고 맡길 것을 원하십니다. 에베소서 4장 26-27절은 "분을 내어도 죄를 짓지 말며, 해가 지도록 분을 품지 말라"고 명합니다. 우리는 분노가 아닌, 하나님의 공의와 주관하심을 신뢰해야 합니다. 하나님께 맡기고 기도하며, 충성되게 현재의 역할을 감당하고, 소망 중에 하나님을 찬송하는 것이 바로 신자의 올바른 태도입니다. 이처럼 하나님의 통치하심을 신뢰하며 사는 자들은 어떤 상황에서도 화를 참으며, 오히려 그분의 주권을 찬송할 수 있습니다.

주님, 저희가 분노 대신 주님의 주권을 신뢰하며 맡겨진 사명을 충성스럽게 감당하게 하소서.

10월 **4**일

진실을 가장한 위험한 말

욥기 33:1-14

1그런즉 욥이여 내 말을 들으며 내 모든 말에 귀를 기울이기를 원하노라 2내가 입을 여니 내 혀가 입에서 말하는구나 … 14하나님은 한 번 말씀하시고 다시 말씀하시되 사람은 관심이 없도다

욥기 33장에서 엘리후는 욥에게 진실을 말하고자 합니다. 그는 자신의 말이 하나님의 영에 의해 인도된 것이라 주장하며, 그 진실을 욥에게 수용하라고 요구합니다. 그러나 엘리후의 말은 단지 형식적인 진실에 불과합니다. 진정한 진실이란 올바른 내용뿐 아니라, 그 안에 사랑이 담겨 있어야 하는 것입니다. 엘리후는 하나님의 주권을 강조하며 욥의 고통에 대한 이유를 논리적으로 설명하지만, 그 속에 사랑이 결여되어 있습니다. 성경은 진실을 말할 때 반드시 사랑이 담겨야 한다고 가르칩니다. 예수님께서 바리새인들의 옳은 말에도 비판을 가하신 이유는, 그들이 말하는 진실이 사랑 없는 형식에 그쳤기 때문입니다. 우리가 믿음의 삶에서 진실을 추구하는 이유는 하나님의 영광을 위함입니다. 그러나 그 영광은 사랑을 동반한 진실에서 비롯됩니다. 고린도전서 13장에서 사도 바울은 아무리 옳은 행위라 해도 사랑이 없으면 의미가 없음을 강조합니다. 엘리후의 진실은 욥을 위로하거나 회복시키지 못합니다. 그 이유는 그가 말한 진실 속에 사랑의 마음이 없었기 때문입니다. 우리의 말과 행위는 진정한 사랑의 마음으로 이루어져야 합니다. 하나님의 말씀을 전하거나 서로 교제할 때, 우리는 진실함을 지킬 뿐 아니라 사랑으로 그 진실을 담아내야 합니다. 사랑이 담긴 진실만이 하나님께 영광을 돌리고, 우리 삶의 증거가 될 것입니다.

하나님, 우리의 말과 행동이 진실하고 사랑으로 가득 차게 하셔서, 하나님께 영광을 돌리고 이웃을 세우게 하소서.

하나님을 기쁘시게 할 때 주시는 진정한 복

10월 **5**일

욥기 34:1-9

¹엘리후가 말하여 이르되 ²지혜 있는 자들아 내 말을 들으며 지식 있는 자들아 내게
귀를 기울이라 … ⁹이르기를 사람이 하나님을 기뻐하나 무익하다 하는구나

 엘리후는 욥을 향해 하나님을 기쁘게 하는 삶에도 고난이 있을 수
있음을 지적합니다. 그러나 그는 욥이 하나님을 기쁘게 하기 위
해 노력했지만, 그 결과가 아무 소용이 없다고 말하는 것으로 오해했습니다. 실제
욥의 마음은 달랐습니다. 욥은 자신이 고난 받는 이유를 알지 못했으나, 그것이 하나
님을 향한 섬김이 무의미하다는 것을 의미하지는 않았습니다. 이는 우리에게 중요한
메시지를 줍니다. 하나님을 기쁘게 섬긴다고 해서 항상 평안한 삶이 보장되는 것은
아닙니다. 때로는 고난이 찾아올 수 있습니다. 그러나 이러한 고난 속에서도 우리는
"하나님은 여전히 나를 사랑하신다"는 신앙의 고백을 붙들어야 합니다. 엘리후의 말
처럼 하나님을 기쁘게 해도 아무 소용이 없다는 생각에 빠지는 것은, 하나님을 단순
히 세속적인 복을 얻기 위한 수단으로 삼는 것과 다름없습니다. 이것은 매우 위험한
신앙의 태도이며, 하나님과의 진정한 관계를 방해합니다. 하나님을 기쁘게 하는 일은
그 자체로 목적이 되어야 합니다. 하나님을 사랑하기 때문에 기쁨으로 섬기는 것이
며, 그것이 어떤 외적인 결과를 가져오든지 우리는 그분의 사랑 안에서 안전합니다.
욥의 경우처럼, 고난이 찾아올 때에도 하나님은 그 상황 밖에서 여전히 일하고 계시
며, 그분의 뜻을 이루고 계십니다. 우리의 신앙은 이러한 하나님의 사랑을 믿고, 그분
의 섭리를 신뢰하는 데 있습니다.

하나님, 고난 속에서도 주님의 사랑을 잊지 않고, 주님을 기쁘게 하는 삶을 살게
하소서.

10월 6일

하나님의 은혜를 기억하며

출애굽기 16:31-36

31이스라엘 족속이 그 이름을 만나라 하였으며 깟씨 같이 희고 맛은 꿀 섞은 과자 같았더라 … 36오멜은 십분의 일 에바이더라

 추석을 맞이해 많은 이들이 조상을 기리며 감사의 마음을 전합니다. 그러나 믿음의 백성인 우리는 조상신을 섬기는 전통 대신 하나님을 기억하고 그분의 은혜를 중심에 두어야 합니다. 하나님만이 우리의 창조자이시며, 복을 주시는 분이기 때문입니다. 출애굽기 16장 31-36절에서 하나님은 이스라엘 백성에게 만나를 주시고, 그것을 대대로 간수하여 후손들이 하나님의 은혜를 기억하도록 명령하셨습니다. 이 말씀을 통해 우리는 세 가지 중요한 교훈을 얻을 수 있습니다. 첫째, 먹고 사는 문제는 하나님께서 책임지신다는 것입니다. 하나님은 우리의 필요를 아시고 채우시는 분이십니다. 그러므로 우리는 하나님께 우리의 삶을 맡기고 그분의 은혜를 신뢰해야 합니다. 둘째, 모든 은혜는 하나님께로부터 온다는 사실을 기억해야 합니다. 모든 축복과 은혜는 하나님께서 주시는 것입니다. 그러므로 하나님께 감사하며, 그분 앞에 진정한 예배를 드릴 때 참된 기쁨을 누릴 수 있습니다. 셋째, 하나님의 말씀은 영혼의 양식이라는 것을 기억해야 합니다. 예수님은 "나는 생명의 떡"이라고 말씀하셨으며요 6:35, 우리의 영혼이 하나님의 말씀을 통해 새로워질 때, 우리는 영혼의 만족을 얻을 수 있습니다. 명절뿐만 아니라 일상 속에서도 하나님의 은혜를 기억하고 감사해야 합니다. 하나님은 우리의 육과 영혼을 돌보시기 때문입니다. 우리가 그분의 말씀을 양식으로 삼는 삶을 살아갈 때, 우리는 세상에서 흔들리지 않고 하나님의 평안 속에서 살아갈 수 있습니다.

하나님, 언제나 주님의 은혜를 기억하며 감사하는 마음으로 살아가게 하소서.

10월 **7**일

하나님을 더 알아가는 신앙의 여정

욥기 34:10-20

10그러므로 너희 총명한 자들아 내 말을 들으라 하나님은 악을 행하지 아니하시며 전 능자는 결코 불의를 행하지 아니하시고 … 20그들은 한밤중에 순식간에 죽나니 백성 은 떨며 사라지고 세력 있는 자도 사람의 손을 빌리지 않고 제거함을 당하느니라

욥 기 34장에서 엘리후는 하나님이 악을 행하지 않으시며 공의로 우신 분임을 강조합니다. 그러나 그가 가진 하나님에 대한 지식 은 더 이상 나아가지 못한 채 멈추어 있었습니다. 엘리후는 욥의 고난이 죄의 결과 라고 단정했으나, 욥의 고난은 하나님의 더 큰 계획과 목적 속에 있었습니다. 하나님 을 아는 것을 멈추게 되면 신앙의 깊이는 정체되고, 타인에 대한 오해와 정죄로 이어 질 위험이 있습니다. 하나님을 알아가는 여정은 지속적으로 이루어져야 하며, 이를 통해 우리는 더 깊은 하나님의 사랑을 경험하게 됩니다. 미국의 엘리자 히윗의 이야 기는 이러한 진리를 잘 보여줍니다. 히윗은 폭력으로 인해 장애인이 되었으나, 성령 의 도우심으로 하나님을 더 알아가며 세 가지 사랑을 결심했습니다. 하나님, 창조 세 계, 그리고 어린아이들을 사랑하기로 한 것입니다. 이 결단은 그녀로 하여금 찬송을 작사하게 하였으며, 그 중 유명한 찬송가 "예수 더 알기 원하네"가 탄생하게 되었습니 다. 우리는 성령의 도우심으로 하나님을 알아가는 여정을 멈추지 않아야 합니다. 하 나님을 더 알아가는 것이 우리의 신앙의 원동력이 되며, 그 안에서 참된 기쁨과 평안 을 누릴 수 있습니다.

 주님, 저희가 성령의 도우심으로 하나님을 더욱 깊이 알아가게 하여 주옵소서.

10월 8일

고통 속에서 예수님을 만나다

욥기 34:27-37

27그들이 그를 떠나고 그의 모든 길을 깨달아 알지 못함이라 … 37그가 그의 죄에 반역을 더하며 우리와 어울려 손뼉을 치며 하나님을 거역하는 말을 많이 하는구나

욥기 34장 27-37절에서 엘리후는 욥의 고통을 하나님의 심판으로만 해석하며 정죄합니다. 엘리후의 관점에는 하나님의 심판에 대한 진리가 포함되어 있지만, 그의 문제는 하나님의 마음과 사랑을 이해하지 못한 채 고통을 단순히 죄의 결과로만 본다는 점입니다. 우리는 고통 속에서 반드시 죄의 결과를 넘어선 하나님의 깊은 계획을 생각해야 합니다. 예수님께서 십자가를 지신 사건도 당시 사람들에게는 저주처럼 보였으나, 그 안에는 인류 구원의 놀라운 비밀이 담겨 있었습니다. 고통은 우리에게 하나님의 은혜와 비밀을 발견하게 하는 도구가 될 수 있습니다. 대동맥 수술을 받으신 한 목사님이나 갑작스러운 병으로 고통을 겪은 한 어린아이의 경우, 우리는 그 고통 속에서 하나님의 계획을 신뢰하고 다른 이들과 함께하는 사랑의 자세를 가져야 합니다. 엘리후처럼 판단하거나 정죄하기보다, 고통 속에서 하나님의 은혜를 발견하고 함께 기도하며 위로하는 것이 우리의 역할입니다. 야베스의 기도처럼, 우리는 고통 중에도 하나님의 큰 은혜를 신뢰하며 그분의 인도하심을 구해야 합니다.

주님, 우리의 고통 속에서도 당신의 큰 비밀과 은혜를 발견하며, 고통받는 자들과 함께하는 사랑을 허락하옵소서.

10월 **9**일

기도를 포기하지 마십시오

욥기 35:1-16

¹엘리후가 말을 이어 이르되 ²그대는 이것을 합당하게 여기느냐 그대는 그대의 의가 하나님께로부터 왔다는 말이냐 ··· ¹⁶욥이 헛되이 입을 열어 지식 없는 말을 많이 하는구나

욥기 35장에서 엘리후는 욥에게 그의 기도가 하나님께 무슨 유익이 있는지 묻고, 욥의 고난이 하나님을 제대로 경외하지 않았기 때문이라고 단정 짓습니다. 그러나 엘리후의 말은 기도의 본질을 오해한 편협한 시각을 담고 있습니다. 기도는 단순한 응답의 여부가 아니라, 하나님과의 소통을 통해 그분의 계획을 이루는 중요한 통로입니다. 기도는 마치 씨앗을 심는 것과 같아, 즉각적인 결과가 보이지 않더라도 하나님의 역사 속에서 반드시 열매를 맺습니다. 우리의 고난과 어려움은 오히려 하나님께 더 가까이 나아가게 하려는 그분의 성산으로의 초대입니다. 또한, 하나님은 우리에게 민족 복음화와 세계 선교라는 비전을 주셨습니다. 이러한 묵시와 비전은 우리의 기도를 지속하게 하는 동력이 됩니다. 기도 없이는 우리의 신앙이 공허해질 수밖에 없습니다. 사랑하는 성도 여러분, 어떤 상황에서도 기도를 포기하지 말고 하나님께 나아가 기도하는 삶을 살기를 바랍니다.

주님, 우리의 기도가 헛되지 않음을 믿고 어떤 상황에서도 기도를 포기하지 않게 하옵소서.

10월 **10**일

믿고 기도할 때

욥기 36:1-16

¹엘리후가 말을 이어 이르되 ²나를 잠깐 용납하라 내가 그대에게 보이리니 이는 내가 하나님을 위하여 아직도 할 말이 있음이라 … ¹⁶그러므로 하나님이 그대를 환난에서 이끌어 내사 좁지 않고 넉넉한 곳으로 옮기려 하셨은즉 무릇 그대의 상에는 기름진 것이 놓이리라

욥기 36장에서 엘리후는 자신의 지식이 하나님께로부터 온 것이라 주장하며 욥을 판단하지만, 그의 말은 욥에게 위로가 되지 못하고 오히려 고통을 가중시킵니다. 참된 지식은 교만의 도구가 아니라 은혜의 통로가 되어야 합니다. 사도 바울은 자신이 가진 지식을 하나님의 은혜로 고백하고, 그 지식을 통해 복음을 전함으로써 사람들을 살리는 자로 변화되었습니다. 우리도 지식이 하나님께로부터 온 은혜임을 인정하고, 그 지식을 사람들에게 생명과 소망을 주는 도구로 사용해야 합니다. 환난 중에 하나님께 기도하는 것은 하나님의 약속을 붙드는 행위입니다. 기도는 우리 영혼을 하나님의 품으로 인도하며, 고난 속에서도 하나님의 선하신 뜻을 신뢰하게 합니다. 우리는 지식을 통해 다른 사람을 판단하는 대신, 그들을 위해 기도하고 복음을 전하여 하나님께서 주시는 평안과 소망을 함께 나누어야 합니다.

주님, 제가 가진 지식이 은혜임을 깨달아, 그 지식을 통해 사람을 살리고 복음을 전하게 하옵소서.

10월 11일
하나님이 고난 속에서 예비하신 잔치에 초대받다

욥기 36:16-33

16그러므로 하나님이 그대를 환난에서 이끌어 내사 좁지 않고 넉넉한 곳으로 옮기려 하셨은즉 무릇 그대의 상에는 기름진 것이 놓이리라 … 33그의 우레가 다가오는 풍우를 알려 주니 가축들도 그 다가옴을 아느니라

욥기 36장에서 엘리후는 욥의 고난을 하나님의 의도와 결부시키 며 하나님께서 넉넉한 곳으로 욥을 이끄시려 한다고 말합니다. 이는 하나님께서 고난 속에서도 우리를 위해 잔칫상을 준비하셨다는 약속을 상기 시킵니다. 고난 중에도 하나님은 우리를 회복으로 이끄시며, 영적인 풍요와 위로의 자리에 초대하십니다. 이 초대는 단순한 위로가 아니라, 우리의 삶을 변화시키는 하나님과의 친밀한 관계로의 초대입니다. 또한, 우리는 고난 속에 있는 이들의 아픔을 함께 느끼며, 그들을 판단하기보다는 위로하고 격려해야 합니다. 예수님께서 우리의 고통을 대신 짊어지셨듯이, 우리도 고난 중에 있는 이들과 함께 울고 그들의 짐을 나누어야 합니다. 하나님께서는 우리가 서로의 고통을 나누고 돌보는 공동체가 되기를 원하십니다. 하나님은 멀리 계신 분이 아니라 우리와 함께 하시는 아버지이십니다. 고난 속에서도 성령께서 우리와 함께하시며 위로하시고 평강을 주십니다. 우리는 이 사실을 믿으며, 하나님께서 준비하신 잔칫상을 바라보며 고난을 견디고, 서로를 격려하며 나아가야 합니다. 이러한 믿음과 사랑의 실천이 우리의 고난을 하나님의 영광으로 변화시킵니다.

주님, 고난 속에서도 주님의 임재를 느끼고, 하나님의 은혜와 영광을 드러내게 하옵소서.

10월 **12**일

믿음이 무엇인가?

욥기 37:1-13

1이로 말미암아 내 마음이 떨며 그 자리에서 흔들렸도다 2하나님의 음성 곧 그의 입에서 나오는 소리를 똑똑히 들으라 … 13혹은 징계를 위하여 혹은 땅을 위하여 혹은 긍휼을 위하여 그가 이런 일을 생기게 하시느니라

욥기 37장에서 엘리후는 하나님의 위대하심과 자연 현상을 통해 나타나는 하나님의 능력을 강조하며, 믿음의 본질을 묵상하게 합니다. 믿음은 하나님의 통치와 사랑을 신뢰하는 것입니다. 온 세상을 다스리시는 하나님을 믿고, 그분이 우리의 아버지이시며 무한한 사랑으로 우리를 돌보신다는 사실을 붙잡는 것이 바로 믿음입니다. 엘리후는 하나님의 통치하심을 통해 인간이 겸손히 그 앞에 나아가야 함을 강조합니다. 믿음은 또한 하나님의 말씀에 순종하는 것이며, 그분의 뜻을 따르는 삶의 자세입니다. 믿음은 기도와 말씀, 순종을 통해 성장합니다. 기도를 통해 하나님의 능력과 사랑을 경험하고, 말씀을 통해 그분을 더욱 깊이 알며, 순종을 통해 하나님의 역사하심을 체험하게 됩니다. 믿음이란 하나님이 우리의 모든 삶을 주관하심을 신뢰하고, 그분의 선하심과 사랑을 확신하며, 어떤 상황에서도 하나님의 통치와 보호를 의지하는 것입니다.

하나님, 온 우주를 다스리시는 하나님을 믿고, 그분의 사랑 안에서 흔들림 없는 믿음을 갖게 하옵소서.

10월 **13**일

고난 중 하나님 앞에 서는 자세

욥기 37:14-24

14욥이여 이것을 듣고 가만히 서서 하나님의 오묘한 일을 깨달으라 … 23전능자를 우리가 찾을 수 없나니 그는 권능이 지극히 크사 정의나 무한한 공의를 굽히지 아니하심이니라 24그러므로 사람들은 그를 경외하고 그는 스스로 지혜롭다 하는 모든 자를 무시하시느니라

엘리후는 욥에게 자연 세계를 통해 하나님의 놀라운 섭리를 상기시키며, 하나님의 위엄과 인간의 한계를 깨닫도록 권면합니다. 이 말씀은 우리가 고난 가운데 하나님을 어떻게 바라보고 신뢰해야 하는지 중요한 통찰을 제공합니다. 누구에게나 고난이 찾아오며 고난 속에서 사람들은 하나님께 부르짖으며 간구하고 금식하며 기도하지만, 하나님의 응답이 없을 때 자책하거나 누군가의 죄책으로 돌리곤 합니다. 그러나 모든 고난이 죄의 결과는 아닙니다. 예수님은 날 때부터 맹인이었던 자에 대해, 그의 고난이 죄 때문이 아니라 "하나님의 하시는 일을 나타내기 위함"이라 하셨습니다요 9:3. 그렇기에 우리는 고난의 원인보다 그 속에서 이루실 일에 주목해야 합니다. 엘리후는 "욥이여, 이것을 듣고 가만히 서서 하나님의 오묘한 일을 깨달으라"고 권면하며욥 37:14 하나님의 섭리에 대한 신뢰와 일하심을 묵상하도록 촉구합니다. 고난 중에 하나님을 신뢰하기란 쉽지 않지만, 호세아 11장 8-9절에서 하나님께서는 에브라임을 향해 "내가 어찌 너를 버리겠느냐"라고 말씀하신 것처럼, 우리의 연약함과 실패에도 불구하고 하나님은 우리를 붙드시며, 포기하지 않으시고, 고난 속에서도 하나님을 신뢰하고 그분의 꿈을 이루는 도구로 사용되도록 우리를 인도하시는 것입니다. 그래서 고난은 하나님의 영광을 드러내고, 우리를 성숙하게 만드는 도구입니다. 우리도 고난 중에 하나님의 섭리를 바라보며, 그분의 뜻이 우리 삶을 통해 이루어지도록 고난을 수용해야 합니다.

하나님, 고난 중에도 하나님의 섭리를 신뢰하며, 그분의 꿈이 제 삶을 통해 이루어지게 하옵소서.

10월 **14**일

고난 중 대장부로 서라

욥기 38:1-11

1그 때에 여호와께서 폭풍우 가운데에서 욥에게 말씀하여 이르시되 2무지한 말로 생각을 어둡게 하는 자가 누구냐 3너는 대장부처럼 허리를 묶고 내가 네게 묻는 것을 대답할지니라 … 11이르기를 네가 여기까지 오고 더 넘어가지 못하리니 네 높은 파도가 여기서 그칠지니라 하였노라

욥기 38장 1-11절에서 하나님께서는 욥에게 나타나셔서 그의 무지한 생각을 지적하시고, "너는 대장부라, 허리를 동여매라"라고 명령하십니다. 욥은 극심한 고난 속에서 혼란과 좌절에 빠져 있었지만, 하나님은 그에게 위로보다는 하나님 앞에서 자신의 정체성을 회복하고 굳건히 설 것을 요구하십니다. 이는 욥이 하나님의 자녀로서 고난을 이겨내야 할 존재임을 상기시키는 것입니다. 하나님은 자신이 창조주이심을 선언하시며, 욥이 창조의 과정에 어디에 있었는지를 물으심으로써, 욥의 한계를 분명히 깨닫게 하십니다. 모든 것을 창조하고 주관하신 하나님 앞에서 인간의 무력함을 깨달을 때, 비로소 욥은 고난 속에서도 하나님의 능력과 선하심을 신뢰해야 함을 배웁니다. 하나님께서 땅의 기초를 놓으셨고, 바다의 한계를 정하셨듯이, 욥의 고난도 하나님의 섭리 안에서 정해진 한계를 가지고 있으며, 그 한계는 욥을 억압하기보다 보호하고 하나님의 목적을 이루기 위한 것입니다. 하나님께서 욥에게 찾아오셔서 직접 말씀하신 것은 놀라운 은혜의 표현입니다. 욥의 고난을 외면하지 않으시고, 그와 함께하시며, 그를 깨우시고 일으키시는 하나님은 오늘날 우리에게도 동일하게 다가오십니다. 우리는 고난 속에서도 하나님께서 우리와 함께하심을 믿고, 그분의 주권 아래에서 대장부답게 살아가야 합니다. 하나님은 우리의 아버지이시며, 우리를 끝까지 사랑하시는 분입니다.

하나님, 고난 중에도 저희가 대장부처럼 굳건히 서서 주님의 섭리를 신뢰하게 하옵소서.

10월 **15**일

믿음으로 살아라

욥기 38:12-21

12네가 너의 날에 아침에게 명령하였느냐 새벽에게 그 자리를 일러 주었느냐 … 21네가 아마도 알리라 네가 그 때에 태어났으리니 너의 햇수가 많음이니라

욥기 38장 12-21절에서 하나님께서는 고난 중에 있는 욥에게 인간의 한계를 직면하게 하십니다. "아침에게 명령하고 새벽에게 자리를 일러 준 적이 있느냐"는 질문을 통해, 하나님은 이 세상을 창조하시고 다스리시는 분이 누구인지 상기시키십니다. 이는 욥에게 자신이 모든 것을 주관하시는 하나님의 능력과 주권을 신뢰하라는 강력한 메시지입니다. 우리의 고난과 한계조차도 하나님의 섭리 안에 있습니다. 하나님은 바다의 깊이를 묻고, 빛과 흑암의 경로를 아는지를 물으심으로, 욥에게 인간의 지식과 이해가 얼마나 제한적인지를 깨닫게 하십니다. 우리가 이해할 수 없는 깊은 고난의 상황 속에서도 하나님께서는 그 길을 아시며 우리를 인도하십니다. 고난과 한계는 하나님의 주권과 계획 아래에 있으며, 오히려 우리를 보호하는 도구가 됩니다. 믿음은 우리의 상황을 초월하여 하나님을 신뢰하는 것입니다. 하나님은 욥에게 "너는 대장부라, 허리를 동여매라"라고 말씀하십니다. 이는 욥이 하나님의 자녀로서 그분의 사랑과 주권을 신뢰하고 굳건히 서라는 명령입니다. 오늘날 우리에게도 동일하게 주어지는 이 명령은, 우리의 삶 속에서 하나님의 주권을 믿고 믿음으로 살아가라는 부르심입니다. 우리의 모든 한계와 고난 속에서도, 하나님께서는 온 우주를 다스리시는 분이며, 우리를 끝까지 사랑하시는 아버지이십니다. 이것이 의인이 믿음으로 말미암아 살아가는 방식입니다.

하나님, 고난 속에서도 하나님의 주권과 사랑을 굳게 믿으며 믿음으로 살아가게 하옵소서.

10월 **16**일

저절로 일어나는 일은 없다

욥기 38:31-41

31네가 묘성을 매어 묶을 수 있으며 삼성의 띠를 풀 수 있겠느냐 … 41까마귀 새끼가 하나님을 향하여 부르짖으며 먹을 것이 없어서 허우적거릴 때에 그것을 위하여 먹이를 마련하는 이가 누구냐

욥기 38장 31-41절에서 하나님께서는 고난 중에 있는 욥에게 만물의 주권자 되심을 상기시키십니다. 하나님은 욥에게 묘성과 삼성의 띠를 묶고 푸는 것이 가능한지, 별자리를 이끄는 것이 인간의 능력으로 가능한지를 질문하십니다. 이 질문들은 모든 자연 현상과 우주의 질서가 하나님의 주권 아래 있음을 강조하며, 인간의 한계를 깨닫게 합니다. 비와 번개, 사자의 먹이와 까마귀 새끼의 필요까지도 하나님께서 돌보신다는 말씀은 모든 것이 하나님의 섭리 속에서 이루어진다는 사실을 가르칩니다. 우리가 당하는 고난도, 우리의 필요도 저절로 이루어지는 것이 아니라, 하나님께서 주관하고 계십니다. 하나님께서는 욥에게 이 사실을 통해 믿음을 세우시기를 원하셨습니다. 고난 속에서도 하나님의 주권을 신뢰하고, 모든 것이 그분의 계획 아래 있다는 사실을 믿는 것이 의인의 삶의 본질입니다. 하나님께서는 우리의 고난을 통해 믿음을 견고하게 하시고, 성소로 들어가 그분과 깊은 교제를 나누기를 원하십니다. 이 믿음의 과정은 고난을 해결하기 이전에 하나님을 더 깊이 신뢰하는 데서 시작됩니다.

하나님, 고난 속에서도 하나님의 주권을 신뢰하며, 모든 것을 주께 맡기는 믿음을 살게 하소서.

10월 **17**일

고난의 현장 속에 하나님이 계시다

욥기 39:1-4, 26-30

26매가 떠올라서 날개를 펼쳐 남쪽으로 향하는 것이 어찌 네 지혜로 말미암음이냐 27독수리가 공중에 떠서 높은 곳에 보금자리를 만드는 것이 어찌 네 명령을 따름이냐 28그것이 낭떠러지에 집을 지으며 뾰족한 바위 끝이나 험준한 데 살며 29거기서 먹이를 살피나니 그 눈이 멀리 봄이며 30그 새끼들도 피를 빠나니 시체가 있는 곳에는 독수리가 있느니라

욥기 39장에서 하나님은 욥에게 들짐승과 새들에 관해 말씀하시며, 모든 생명과 자연을 주관하시는 자신의 권능을 보여주십니다. 염소와 사슴의 출산, 매와 독수리의 비행 등 자연 속의 모든 현상은 하나님께서 계획하고 돌보시는 일입니다. 이러한 장면을 통해 하나님은 욥에게, 그리고 우리에게 모든 고난 속에도 하나님의 주권이 있음을 깨닫게 하십니다. 욥은 자신의 고난 중에 하나님의 존재를 의심하고 있었습니다. 그러나 하나님은 자연을 통해, 모든 것이 그분의 주권 아래 이루어지고 있으며, 그 배후에서 하나님께서 역사하고 계심을 보여주십니다. 이는 우리의 고난과 어려움 또한 하나님께서 주관하시며, 그분의 섭리 안에 있음을 의미합니다. 하나님은 우리를 돌보시는 분이며, 우리의 모든 필요와 상황을 알고 계십니다. 우리의 아픔은 결코 헛되지 않으며, 하나님께서는 그 고난 속에서 우리를 성숙하게 하시고, 더 깊은 신뢰로 인도하십니다. 하나님은 오늘도 우리의 고난을 아시고 그 속에서 함께하십니다. 우리가 하나님의 주권을 인정하고, 그분을 신뢰하며 오늘을 살아갈 때, 하나님께서는 우리의 삶 속에서 그분의 뜻을 이루실 것입니다.

하나님, 고난 속에서도 저희와 함께하시는 하나님의 손길을 신뢰하며, 오늘을 책임 있게 살아가게 하옵소서.

10월 **18**일

트집 잡지 말고 나를 믿어라

욥기 40:1-9

1여호와께서 또 욥에게 일러 말씀하시되 2트집 잡는 자가 전능자와 다투겠느냐 하나님을 탓하는 자는 대답할지니라 3욥이 여호와께 대답하여 이르되 4보소서 나는 비천하오니 무엇이라 주께 대답하리이까 손으로 내 입을 가릴 뿐이로소이다 5내가 한 번 말하였사온즉 다시는 더 대답하지 아니하겠나이다 6그 때에 여호와께서 폭풍우 가운데에서 욥에게 일러 말씀하시되 7너는 대장부처럼 허리를 묶고 내가 네게 묻겠으니 내게 대답할지니라 8네가 내 공의를 부인하려느냐 네 의를 세우려고 나를 악하다 하겠느냐 9네가 하나님처럼 능력이 있느냐 하나님처럼 천둥 소리를 내겠느냐

욥 기 40장에서 하나님은 욥에게 "트집 잡는 자가 전능자와 다투겠느냐?"라고 묻습니다. 욥은 자신의 의로움을 주장하며 하나님을 원망하고 트집을 잡았지만, 하나님은 그에게 자신의 한계를 깨닫고 전능하신 하나님을 신뢰하라고 말씀하십니다. 우리는 고난 중에 하나님을 이해할 수 없을 때, 하나님의 계획이 내 뜻과 다를 때 하나님을 탓하기 쉽습니다. 그러나 하나님은 우리를 위한 선한 계획을 가지고 계시며, 우리의 제한된 시각으로 이해할 수 없는 큰 섭리 가운데 우리를 이끄십니다. 욥은 자신의 비천함을 인정했지만 여전히 마음속에 남아 있는 반발이 있었습니다. 하나님은 욥에게 대장부처럼 허리를 동여매고 그분을 온전히 신뢰할 것을 요구하십니다. 우리도 고난 속에서 하나님의 사랑을 의심하지 말고, 그분의 주권을 신뢰해야 합니다. 하나님은 우리의 상황과 상관없이 변치 않는 사랑으로 우리를 붙드시며, 그 사랑은 우리의 고난 속에서도 여전히 유효합니다.

하나님, 고난 속에서도 하나님의 사랑을 의심하지 않고, 그분의 주권을 온전히 신뢰하게 하옵소서.

10월 **19**일

지금도 함께 걸어가시는 주님을 보라

욥기 40:10-14

10너는 위엄과 존귀로 단장하며 영광과 영화를 입을지니라 11너의 넘치는 노를 비우고 교만한 자를 발견하여 모두 낮추되 12모든 교만한 자를 발견하여 낮아지게 하며 악인을 그들의 처소에서 짓밟을지니라 13그들을 함께 진토에 묻고 그들의 얼굴을 싸서 은밀한 곳에 둘지니라 14그리하면 네 오른손이 너를 구원할 수 있다고 내가 인정하리라

욥기 40장 10-14절에서 하나님은 욥에게, 스스로 세상의 악을 심판하고 교만한 자를 낮출 수 있는지 물으십니다. 이는 욥이 자신의 한계를 깨닫고, 전능하신 하나님의 주권을 신뢰하게 하시려는 것입니다. 하나님은 욥에게 그가 아무리 애써도 세상을 다스릴 능력이 없음을 지적하시며, 그의 기량으로는 구원을 이룰 수 없음을 깨닫게 하십니다. 우리는 종종 고난 속에서 자신의 힘으로 문제를 해결하려 하지만, 하나님은 우리와 함께하심으로 우리를 인도하고 계십니다. 모세와 함께하셨던 하나님은 지금도 우리와 동행하시며, 우리의 고난 속에서 길을 인도하십니다. 야곱이 두려움 속에서도 하나님의 임재를 신뢰하고 애굽으로 내려갔던 것처럼, 우리도 하나님께서 지금도 함께 걸어가심을 믿고 그분의 인도하심에 의지해야 합니다. 마태복음 28장 20절에서 예수님은 "내가 세상 끝날까지 너희와 항상 함께 있으리라"고 약속하셨습니다. 우리는 이 변치 않는 약속을 붙잡고, 어떤 상황에서도 하나님을 신뢰하며 그분의 주권과 임재를 믿고 살아가야 합니다.

주님, 고난 속에서도 하나님의 임재와 인도하심을 신뢰하며, 함께하시는 주님의 사랑을 깨닫게 하소서.

10월 **20**일

두려워하지 않을 이유 세 가지

욥기 40:15-24

15이제 소 같이 풀을 먹는 베헤못을 볼지어다 내가 너를 지은 것 같이 그것도 지었느니라 … 24그것이 눈을 뜨고 있을 때 누가 능히 잡을 수 있겠으며 갈고리로 그것의 코를 꿸 수 있겠느냐

욥기 40장 15-24절에서 하나님은 욥에게 베헤못을 보여주시며 그의 위엄과 힘을 설명하십니다. 그러나 인간은 하나님의 형상대로 지음 받은 으뜸 되는 존재로, 하나님께서는 우리를 모든 피조물보다 귀히 여기십니다창 1:26-28. 우리의 가치는 하나님께서 주신 존재적 존귀함에 있습니다. 하나님은 모든 피조물의 필요를 아시고 공급하십니다. 베헤못도 하나님께서 주신 먹이와 쉼터로 살아갑니다. 우리의 상황 또한 하나님의 섭리 속에서 주어진 것이며, 우리를 위해 허락된 필요입니다벧전 4:12-13. 고난과 어려움은 하나님께서 우리의 믿음을 연단하시고 성장시키기 위한 도구입니다. 또한, 하나님께서 우리와 함께하시기에 우리는 두려워할 필요가 없습니다. 베헤못이 요단강의 물이 쏟아져도 놀라지 않듯이, 우리는 하나님께서 우리를 붙드심을 신뢰할 수 있습니다. 하나님이 우리와 함께하시면 어떤 상황에서도 담대할 수 있습니다롬 8:31.

하나님, 모든 상황 속에서 저희를 사랑으로 돌보시며 함께하시는 하나님을 신뢰하며 두려움 없이 살아가게 하옵소서.

10월 **21**일

기도의 특권

욥기 41:1-11

1네가 낚시로 리워야단을 끌어낼 수 있겠느냐 노끈으로 그 혀를 맬 수 있겠느냐 … 11누가 먼저 내게 주고 나로 하여금 갚게 하겠느냐 온 천하에 있는 것이 다 내 것이니라

욥기 41장에서 하나님은 욥에게 리워야단을 끌어낼 수 있느냐고 질문하시며 인간의 한계를 깨닫게 하십니다. 리워야단은 인간의 힘으로는 통제할 수 없는 거대한 존재로, 이를 통해 하나님은 욥에게 인간의 무력함을 가르치고 계십니다[1절]. 우리도 삶에서 마주하는 문제들이 리워야단처럼 크고 통제 불가능해 보일 때가 많습니다. 이런 상황 속에서 우리는 우리 자신의 한계를 인정하고 하나님께 의지해야 합니다. 하나님만이 모든 것을 주관하시는 전능하신 분입니다[11절]. 우리의 노력으로는 세상을 다스릴 수 없지만, 하나님은 모든 것을 다스리시며 우리의 삶을 선하게 인도하십니다. 우리는 하나님께 나아가 기도할 수 있는 특권을 부여받았습니다. 기도는 우리의 무력함을 하나님께 맡기고, 그분의 임재와 주권을 신뢰하는 행위입니다. 하나님께서는 우리의 필요를 아시며, 기도하는 자에게 응답하시고 선한 길로 인도하십니다.

하나님, 저희의 무력함을 인정하고 오직 하나님만 의지하며 기도의 특권을 소중히 여기며 살아가게 하옵소서.

10월 **22**일

나의 리워야단은?

욥기 41:12-17

12내가 그것의 지체와 그것의 큰 용맹과 늠름한 체구에 대하여 잠잠하지 아니하리라 13누가 그것의 겉가죽을 벗기겠으며 그것에게 겹재갈을 물릴 수 있겠느냐 14누가 그 것의 턱을 벌릴 수 있겠느냐 그의 둥근 이틀은 심히 두렵구나 15그의 즐비한 비늘은 그의 자랑이로다 튼튼하게 봉인하듯이 닫혀 있구나 16그것들이 서로 달라붙어 있어 바 람이 그 사이로 지나가지 못하는구나 17서로 이어져 붙었으니 능히 나눌 수도 없구나

욥기 41장에서 하나님은 욥에게 리워야단을 끌어낼 수 있느냐고 질문하십니다. 리워야단은 인간의 힘으로는 통제할 수 없는 거 대한 존재로, 이를 통해 하나님은 인간의 무력함을 깨닫게 하십니다. 우리도 삶에 서 해결할 수 없는 거대한 문제들을 리워야단처럼 마주할 때가 많습니다. 이런 상황 속에서 우리는 우리의 한계를 인정하고 하나님께 의지해야 합니다. 하나님은 모든 것 을 주관하시는 전능한 분으로, 우리의 문제도 그분의 손안에 있습니다욥 41:11. 우리의 힘으로는 세상의 어려움을 해결할 수 없지만, 하나님께서는 우리와 함께하시며 우리 의 모든 필요를 채우십니다. 이때 기도는 우리의 무력함을 인정하고 하나님께 나아가 는 특권입니다. 기도를 통해 우리는 하나님의 임재와 주권을 신뢰하며, 그분의 인도 하심을 구할 수 있습니다. 하나님께서 우리와 함께하시기에 우리는 오늘을 신실하게 살아갈 수 있습니다.

하나님, 인생의 리워야단을 마주할 때, 하나님만을 신뢰하며 오늘을 주님 안에서 살아가게 하옵소서.

10월 23일

하나님이 쓰시는 사람

욥기 41:18-22

18그것이 재채기를 한즉 빛을 발하고 그것의 눈은 새벽의 눈꺼풀 빛 같으며 19그것의 입에서는 횃불이 나오고 불꽃이 튀어 나오며 20그것의 콧구멍에서는 연기가 나오니 마치 갈대를 태울 때에 솥이 끓는 것과 같구나 21그의 입김은 숯불을 지피며 그의 입은 불길을 뿜는구나 22그것의 힘은 그의 목덜미에 있으니 그 앞에서는 절망만 감돌 뿐이구나

 욥기 41장에서 하나님은 리워야단의 강력함을 묘사하시며 인간의 무력함을 깨닫게 하십니다. 리워야단은 인간의 힘으로 감당할 수 없는 존재로, 이는 우리 삶의 어려움과 한계를 상징합니다. 우리는 하나님 없이는 아무것도 할 수 없는 존재임을 인정해야 합니다. 하나님은 우리에게 교만을 버리고 겸손하게 하나님을 의지하도록 하십니다. 하나님께서는 교만한 자를 멸하시고 겸손한 자를 들어 사용하십니다삿 7:2. 또한 절망하지 않고 하나님을 신뢰하는 자를 사용하십니다. 하나님을 신뢰하는 자는 어떤 상황에서도 하나님의 인도하심을 기대하며 절망하지 않습니다사 43:1-2. 끝까지 하나님께서 주신 사명을 붙잡는 자도 하나님께서 사용하십니다. 우리에게 주어진 사명을 소중히 여기고, 오늘을 하나님 앞에서 신실하게 살아가는 것이 중요합니다.

주님, 저희가 겸손하며, 하나님을 신뢰하고, 맡기신 사명을 끝까지 붙잡고 살아가게 하옵소서.

10월 **24**일

오늘날의 리워야단

욥기 41:23-28

23그것의 살껍질은 서로 밀착되어 탄탄하며 움직이지 않는구나 24그것의 가슴은 돌처럼 튼튼하며 맷돌 아래짝 같이 튼튼하구나 25그것이 일어나면 용사라도 두려워하며 달아나리라 … 28화살이라도 그것을 물리치지 못하겠고 물맷돌도 그것에게는 겨 같이 되는구나

 기 41장은 리워야단이라는 강력한 생물을 통해 인생의 고난과 인간의 한계를 보여줍니다. 오늘날 우리의 리워야단은 바로 "문화"입니다. 문화는 한 세대, 국가, 개인의 삶에 깊이 뿌리박혀 있으며, 변화시키기 어려운 강력한 힘입니다. 한국 사회의 유교 문화처럼, 한 시대를 지배하는 문화와의 충돌은 복음 전파에 큰 장애물로 작용했습니다. 가정과 사회에서도 각자의 문화적 배경이 다를 때 갈등이 생기며, 세대 간의 차이로 인해 이해와 소통이 어려운 경우가 많습니다. 본문은 리워야단이 얼마나 견고하고 강력한지를 묘사하며 인간의 무력함을 드러냅니다. "칼이 그에게 꽂혀도 소용이 없고"욥 41:26라는 말씀처럼 인간의 힘으로는 리워야단을 제압할 수 없습니다. 그러나 하나님께서는 우리가 그 문제를 하나님께 맡기며 기다리기를 원하십니다. 하나님께서 하셔야만 문화라는 리워야단을 극복할 수 있습니다. 중요한 것은 변화의 시작이 바로 나 자신에게서 이루어져야 한다는 것입니다. 하나님께서 우리 안에 먼저 하나님의 나라를 이루실 때, 가정과 사회도 변화될 수 있습니다. 서로를 변화시키려는 노력은 충돌만 일으키지만, 내가 하나님 앞에서 변화되기를 구할 때 하나님께서 우리를 통해 일하십니다. 오늘날 우리에게 필요한 것은 겸손히 하나님 앞에 나아가 변화되기를 구하는 것입니다. 하나님의 나라가 우리 안에 임할 때, 우리는 가정과 사회, 그리고 이 시대의 리워야단과 같은 문제들을 극복할 수 있습니다. 하나님께서 우리를 변화시키시고, 이를 통해 우리 주변을 변화시켜 주실 것을 믿으며 나아갑시다.

주님, 이 시대의 리워야단과 같은 문제들 앞에서 제가 먼저 변화되게 하시고, 하나님의 나라가 제 삶 속에 임하게 하옵소서.

10월 25일

우리를 구원하신 이유

출애굽기 10:1-11

1여호와께서 모세에게 이르시되 바로에게로 들어가라 내가 그의 마음과 그의 신하들의 마음을 완강하게 함은 나의 표징을 그들 중에 보이기 위함이며 … 11그렇게 하지 말고 너희 장정만 가서 여호와를 섬기라 이것이 너희가 구하는 바니라 이에 그들이 바로 앞에서 쫓겨나니라

 종교개혁을 맞이하며, 당시 로마 카톨릭 교회의 부패와 타락을 기억합니다. 그때 하나님의 말씀을 붙들고 개혁을 열망하는 이들이 있었습니다. 종교개혁은 마틴 루터, 쯔빙글리, 칼뱅 등의 지도자들을 통해 이루어졌지만, 그밖에도 수많은 믿음의 사람들이 오랜 시간 기도하고 헌신한 결과였습니다. 오늘날 한국교회도 유럽의 교회들처럼 쇠락하지 않도록 개혁의 필요성을 절실히 느낍니다. 교회의 부흥과 민족 복음화를 위해 우리는 다시 한번 개혁의 불씨를 붙들어야 합니다. 오늘 말씀에서 여덟 번의 재앙에도 불구하고 완악한 바로의 모습을 봅니다. 그러나 하나님은 포기하지 않으시고, 이스라엘 백성들을 구원하시겠다는 약속을 이루셨습니다. 우리는 여기서 개혁자의 중요한 덕목인 포기하지 않는 신앙을 배울 수 있습니다. 하나님께서 출애굽을 통해 그 백성들이 하나님을 섬기게 하시려는 목적을 이루셨듯이, 우리가 구원받은 이유 역시 하나님을 섬기기 위함입니다. 하나님을 섬기는 일에는 남녀노소, 모든 존재가 동참해야 하며, 이 사명을 포기해서는 안 됩니다. 하나님께서 우리를 구원하신 이유는 단순히 영광의 자리에 머물게 하려는 것이 아닙니다. 우리는 매일 자신을 개혁하며, 하나님을 섬기고 세상을 변화시키기 위해 헌신해야 합니다. "모든 민족을 제자 삼으라"는 예수님 말씀처럼, 우리는 온 세상 만물이 하나님을 섬기게 될 날을 기대하며, 포기하지 않고 기도의 자리로 나아가야 합니다. 이것이 하나님께서 우리를 구원하신 이유입니다.

주님, 저를 개혁하여 하나님을 섬기고 세상을 변화시키는 도구로 사용하여 주옵소서.

10월 26일

우상이 춤추고 있다

사사기 16:23-31

23블레셋 사람의 방백들이 이르되 우리의 신이 우리 원수 삼손을 우리 손에 넘겨 주었다 하고 다 모여 그들의 신 다곤에게 큰 제사를 드리고 즐거워하고 ⋯ 31그의 형제와 아버지의 온 집이 다 내려가서 그의 시체를 가지고 올라가서 소라와 에스다올 사이 그의 아버지 마노아의 장지에 장사하니라 삼손이 이스라엘의 사사로 이십 년 동안 지냈더라

종교개혁주일은 성도들에게 낯설게 느껴질 수 있지만, 종교개혁은 하나님께서 우리에게 주신 소중한 선물입니다. 1517년, 마르틴 루터가 95개조 반박문을 발표함으로 시작된 종교개혁은 오늘날의 개혁교회가 탄생하는 중요한 출발점이 되기 때문입니다. 그러나 종교개혁이 중요한 또 다른 이유는 루터가 자신의 내면을 먼저 개혁했기 때문입니다. 당시 강력한 권력을 가지고 있던 로마 카톨릭의 부패를 목격한 루터는 성경을 통해 진리를 깨닫고 자신의 내면에서부터 개혁을 시작했습니다. 오늘 말씀에서 삼손은 하나님께서 주신 은혜를 잊고 자신의 소견대로 살다가 결국 블레셋의 조롱거리가 되어 우상 앞에 춤을 추는 상황에 이르렀습니다. 이때 삼손은 자신의 잘못을 인정하며 하나님께 자신을 불쌍히 여겨달라고 간절히 기도했고, 마지막으로 블레셋 사람을 무너뜨리기를 간구했습니다. 삼손은 자기 개혁을 통해 마지막에 자신의 목숨을 내어놓으며 블레셋과 그들의 우상을 무너뜨렸습니다. 종교개혁주일을 맞이하여, 우리 각자 마음속에 자라나는 불평과 불만이라는 잡초를 뽑아내고, 감사의 씨를 심는 자기 개혁을 이루어 나갑시다. 삶 속에서 감사할 일들을 돌아보고, 매일 감사하는 삶을 살아갈 때, 우리의 내면에서 개혁이 시작되고, 그 개혁은 우상을 무너뜨리는 힘이 될 것입니다.

하나님, 불평과 불만을 제거하고 감사의 씨를 심으며, 우상을 무너뜨리는 개혁된 삶을 살게 하소서.

10월 **27**일

내 생각과 아버지의 생각

출애굽기 2:11-21

11모세가 장성한 후에 한번은 자기 형제들에게 나가서 그들이 고되게 노동하는 것을 보더니 어떤 애굽 사람이 한 히브리 사람 곧 자기 형제를 치는 것을 본지라 12좌우를 살펴 사람이 없음을 보고 그 애굽 사람을 쳐죽여 모래 속에 감추니라 … 19그들이 이르되 한 애굽 사람이 우리를 목자들의 손에서 건져내고 우리를 위하여 물을 길어 양 떼에게 먹였나이다 20아버지가 딸들에게 이르되 그 사람이 어디에 있느냐 너희가 어찌하여 그 사람을 버려두고 왔느냐 그를 청하여 음식을 대접하라 하였더라 21모세가 그와 동거하기를 기뻐하매 그가 그의 딸 십보라를 모세에게 주었더니

사람들은 흔히 자신의 능력이 충분할 때 하나님께 쓰임받을 것이라 생각합니다. 그러나 모세의 이야기는 우리의 생각과 하나님의 생각이 얼마나 다른지를 보여줍니다. 애굽의 공주의 아들로 힘을 가진 모세가 아니라, 미디안으로 도망간 약하고 무력한 모세를 하나님은 사용하셨습니다. 우리의 기대와는 다르게 하나님은 실패와 절망 속에서도 구원의 길을 여십니다. 예수님도 십자가에서 죽으심으로 세상을 구원하셨습니다. 사람들은 예수님이 기적을 통해 세상을 정복하실 것이라 생각했지만, 하나님의 방법은 달랐습니다. 십자가라는 가장 연약한 순간에 하나님은 온 인류를 구원하셨습니다. 우리의 생각으로는 이해할 수 없는 하나님의 길이 바로 생명의 길입니다. 하나님의 생각은 언제나 옳으며, 바뀌지 않으며, 사랑으로 가득합니다. 우리가 해야 할 일은 그분의 생각 앞에 우리의 생각을 내려놓는 것입니다. 그때 우리의 삶에 진정한 기쁨과 평안이 찾아옵니다. 하나님의 생각을 따를 때 생명의 열매가 맺히고, 그의 뜻이 이루어집니다.

 주님, 제 생각을 내려놓고 아버지의 생각을 따르며 사랑으로 살아가게 하소서.

10월 **28**일

탄식과 함께 일하시는 하나님

출애굽기 2:22-25

22그가 아들을 낳으매 모세가 그의 이름을 게르솜이라 하여 이르되 내가 타국에서 나그네가 되었음이라 하였더라 23여러 해 후에 애굽 왕은 죽었고 이스라엘 자손은 고된 노동으로 말미암아 탄식하며 부르짖으니 그 고된 노동으로 말미암아 부르짖는 소리가 하나님께 상달된지라 24하나님이 그들의 고통 소리를 들으시고 하나님이 아브라함과 이삭과 야곱에게 세운 그의 언약을 기억하사 25하나님이 이스라엘 자손을 돌보셨고 하나님이 그들을 기억하셨더라

모세는 애굽에서 이방 땅 미디안으로 쫓겨나며 나그네의 삶을 깨닫고, 아들의 이름을 '게르솜'이라 지었습니다. 이 땅에서의 인생이 나그네라는 사실을 기억하는 사람은 어떤 상황에서도 흔들리지 않습니다. 하나님께서는 이스라엘 백성의 탄식을 들으셨고, 이미 준비된 모세와 함께 그들의 구원을 이루실 계획을 가지고 계셨습니다. 하나님께서 우리를 나그네로 부르신 이유는, 이 땅에서 우리의 역할을 깨닫고 그분의 구원 사역에 동참하게 하려는 것입니다. 우리는 영원한 본향을 소유한 자로서, 이 땅의 복을 추구하는 대신 천국을 사모하며 살아야 합니다. 현실의 복이 아니라 영원한 본향을 향한 믿음이야말로 진정한 복입니다. 세상은 우리의 본향을 잊게 만들지만, 우리는 날마다 나그네임을 기억하며 하나님과 동행해야 합니다. '가볍게 살고, 불편을 참으며, 본향을 사모하고, 사명을 생각하며, 상을 바라보라'는 다섯 가지 원칙을 기억하며, 우리에게 맡겨진 이 땅에서의 사명을 감당해야 합니다.

주님, 나그네로서의 삶을 잊지 않고, 본향을 사모하며 사명을 감당하게 하소서.

10월 **29**일

믿음과 감사로 살아가기

누가복음 21:29-33

29이에 비유로 이르시되 무화과나무와 모든 나무를 보라 30싹이 나면 너희가 보고 여름이 가까운 줄을 자연히 아나니 … 32내가 진실로 너희에게 말하노니 이 세대가 지나가기 전에 모든 일이 다 이루어지리라 33천지는 없어지겠으나 내 말은 없어지지 아니하리라

낙엽이 땅에 떨어져 사람의 발에 밟혀 사라지는 것처럼 보이지만, 그 과정에서 또 하나의 생명을 만들어내는 거름이 되듯, 우리 인생도 마찬가지로 결국 소멸되는 것처럼 보일지라도, 새로운 생명을 창조하는 은혜의 통로가 될 수 있습니다. 허브나무가 꺾이는 순간에도 그 향기를 발하듯이, 하나님의 백성은 시련 속에서도 그리스도의 향기를 발할 수 있습니다. 이처럼 주님께서는 자연의 이치를 통해 우리에게 종말의 시대를 깨닫게 하시며, 무화과나무의 비유를 통해 우리가 종말의 징조를 알아차리기를 원하십니다. 특히 물질적인 풍요를 의지하는 현대인들에게, 주님은 돈이나 세상의 상징적 가치가 영원하지 않다는 것을 깨우치게 하십니다. 그러므로 우리는 영원히 변치 않는 하나님의 말씀만을 의지해야 합니다. 주님은 자신이 겪으실 고난을 예견하며, 십자가의 길을 묵묵히 걸어가셨고, 종말의 때에도 오직 말씀에만 의존하셨습니다. 또한, 이 세상의 끝은 새로운 영원의 시작임을 믿어야 합니다. 주님은 "하나님의 나라가 가까이 온 줄을 알라"고 말씀하셨습니다. 이러한 확신 속에서 우리는 우리의 시민권은 하늘에 있으며, 그곳이 우리의 본향임을 기억하는 구원받은 백성으로, 이 땅을 나그네처럼 살아가야 합니다. 세상의 끝은 반드시 옵니다. 그러므로 세상의 유한한 것에 의지하지 말고, 영원한 하나님의 말씀에만 의지해야 합니다. 그리고 어떤 상황에서도 감사와 찬송으로 하나님 나라를 이뤄가며 살아야 합니다.

주님, 이 세상 것이 아닌 영원한 말씀을 의지하며 믿음과 감사로 살게 하소서.

10월 **30**일

순종의 은혜

사사기 6:25-40

25그 날 밤에 여호와께서 기드온에게 이르시되 네 아버지에게 있는 수소 곧 칠 년 된 둘째 수소를 끌어 오고 네 아버지에게 있는 바알의 제단을 헐며 그 곁의 아세라 상을 찍고 26또 이 산성 꼭대기에 네 하나님 여호와를 위하여 규례대로 한 제단을 쌓고 그 둘째 수소를 잡아 네가 찍은 아세라 나무로 번제를 드릴지니라 하시니라 … 40그 밤에 하나님이 그대로 행하시니 곧 양털만 마르고 그 주변 땅에는 다 이슬이 있었더라

순종은 쉽지 않지만, 하나님께서 우리에게 원하시는 필수적인 요소입니다. 기드온의 이야기에서 우리는 순종의 과정을 배웁니다. 처음에 두려움에 빠져 있던 기드온은 하나님께서 그에게 요구하신 일에 소극적으로 반응했습니다. 그러나 하나님의 영이 임하고, 기드온은 점차 담대함을 얻어 하나님의 명령을 수행하게 됩니다. 기드온의 순종은 두려움 속에서도 이루어졌고, 결국 그는 하나님의 계획을 따르는 용사가 되었습니다. 예수님 또한 십자가 앞에서 하나님의 뜻을 확인하고 그 길을 끝까지 걸으셨습니다. 우리도 기드온과 예수님처럼 두려움 속에서도 하나님의 뜻을 찾아 순종해야 합니다. 순종은 우리의 능력이 아닌 하나님의 은혜로 이루어지며, 하나님의 영이 함께할 때 우리는 두려움을 이겨내고 그분의 뜻에 따라 나아갈 수 있습니다. 추수감사절을 맞아, 범사에 감사하며 순종의 길을 걸어갑시다.

 주님, 두려움 속에서도 주님의 뜻에 순종하는 은혜를 허락하소서.

10월 **31**일

감사로 영광을 돌리자

누가복음 17:11-19

11예수께서 예루살렘으로 가실 때에 사마리아와 갈릴리 사이로 지나가시다가 … 17예수께서 대답하여 이르시되 열 사람이 다 깨끗함을 받지 아니하였느냐 그 아홉은 어디 있느냐 18이 이방인 외에는 하나님께 영광을 돌리러 돌아온 자가 없느냐 하시고 19그에게 이르시되 일어나 가라 네 믿음이 너를 구원하였느니라 하시더라

라이피곱스라는 법학자는 '감사가 없는 사람에게 형벌을 가하지 않는 이유는, 감사가 없는 그 자체가 이미 형벌이기 때문이다' 라고 말했습니다. 우리는 하루는 어떻습니까? 감사로 채워져 있습니까? 아니면 불평과 염려로 가득 차 있습니까? 예수님께서 열 명의 나병환자를 고치셨지만, 오직 한 명만이 예수님께 돌아와 감사했습니다. 그 한 명은 사마리아인이었고, 예수님은 그에게 "네 믿음이 너를 구원하였느니라"고 말씀하십니다. 이 말씀은 감사가 구원의 조건이라는 의미가 아닙니다. 구원은 전적으로 하나님의 은혜로 주어지는 것이며, 감사는 구원받은 자의 당연한 열매입니다. 우리가 구원받았다는 사실 자체가 가장 큰 감사의 이유입니다. 구원은 우리에게 하나님과의 영원한 생명을 주며, 그 생명은 변치 않는 이유로서 우리를 감사하게 만듭니다. 종종 우리는 세상의 일들—병에서 나음, 성공, 자녀의 성공 등등—로 인해 감사하지만, 그것이 우리의 감사의 기준이 되어서는 안 됩니다. 하나님께서 우리에게 주신, 이 구원은 값없이 주어진 선물이지만, 결코 값싼 것이 아닙니다. 우리의 자격과 상관없이 주어진 이 귀한 선물은 우리가 평생 감사해야 할 이유입니다. 사단은 끊임없이 우리에게서 감사를 빼앗으려 하지만, 우리는 구원받은 하나님의 자녀로서 감사의 자리를 지켜야 합니다. 감사는 공동체 안에 화평을 가져오고, 더 큰 감사의 이유를 만들어냅니다. 감사는 선택의 문제가 아니라, 하나님께 영광을 돌리는 필수적인 믿음의 행위입니다. 매일 감사로 하나님께 영광을 돌리는 삶을 살아가길 소망합니다.

매일 감사의 삶을 살며, 구원의 은혜를 깊이 깨닫고 하나님께 영광을 돌리게 하소서.

November

11월

출애굽기

11월 **1**일

감사로 하늘에 보물을 쌓자

누가복음 12:33-34

33너희 소유를 팔아 구제하여 낡아지지 아니하는 배낭을 만들라 곧 하늘에 둔 바 다함이 없는 보물이니 거기는 도둑도 가까이 하는 일이 없고 좀도 먹는 일이 없느니라 34너희 보물 있는 곳에는 너희 마음도 있으리라

우리의 건강, 지식, 물질, 은사와 같이 우리의 모든 것은 어떻게 사용하느냐에 따라 생명을 살리는 도구가 될 수 있고, 반대로 해악을 끼칠 수도 있습니다. 그리고 그것은 우리가 누구에게 붙들려 있느냐에 달려 있습니다. 하나님께서는 나눔을 통해 우리가 생명을 살리는 일에 쓰임 받기를 원하십니다. 이를 위해 초대교회 성도들은 자신의 재산과 소유를 팔아 필요에 따라 나누어 주었습니다. 이것이 가능했던 이유는 그들이 구원의 은혜를 깨닫고 성령에 붙들린 사람들이었기 때문입니다. 구원받은 사람은 자신이 가진 모든 것을 나눔의 도구로 사용하게 됩니다. 우리도 마찬가지로, 조금씩 나눔의 삶을 실천하며 생명의 사람으로 살아가야 합니다. 이를 위해 우리가 기억해야 할 세 가지가 있습니다. 첫째는 감사입니다. 당연하게 여기는 것들이 많을수록 우리는 감사하지 못하게 됩니다. 그러나 이 세상에 당연한 것은 없습니다. 모든 것은 하나님의 은혜입니다. 둘째는 염려하지 않음입니다. 염려는 우리가 나눔을 실천하지 못하게 막는 장애물입니다. 염려 대신 감사함으로 나누면 그것은 하늘에 보물을 쌓는 것이 됩니다. 셋째는 기도입니다. '하나님의 은혜를 나누게 해달라'고 기도할 때, 성령께서 우리를 붙들고 역사하십니다. 이러한 나눔의 삶을 실천할 때 하나님께서는 더욱 큰 은혜로 채워주십니다. 록펠러는 나눔의 삶을 통해 건강과 풍성한 축복을 받았던 예입니다. 그의 어머니가 남긴 열 가지 유언은 오늘날 우리에게도 큰 울림을 줍니다. 하나님을 의지하고, 나눔을 실천하며 살아가는 삶이야말로 생명의 사람으로 사는 길입니다.

하나님, 주신 은혜를 감사함으로 나누며 하늘에 보물을 쌓는 삶을 살게 하소서.

11월 **2**일

염려하는 사람, 감사하는 사람

시편 136:25-26

25모든 육체에게 먹을 것을 주신 이에게 감사하라 그 인자하심이 영원함이로다 26하늘의 하나님께 감사하라 그 인자하심이 영원함이로다

'범사에 감사하라'는 말씀은 신앙인들에게 익숙하지만, 실제로 감사를 실천하기는 쉽지 않습니다. 많은 이들이 어려운 상황 속에서 감사보다는 염려에 사로잡힙니다. 그러나 성경은 감사를 환경이나 조건에 의존하는 것이 아닌, 하나님께서 우리에게 주시는 은혜를 기억하며 드리는 것이라고 가르칩니다. 시편 136편을 보면, 하나님께서 우리를 창조하시고 구원하시며, 이스라엘을 애굽에서 인도하신 역사를 통해 우리는 감사의 이유를 발견할 수 있습니다. 비천한 자들을 대적의 손에서 건져내시고, 모든 육체에 먹을 것을 주시는 하나님의 은혜는 우리가 감사해야 할 충분한 이유입니다. 사단은 현실의 어려움을 집중적으로 보여주어 우리를 염려하게 만들지만, 하나님은 우리에게 현실 너머를 보게 하십니다. 그분의 선하심과 변치 않는 사랑을 기억하며 염려 대신 감사를 선택할 수 있습니다. 감사는 선택이며, 우리의 마음이 어느 쪽으로 향하느냐에 따라 염려의 사람도, 감사의 사람도 될 수 있습니다. 하나님께서는 우리에게 아무 것도 염려하지 말고, 모든 일에 감사하라고 명령하십니다. 염려는 끝났고 감사가 시작된 것입니다. 이제 우리는 감사하는 삶을 살아가며, 하나님의 은혜를 경험하는 자들로 부름받았습니다.

주님, 염려 대신 감사로 나아가는 삶을 살게 하소서. 매일 주님의 은혜를 기억하며, 감사로 하나님을 찬양하게 하소서.

11월 **3**일

세상의 힘 앞에서

욥기 41:29-34
29그것은 몽둥이도 지푸라기 같이 여기고 창이 날아오는 소리를 우습게 여기며 30그것의 아래쪽에는 날카로운 토기 조각 같은 것이 달려 있고 그것이 지나갈 때는 진흙 바닥에 도리깨로 친 자국을 남기는구나 … 34그것은 모든 높은 자를 내려다보며 모든 교만한 자들에게 군림하는 왕이니라

욥기 41장은 리워야단이라는 강력한 생물을 통해 세상의 거대한 힘과 인간의 한계를 보여줍니다. 리워야단은 인간의 모든 무기와 노력이 아무런 영향을 미치지 못하는 존재로, 세상의 거대한 권력이나 악을 상징합니다. 욥 41:29 이는 우리가 세상의 강력한 힘 앞에서 무력감을 느낄 수밖에 없음을 보여줍니다. 그러나 하나님께서는 우리가 이러한 세상의 힘을 인간적인 방법으로 이기려 하지 말고, 오직 하나님의 은혜에 의지하라고 가르치십니다. 중세 교회가 세상의 힘을 얻어 세상을 지배하려 했던 시도들은 결국 실패로 끝났으며, 오히려 큰 상처를 남겼습니다. 이는 우리에게 중요한 교훈을 줍니다. 세상의 힘은 우리의 신앙을 약화시켜서 하나님으로부터 멀어지게 할 수 있습니다. 예수님께서 우리에게 보여주신 승리의 길은 세상의 힘이 아닌, 십자가의 길이었습니다. 예수님은 십자가를 통해 세상을 이기셨고, 우리에게 참된 승리의 본을 보여주셨습니다. 리워야단은 "모든 높은 자를 내려다보며 모든 교만한 자들에게 군림하는 왕"욥 41:34이라고 묘사되지만, 하나님께서는 교만한 자를 낮추시고 겸손한 자를 높이시는 분이십니다. 욥기 41장은 세상의 힘의 위력을 묘사하지만, 이어지는 욥기 42장은 하나님의 은혜와 회복을 보여줍니다. 이는 우리에게 고난과 시련 중에도 하나님을 신뢰하며 나아갈 때, 결국 하나님께서 회복과 축복을 허락하신다는 소망을 줍니다. 우리가 십자가의 길을 걸으며 하나님의 은혜를 의지할 때, 하나님께서는 우리의 삶을 변화시키시고 참된 승리와 회복을 주십니다.

 주님, 세상의 거대한 힘 앞에서 주님의 은혜를 의지하며 십자가의 길을 걸어가게 하옵소서.

11월 **4**일

하나님께 드릴 나의 고백

욥기 42:1-6

1욥이 여호와께 대답하여 이르되 2주께서는 못 하실 일이 없사오며 무슨 계획이든지 못 이루실 것이 없는 줄 아오니 3무지한 말로 이치를 가리는 자가 누구니이까 나는 깨닫지도 못한 일을 말하였고 스스로 알 수도 없고 헤아리기도 어려운 일을 말하였나이다 4내가 말하겠사오니 주는 들으시고 내가 주께 묻겠사오니 주여 내게 알게 하옵소서 5내가 주께 대하여 귀로 듣기만 하였사오나 이제는 눈으로 주를 뵈옵나이다 6그러므로 내가 스스로 거두어들이고 티끌과 재 가운데에서 회개하나이다

욥기 42장에서 욥은 긴 고난의 여정 끝에 하나님의 말씀을 통해 깊은 회개와 고백을 드립니다. "주께서는 못 하실 일이 없사오며 무슨 계획이든지 못 이루실 것이 없는 줄 아오니"욥 42:2라는 고백은 욥이 자신의 한계를 인정하고, 하나님의 절대적인 주권을 받아들인 순간을 보여줍니다. 그의 회개는 상황이 나아졌기 때문이 아니라, 하나님과의 인격적인 만남을 통해 이루어진 것입니다. 욥은 "귀로 듣기만 하였사오나 이제는 눈으로 주를 뵈옵나이다"욥 42:5라고 고백하며, 단순히 지식적으로 하나님을 아는 것을 넘어, 하나님의 인격적인 존재를 체험하게 되었습니다. 이는 하나님께서 우리에게 바라시는 신앙의 모습입니다. 우리는 종종 하나님을 지식적으로 이해하려고 하지만, 진정한 신앙은 하나님을 인격적으로 만나고 그분의 말씀 속에서 관계를 맺는 데서 시작됩니다. 욥의 고백은 그의 고난이 해결되지 않았을 때 이루어졌습니다. 이는 우리의 신앙이 상황에 좌우되지 않고, 하나님의 성품과 주권에 대한 신뢰에 기초해야 함을 보여줍니다. 고난 속에서도 하나님의 계획을 신뢰하며 회개하고 나아가는 것은 참된 신앙의 본질입니다. 우리의 삶에서도 하나님의 말씀을 통해 그분을 만나고, 그분의 주권을 인정하며 고난 중에도 하나님께 드리는 깊은 고백으로 나아가야 합니다.

주님, 고난 중에도 주님의 주권을 신뢰하며, 말씀을 통해 인격적으로 주님을 만나게 하옵소서.

11월 **5**일

회개는 주님의 생각 속으로 들어가는 것

욥기 42:7-9

7여호와께서 욥에게 이 말씀을 하신 후에 여호와께서 데만 사람 엘리바스에게 이르시되 내가 너와 네 두 친구에게 노하나니 이는 너희가 나를 가리켜 말한 것이 내 종 욥의 말 같이 옳지 못함이니라 8그런즉 너희는 수소 일곱과 숫양 일곱을 가지고 내 종 욥에게 가서 너희를 위하여 번제를 드리라 내 종 욥이 너희를 위하여 기도할 것인즉 내가 그를 기쁘게 받으리니 너희가 우매한 만큼 너희에게 갚지 아니하리라 이는 너희가 나를 가리켜 말한 것이 내 종 욥의 말 같이 옳지 못함이라 9이에 데만 사람 엘리바스와 수아 사람 빌닷과 나아마 사람 소발이 가서 여호와께서 자기들에게 명령하신 대로 행하니라 여호와께서 욥을 기쁘게 받으셨더라

욥기 42:7-9절에서 하나님께서는 욥의 친구들을 책망하시고 욥의 회개를 기뻐하십니다. 욥의 친구들은 욥의 고난을 인간의 논리로 해석하여 하나님을 자신의 틀 안에 맞추려 했습니다. 그들은 욥의 고난을 단순히 죄의 결과로 간주했고, 하나님의 뜻을 왜곡했습니다. 하나님께서는 그들의 이러한 태도를 책망하시며, 그들의 말이 옳지 않았음을 지적하십니다. 반면, 욥의 회개는 하나님께 대한 신뢰와 자신의 무지에 대한 인정에서 비롯된 것이었습니다. 욥은 자신의 한계를 깨닫고 하나님의 주권을 받아들였습니다. 그는 단순히 잘못된 행동을 뉘우친 것이 아니라, 자신의 모든 틀에서 벗어나 하나님의 크신 뜻 속으로 들어가는 근본적인 변화를 경험했습니다. 이 회개를 통해 욥은 하나님과의 인격적인 만남을 이루었고, 하나님께서는 이를 기뻐하셨습니다. 하나님께서는 욥에게 그의 친구들을 위해 기도하게 하셨고, 그들의 번제를 받으셨습니다. 이는 욥의 회개가 진정한 것이었음을 보여주며, 우리에게 회개가 단순한 뉘우침이 아니라 하나님의 생각 속으로 들어가 그분의 뜻을 받아들이는 변화임을 가르쳐 줍니다.

주님, 제 한계를 인정하고 하나님의 뜻 속으로 들어가는 진정한 회개를 할 수 있도록 인도하여 주옵소서.

11월 **6**일

거인이 된 의인 욥

욥기 42:10-15

10욥이 그의 친구들을 위하여 기도할 때 여호와께서 욥의 곤경을 돌이키시고 여호와께서 욥에게 이전 모든 소유보다 갑절이나 주신지라

욥기 42장에서 욥은 친구들을 위해 기도하고, 하나님께서는 그의 곤경을 돌이키시며 갑절의 축복을 주십니다 욥 42:10. 욥의 회복은 단지 물질적 복의 회복이 아니라, 영적 성숙과 마음의 변화에서 시작되었습니다. 욥은 그를 비난하고 상처 준 친구들을 용서하고 축복하며 기도했을 때, 하나님께서 그의 삶에 놀라운 회복을 허락하셨습니다. 이는 고난 속에서 하나님을 신뢰하고 용서를 실천할 때, 참된 축복이 임한다는 것을 보여줍니다. 욥은 고난을 통해 이전보다 더 큰 영적 성숙을 이루었으며, 하나님의 주권을 깊이 깨달았습니다. 하나님께서는 욥의 말년을 복되게 하셨고, 그의 딸들에게도 풍성한 은혜를 주셨습니다 욥 42:12-15. 이는 욥이 고난을 넘어 영적 거인으로 변화되었음을 의미합니다. 그는 더는 상처를 품지 않고, 넉넉한 마음으로 다른 사람들을 축복할 수 있는 자가 되었습니다. 우리도 욥처럼 고난을 통해 하나님을 더욱 깊이 경험하며, 우리의 마음이 넉넉해져 다른 이들을 축복하는 영적 거인으로 변화되기를 바랍니다. 하나님께서는 우리의 고난을 축복으로 바꾸시며, 그 과정에서 우리를 더욱 성숙하게 하십니다.

주님, 고난을 통해 제 마음을 넉넉하게 하시고, 다른 이들을 축복할 수 있는 영적 거인으로 변화되게 하옵소서.

11월 **7**일

죽음 선고 앞에서

욥기 42:16-17

16그 후에 욥이 백사십 년을 살며 아들과 손자 사 대를 보았고 17욥이 늙어 나이가 차서 죽었더라

욥 기서의 마지막 부분에서 욥은 백사십 년을 살며 아들과 손자 사 대를 보고 나이가 차서 죽음을 맞이합니다욥 42:16-17. 욥의 죽음은 단지 삶의 종결이 아니라, 그의 고난을 통한 영적 성숙과 하나님을 향한 믿음의 결과입니다. 우리는 여기에서 삶과 죽음을 대하는 바른 관점을 배웁니다. 사람들은 죽음을 두려워하거나 회피하려 하지만, 욥은 고난을 통해 하나님을 깊이 체험하며 삶을 준비하고 죽음을 맞이했습니다. 죽음은 피할 수 없는 현실이지만, 중요한 것은 그 죽음을 어떻게 준비하며 살아가는가입니다. 욥처럼 하나님 안에서 고난을 통해 성숙하고, 삶의 끝을 준비하며 사는 자가 되어야 합니다. 욥은 자신의 고난 속에서 하나님을 깊이 만나며 삶의 의미를 재발견했고, 그의 죽음은 하나님 안에서의 평안과 준비된 삶의 결말이었습니다. 우리는 죽음을 두려워하는 대신, 예수 그리스도의 흔적을 남기며 아름다운 삶을 살아가야 합니다. 우리의 삶이 하나님 안에서 영원한 생명을 소망하며 죽음을 준비하는 과정이 되기를 바랍니다.

주님, 저희가 죽음을 두려워하지 않고, 영원한 생명을 소망하며 예수 그리스도의 흔적을 남기는 삶을 살아가게 하옵소서.

11월 **8**일

학대를 받을수록 번성하더라

출애굽기 1:8-14

8요셉을 알지 못하는 새 왕이 일어나 애굽을 다스리더니 9그가 그 백성에게 이르되 이 백성 이스라엘 자손이 우리보다 많고 강하도다 … 12그러나 학대를 받을수록 더욱 번성하여 퍼져나가니 애굽 사람이 이스라엘 자손으로 말미암아 근심하여

요셉이 이스라엘 백성을 애굽으로 이끈 이후, 400년의 시간이 흐르며 출애굽기의 이야기가 시작됩니다. 새로 등장한 애굽의 왕은 요셉을 알지 못했고, 점점 늘어나는 이스라엘 백성을 위협으로 여겨 그들에게 무거운 짐을 지우고 성을 건축하게 하며 그들을 억압했지만, 그럴수록 이스라엘은 더욱 번성했습니다출 1:12. 이 사건은 하나님께서 작정하신 일은 어떤 어려움에도 불구하고 반드시 이루어진다는 사실을 상기시킵니다. 하나님은 아브라함에게 이미 그 후손들이 큰 민족을 이루고 번성하리라는 약속을 주셨습니다창 15:5. 비록 애굽에서 400년간 괴로움을 당할 것을 예고하셨지만, 그 후 그들은 큰 재물을 가지고 나올 것이라는 약속도 함께 주셨습니다창 15:14. 이로써 우리는 하나님의 계획과 약속이 어떤 고난에도 흔들리지 않고 반드시 성취된다는 것을 배웁니다. 신약 시대에도 이러한 진리는 계속되었습니다. 예수님께서 세상을 떠나시고 성령을 보내신 후, 제자들은 핍박 속에서도 복음을 전했습니다. 지도자들이 순교하거나 투옥되었을지라도, 하나님의 말씀은 더욱 흥왕했습니다행 12:24. 이는 하나님께서 계획하신 일은 어떤 장애물에도 불구하고 이루어진다는 증거입니다. 심지어 우리의 믿음이 약해지고 절망할지라도 하나님의 약속은 변함없이 이루어집니다. 하나님은 이제 우리를 그분의 동역자로 부르셨습니다. 우리는 하나님과 함께 그분의 꿈을 이루어가며, 그 과정에서 각자의 은사와 재능을 통해 기쁨과 행복을 누리게 됩니다. 우리의 교회가 품고 있는 민족 복음화와 세계 선교의 꿈 또한 하나님의 계획입니다. 성령님과 우리가 동역하여 이 꿈은 반드시 이루어질 것입니다.

주님, 고난 속에서도 하나님의 뜻을 이루는 동역자가 되게 하소서.

11월 **9**일

산파는 해냈다

출애굽기 1:15-22

20하나님이 그 산파들에게 은혜를 베푸시니 그 백성은 번성하고 매우 강해지니라 21그 산파들은 하나님을 경외하였으므로 하나님이 그들의 집안을 흥왕하게 하신지라

이스라엘 백성이 애굽에서 고통스러운 종살이를 하던 때, 애굽의 바로가 히브리 남자아이들을 죽이도록 산파들에게 명령했지만, 그들은 하나님을 두려워하여 그 명령을 따르지 않고 아이들을 살렸습니다. 세상의 권력은 막강했지만, 산파들은 하나님을 두려워하는 마음으로 세상의 압력보다 하나님의 뜻을 따른 것입니다. 그 결과, 하나님은 그들에게 은혜를 베푸셨고, 그들의 집안은 번성했습니다. 종종 세상의 힘과 위협 앞에서 하나님의 뜻을 따르기 어렵다고 느낄 수 있습니다. 그러나 눈에 보이지 않는 하나님을 두려워하는 것이야말로 진정한 지혜요, 용기입니다. 다윗이 골리앗 앞에서 하나님을 두려워하여 싸움에 나섰던 것처럼, 우리도 하나님을 경외할 때 세상을 이길 수 있습니다. 말라기 3:16-17절은 하나님을 경외하는 자들이 하나님의 특별한 소유로 삼아지고, 그들의 이름이 기념 책에 기록된다고 말씀합니다. 하나님을 사랑하고 두려워하는 자에게는 하나님의 보호와 분별력이 주어집니다. 그들은 의인과 악인을, 하나님을 섬기는 자와 섬기지 않는 자를 분별할 수 있게 됩니다. 세상이 아무리 강하게 우리를 압박해도, 하나님을 경외하는 자는 그분의 은혜를 누리며 승리할 것입니다. 우리 역시 히브리 산파처럼 세상을 두려워하지 않고 하나님을 경외해야 합니다. 그렇게 할 때, 우리 가정과 삶에 하나님의 은혜와 흥왕이 따를 것입니다. 하나님의 뜻을 따르고, 그분의 말씀 앞에 굳게 서는 자가 되어 세상 속에서 승리하는 삶을 살기를 소망합니다.

하나님을 경외하며 세상 속에서도 그분의 뜻을 따르게 하소서.

11월 **10**일

바로의 계획은 무산되었다

출애굽기 2:1-10

1레위 가족 중 한 사람이 가서 레위 여자에게 장가 들어 2그 여자가 임신하여 아들을 낳으니 그가 잘 생긴 것을 보고 석 달 동안 그를 숨겼으나 3더 숨길 수 없게 되매 그를 위하여 갈대 상자를 가져다가 역청과 나무 진을 칠하고 아기를 거기 담아 나일 강 가 갈대 사이에 두고 4그의 누이가 어떻게 되는지를 알려고 멀리 섰더니 5바로의 딸이 목욕하러 나일 강으로 내려오고 시녀들은 나일 강 가를 거닐 때에 그가 갈대 사이의 상자를 보고 시녀를 보내어 가져다가 6열고 그 아기를 보니 아기가 우는지라 그가 그를 불쌍히 여겨 이르되 이는 히브리 사람의 아기로다 7그의 누이가 바로의 딸에게 이르되 내가 가서 당신을 위하여 히브리 여인 중에서 유모를 불러다가 이 아기에게 젖을 먹이게 하리이까 8바로의 딸이 그에게 이르되 가라 하매 그 소녀가 가서 그 아기의 어머니를 불러오니 9바로의 딸이 그에게 이르되 이 아기를 데려다가 나를 위하여 젖을 먹이라 내가 그 삯을 주리라 여인이 아기를 데려다가 젖을 먹이더니 10그 아기가 자라매 바로의 딸에게로 데려가니 그가 그의 아들이 되니라 그가 그의 이름을 모세라 하여 이르되 이는 내가 그를 물에서 건져내었음이라 하였더라

레위인의 한 가정에서 태어난 아이는 죽음의 위협 속에서 몰래 석 달간 길러졌지만, 더 이상 숨길 수 없어 갈대상자에 담아 강물에 떠내려 보내졌습니다. 절망적 상황이었으나, 하나님은 그 배후에서 일하셨습니다. 바로의 계획을 무산시키고, 모세를 통해 이스라엘을 구원하셨습니다. 모세는 물에서 건짐 받은 자로, 예수님의 예표가 됩니다. 오늘날 모세는 누구입니까? 세상 속에서 건짐 받은 우리들입니다. 하나님께서는 우리를 이 시대의 모세로 부르셔서 세상에 속한 영혼들을 구원하라고 하십니다. 하나님은 우리의 삶 속에서도 절망적인 순간에 일하십니다. 일본의 식민지 지배와 6·25 전쟁의 폐허 속에서 하나님은 우리 민족을 회복시키셨습니다. 이 민족을 마지막 때 열방을 죄로부터 건져낼 도구로 사용하시려는 하나님의 계획을 기억해야 합니다. 우리는 세상의 고난을 통해 성장하며, 교회를 통해 영적으로 자라나야 합니다.

하나님의 뜻을 믿고, 세상 속에서 이 시대의 모세로서 사명을 감당하게 하소서.

11월 **11**일

좌절할 때 하나님을 만나는 호렙의 경험

출애굽기 3:1-8

1모세가 그의 장인 미디안 제사장 이드로의 양 떼를 치더니 그 떼를 광야 서쪽으로 인도하여 하나님의 산 호렙에 이르매 2여호와의 사자가 떨기나무 가운데로부터 나오는 불꽃 안에서 그에게 나타나시니라 그가 보니 떨기나무에 불이 붙었으나 그 떨기나무가 사라지지 아니하는지라 … 8내가 내려가서 그들을 애굽인의 손에서 건져내고 그들을 그 땅에서 인도하여 아름답고 광대한 땅, 젖과 꿀이 흐르는 땅 곧 가나안 족속, 헷 족속, 아모리 족속, 브리스 족속, 히위 족속, 여부스 족속의 지방에 데려가려 하노라

그리스도인의 삶에서 호렙산의 경험은 하나님의 임재를 느끼고 그분을 만남으로 인해 삶의 전환점을 맞이하는 중요한 순간입니다. 모세는 이미 믿음의 사람이었지만, 80세에 하나님의 산 호렙에서 특별한 경험을 하게 됩니다. 그 전까지 모세는 애굽의 왕궁에서 살다가 미디안 광야에서 40년을 보내며, 익숙한 생활 속에 어려움을 겪었습니다. 그러나 하나님은 그를 부르셨고, 그 순간 이후 그의 삶은 전혀 다른 방향으로 흘러가게 됩니다. 모세는 호렙을 경험한 후에도 쉬운 삶을 살지 않았습니다. 그는 이스라엘 백성을 애굽에서 이끌어내라는 하나님 명령에 순종했지만, 출애굽 후 홍해 앞에 서고 백성들의 원망과 불평을 견뎌야 했습니다. 그럼에도 모세는 호렙의 경험을 통해 하나님께서 함께하심을 깨닫고, 그 모든 어려움을 이겨낼 수 있었습니다. 성경은 모세를 '온유함이 지면의 모든 사람보다 더하더라'민 12:3고 묘사하며, 그의 겸손과 인내를 높이 평가합니다. 호렙의 경험은 모세뿐만 아니라, 사도 바울, 하박국, 엠마오로 향하던 두 제자도 각자의 좌절 속에서 하나님의 임재를 만남으로 인해 삶의 방향을 전환했습니다. 그들은 그 경험을 통해 다시 일어서고 하나님의 사명을 감당하는 사람들이 되었습니다. 우리도 예배 중, 전도 중, 기도 중, 작은 직분에서 섬길 때, 혹은 좌절 속에서도 호렙의 경험을 할 수 있습니다. 그때 하나님은 우리의 실수에도 불구하고 다시 일으켜 주시며, 그분의 나라를 위해 우리를 사용하십니다.

하나님, 좌절할 때에도 주님의 임재를 경험하게 하시고, 그 힘으로 다시 일어설 수 있게 도와주소서.

11월 **12**일

반드시 너와 함께 있으리라

출애굽기 3:9-14

9이제 가라 이스라엘 자손의 부르짖음이 내게 달하고 애굽 사람이 그들을 괴롭히는 학대도 내가 보았으니 … 14하나님이 모세에게 이르시되 나는 스스로 있는 자이니라 또 이르시되 너는 이스라엘 자손에게 이같이 이르기를 스스로 있는 자가 나를 너희에게 보내셨다 하라

우리는 때로 하나님이 함께 하신다는 사실을 의심할 만큼 이해되지 않는 상황을 마주합니다. 전쟁, 재난, 고통 속에서 하나님이 과연 계시는지 묻고 싶어집니다. 그러나 성경은 분명히 말합니다. 우리의 생각과 하나님의 생각은 다르며, 하나님의 크고 깊은 뜻을 모두 이해할 수 없다고 말합니다. 중요한 것은 하나님이 언제나 우리와 함께 하신다는 사실입니다. 모세가 애굽으로 가서 이스라엘 백성을 이끌라는 하나님의 명령을 받았을 때, 그는 자신의 부족함을 느꼈습니다. 그러나 하나님께서는 그에게 "내가 반드시 너와 함께 있으리라"라고 약속하셨습니다. 하나님은 모세뿐만 아니라 이스라엘 백성, 여호수아, 다윗, 그리고 예수님께도 그 약속을 지키셨습니다. 이처럼 우리가 그분의 뜻을 이해하지 못할 때에도 항상 우리와 함께하십니다. 본문에서 하나님은 모세에게 자신을 "스스로 있는 자"라고 소개하십니다. 이는 하나님이 모든 순간에, 모든 곳에서 존재하시며, 그분의 존재 없이는 이 세상이 성립되지 않는다는 뜻입니다. 하나님은 우리와 함께하시고, 그분의 존재는 영원합니다. 그래서 하나님의 '함께 하심'을 믿고 따를 때 우리는 어떤 상황에서도 담대할 수 있습니다. 그 하나님이 오늘도 우리와 함께하시며, 우리의 삶을 인도하십니다. "반드시 너와 함께 있으리라"는 하나님의 음성을 신뢰하며 살아가는 성도가 되기를 소망합니다.

주님, 언제나 함께하시는 하나님의 임재를 믿으며 담대하게 나아가게 하소서.

11월 **13**일

아브라함과 이삭과 야곱의 하나님

출애굽기 3:15-22

15하나님이 또 모세에게 이르시되 너는 이스라엘 자손에게 이같이 이르기를 너희 조
상의 하나님 여호와 곧 아브라함의 하나님, 이삭의 하나님, 야곱의 하나님께서 나를
너희에게 보내셨다 하라 이는 나의 영원한 이름이요 대대로 기억할 나의 칭호니라 …
22여인들은 모두 그 이웃 사람과 및 자기 집에 거류하는 여인에게 은 패물과 금 패물
과 의복을 구하여 너희의 자녀를 꾸미라 너희는 애굽 사람들의 물품을 취하리라

전 세계에 흩어져 있는 한국인은 7백만이 넘습니다. 만약 하나님
께서 우리에게 이 거대한 무리를 이끌고 하나님이 원하시는 땅
으로 가라고 하신다면, 과연 누가 선뜻 나설 수 있을까요? 모세는 이런 상황에 직
면했습니다. 애굽의 강력한 권세 앞에서 이스라엘 백성을 이끌고 나가라는 명령은 인
간의 힘으로 불가능해 보였습니다. 그러나 하나님은 스스로를 '아브라함의 하나님,
이삭의 하나님, 야곱의 하나님'으로 나타내시며, 이스라엘 백성을 인도하실 것을 약속
하셨습니다. 하나님은 창세기를 통해 세상이 어떻게 창조되었는지 설명하려는 것이
아니라, 자신들이 섬기던 이방 신들과는 달리, 온 우주를 창조하시고, 조상들에게 신
실하게 역사하신 하나님임을 분명히 하셨습니다. 아브라함, 이삭, 야곱 모두 그들의
인생 여정에서 실패와 실수를 겪었지만, 하나님은 그들을 포기하지 않으셨고, 끝까지
인도하셨습니다. 그 하나님이 지금도 우리와 함께하셔서, 변함없으신 신실함으로 우
리를 이끄십니다. 이스라엘 백성이 애굽에서 나와 광야에서 겪은 또 다른 고통에도
불구하고, 그들의 참된 자유는 애굽이 아닌 하나님의 약속 안에 있었습니다. 오늘날
우리에게도 하나님은 말씀하십니다. '너는 가라.' 우리의 힘으로는 불가능해 보이는
일이지만, 하나님께서 명령하셨다면 그분이 이루실 것입니다. 우리가 가지 않으면 세
상은 더 많은 영혼을 붙잡고 놓아주지 않을 것입니다. 하나님께 순종하여 한 걸음을
내디딜 때, 하나님은 우리와 함께 일하십니다.

주님, 아브라함과 이삭과 야곱을 인도하셨듯이 우리 삶에도 함께하시며, 세상의
영혼을 구원으로 이끄는 도구로 사용해 주소서.

11월 **14**일

모세에게 들린 지팡이

출애굽기 4:1-9

1모세가 대답하여 이르되 그러나 그들이 나를 믿지 아니하며 내 말을 듣지 아니하고 이르기를 여호와께서 네게 나타나지 아니하셨다 하리이다 2여호와께서 그에게 이르시되 네 손에 있는 것이 무엇이냐 그가 이르되 지팡이니이다 … 9그들이 이 두 이적을 믿지 아니하며 네 말을 듣지 아니하거든 너는 나일 강 물을 조금 떠다가 땅에 부으라 네가 떠온 나일 강 물이 땅에서 피가 되리라

하 나님은 혼자서 이스라엘을 애굽에서 구원하실 수 있는 전능한 분이지만 모세를 통해 그 일을 이루기를 원하셨고, 끊임없이 설득하셨습니다. 이에 하나님께서 오늘 본문을 통해 세 가지 중요한 메시지를 주고 계십니다. 첫째, 하나님은 "네 손에 있는 것이 무엇이냐?"라고 물으십니다. 이에 모세는 지팡이라고 대답했습니다. 이처럼 우리도 하나님이 우리에게 주신 것이 무엇인지 알아야 합니다. 하나님은 우리 각자에게 특별한 지팡이 곧 특별한 은사와 능력을 주셨습니다. 그러나 우리는 하나님께서 우리에게 주신 지팡이를 제대로 인식하지 못할 때가 많습니다. 그렇기에 우리는 하나님이 우리 손에 지팡이를 주셨다는 사실을 반드시 인식해야 합니다. 둘째, 우리 손에 든 지팡이는 언젠가 반드시 기적을 일으킨다는 사실입니다. 모세의 지팡이는 오랫동안 평범한 목자의 도구에 불과했지만, 하나님의 때가 왔을 때 그 지팡이는 애굽을 향한 기적의 도구가 되었습니다. 우리도 하나님의 때에, 하나님이 주신 지팡이를 통해 기적을 경험할 수 있음을 믿어야 합니다. 절망의 순간에도 하나님을 믿고, 위대한 일을 기대하며 도전해야 합니다. 셋째, 하나님께서 기적을 이루실 때, 오직 하나님만이 드러나야 한다는 사실입니다. 하나님께서 모세에게 지팡이를 던져 뱀이 되게 하라 명하신 이유는 사람들로 하여금 하나님을 믿게 하기 위함이었습니다. 모든 기적과 표징은 하나님의 영광을 나타내기 위한 것이며, 우리의 성취나 능력에 대한 자랑이 되어서는 안 됩니다. 그래서 우리는 하나님의 은혜를 기억하며, 그분의 자랑으로 하나님의 영광만 드러내야 합니다.

하나님께서 내게 주신 지팡이를 통해 기적을 이루시며, 모든 영광이 오직 하나님께 돌아가게 하소서.

11월 15일

설득하시는 하나님

출애굽기 4:10-17

10모세가 여호와께 아뢰되 오 주여 나는 본래 말을 잘 하지 못하는 자니이다 주께서 주의 종에게 명령하신 후에도 역시 그러하니 나는 입이 뻣뻣하고 혀가 둔한 자니이다 … 17너는 이 지팡이를 손에 잡고 이것으로 이적을 행할지니라

모 세는 하나님으로부터 이스라엘 백성의 출애굽이란 대사명을 받았으나, 자신감을 잃고 여러 차례 핑계를 대며 주저합니다. 그러나 하나님은 모세를 포기하지 않으시고, "내가 너와 함께 하겠다"며 그를 끊임없이 설득하십니다. 혼자서 힘들어하기에 그의 형 아론을 불러주시며 모세의 대언자로 세우셨고 출애굽 사명을 감당하게 하셨습니다. 하나님은 무소불능하신 분이시기에 모세 없이도 일을 이루실 수 있었습니다. 그런데도 모세를 선택하셔서 하나님의 위대한 일에 동참시키려 하신 것은 하나님의 사랑과 인내와 함께 우리를 포기하지 않으시는 모습을 보이기 위함입니다. 모세처럼 우리 역시 많은 순간 하나님 앞에서 주저하고 뒤로 물러서려 할 때가 있지만, 하나님은 포기하지 않으시고 우리를 설득하십니다. 우리가 지금까지 이루어 온 모든 일, 교회에서의 섬김, 직장에서의 일, 가정에서의 역할 등 모두 하나님이 우리를 설득하신 결과입니다. 사도 바울의 "내가 나 된 것은 하나님의 은혜로 된 것"이란 고백처럼고전 15:10 하나님의 은혜로 여기까지 올 수 있었음을 고백하는 자들은 앞으로도 그 은혜가 계속될 것이라는 믿음을 가집니다. 심지어 죽음 앞에서도, 하나님의 은혜를 고백하는 사람은 두려워하지 않습니다. 모든 것이 하나님의 은혜임을 알고 믿는 사람은, 죽음조차 삶의 일부로 받아들이고 담대히 맞이할 수 있습니다. 우리는 독생자 예수 그리스도의 은혜로 오늘을 살고 있으며, 앞으로도 그 은혜로 인도될 것입니다. 그러므로 하나님의 설득하심에 감사하며, 계속해서 그분의 뜻에 순종하는 삶을 살아야 합니다.

나를 포기하지 않으시고 설득하셔서 하나님의 뜻을 이루게 하시는 주님께 감사하며, 앞으로도 주님의 인도하심을 믿고 담대히 나아가게 하소서.

11월 **16**일

실수하지 않으시는 하나님

출애굽기 4:18-26

18모세가 그의 장인 이드로에게로 돌아가서 그에게 이르되 내가 애굽에 있는 내 형제들에게로 돌아가서 그들이 아직 살아 있는지 알아보려 하오니 나로 가게 하소서 이드로가 모세에게 평안히 가라 하니라 … 26여호와께서 그를 놓아 주시니라 그 때에 십보라가 피 남편이라 함은 할례 때문이었더라

오늘 본문은 하나님께서는 모세를 애굽으로 보내기 위해 여러 단계를 거치며 그의 두려움을 제거하시고, 그에게 언약 백성으로서의 확신을 심어주십니다. 첫째, 모세는 장인 이드로에게 자신의 결단을 알리고 허락을 받습니다. 이는 가족의 동의와 지지가 얼마나 중요한지를 보여줍니다. 둘째, 하나님은 모세의 마음속 두려움을 제거하시며, 염려하지 말라고 말씀하십니다. 사역을 하다 보면 많은 염려와 두려움이 생기지만, 하나님께서는 우리가 다음 단계를 걱정하지 않도록 힘을 주십니다. 셋째, 하나님은 모세에게 바로가 쉽게 이스라엘을 놓아주지 않을 것을 말씀하십니다. 이는 인간의 마음이 하나님께서 붙들지 않으시면 악하고 완악해질 수 있다는 사실을 보여줍니다. 우리는 하나님께서 우리 마음을 붙들고 계시기에 그나마 의로운 사람으로 살아갈 수 있음을 기억해야 합니다. 넷째, 하나님은 이스라엘이 하나님의 장자임을 상기시키시며, 하나님의 백성으로서의 확신을 주십니다. 마지막으로, 하나님께서는 모세에게 언약 백성임을 확신시키기 위해 한 사건을 허락하십니다. 모세의 피 남편 사건은 모세가 언약 백성이며 실수하지 않으시는 하나님의 계획 속에 이루어진 사건임을 강조합니다. 따라서 모세에게 자신감을 주어 앞으로의 사명을 감당할 수 있게 하셨습니다. 오늘날의 할례는 예수 그리스도의 보혈로 인해 이루어진 구원의 확신입니다. 우리는 예수님의 보혈로 하나님의 언약 백성이 되었고, 그 언약은 영원합니다. 하나님께서는 실수하지 않으시며 우리를 끝까지 붙들어 사용하실 것입니다. 우리는 하나님의 장자이며, 언약 백성으로서 그분의 사명을 감당하는 자들입니다.

하나님께서 나를 끝까지 붙드셔서 언약 백성으로서의 사명을 감당하게 하소서.

11월 **17**일

바로 앞에 선 나

출애굽기 5:1-9

1그 후에 모세와 아론이 바로에게 가서 이르되 이스라엘의 하나님 여호와께서 이렇게 말씀하시기를 내 백성을 보내라 … 9그 사람들의 노동을 무겁게 함으로 수고롭게 하여 그들로 거짓말을 듣지 않게 하라

모 세는 하나님의 말씀을 바로 앞에서 담대하게 선포합니다. 그가 이렇게 담대해진 것은 하나님께서 끊임없이 모세를 설득하시고 인도하신 결과였습니다. 그러나 하나님을 알지 못하는 바로는 모세의 말을 듣고 오히려 더 강하게 이스라엘 백성을 핍박합니다. 이 모습은 우리가 살아가는 세상과 닮았습니다. 아무리 믿음으로 세상 앞에 서더라도 세상은 굴복하지 않고 오히려 더 큰 고통과 어려움을 가져올 수 있습니다. 이럴 때 우리는 세상을 두려워하거나 의지하지 말아야 합니다. 하나님께서는 세상을 의지하는 것을 미련한 일로 여기시며, 생수의 근원이신 하나님을 버리고 스스로 웅덩이를 파는 악을 행하지 말라고 경고하셨기 때문입니다. 하나님께서 모세와 함께하셨던 것처럼, 여호수아에게도 담대하게 서라고 명하셨습니다. '너희 발바닥으로 밟는 곳은 모두 내가 너희에게 주었노니'수 1:3. 여호수아처럼 우리에게 주신 약속같이 하나님께서 우리와 함께하신다는 믿음이 있다면, 세상이 아무리 어렵고 강해 보여도 우리는 담대할 수 있습니다. 하지만 하나님이 함께하신다고 해서 아무것도 하지 않아도 된다는 뜻은 아닙니다. 우리는 말씀을 붙들고, 그 말씀에 따라 살아가야 합니다.수 1:8 이스라엘 백성들이 여리고성을 하루에 한 바퀴씩 6일 동안 돌았을 때, 아무 변화가 보이지 않았지만, 그들은 하나님의 말씀에 순종했습니다. 마지막 날, 일곱 바퀴를 돈 후 성이 무너졌습니다. 이처럼 우리의 삶도 하루하루 주어진 말씀에 순종하며 나아가야 합니다. 비록 오늘 말씀을 지키지 못했다 해도 낙심하지 말고 다시 시작하십시오. 하나님의 영이 우리 안에 거하기에 우리는 존귀한 자들입니다. 세상을 두려워하지 말고 의지하지 말며, 오직 하나님을 의지하고 말씀에 순종하는 삶을 살아갑시다. 하나님께서 우리를 통해 그의 나라를 이루어가실 것입니다.

하나님을 의지하며, 매일 주신 말씀을 붙들고 담대하게 살아가게 하소서.

11월 18일

더 큰 고난, 더 큰 승리

출애굽기 5:10-14

10백성의 감독들과 기록원들이 나가서 백성에게 말하여 이르되 바로가 이렇게 말하기를 내가 너희에게 짚을 주지 아니하리니 … 14바로의 감독들이 자기들이 세운 바 이스라엘 자손의 기록원들을 때리며 이르되 너희가 어찌하여 어제와 오늘에 만드는 벽돌의 수효를 전과 같이 채우지 아니하였느냐 하니라

이스라엘 백성은 모세를 통해 해방의 소식을 듣기 전보다 더 큰 고난에 직면했습니다. 노역이 가중되자, 그들은 서로 다투며, 모세와 아론에게 불평과 원망을 쏟아냈습니다. 믿음의 백성에게 왜 이런 고난이 계속될까요? 그 이유는 다음과 같습니다. 첫째, 고난은 이기는 삶을 살게 합니다. 하나님은 믿음의 백성에게 꽃길을 약속하신 것이 아니라, 승리하는 삶을 원하십니다. 하나님은 환경을 꽃길로 바꾸어 주시는 것이 아니라, 주어진 환경 속에서 이기는 자가 되라고 하십니다. 이긴다는 것은 어떤 상황에서도 말씀 앞에 무릎을 꿇고 하나님을 신뢰하는 것이며, 말씀을 머리에 담는 것이 아니라 삶에서 실천하는 것이 승리하는 유일한 길입니다. 둘째, 고난을 통해 말씀만이 참임을 깨닫게 됩니다. 시편 119편 71절은 "고난 당한 것이 내게 유익이라 이로 말미암아 내가 주의 율례들을 배우게 되었나이다"라고 말합니다. 셋째, 고난은 하나님만을 사랑하게 합니다. 고난은 우리의 마음을 연단하여 하나님만 사랑하게 만듭니다. 아브라함이 이삭을 아끼지 않고 바쳤던 창세기 22장의 그 자리에 하나님은 우리를 부르십니다. 고난을 통해 우리는 하나님께 "하나님 한 분으로 만족합니다"라고 고백하게 됩니다. 이 고백을 통해 하나님의 영광이 드러나게 되는 것입니다. 초대교회의 성도들이 목숨을 걸고 복음을 전했을 때, 오히려 더 많은 사람이 주님께 돌아왔던 것처럼, 고난은 우리를 증인으로 세우고 하나님께 영광을 돌리게 합니다.

하나님, 고난 속에서도 하나님만을 사랑하며 승리하는 믿음을 허락해 주소서.

11월 **19**일

하나님만 의지하는 자

출애굽기 5:15-23

15이스라엘 자손의 기록원들이 가서 바로에게 호소하여 이르되 왕은 어찌하여 당신의 종들에게 이같이 하시나이까 … 23내가 바로에게 들어가서 주의 이름으로 말한 후로부터 그가 이 백성을 더 학대하며 주께서도 주의 백성을 구원하지 아니하시나이다

어려움은 누구에게나 찾아옵니다. 그러나 그 어려움 앞에서 어떻게 반응하느냐에 따라 우리의 신앙이 드러납니다. 본문에서처럼 고된 노역 속에 이스라엘 백성은 바로를 의지하며, 모세와 아론을 원망했지만 아무런 소득이 없었습니다. 그들은 불평과 원망에 빠지고, 모세와 아론을 저주하기까지 이릅니다. 반면, 모세는 동일한 상황에서 하나님께 돌아가 기도합니다. 비록 그의 기도는 하나님께 원망 섞인 질문으로 들릴 수 있지만, 하나님은 모세의 진심 어린 의지를 귀하게 여기셨습니다. 그래서 하나님께서는 그의 기도를 통해 이스라엘이 하나님의 구원을 경험하게 하셨습니다. 이를 통해 하나님을 의지하는 자가 얻게 되는 세 가지 축복을 깨달을 수 있습니다. 첫째, 하나님께서 반드시 응답하신다는 것입니다. 모세의 기도에 하나님은 "이제 내가 바로에게 하는 일을 네가 보리라"라고 응답하셨습니다. 때로, 하나님의 응답이 더디게 느껴질 때도 있지만, 하나님은 항상 그의 백성에게 응답하십니다. 둘째, 하나님은 그분을 의지하는 자를 지도자로 쓰신다는 것입니다. 모세와 다윗처럼, 하나님만을 바라보는 자는 하나님의 뜻에 따라 인도받고 쓰임 받습니다. 셋째, 하나님을 의지하는 자는 자신뿐 아니라 다른 이들에게도 도움을 줄 수 있는 자가 됩니다. 이처럼, 하나님만 의지하는 기도는 우리를 살리고, 이 시대에 필요한 지도자로 세우며, 다른 이에게까지 복을 나누는 길입니다. 모세처럼 하나님께 돌아가 기도하고, 하나님만을 의지하는 믿음을 가질 때, 우리는 하나님의 응답과 인도를 경험하게 될 것입니다.

하나님, 어떤 상황에서도 주님만 의지하며 살아가게 하소서.

11월 20일

나는 여호와라

출애굽기 6:2-9

2하나님이 모세에게 말씀하여 이르시되 나는 여호와이니라 … 9모세가 이와 같이 이스라엘 자손에게 전하나 그들이 마음의 상함과 가혹한 노역으로 말미암아 모세의 말을 듣지 아니하였더라

이스라엘 백성은 극심한 고통 속에서 절망하고 있었습니다. 하지만 하나님은 그들에게 거듭 '나는 여호와라'고 선언하셨습니다. 이는 두 가지 중요한 메시지를 담고 있습니다. 첫째, 하나님을 기억하라는 것입니다. 하나님은 불가능이 없으신 분이며, 모든 상황을 주관하십니다. 이스라엘 백성이 홍해 앞에 놓였을 때, 그들을 위해 바다를 가르신 분이 바로 하나님이십니다. 그 하나님은 지금도 우리와 함께하시며 불가능을 가능케 하십니다. 둘째, 범사에 하나님을 인정하라는 것입니다. 이스라엘은 고난 속에서 하나님을 쉽게 잊었지만, 하나님은 그들의 앞날을 다 아시고 인도하셨습니다. 우리는 이해할 수 없는 상황에서도 하나님을 인정하고 신뢰해야 합니다. 예수님은 불가능이 없으신 분이셨지만 십자가의 길을 걸으셨습니다. 제자들이 주님을 배반하고 떠난 그 순간에도, 예수님은 하나님을 신뢰하고 인정하셨습니다. 그로 인해 우리는 죄에서 구원을 받았고 영원한 생명을 얻게 되었습니다. 잠언 3:5-6은 이렇게 말합니다. "너는 마음을 다하여 여호와를 신뢰하고 네 명철을 의지하지 말라. 너는 범사에 그를 인정하라. 그리하면 네 길을 지도하시리라." 우리가 범사에 하나님을 인정할 때, 하나님은 우리의 길을 인도하십니다. 바울은 감옥에 갇혔을 때도 기도하고 찬송함으로 하나님의 구원을 경험했습니다. 이처럼, 우리도 어떤 상황에서도 하나님을 인정할 때 그분의 능력과 역사를 체험할 수 있습니다.

하나님, 어떤 상황에서도 주님을 인정하고 신뢰하게 하소서.

11월 **21**일

믿음으로 가는 길

출애굽기 6:10-13

10여호와께서 모세에게 말씀하여 이르시되 … 13여호와께서 모세와 아론에게 말씀하사 그들로 이스라엘 자손과 애굽 왕 바로에게 명령을 전하고 이스라엘 자손을 애굽 땅에서 인도하여 내게 하시니라

오늘 말씀에서 하나님께서는 자신의 부족함을 핑계로 변명하는 모세를 설득하시며 '믿음으로 가라' 말하십니다. 이는 믿음 없이는 인생의 광야길을 걸어갈 수 없다는 중요한 가르침이 담긴 말씀입니다. 우리가 광야길을 걸어갈 때 가져야 할 믿음은 첫째, 하나님의 사랑을 믿는 믿음입니다. 하나님은 독생자 예수 그리스도를 이 땅에 보내셔서 우리의 죄를 대속하셨습니다. 그 사랑을 믿을 때, 우리는 어떤 어려움 속에서도 넉넉히 이길 수 있습니다. 로마서 8장 35-37절은 그리스도의 사랑 안에서 모든 환난과 고난을 이길 수 있음을 선포합니다. 둘째, 하나님의 통치하심을 믿는 믿음입니다. 하나님께서 이 세상을 주관하시며, 하나님의 뜻 안에서 모든 일이 이루어짐을 우리는 확신해야 합니다. 다니엘과 요셉은 자신들의 인생에서 하나님의 통치를 믿었기 때문에, 고난 가운데서도 흔들리지 않았습니다. 그들은 하나님의 선하신 계획을 믿고 나아갔으며, 결국 하나님의 영광을 드러내는 자들이 되었습니다. 이 믿음을 가지고 살아가는 사람은 인생의 광야길에서 넉넉히 승리할 수 있습니다. 더 나아가, 그들은 다른 사람들을 축복하고, 용서하며, 사랑하는 삶을 살 수 있습니다. 예수님께서도 십자가를 앞두고 제자들에게 서로 사랑하라고 말씀하셨고, 우리에게 삶의 모범을 보여주셨습니다. 우리도 하나님의 사랑과 통치하심을 믿으며, 다른 사람들을 축복하고 용서하며 사랑하는 삶을 살아가야 합니다.

하나님의 사랑과 통치하심을 믿으며, 인생의 광야길에서 믿음으로 승리하게 하소서.

11월 **22**일

오늘은 미래를 만들어갑니다

출애굽기 6:14, 26-27

14그들의 조상을 따라 집의 어른은 이러하니라 이스라엘의 장자 르우벤의 아들은 하녹과 발루와 헤스론과 갈미니 이들은 르우벤의 족장이요 26이스라엘 자손을 그들의 군대 대로 애굽 땅에서 인도하라 하신 여호와의 명령을 받은 자는 이 아론과 모세요 27애굽 왕 바로에게 이스라엘 자손을 애굽에서 내보내라 말한 사람도 이 모세와 아론이었더라

성경 속 계보는 단순한 기록이 아니라 하나님께서 오래 전부터 준비하신 계획을 나타내는 장치입니다. 모세와 아론의 계보도 그들의 가문을 설명하기 위한 것이 아니라, 오래 전부터 모세와 아론을 지도자로 세우실 하나님의 계획을 보여줍니다. 모세가 두려움 속에서 바로 앞에 서기를 망설이지만, 하나님은 그가 지금 그 자리에 서 있는 것이 갑작스럽게 결정된 일이 아니라, 조상 때부터 계획된 일임을 상기시키십니다. 더 나아가, 모세의 후손도 대대로 이어질 것이라는 약속을 통해 미래에 대한 확신을 주십니다. 때때로 우리는 어려움 속에서 하나님의 계획을 깨닫기 어려울 때가 있습니다. 그러나 어제의 삶이 오늘을 만들었고, 오늘이 내일을 만듭니다. 이스라엘이 출애굽 후 홍해 앞에서 두려워하며 모세를 원망했듯이, 우리도 때로는 고난의 순간을 원망합니다. 그러나 하나님은 우리 인생의 속에서 그분의 계획을 이루어가십니다. 예수님께서도 십자가를 지는 과정을 통해 부활과 영광에 이르셨습니다. 그분의 삶을 통해 우리는 고난이 결코 끝이 아니며, 하나님의 뜻이 이루어지는 중요한 과정임을 배웁니다. 주님께서 겟세마네에서 기도하시며 '나의 원대로 마옵시고 아버지의 원대로 하옵소서'라고 하신 것처럼, 우리도 우리의 십자가 앞에서 하나님의 뜻을 구하며 걸어가야 합니다. 오늘의 고난이 내일의 영광을 준비한다는 사실을 믿고, 하나님께서 주신 길을 믿음으로 걸어가기를 소망합니다. 우리는 그 과정을 통해 하나님의 계획을 경험하게 될 것입니다.

오늘의 고난이 하나님의 계획 속에서 미래를 준비한다는 믿음으로, 담대하게 걸어가게 하소서.

11월 23일

바로 앞에 선 모세에게 주신 권세

출애굽기 6:28-7:7

28여호와께서 애굽 땅에서 모세에게 말씀하시던 날에 29여호와께서 모세에게 말씀하여 이르시되 나는 여호와라 내가 네게 이르는 바를 너는 애굽 왕 바로에게 다 말하라 … 6모세와 아론이 여호와께서 자기들에게 명령하신 대로 행하였더라 7그들이 바로에게 말할 때에 모세는 팔십 세였고 아론은 팔십삼 세였더라

모세는 하나님 앞에서 두려워하며 바로 앞에 서기를 주저했습니다. 젊은 시절 애굽을 떠난 경험이 트라우마가 되었기 때문입니다. 그러나 하나님은 모세를 설득하시고, 그에게 신과 같은 권세와 대언자로서의 권세를 주셨습니다. 모세는 하나님의 말씀대로 애굽의 바로 앞에 섰고, 하나님은 그의 손을 통해 이스라엘 백성을 구원하셨습니다. 이처럼 하나님께서는 우리에게도 신과 같은 권세를 주시고, 우리가 사는 세상에서 그분의 대언자로 서기를 원하십니다. 예수님께서도 이 땅에서 하나님의 대언자로 사셨고, 우리에게 중보자의 역할을 맡기셨습니다. 세상 앞에서 두려워하지 말고, 하나님께서 주신 권세를 붙들며 그분의 뜻을 이루는 삶을 살아가야 합니다. 우리의 삶을 통해 하나님은 세상에 그분을 드러내실 것입니다.

하나님께서 주신 권세를 믿고, 세상 앞에서 담대히 하나님을 드러내는 삶을 살게 하소서.

11월 **24**일

말씀을 따를 이유

출애굽기 7:8-13

8여호와께서 모세와 아론에게 말씀하여 이르시되 9바로가 너희에게 이르기를 너희는 이적을 보이라 하거든 너는 아론에게 말하기를 너의 지팡이를 들어서 바로 앞에 던지라 하라 그것이 뱀이 되리라 … 13그러나 바로의 마음이 완악하여 그들의 말을 듣지 아니하니 여호와의 말씀과 같더라

가족은 소중하지만, 이 세상에서의 가족 관계는 한정적입니다. 그러나 우리에게는 영원한 하나님의 가족이 있습니다. 우리는 하나님의 자녀로서, 그분의 가족으로 부름을 받았습니다. 예수님께서도 하나님의 뜻대로 행하는 자가 진정한 가족이라고 말씀하셨습니다마 12:50. 출애굽기 7장에서 모세가 하나님의 명령을 따를 때, 하나님은 그를 신과 같이 되게 하셨으며, 그에게 하나님의 대언자로서의 권세를 주셨습니다. 이처럼 하나님의 자녀가 된 우리는 신분이 변화되어 하나님의 권세를 가진 자들입니다. 하나님이 우리를 가족으로 부르신 이유는 우리가 그분과의 교제 속에 두 가지를 누리기를 원하시기 때문입니다. 첫째, 하나님은 우리가 그분과의 교제 속에서 충만한 기쁨을 누리기를 원하십니다요일 1:3-4. 둘째, 우리를 통해 세상에 복이 흘러가기를 바라십니다창 12:2-3. 하나님과의 교제는 말씀을 듣고 반응하는 것으로 시작됩니다. 때로는 자존심이나 고집 때문에 하나님의 말씀에 반응하지 못할 때가 있지만, 그럼에도 용서와 사랑을 실천하며 하나님의 음성에 순종할 때, 우리는 하나님과 참된 교제를 누릴 수 있습니다. 비록 당장은 열매가 보이지 않더라도, 하나님은 반드시 우리를 통해 열매를 맺게 하십니다. 모세도 하나님의 말씀을 따랐을 때, 즉각적인 결과를 얻지 못했지만, 끝까지 인내하며 순종할 때 출애굽의 놀라운 기적을 경험했습니다. 이처럼 우리는 말씀에 끊임없이 귀를 기울이고 반응해야 합니다. 언젠가 반드시 하나님께서 약속하신 열매를 맺게 될 것입니다요 15:1-8.

하나님, 주의 말씀에 귀 기울이고 끝까지 순종하며 나아가게 하소서.

11월 25일

반드시 하나님을 섬기게 하신다

출애굽기 8:1-7

¹여호와께서 모세에게 이르시되 너는 바로에게 가서 그에게 이르기를 여호와의 말씀에 내 백성을 보내라 그들이 나를 섬길 것이니라 … ⁷요술사들도 자기 요술대로 그와 같이 행하여 개구리가 애굽 땅에 올라오게 하였더라

하나님께서는 한 번의 재앙으로 바로를 굴복시키실 수 있었으나, 두 번째, 세 번째, 결국 열 번의 재앙을 허락하셨습니다. 이는 이스라엘 백성뿐만 아니라 애굽 사람들조차 자신들의 힘으로는 아무것도 할 수 없음을 깨닫게 하기 위함이었습니다. 하나님만이 참된 통치자라는 사실을 그들이 점차 깨닫도록 하신 것입니다. 오늘날 우리에게도 하나님은 오직 자신만을 섬기게 하시기 위해 일하십니다. 우리가 구원받고 죄악에서 건짐을 받은 이유도 하나님만을 섬기도록 하려는 것입니다. 가나안 땅에 들어온 이스라엘 백성에게 여호수아는 '너희가 여기까지 온 것은 너희가 한 것이 아니라, 여호와께서 모든 것을 행하신 것'이라고 고백하게 했습니다. 하나님만을 섬기기 위해서는 이러한 은혜에 대한 고백이 있어야 합니다. 또한, 믿음의 길을 걸어가는 데 있어서 하나님 앞에서 겸손히 기도하는 것이 중요합니다. 사무엘은 어려운 시기에 이스라엘을 미스바로 불러 모아 금식하며 기도하게 했고, 그로 인해 이스라엘은 빼앗겼던 성읍을 되찾고 평화를 누릴 수 있었습니다. 그가 벧엘, 길갈, 미스바를 순회하며 하나님의 말씀을 붙잡고 기도하며 다스렸듯이, 우리 역시 하나님 앞에서 기도로 나아갈 때 하나님께서 역사하십니다. 한국이 일제 강점기와 전쟁의 폐허를 딛고 일어나 세계를 선도하는 나라가 된 것은 모두 하나님의 은혜입니다. 우리 교회 안에서 하나님만을 섬기며 하나님의 은혜를 고백하는 성도들이 세워질 때, 한국을 넘어 전 세계가 하나님을 섬기게 될 것입니다.

 하나님, 모든 것이 주님의 은혜임을 고백하며 오직 하나님만을 섬기게 하소서.

11월 26일

은혜를 기억하는 민족

출애굽기 8:8-15

8바로가 모세와 아론을 불러 이르되 여호와께 구하여 나와 내 백성에게서 개구리를 떠나게 하라 내가 이 백성을 보내리니 그들이 여호와께 제사를 드릴 것이니라 … 15그러나 바로가 숨을 쉴 수 있게 됨을 보았을 때에 그의 마음을 완강하게 하여 그들의 말을 듣지 아니하였으니 여호와께서 말씀하신 것과 같더라

오늘 본문은 바로의 개구리 재앙을 통해 나타나는 인간의 모습을 보여주고 있습니다. 바로는 개구리 재앙으로 고통받을 때 모세와 아론을 불러 이스라엘 백성을 보내겠다고 약속했습니다. 하지만 재앙이 끝나자마자 그 약속을 번복하며 은혜를 잊어버리고 마음을 완강하게 했습니다. 이처럼 인간은 어려움 속에서 은혜를 구하지만, 그 은혜를 망각하는 순간 다시금 죄의 길을 걷기 쉽습니다. 우리가 은혜를 기억해야 하는 이유는 하나님의 은혜가 우리의 삶의 기초이기 때문입니다. 하나님께서 에베소 교회를 책망하신 것은 그들이 처음 사랑, 즉 하나님의 은혜를 잊어버렸기 때문입니다. 처음 받은 사랑을 잊으면, 우리의 신앙은 차갑고 형식적인 것이 되고, 결국 하나님의 축복을 잃게 됩니다. 그래서 사도 바울은 "나의 나 된 것은 하나님의 은혜로 된 것이니"라고 고백하며, 은혜를 기억하며 사는 것이 신앙의 본질임을 강조했습니다. 은혜를 기억하는 삶은 하나님과의 관계를 화목하게 하고, 사람들과의 관계에서도 은혜를 기반으로 화평을 이룰 수 있습니다. 하나님께 받은 구원의 은혜만으로도 우리는 충분히 감사할 수 있습니다. 우리는 하나님께 문제 해결만을 구하는 기도를 넘어서, 이미 받은 은혜를 감사하며 그 은혜를 갚는 삶을 살기를 구해야 합니다. 6·25 전쟁 당시 여러 나라의 도움은 우리 민족이 하나님께 받은 큰 은혜였습니다. 이 은혜를 기억하며, 이제는 열방을 향해 은혜를 나누는 민족과 교회가 되기를 소망합니다.

 하나님, 받은 은혜를 잊지 않고 감사하며, 그 은혜를 나누는 삶을 살게 하소서.

11월 **27**일

하나님의 권능에 도전하는 자들

출애굽기 8:16-19

16여호와께서 모세에게 이르시되 아론에게 명령하기를 네 지팡이를 들어 땅의 티끌을 치라 하라 그것이 애굽 온 땅에서 이가 되리라 … 19요술사가 바로에게 말하되 이는 하나님의 권능이니이다 하였으나 바로의 마음이 완악하게 되어 그들의 말을 듣지 아니하였으니 여호와의 말씀과 같더라

인간은 끊임없이 발전하며 과학과 기술의 영역에서 놀라운 성과를 이룩해 왔습니다. 그러나 그 모든 능력과 잠재력은 하나님께서 허락하신 것임을 잊지 말아야 합니다. 본문의 바로도 하나님의 능력에 도전하려 했지만 그가 부른 요술사들조차 그 재앙이 하나님의 권능임을 인정할 수밖에 없었습니다. 인간이 아무리 노력해도 하나님의 권능을 이길 수 없음을 보여줍니다. 인간의 욕망은 끝이 없습니다. 바벨탑을 쌓아 하늘에 닿고자 했던 인간은 자신의 힘과 이름을 과시하려 하지만, 하나님께 도전하는 것은 결코 성공할 수 없습니다. 오직 하나님만이 그 힘의 근원이시며, 그분이 허락하신 범위 내에서만 인간은 활동할 수 있습니다. 그리스도인으로서 우리는 하나님 앞에서 겸손해야 하며, 자신을 드러내기보다는 하나님을 드러내는 삶을 살아야 하는데, 이를 위해 기억해야 할 것이 있습니다. 첫째, 겸손은 하나님 앞에 자신을 낮추고 그분의 말씀에 순종하는 것입니다. 예수님은 십자가를 지기까지 순종하셨고, 하나님께서는 그분을 지극히 높여 모든 무릎이 꿇게 하셨습니다. 우리 또한 예수님의 겸손을 본받아 하나님 앞에 순종해야 합니다. 둘째, 나를 감추고 하나님을 드러내는 삶을 살아야 합니다. 우리의 행실을 통해 하나님께 영광을 돌리고, 세상의 빛으로서 하나님을 드러내는 것이 우리의 사명입니다. 셋째, 온 땅을 충만케 하는 사명을 잊지 말아야 합니다. 하나님께서는 우리에게 복을 주셔서 온 땅을 충만케 하시고, 교회는 열방을 향해 흩어져 하나님의 뜻을 이루어야 합니다. 이것이 하나님께 도전하지 않는 삶의 모습입니다.

하나님 앞에서 항상 겸손하고, 하나님만을 드러내며, 온 땅에 그분의 영광을 채우는 삶을 살게 하소서.

11월 **28**일

지금도 하나님을 나타내실 것입니다

출애굽기 8:20-24

20여호와께서 모세에게 이르시되 아침에 일찍이 일어나 바로 앞에 서라 그가 물 있는 곳으로 나오리니 그에게 이르기를 여호와께서 이와 같이 말씀하시기를 내 백성을 보내라 그러면 그들이 나를 섬길 것이니라 … 24여호와께서 그와 같이 하시니 무수한 파리가 바로의 궁과 그의 신하의 집과 애굽 온 땅에 이르니 파리로 말미암아 그 땅이 황폐하였더라

 어려움에 처했을 때, 우리는 종종 '왜 나에게만 이런 일이 생기는가?'라는 질문을 던지며 상황을 원망합니다. 그러나 믿음의 사람은 고난 속에서도 '하나님께서 이 상황을 통해 자신을 나타내실 것'이라고 고백합니다. 그 고백을 통해 우리는 고난을 견디며 생명을 살리는 자가 됩니다. 에스겔 선지자의 시대에도, 이스라엘 백성은 극심한 고난을 겪고 있었습니다. 그러나 어려움 가운데 하나님은 "내가 여호와인 줄 너희가 알리라"라고 말씀하시며, 그들이 고난을 통해 하나님을 더 깊이 알기를 원하셨습니다. 본문에서도 하나님은 애굽의 재앙 가운데서 이스라엘 백성을 구별하셔서 고센 땅을 보호하십니다. 그러나 이 사건의 핵심은 단순히 고난을 피하게 하는 것이 아니라, 그 상황을 통해 하나님께서 자신을 드러내신다는 사실입니다. 우리도 인생에서 여러 고난을 피할 수는 없습니다. 그럴 때 우리의 기도는 단순히 어려움을 피하게 해달라는 것이 아니라, 그 상황 속에서도 하나님을 나타내실 것이라는 믿음을 주시기를 구해야 합니다. 이 마음이 우리 안에 있을 때, 우리는 고난을 넘어 하나님을 더 깊이 만날 수 있습니다. 또한, 우리는 하나님이 자신을 나타내실 때 우리를 도구로 사용하시기를 기도해야 합니다. 모세를 통해 이스라엘 백성을 출애굽 시키셨듯이, 하나님은 지금도 믿음의 사람들을 통해 일하시길 원하십니다. 우리가 하나님 앞에서 이러한 사명을 충실히 감당할 때, 하나님은 우리를 통해 자신의 영광을 드러내실 것입니다.

주님, 고난 속에서도 하나님을 나타내실 것을 믿으며, 그 일을 위해 저를 사용해주소서.

11월 **29**일

순종의 아름다움

출애굽기 8:25-32
25바로가 모세와 아론을 불러 이르되 너희는 가서 이 땅에서 너희 하나님께 제사를 드리라 … 32그러나 바로가 이 때에도 그의 마음을 완강하게 하여 그 백성을 보내지 아니하였더라

모세는 바로의 제안을 거부하고 하나님이 명령하신 대로 사흘길 광야로 나아가 제사를 드리겠다고 선언합니다. 이는 하나님께 온전히 순종한 모습이며, 모세가 자기 생각과 경험을 앞세우지 않고 끝까지 순종했기에 하나님은 그 순종을 통해 출애굽을 이루셨습니다. 우리도 종종 누군가와의 관계 속에서 "아무리 해도 저 사람은 변하지 않을 것이다"라고 생각하며 순종을 포기하지는 않았는지 돌아보아야 합니다. 포기하고 싶을 때 끝까지 순종하는 일이야말로 참으로 아름다운 순종입니다. 창세기 1장은 하나님의 말씀에 대한 순종이 얼마나 아름다운지 보여줍니다. 하나님의 말씀이 이루어질 때마다 성경은 "하나님 보시기에 좋았더라"고 기록합니다. 순종은 하나님의 품 안에 안기는 것과 같습니다. 태아가 어머니의 자궁 안에서 젖먹이가 어머니의 품에서 안전함을 느끼듯이, 순종은 우리에게 가장 안전하고 행복한 처소가 됩니다. 하나님은 우리의 행복을 위해 명령하십니다. 순종은 단지 의무가 아니라, 우리를 하나님 안에서 가장 기쁘고 안전하게 만드는 통로입니다. 하지만 불순종은 마귀의 모습입니다. 사단은 우리가 순종하지 못하도록 끊임없이 유혹합니다. 에덴동산에서 아담과 이브는 뱀의 속임수에 넘어가 불순종으로 하나님과 분리되고, 서로와도 분리되어 추한 모습이 되었습니다. 그렇기에 우리는 하나님 앞에서 순종의 아름다움을 보여드리기 위해 기도하며, 말씀을 양식 삼고 끝까지 순종하는 삶을 살아야 합니다. 예수님께서도 십자가를 앞두고 기도하시며 하나님의 뜻에 순종하셨습니다. 끝까지 순종하는 성도는 하나님 앞에서 아름다운 존재가 되며, 교회는 세상을 변화시키는 능력을 얻게 될 것입니다.

 주님, 끝까지 순종함으로 하나님의 뜻을 이루는 삶을 살게 하소서.

11월 **30**일

구별된 공동체

출애굽기 9:1-7

1여호와께서 모세에게 이르시되 바로에게 들어가서 그에게 이르라 히브리 사람의 하나님 여호와께서 말씀하시기를 내 백성을 보내라 그들이 나를 섬길 것이니라 … 7바로가 사람을 보내어 본즉 이스라엘의 가축은 하나도 죽지 아니하였더라 그러나 바로의 마음이 완강하여 백성을 보내지 아니하니라

 교회는 단순한 건물이 아니라, 성령으로 세워진 구별된 공동체입니다. 성령이 시작하시고 이끄시는 교회는 세상 속에서도 분명히 구별된 모습을 드러냅니다. 본문에서 이스라엘 백성의 가축은 보호받았지만, 애굽의 가축은 재앙을 피할 수 없었습니다. 이처럼 하나님은 그의 백성을 구별하여 지키십니다. 교회에 요구되는 세 가지가 있습니다. 첫째, 예배입니다. 하나님은 우리를 예배자로 부르셨고, 예배를 통해 생명의 역사를 이루십니다. 둘째, 화평입니다. 교회는 억지로 이끌려서는 안 되며, 화평을 이루어야 성령의 역사가 일어납니다. 셋째, 우리는 부요한 자임을 기억해야 합니다. 세상에서 가난해도 예수 그리스도의 이름을 가진 우리는 가장 부요한 사람들입니다.

주님, 구별된 공동체로서 예배하며, 화평을 이루고, 주님의 부요함을 기억하는 성도가 되게 하소서.

December

12월

출애굽기

12월 **1**일

세상의 한계

출애굽기 9:8-12

8여호와께서 모세와 아론에게 이르시되 너희는 화덕의 재 두 움큼을 가지고 모세가 바로의 목전에서 하늘을 향하여 날리라 9그 재가 애굽 온 땅의 티끌이 되어 애굽 온 땅의 사람과 짐승에게 붙어서 악성 종기가 생기리라 10그들이 화덕의 재를 가지고 바로 앞에 서서 모세가 하늘을 향하여 날리니 사람과 짐승에게 붙어 악성 종기가 생기고 11요술사들도 악성 종기로 말미암아 모세 앞에 서지 못하니 악성 종기가 요술사들로부터 애굽 모든 사람에게 생겼음이라 12그러나 여호와께서 바로의 마음을 완악하게 하셨으므로 그들의 말을 듣지 아니하였으니 여호와께서 모세에게 말씀하심과 같더라

인간의 한계를 깨닫는 것은 겸손으로 가는 첫걸음입니다. 출애굽기 9장에서 화덕의 재처럼 아무것도 아닌 것이 하나님의 손에 붙들려 애굽 온 땅에 악성 종기를 일으키는 재앙이 되었습니다. 그러나 바로는 여전히 자신의 한계를 인정하지 않고 완악하게 굴었습니다. 우리도 때때로 물질이나 권세로 모든 것을 할 수 있다고 착각하지만, 하나님 앞에서 인간은 화덕의 재와 같은 존재임을 깨닫게 됩니다. 사도 바울도 자신이 원하는 선을 행하지 못하고 악을 행하는 자신의 한계를 고백하며, 오직 예수 그리스도의 은혜로만 구원받을 수 있음을 감사했습니다. 다윗과 이사야도 하나님 앞에서 자신의 한계를 인정하며, 그 속에서 하나님을 더욱 의지했습니다. 인간의 한계를 깨닫는 것은 절망이 아니라, 오히려 하나님께 더 가까이 나아가는 길입니다. 우리가 아무것도 할 수 없을 때, 하나님의 능력이 우리의 삶을 통해 드러납니다.

주님, 나의 한계를 깨닫고, 그 안에서 하나님의 능력만을 의지하는 믿음을 허락하소서.

12월 **2**일

하나님의 능력은 온 천하에 전파된다

출애굽기 9:13-21

13여호와께서 모세에게 이르시되 아침에 일찍이 일어나 바로 앞에 서서 그에게 이르기를 히브리 사람의 하나님 여호와의 말씀에 내 백성을 보내라 그들이 나를 섬길 것이니라 14내가 이번에는 모든 재앙을 너와 네 신하와 네 백성에게 내려 온 천하에 나와 같은 자가 없음을 네가 알게 하리라 ⋯ 21여호와의 말씀을 마음에 두지 아니하는 사람은 그의 종들과 가축을 들에 그대로 두었더라

우리는 전 세계에서 일어나는 재난을 보며 하나님의 능력을 깨닫고, 그 영광을 드러낼 기회를 찾습니다. 하지만 대부분의 사람들은 질병이나 재난에서 벗어날 때만 하나님의 능력을 본다고 생각합니다. 그러나 하나님의 능력은 우리 일상 속에서 늘 나타나고 있습니다. 아침 햇살을 만나는 기적, 우리가 살아가는 이 세상 모든 것이 하나님의 영광입니다. 바울과 실라는 감옥에 갇혀 있었음에도 불구하고 찬송하며 하나님의 능력을 전파했습니다. 그들은 어떤 상황에서도 하나님의 능력을 보았기에 실패를 두려워하지 않았습니다. 하지만 바로와 같이 교만한 자들은 하나님의 능력을 보지 못하고 결국 파멸에 이릅니다. 겸손한 자만이 하나님의 영광을 볼 수 있습니다. 교만은 패망의 선봉이며, 오직 겸손함으로 하나님의 능력을 볼 수 있습니다. 하나님의 능력과 영광을 볼 수 있는 눈을 가진 자는 그 삶 속에서 하나님의 기적을 매일 경험하며, 자신뿐 아니라 가정과 교회를 살리고, 민족을 살리는 주인공이 될 것입니다.

주님, 어떤 상황 속에서도 하나님의 능력을 볼 수 있는 겸손한 눈을 허락하소서.

12월 **3**일

고센 땅의 은혜

출애굽기 9:22-26

22여호와께서 모세에게 이르시되 너는 하늘을 향하여 손을 들어 애굽 전국에 우박이 애굽 땅의 사람과 짐승과 밭의 모든 채소에 내리게 하라 … 26이스라엘 자손들이 있는 그 곳 고센 땅에는 우박이 없었더라

일곱 번째 재앙인 극심한 우박이 애굽 전역을 덮었지만, 이스라엘 백성들이 거주하던 고센 땅에는 우박이 내리지 않았습니다. 이는 하나님의 특별한 보호와 은혜의 증거였습니다. 이스라엘 백성들이 그토록 고대하던 출애굽은 고센 땅에서 시작되었고, 그들이 광야길을 걷는 동안에도 하나님의 은혜는 계속되었습니다. 하나님께서는 이 은혜를 잊지 말고 기억하라고 명령하셨습니다신 8:2. 이처럼 하나님의 은혜를 기억하는 것은 우리 삶에서 매우 중요한 일인데도, 우리는 종종 일상에서 받은 은혜를 잊고 살아갑니다. 은혜를 잊는 순간, 감사와 찬양이 사라지며, 사람들 간의 관계도 끊어집니다. 그래서 은혜를 망각하는 것은 치매보다 더 심각한 영적 질병이라 할 것인데, 사단은 우리가 은혜를 잊도록 세 가지 방법을 사용합니다. 첫째, 우연이라고 생각하게 만듭니다. 그러나 하나님의 백성에게는 우연이란 없습니다. "룻이 우연히 엘리멜렉의 친족 보아스에게 속한 밭에 이르렀더라"룻 2:3. 이 일은 결코 우연이 아니었으며, 하나님의 섭리였습니다. 둘째, 모든 것이 당연하다고 여기게 만듭니다. 사울은 처음 왕으로 세움받았을 때 겸손했지만, 시간이 지나면서 자신의 위치를 당연하게 여겼고, 은혜를 망각했습니다. 셋째, 등이 따뜻하고 부유할 때 은혜를 잊게 만듭니다. 다윗은 왕이 되어 은혜를 잊고, 큰 죄를 저질렀습니다. 하나님은 그에게 은혜를 기억하지 못한 것을 책망하셨습니다. 우리는 고센 땅의 은혜를 입은 자들입니다. 더욱이, 우리는 허물과 죄로 죽었던 우리를 살리신 구원의 은혜를 받았습니다. 하나님의 큰 사랑과 구원의 은혜, 그리고 삶 속에서 받은 다양한 은혜를 기억하며 감사하는 성도가 되기를 소망합니다.

주님, 고센 땅의 은혜와 구원의 은혜를 기억하며 살아가게 하소서.

12월 4일

완악함을 알고 기도한다

출애굽기 9:27-35

27바로가 사람을 보내어 모세와 아론을 불러 그들에게 이르되 이번은 내가 범죄하였
노라 여호와는 의로우시고 나와 나의 백성은 악하도다 … 35바로의 마음이 완악하여
이스라엘 자손을 내보내지 아니하였으니 여호와께서 모세에게 말씀하심과 같더라

본문에서 일곱 번째 재앙에도 불구하고 계속되는 바로의 완악함과 그로 인해 고통받는 백성들의 모습을 보게 됩니다. 그러나 이러한 고난 속에 하나님은 당신의 목적을 이루시며, 세상이 여호와께 속했음을 알기 원하셨습니다. 모세가 비록 바로의 요청으로 기도했을지라도 그는 더 나아가 하나님의 뜻을 바라보며 기도했습니다. 우리가 살아가면서 고난과 어려움을 만날 때, 그 속에 하나님의 사랑에 대한 의문이 들 때가 있습니다. 그러나 그 어떤 어려움도 하나님의 계획 속에 의미 없는 것이 없으며, 우리를 더 성장하게 하는 과정임을 믿어야 합니다. 하나님을 믿는 사람에게 주어진 특권 중 하나는 기도입니다. 기도는 단지 우리의 필요를 채우기 위한 수단이 아닙니다. 바로는 스스로 기도할 수 없기에 모세를 통해 부탁했습니다. 이 모습은 우리에게 기도가 특권임을 상기시킵니다. 우리는 언제 어디서나 하나님과 연결된 '핫라인'을 가지고 있으며, 그 어떤 순간에도 하나님께 우리의 소원을 아뢸 수 있습니다. 그러나 우리의 기도를 방해하는 요소가 있습니다. 바로처럼 완악한 자들이 문제를 해결 받고도 여전히 하나님을 경외하지 않는 모습을 보며 실망할 때, 우리는 기도하기를 포기할 수 있습니다. 하지만 예수님은 우리에게 원수와 박해자를 위해 기도하라고 명령하심으로, 그 누구도 기도의 대상에서 제외될 수 없음을 일깨워주셨습니다. 하나님의 백성은 그 어떤 상황 속에서도 하나님을 더 깊이 알게 되는 기회를 찾습니다. 그리고 기도로 하나님의 뜻을 이루며, 그 무엇도 기도의 걸림돌이 될 수 없음을 깨닫습니다. 자신의 문제뿐만 아니라 이웃과 열방을 위해 손을 펴서 기도하는 자가 되기를 소망합니다.

주님, 어떤 상황에서도 끝까지 기도하는 자가 되게 하소서.

12월 **5**일

바로의 눈물

출애굽기 10:12-20

12여호와께서 모세에게 이르시되 애굽 땅 위에 네 손을 내밀어 메뚜기를 애굽 땅에 올라오게 하여 우박에 상하지 아니한 밭의 모든 채소를 먹게 하라 … 20그러나 여호와께서 바로의 마음을 완악하게 하셨으므로 이스라엘 자손을 보내지 아니하였더라

눈물에는 다양한 종류가 있으나 목적을 이루기 위한 눈물도 있습니다. 바로의 눈물도 바로 여기에 속합니다. 메뚜기 재앙으로 애굽의 식량이 파괴되자, 바로는 절박한 심정으로 모세와 아론을 불러 재앙을 거두어 달라고 간청합니다. 그러나 그의 간구는 문제를 해결을 위한 임시방편에 불과했습니다. 문제가 해결되자 그는 다시 마음을 완악하게 하여 이스라엘 백성을 내보내지 않았습니다. 우리도 때때로 이런 눈물을 흘립니다. 어려움이 닥쳤을 때 일시적인 회개의 눈물을 흘리며 하나님께 간청하지만, 문제가 해결되면 또 이전의 상태로 돌아가는 경우가 많습니다. 이것은 바로의 눈물과 같이 일시적인 감정의 표현일 뿐 우리의 마음을 찢고, 하나님의 뜻을 깨닫게 하며, 삶을 변화시키는 진정한 회개의 눈물이 아닙니다. 하나님은 이스라엘 백성과 새 언약을 맺으시며 우리 마음에 당신의 법을 새기셨습니다. 그래서 우리는 진정한 회개의 눈물을 흘리며 하나님 앞에 나아갈 수 있습니다. 1903년 원산부흥, 1907년 평양대부흥운동, 그리고 1909년 백만구령운동과 같은 한국교회 부흥의 역사도 모두 회개의 눈물에서 비롯되었습니다. 이처럼 하나님 앞에서 흘리는 회개의 눈물은 우리를 변화시키고, 하나님과 올바른 관계로 나아가게 합니다. 특히 다윗은 "하나님이여 상한 심령을 주께서 멸시하지 아니하시리이다"시 51:17라는 말로 회개의 중요성을 강조합니다. 우리도 살아가면서 여러 가지 어려움을 만날 수 있습니다. 그때마다 다른 이나 상황을 탓하기보다는, 회개의 눈물을 흘리며 하나님 앞에 나아가야 합니다. 회개의 눈물은 우리 마음의 독소를 제거하고, 문제 해결의 답을 제공합니다.

 하나님, 바로의 눈물이 아니라 진정한 회개의 눈물을 흘리게 하소서.

12월 **6**일

두 종류의 섬김

출애굽기 10:21-29

21여호와께서 모세에게 이르시되 하늘을 향하여 네 손을 내밀어 애굽 땅 위에 흑암이 있게 하라 곧 더듬을 만한 흑암이리라 … 29모세가 이르되 당신이 말씀하신 대로 내가 다시는 당신의 얼굴을 보지 아니하리이다

 아홉 번째 재앙은 단순한 어둠이 아니라 창조 이전의 혼돈과 공허, 무질서를 상징하는 흑암이었습니다. 애굽인들은 빛이 전혀 닿지 않는 공포와 두려움 속에서 지냈지만, 이스라엘 백성들이 거주하는 곳에는 빛이 있었습니다. 이 재앙은 죄악으로 물든 캄캄한 세상에 빛이 오셔야 한다는 사실을 예표하며, 그 빛은 곧 예수 그리스도를 가리킵니다. 예수님께서 세상에 오셔서 우리의 어둠을 밝히시고 생명과 빛을 주셨습니다. 이는 하나님께서 주신 선물입니다. 이처럼 어둠 가운데 있던 우리에게 빛이 비추어졌고, 이제는 빛의 자녀로, 빛에 속한 자로 살아가야 합니다. 빛의 자녀는 다음과 같은 모습을 보입니다. 첫째, 바로처럼 조건을 붙여 섬기는 것이 아니라 모세처럼 온전히 섬깁니다. 바로는 가축을 두고 예배를 드리라고 명령했으나, 모세는 단호하게 '한 마리도 남길 수 없다'고 대답했습니다. 하나님을 섬기는 일에는 우리가 가진 모든 것이 사용되어야 합니다. 우리의 삶과 소유 모두가 하나님을 향한 온전한 섬김에 헌신되어야 합니다. 둘째, 모세는 바로 앞에서 담대했습니다. 흑암 속에 갇힌 바로는 이미 죽은 자와 같았기에 모세는 두려움 없이 당당하게 하나님의 명령을 선포했습니다. 빛의 자녀로서 우리 역시 세상에서 어려움을 마주하지만, 그 가운데 함께하시는 하나님을 믿고 담대하게 나아갈 수 있습니다. 이제 우리는 빛의 자녀로서 기쁨과 온전한 마음으로 하나님을 섬기며, 어떤 어려움 속에서도 믿음으로 담대히 살아가야 합니다.

하나님, 조건 없는 온전한 섬김의 삶을 살게 하소서.

12월 **7**일

하나님의 대역전

출애굽기 11:1-10

¹여호와께서 모세에게 이르시기를 내가 이제 한 가지 재앙을 바로와 애굽에 내린 후에야 그가 너희를 여기서 내보내리라 그가 너희를 내보낼 때에는 여기서 반드시 다 쫓아내리니 … ¹⁰모세와 아론이 이 모든 기적을 바로 앞에서 행하였으나 여호와께서 바로의 마음을 완악하게 하셨으므로 그가 이스라엘 자손을 그 나라에서 보내지 아니하였더라

성도는 이 세상에서 주인공으로 살아가지만, 주인공이라 해도 언제나 꽃길만 걷는 것이 아니라, 고난과 어려움을 겪으며 때로는 죽음의 위기도 맞이합니다. 그러나 결국 승리합니다. 하나님께서 이스라엘 백성을 선택하시고 그들을 출애굽 시키기 위한 계획을 세우셨을 때도 그 여정은 결코 순탄치 않았습니다. 아홉 번의 재앙에도 바로의 마음은 굳건하게 닫혀 있었기 때문입니다. 그러나 열 번째 재앙을 통해 애굽은 이스라엘 백성을 내보낼 수밖에 없었습니다. 하나님은 그 과정에서 이스라엘 백성에게 은금 패물을 애굽 사람들에게서 얻으라고 명하셨습니다. 이는 주인공된 자들에게 주어지는 하나님의 은혜를 상징합니다. 종으로 살고 있던 이스라엘 백성이 저들에게는 불가능해 보였던 은혜를 받는 것이 바로 하나님이 주시는 대역전의 역사입니다. 성경은 이와 같은 대역전을 아브라함, 요셉, 다윗을 통해 수없이 보여줍니다. 그러나 가장 위대한 대역전은 바로 예수 그리스도의 십자가와 부활입니다. 아담과 이브의 죄로 인해 인류 모두 죽음에 이르렀지만, 결국 예수님을 보내어 구원의 문을 여셨습니다. 예수님은 십자가에서 죽으셨지만 끝이 아니었습니다. 부활하심으로 대역전의 승리가 이루어졌습니다. 우리는 예수님을 믿음으로 이 승리에 동참하는 자들입니다. 비록 우리 삶의 순간에 고난과 어려움이 있다 해도 하나님은 그 모든 것을 역전시키실 계획을 가지고 계십니다. 주님 안에서 세상의 주인공으로 이 대역전의 은혜를 경험하며 주님께 순종하는 자로 살아가기를 축복합니다.

🙏 주님, 고난 중에도 하나님의 대역전을 믿고 소망하게 하소서.

12월 **8**일

이 날을 기념하여 거룩히 지키라

출애굽기 12:1-14

1여호와께서 애굽 땅에서 모세와 아론에게 일러 말씀하시되 … 13내가 애굽 땅을 칠 때에 그 피가 너희가 사는 집에 있어서 너희를 위하여 표적이 될지라 내가 피를 볼 때에 너희를 넘어가리니 재앙이 너희에게 내려 멸하지 아니하리라 14너희는 이 날을 기념하여 여호와의 절기를 삼아 영원한 규례로 대대로 지킬지니라

출애굽기 12장 14절은 유월절의 핵심을 담고 있습니다. "너희는 이 날을 기념하여 여호와의 절기를 삼아 영원한 규례로 대대로 지킬지니라." 유월절은 이스라엘 백성이 죽음에서 생명으로 넘어가는 사건을 기념하는 절기이며, 예수 그리스도의 희생을 예표하는 중요한 상징입니다. 어린 양의 피가 이스라엘 백성을 죽음에서 건져낸 것처럼, 예수 그리스도의 피로 우리는 영원한 생명을 얻게 되었습니다. 이날은 단지 이스라엘의 해방이 아니라, 인류의 구속을 상징합니다. 우리는 예수님의 부활로 인해 사망을 넘어 생명의 사람이 되었습니다. 이 생명의 사람들에게 안식일이 회복되었으며, 주님이 안식 후 첫날에 부활하셨기 때문에 우리는 주일, 곧 주님의 날을 기념합니다. 주일을 기억하고 지키는 일은 그 어떤 가치와도 타협할 수 없는 중요한 예배의 시간입니다. 하나님께서 유월절에 세 가지 명령을 주셨듯이, 주일에 대해서도 세 가지 명령이 있습니다. 첫째, 이날을 기념하여 지켜라. 주일은 우리의 영적 삶에서 가장 중요한 시간입니다. 사단은 우리가 주일을 지키지 못하도록 방해하지만, 주님의 날을 거룩히 지키는 것은 하나님과 맺은 약속을 지키는 것입니다. 둘째, 명절로 삼아라. 주일은 억지로 지키는 날이 아닌 기쁘고 즐거운 명절이 되어야 합니다. 하나님께서는 주일을 존귀하게 여기는 자들에게 복을 약속하셨습니다. 셋째, 자손 대대로 이날을 지켜라. 주일을 기억하고 자손 대대로 영원한 규례로 지키는 복을 누리며, 우리 다음 세대를 위해 기도해야 합니다.

주님, 주일을 거룩하게 지키며 기쁨으로 주님을 예배하게 하소서.

12월 **9**일

무교절을 지켜라

출애굽기 12:15-20

15너희는 이레 동안 무교병을 먹을지니 그 첫날에 누룩을 너희 집에서 제하라 무릇 첫 날부터 일곱째 날까지 유교병을 먹는 자는 이스라엘에서 끊어지리라 … 20너희는 아무 유교물이든지 먹지 말고 너희 모든 유하는 곳에서 무교병을 먹을지니라

우리는 하나님께서 함께하시는 생명의 사람입니다. 하나님은 우리의 삶을 책임져 주시며 그분의 목적하시는 방향으로 이끌어 가시지만, 그렇다고 해서 우리가 어려움 없는 삶을 기대하는 것은 오해입니다. 하나님이 함께하신다는 것은 어떤 상황 속에서도 그분의 계획에 따라 우리를 이끌어 가신다는 뜻입니다. 오늘 말씀에서 하나님께서 우리에게 명령하신 두 가지가 있습니다. 유월절을 지키는 일과 무교절을 지키는 일입니다. 유월절은 이스라엘 백성이 죽음을 넘어 생명을 얻게 된 사건을 기념하는 절기입니다. 오늘날 우리에게 유월절을 지킨다는 것은 주일을 지키는 것이며, 주님의 부활을 기억하는 것입니다. 또한, 무교절을 지키는 것은 주일 이후의 한 주의 삶을 어떻게 살아낼 것인가에 대한 질문입니다. 무교절을 지키기 위해 우리가 기억해야 할 세 가지가 있습니다. 첫째, 죄로부터 빨리 탈출해야 합니다. 죄는 언제 어디서나 우리 곁에 있습니다. 죄를 피하기 위해서는 하나님께로 빨리 돌아가는 것이 유일한 길입니다. 둘째, 불편한 중에도 평안을 구해야 합니다. 세상은 언제나 불편하지만, 평안은 하나님을 믿는 믿음에서 옵니다. 셋째, 힘든 중에도 소망을 보아야 합니다. 출애굽의 길이 어려웠으나, 그 끝에는 약속의 땅이 있었습니다. 하나님을 소망으로 삼는 자는 복이 있습니다.

주님, 주의 날을 지키고 한 주간 무교절을 살아가며 죄를 피하고, 평안을 구하며, 소망을 붙잡게 하소서.

12월 **10**일

주시는 말씀에 순종하라

출애굽기 12:21-28

21모세가 이스라엘 모든 장로를 불러서 그들에게 이르되 너희는 나가서 너희의 가족대로 어린 양을 택하여 유월절 양으로 잡고 … 28이스라엘 자손이 물러가서 그대로 행하되 여호와께서 모세와 아론에게 명령하신 대로 행하니라

하나님께서는 유월절과 무교절을 통해 우리에게 순종의 중요성을 가르치십니다. 유월절은 주님이 정하신 날로, 주일을 거룩하게 지키는 것을 상징하며, 무교절은 우리의 일상에서 죄로부터 벗어나고 하나님의 평안을 추구하는 삶을 상징합니다. 많은 이들이 유월절을 지키지만, 무교절을 지키는 것은 어려워 보일 때가 많습니다. 그러나 하나님은 두 절기를 모두 지키라고 명령하셨습니다. 이스라엘 백성에게 어린양의 피를 문설주에 바르라는 명령은 이해하기 어려웠습니다. 오늘날도 하나님의 명령은 때로 합리적이지 않게 보일 수 있습니다. 그러나 순종은 이해가 아니라 믿음에서 비롯됩니다. 우리는 하나님의 주권과 사랑을 믿으며 순종해야 합니다. 순종은 단순히 최선을 다하는 것이 아니라, 나를 죽이고 하나님의 뜻에 따르는 것입니다. 예수님은 십자가에서 죽음으로 순종하셨고, 그 순종으로 말미암아 우리에게 생명을 주셨습니다. 우리가 순종할 때, 우리는 하나님의 은혜를 경험하고, 생명을 얻게 됩니다. 오늘도 하나님 앞에 죽음으로 순종하여, 그분의 은혜를 얻는 축복의 통로가 되기를 소망합니다.

주님, 순종으로 하나님을 경험하게 하소서.

12월 **11**일

무교절의 약속

출애굽기 13:1-10

1여호와께서 모세에게 일러 이르시되 … 9이것으로 네 손의 기호와 네 미간의 표를 삼고 여호와의 율법이 네 입에 있게 하라 이는 여호와께서 강하신 손으로 너를 애굽에서 인도하여 내셨음이니 10해마다 절기가 되면 이 규례를 지킬지니라

 성 경에서 성도는 구별된 자로 불리며, 이는 하늘에 속한 자로서의 정체성을 의미합니다. 하나님께서 구별된 자들에게 주신 두 가지 약속은 유월절과 무교절입니다. 유월절은 구원을 의미하며, 무교절은 구원받은 자들이 거룩한 삶을 살며 젖과 꿀이 흐르는 땅으로 인도받는 약속입니다. 우리는 십자가의 은혜로 구원받았고, 그 구원의 기쁨 속에서 무교절을 지키며 거룩한 삶을 살아야 합니다. 하나님께서 이스라엘에게 처음 난 것을 거룩하게 구별하여 드리라고 명하셨듯이, 우리도 구원받은 자로서 하나님께 속한 자들입니다. 무교절을 지키는 것은 단순한 의무가 아니라 하나님의 은혜에 감사하는 삶의 태도입니다. 사도 바울이 권면한 대로 우리 몸을 거룩한 산 제물로 드리며, 세상과 구별되어 하나님의 뜻을 분별하며 살아가는 것이 무교절을 지키는 삶입니다. 하나님께 감사하는 예배를 드리고, 가족과 함께 하나님의 은혜를 나누며, 복음을 전하는 시간이 되기를 바랍니다. 우리의 삶이 무교절의 정신을 담아, 하나님의 구별된 자로서 그분의 뜻을 이루며 살아가기를 소망합니다.

주님, 무교절의 약속을 기억하며 구별된 삶을 살게 하소서.

12월 **12**일

입술과 미간에 붙이고 다닐 것은?

출애굽기 13:11-16

11여호와께서 너와 네 조상에게 맹세하신 대로 너를 가나안 사람의 땅에 인도하시고 그 땅을 네게 주시거든 12너는 태에서 처음 난 모든 것과 네게 있는 가축의 태에서 처음 난 것을 다 구별하여 여호와께 돌리라 수컷은 여호와의 것이니라 … 16이것이 네 손의 기호와 네 미간의 표가 되리라 이는 여호와께서 그 손의 권능으로 우리를 애굽에서 인도하여 내셨음이니라 할지니라

우리는 예수 그리스도와 함께 죽고 부활한 존귀한 자들입니다. 우리의 존귀함은 세상적인 성공이나 물질이 아닌, 하늘로부터 온 생명을 소유한 데 있습니다. 이 땅에서 우리는 영원한 본향을 소망하며 나그네처럼 살아갑니다. 하나님께서 이스라엘에게 태에서 처음 난 것을 하나님께 드리라고 명하신 것은, 모든 것이 하나님의 것임을 인정하고 그분께 예배하며 살아야 한다는 상징입니다. 손에 표를 붙이라는 말씀은 우리의 모든 일과 행동을 통해 하나님의 은혜를 드러내라는 뜻입니다. 우리가 섬기는 자리에서 성실히 살아가는 것이 하나님께 영광을 돌리는 삶입니다. 미간에 표를 붙이라는 것은 우리의 생각과 마음이 언제나 하나님의 은혜로 가득 차 있어야 함을 의미합니다. 어떤 상황에서도 기뻐하고 감사할 수 있는 비결은 하나님께서 우리를 구원하셨다는 사실에 있습니다. 고난과 성공 속에서도 우리는 하나님을 높이고, 복음이 되는 삶을 살아가야 합니다. 우리의 삶 자체가 하나님의 은혜를 나타내는 표가 되어, 자녀들에게도 그 믿음을 전하는 신앙의 유산이 되기를 소망합니다.

하나님, 제 삶이 항상 당신의 은혜를 나타내는 표가 되게 하시고, 모든 상황 속에서 주님을 영화롭게 하게 하옵소서.

12월 **13**일

홍해를 건넌 자들아 기억하라

출애굽기 13:17-22

17바로가 백성을 보낸 후에 블레셋 사람의 땅의 길은 가까울지라도 하나님이 그들을 그 길로 인도하지 아니하셨으니 이는 하나님이 말씀하시기를 이 백성이 전쟁을 하게 되면 마음을 돌이켜 애굽으로 돌아갈까 하셨음이라 … 22낮에는 구름 기둥, 밤에는 불 기둥이 백성 앞에서 떠나지 아니하니라

이스라엘 백성이 홍해를 건넌 사건은 우리가 구원받은 것과 같습니다. 구원은 우리의 능력이 아닌 하나님의 은혜로 이루어진 것이며, 이는 이스라엘이 하나님의 도우심으로 홍해를 건넌 것과 같습니다. 그러나 구원받은 후의 삶은 결코 쉽지 않습니다. 하나님께서는 우리가 광야의 길에서 실패하지 않기를 바라십니다고전 10:1-5. 그리고 두 가지를 기억하길 바라십니다. 첫째, 하나님은 우리를 아시고 이끄십니다. 이스라엘을 먼 길로 인도하신 것은 그들이 전쟁을 두려워해 애굽으로 돌아가지 않게 하시기 위함이었습니다. 하나님은 우리를 우리 자신보다 더 잘 아시며, 우리의 길을 인도하십니다. 둘째, 하나님은 계획을 가지고 인도하십니다. 요셉의 유골을 가지고 나온 이스라엘처럼, 우리는 하나님의 약속과 계획을 신뢰하며 나아가야 합니다. 셋째, 하나님은 구름기둥과 불기둥으로 우리를 떠나지 않으십니다. 하나님께서 우리를 떠나지 않고 인도하신다는 사실을 믿을 때, 우리는 광야에서도 담대히 걸어갈 수 있습니다.

하나님, 제가 인생의 광야에서도 당신의 인도하심을 신뢰하며 걸어가게 하옵소서.

12월 **14**일

여호와를 알게 하리라

출애굽기 14:1-9

1여호와께서 모세에게 말씀하여 이르시되 2이스라엘 자손에게 명령하여 돌이켜 바다와 믹돌 사이의 비하히롯 앞 곧 바알스본 맞은편 바닷가에 장막을 치게 하라 … 9애굽 사람들과 바로의 말들, 병거들과 그 마병과 그 군대가 그들의 뒤를 따라 바알스본 맞은편 비하히롯 곁 해변 그들이 장막 친 데에 미치니라

하나님은 우리에게 자신을 알리기 원하십니다. 이는 단순히 우리의 지식을 채우기 위한 것이 아니라, 우리에게 구원의 자유와 축복을 주기 위함입니다신 7:9. 하나님은 제사와 번제보다 우리가 그분을 깊이 아는 것을 더 원하시며호 6:6, 더 깊이 알아가기를 바라십니다. 창조 세계를 통해 하나님은 자신의 능력과 신성을 명백히 드러내셨습니다롬 1:20. 이스라엘 백성이 홍해와 애굽의 군대 사이에 갇혔을 때, 하나님은 그들을 통해 당신의 영광을 드러내시겠다고 말씀하셨습니다출 14:4. 우리 역시 어려움 속에서 하나님을 알리고 그분의 영광을 드러내야 합니다. 예레미야와 바울처럼 어려운 상황에서도 하나님을 의지하며, 그분을 알리고 다른 이들에게 전하는 것이 우리의 사명입니다. 어떤 상황에서도 하나님을 알고 알리는 삶을 살아가는 성도가 되기를 소망합니다.

하나님, 제가 어떤 상황에서도 당신을 알고 알리며 살아갈 수 있도록 인도해 주옵소서.

12월 **15**일

기도에 응답이 없을 때

출애굽기 14:10-14

10바로가 가까이 올 때에 이스라엘 자손이 눈을 들어 본즉 애굽 사람들이 자기들 뒤에 이른지라 이스라엘 자손이 심히 두려워하여 여호와께 부르짖고 … 13모세가 백성에게 이르되 너희는 두려워하지 말고 가만히 서서 여호와께서 오늘 너희를 위하여 행하시는 구원을 보라 너희가 오늘 본 애굽 사람을 영원히 다시 보지 아니하리라 14여호와께서 너희를 위하여 싸우시리니 너희는 가만히 있을지니라

삶속에서 두려움은 누구에게나 찾아오는 보편적인 현상이지만, 그것이 실체가 되는 순간, 사람들은 과거에 갇혀 후회하고, 현재에는 불평과 원망을 쏟으며, 미래를 어둡게만 바라봅니다. 그러나 두려움에 부정적인 면만 있지는 않습니다. 하나님께서 우리에게 두려움을 허락하신 이유는 그것이 우리를 사명의 길로 이끌기 때문입니다. 과거의 세대는 가난과 전쟁에 대한 두려움을 극복하고, 자녀 세대에 더 나은 미래를 물려주겠다는 사명감을 가졌습니다. 또한, 두려움은 우리를 하나님께로 이끌어 기도하게 만들고, 그를 통해 하나님과의 깊은 교제를 경험하게 합니다. 그런데, 만약 기도의 응답이 없을 때 우리는 어떻게 반응해야 할까요? 오늘 말씀에서 이스라엘 백성은 홍해 앞에서 두려워하며 하나님께 부르짖었으나 즉각적인 응답을 받지 못했습니다. 그래서 원망하며 과거를 그리워했고, 하나님을 불신하며, 이웃과의 관계를 깨뜨렸습니다. 하지만 모세의 반응은 달랐습니다. "두려워하지 말고 가만히 서서 여호와께서 너희를 위하여 행하시는 구원을 보라"라는 모세의 선언은 우리에게 중요한 교훈을 줍니다. 하나님은 반드시 응답하시되, 우리의 선을 위해 가장 좋은 때에 가장 좋은 방법으로 응답하십니다. 기도 응답이 없을 때, 우리가 기억해야 할 것은 하나님이 언제나 좋게 하심을 믿는 것입니다. 두려움 속에서도 사명을 기억하고, 응답이 없어도 하나님의 선하심을 믿고 인내하며 기도하는 것이 믿음의 자세입니다. 하나님께서 좋게 하실 것을 기대하며 나아갈 때, 우리는 두려움을 넘어선 믿음의 승리를 경험하게 될 것입니다.

 하나님, 두려움 속에서도 주님의 선하심을 믿고 끝까지 인내하며 기도하게 하소서.

12월 **16**일

역사하신 하나님, 지금도 내일도

출애굽기 14:15-20

15여호와께서 모세에게 이르시되 너는 어찌하여 내게 부르짖느냐 이스라엘 자손에게 명령하여 앞으로 나아가게 하고 16지팡이를 들고 손을 바다 위로 내밀어 그것이 갈라지게 하라 이스라엘 자손이 바다 가운데서 마른 땅으로 행하리라 17내가 애굽 사람들의 마음을 완악하게 할 것인즉 그들이 그 뒤를 따라 들어갈 것이라 내가 바로와 그의 모든 군대와 그의 병거와 마병으로 말미암아 영광을 얻으리니 18내가 바로와 그의 병거와 마병으로 말미암아 영광을 얻을 때에야 애굽 사람들이 나를 여호와인 줄 알리라 하시더니 19이스라엘 진 앞에 가던 하나님의 사자가 그들의 뒤로 옮겨 가매 구름 기둥도 앞에서 그 뒤로 옮겨 20애굽 진과 이스라엘 진 사이에 이르러 서니 저쪽에는 구름과 흑암이 있고 이쪽에는 밤이 밝으므로 밤새도록 저쪽이 이쪽에 가까이 못하였더라

우리의 인생에서 진퇴양난의 상황은 피할 수 없는 현실입니다. 홍해 앞에 선 이스라엘 백성처럼 절망의 순간에서 하나님께서 우리에게 요구하시는 것은 믿음입니다. 하나님은 "너희는 가만히 있을지니라"고 하셨습니다. 이는 더 많은 노력이 아닌, 하나님을 향한 굳건한 신뢰를 의미합니다. 하나님께서는 백성의 불평을 멈추게 하시고, 이제는 행동하라고 말씀하십니다. 믿음은 하나님이 우리의 아버지 되심을 믿고사 46:3-4, 그분의 상급과 영광을 신뢰하는 것입니다출 14:17-20. 하나님은 어제도, 오늘도, 내일도 변함없이 우리와 함께하십니다. 고난 속에서도 하나님께 대한 믿음을 잃지 않고, 그분의 인도하심을 신뢰하며 나아가기를 간구합니다.

주님, 어떤 상황에서도 변치 않는 믿음으로 하나님을 의지하게 하소서.

12월 **17**일

구원의 노래

출애굽기 15:1-18

1이 때에 모세와 이스라엘 자손이 이 노래로 여호와께 노래하니 일렀으되 내가 여호와를 찬송하리니 그는 높고 영화로우심이요 말과 그 탄 자를 바다에 던지셨음이로다 … 17주께서 백성을 인도하사 그들을 주의 기업의 산에 심으시리이다 여호와여 이는 주의 처소를 삼으시려고 예비하신 것이라 주여 이것이 주의 손으로 세우신 성소로소이다 18여호와께서 영원무궁 하도록 다스리시도다 하였더라

 상 사람들은 환경에 따라 노래하지만, 하나님께서는 믿음의 백성된 우리가 상황이 어려울 때도 찬송하기를 원하십니다. 성도는 항상 하나님의 크신 능력을 바라볼 수 있기 때문입니다. 본문에서 '이 때'는 하나님의 큰 능력을 본 때입니다. 이스라엘 백성이 출애굽의 구원을 보고 찬송한 것처럼 우리도 우리 삶에서 행하시는 하나님의 큰 능력을 보고 찬송해야 합니다. 때로 하나님께서 능력을 행하지 않으시는 것처럼 느껴져도 하나님 께서는 언제나 변함없이 우리와 함께하십니다. 이스라엘 백성들이 출애굽 후 홍해를 건너 하나님의 능력을 찬양할 때 그들은 '여호와는 힘이요 노래시며 구원이시라'고 고백하며, 앞으로의 삶에서도 영원히 하나님을 찬양하기로 결단했습니다. 이는 우리가 하나님의 능력을 경험하고 찬송할 때, 그 찬송 속에 하나님께서 임재하셔서서 우리의 삶 속에 놀라운 일을 행하신다는 사실을 보여줍니다. 그러나 우리의 찬송을 방해하는 사단의 유혹이 늘 있습니다. 어려울 때, 혹은 풍요로울 때, 찬송을 잃어버리기 쉽습니다. 아모스 시대의 이스라엘처럼 풍요로울 때 하나님을 잊고 찬송을 잃어버리면 하나님께서 심판하십니다. 우리는 '이 때'를 기억하고, 하나님께서 행하신 큰 능력을 바라보며 찬송하는 삶을 살아야 합니다. 하루를 시작할 때, '오늘도 하나님의 능력을 보게 하옵소서'라고 기도하며, 하나님이 행하시는 일을 바라보는 눈을 달라고 구해야 합니다. 하나님께서 우리에게 주신 '이 때'를 기억하며, 찬송하는 하루하루가 되기를 기도합니다.

하나님의 큰 능력을 보고, 어떤 상황에서도 찬송하는 믿음을 허락하소서.

12월 **18**일

구원의 노래가 온 세상에

출애굽기 15:19-21

19바로의 말과 병거와 마병이 함께 바다에 들어가매 여호와께서 바닷물을 그들 위에 되돌려 흐르게 하셨으나 이스라엘 자손은 바다 가운데서 마른 땅으로 지나간지라 … 21미리암이 그들에게 화답하여 이르되 너희는 여호와를 찬송하라 그는 높고 영화로우심이요 말과 그 탄 자를 바다에 던지셨음이로다 하였더라

우리는 구원받은 성도입니다. 그러나 때로는 세상 사람들과 다를 바 없는 자신을 보며 '내가 정말 구원받은 자인가?'라는 의문을 가질 때가 있습니다. 구원받은 자의 증거는 무엇일까요? 주일성수, 십일조, 봉사, 헌신 등도 중요하지만, 구원받은 자에게 반드시 필요한 증거는 바로 구원의 노래입니다. 구원의 노래가 없다면, 그 외의 모든 것들은 형식에 그치기 쉽습니다. 구원의 능력을 확신하고 그 안에서 우리는 어떤 상황에서도 하나님을 찬양하며 구원의 노래를 불러야 합니다. 여호수아, 다윗, 그리고 바울은 하나님의 구원의 능력을 굳게 믿고 구원의 노래를 불렀습니다. 이처럼 구원받은 자는 어려움 속에서도 하나님의 능력을 바라보며 구원의 노래를 부르는 자들입니다. 본문에 등장하는 미리암의 노래는 모세의 노래를 압축한 구원의 노래입니다. 미리암의 소고와 춤은 우리가 구원의 노래를 부를 때 주변 사람들도 함께 구원의 노래를 부르게 될 것이라는 사실을 상징합니다. 예수님은 제자들을 보내시며 구원의 노래를 부르게 하셨고, 그 노래는 온 세상에 퍼져나가게 하셨습니다. 오늘날 우리도 이 사명을 맡아 온 가정과 교회, 나아가 열방이 구원의 노래를 부르도록 해야 합니다. 어떤 상황에서도 구원의 노래를 부르면, 그 노래는 나로부터 시작해 주변 모두에게 퍼져나가게 될 것입니다. 시편 148편을 묵상하며 이 한 주간 구원의 노래를 부르는 삶을 살기를 소망합니다.

 구원의 능력을 붙들고 언제나 하나님을 찬양하며 구원의 노래를 부르게 하소서.

12월 **19**일

인생길을 걸어가는 지혜

출애굽기 15:22-27

22모세가 홍해에서 이스라엘을 인도하매 그들이 나와서 수르 광야로 들어가서 거기서 사흘길을 걸었으나 물을 얻지 못하고 ··· 27그들이 엘림에 이르니 거기에 물 샘 열둘과 종려나무 일흔 그루가 있는지라 거기서 그들이 그 물 곁에 장막을 치니라

인생은 쉽지 않은 여정입니다. 때로는 길을 잃거나 멈추고 싶은 순간이 있습니다. 본문은 이러한 어려운 인생길을 어떻게 지혜롭게 걸어갈 수 있는지 우리에게 가르쳐줍니다. 우리는 이 땅의 삶이 끝이 아닌 하나님 나라를 향해 가는 자들입니다. 인생길을 지혜롭게 걸어가는 방법은 첫째, 언제나 목적지를 생각하는 것입니다. 스데반이 돌에 맞아 죽는 순간에도 그는 영원한 하나님 나라를 확신하며 "내 영혼을 받으시옵소서"라고 기도했습니다. 둘째, 감사와 기도로 간구하는 것입니다. 이스라엘 백성이 마라에서 쓴 물을 만났을 때 원망했지만, 그들의 불평은 믿음의 부족 때문이었습니다. 우리의 인생에서도 쓴 물과 같은 고난을 만날 때가 있습니다. 그럴 때 우리는 홍해를 건너게 하신 하나님을 기억하며 감사해야 합니다. 믿음의 시험을 이겨낼 때 하나님께서 주시는 은혜를 경험하게 됩니다. 그 은혜는 우리에게 자유와 기쁨을 주고, 주님 안에서 찬송의 삶을 살아가게 합니다. 셋째, 말씀 앞에 서 있는 것입니다. 본문에서 하나님은 말씀에 순종하면 질병을 내리지 않겠다고 하셨습니다. 이는 하나님이 우리의 질병 가운데도 보호하시고 치료하신다는 약속입니다. 그러나 우리의 힘으로는 하나님을 사랑하거나 말씀을 지킬 수 없기에 성령님께 의지해야 합니다. 매일 매 순간 목적지를 바라보며 감사와 기도로 나아가고, 말씀에 순종하는 지혜로운 주의 백성이 되기를 축복합니다.

 하나님, 인생길에서 언제나 목적지를 바라보고 말씀에 순종하며 주님의 인도하심을 따르게 하소서.

12월 20일

모세, 예수, 나

출애굽기 4:27-31
27여호와께서 아론에게 이르시되 광야에 가서 모세를 맞으라 하시매 그가 가서 하나님의 산에서 모세를 만나 그에게 입맞추니 … 31백성이 믿으며 여호와께서 이스라엘 자손을 찾으시고 그들의 고난을 살피셨다 함을 듣고 머리 숙여 경배하였더라

마태복음 1:21
21아들을 낳으리니 이름을 예수라 하라 이는 그가 자기 백성을 그들의 죄에서 구원할 자이심이라 하니라

성탄절은 예수님이 이 땅에 오셔서 우리를 구원한 것뿐만 아니라 우리에게 더 중요한 사명을 주는 날입니다. 주님께서는 우리를 세상으로 보내셔서 생명을 건져내기를 원하십니다. 모세도 마찬가지였습니다. 하나님은 그를 설득하여 애굽으로 보냈고, 명령에 순종하여 애굽으로 가서 이스라엘 백성을 구원하게 하셨습니다. 하나님께서 직접 백성을 구원하실 수도 있었지만, 당신은 모세와 예수님을 통해 구원의 계획을 이루셨습니다. 우리도 마찬가지로 세상에 나아가야 합니다. 하지만 세상은 결코 만만치 않습니다, 특히 코로나로 인해 사람들과의 관계가 더 어려워진 상황 속에서 우리는 두려움이 생기곤 합니다. 그러나 이런 때일수록 모세에게 아론을 동역자로 주셨듯, 하나님께서는 우리에게 동역자를 주십니다. 예수님께서도 제자들을 둘씩 짝지어 보내셨습니다. 사역을 할 때 동역자가 필요하며, 함께 할 때 어려움도 나누고 하나님의 뜻을 더 잘 이룰 수 있습니다. 오늘날 많은 사람들이 교회를 떠나고 있지만, 우리는 그들을 다시 품고, 온라인과 오프라인 공동체를 통해 이끌어야 합니다. 주님께서는 세상을 향해 가라고 명하시며, 우리와 함께 성령을 보내주셨습니다. 성탄절을 구원의 기쁨으로만 끝내지 말고, 믿음의 동역자들과 함께 세상으로 나아가 하나님의 나라를 이루어가는 우리가 되기를 소망합니다.

 믿음의 동역자와 함께 세상으로 나아가 하나님의 나라를 이루게 하소서.

12월 **21**일

나는 예수 그리스도의 종

누가복음 8:26-39
26그들이 갈릴리 맞은편 거라사인의 땅에 이르러 … 39집으로 돌아가 하나님이 네게 어떻게 큰 일을 행하셨는지를 말하라 하시니 그가 가서 예수께서 자기에게 어떻게 큰 일을 행하셨는지를 온 성내에 전파하니라

인간은 본질적으로 누군가의 종으로 살아갑니다. 사도 바울은 우리가 순종하는 자의 종이 된다고 말했습니다. 우리의 선택은 사망에 이르는 죄의 종이냐, 아니면 의에 이르는 순종의 종이냐의 문제입니다. 과연 우리는 누구의 종입니까? 본문에 등장하는 귀신 들린 사람은 비참한 상태에 있었습니다. 옷도 입지 않고, 무덤 사이에 살며 귀신에게 사로잡혀 있던 그는 사망과 절망의 종이었습니다. 그러나 예수님께서 그를 만나시고 자유하게 하셨습니다. 우리도 마찬가지로 죄와 사망의 종이었지만, 예수님의 은혜로 구원받아 하나님의 종이 되었습니다. 성탄절은 이 구원의 기쁨을 상기하는 절기입니다. 예수님께서 이 땅에 오신 것은 우리를 사단의 종에서 건져내시고, 하나님의 자녀로 삼으시기 위함입니다. 우리는 성탄절에 세 가지를 해야 합니다. 첫째, 서로 축하하며 기쁨을 나눕니다. 우리를 구원하신 주님의 은혜는 진심으로 축하할 일입니다. 둘째, 성탄의 기쁨을 전하며 세상을 축복합니다. 주님께서 우리를 통해 복을 빌며 세상을 회복시키시기를 기도합니다. 셋째, 찬송하며 예배합니다. 우리의 예배는 하나님께 드리는 감사를 담고, 그분의 주권을 인정하는 삶의 고백입니다. 우리는 더 이상 죄의 종이 아닙니다. 우리를 구원하신 예수님의 은혜에 감사하며, 성탄의 기쁨을 나누고 찬송하는 삶을 살아가기를 소망합니다.

주님, 성탄의 기쁨을 온 세상에 전하며, 구원받은 자로서 감사와 찬송의 삶을 살게 하소서.

12월 **22**일

불을 지르러 오신 예수

누가복음 12:49-53

⁴⁹내가 불을 땅에 던지러 왔노니 이 불이 이미 붙었으면 내가 무엇을 원하리요 ⁵⁰나는 받을 세례가 있으니 그것이 이루어지기까지 나의 답답함이 어떠하겠느냐 … ⁵³아버지가 아들과, 아들이 아버지와, 어머니가 딸과, 딸이 어머니와, 시어머니가 며느리와, 며느리가 시어머니와 분쟁하리라 하시니라

예수님께서 이 땅에 오신 목적은 세상을 구원하는 것이었지만, 동시에 불을 던지기 위함이었습니다. 주님은 하늘의 기준을 가지고 오셨고, 이 땅의 사람들은 그 기준을 이해하지 못했기에 갈등과 분쟁이 일어날 수밖에 없었습니다. 주님은 이 땅에서 받으실 세례, 즉 죽음을 통해 하나님의 생명이 흘러갈 것을 아셨습니다. 예수님의 죽음은 끝이 아닌 생명의 시작이며, 그리스도인들에게도 주님처럼 불을 던지는 사명을 맡기셨습니다. 그 불을 지를 사명이 이제 우리에게 주어졌습니다. 우리는 복음의 불을 던져야 할 자들이지만, 성령의 도우심 없이는 이 일을 할 수 없습니다. 세상은 영적으로 겨울에 들어섰지만, 바로 이때 성령의 불이 강력하게 임할 것입니다. 우리가 복음을 전하지 않으면, 하나님의 나라는 이루어지지 않습니다. 사도 바울이 말했듯이 복음 전파는 자랑이 아니라 반드시 해야 할 일입니다. 주님이 오신 성탄을 맞아, 가정과 이웃, 그리고 나라와 열방에 주님의 불을 던져야 합니다. 우리 공동체가 성령의 능력으로 복음의 불을 던지는 사명을 다하기를 소망하며, 주님의 오심을 기념하는 성탄의 기쁨을 온 세상에 전합시다.

하나님, 성령의 불로 우리 공동체가 복음의 불을 던지게 하소서.

12월 **23**일

예수님을 보라

누가복음 2:1-7

1그 때에 가이사 아구스도가 영을 내려 천하로 다 호적하라 하였으니 2이 호적은 구레뇨가 수리아 총독이 되었을 때에 처음 한 것이라 … 5그 약혼한 마리아와 함께 호적하러 올라가니 마리아가 이미 잉태하였더라 6거기 있을 그 때에 해산할 날이 차서 7첫아들을 낳아 강보로 싸서 구유에 뉘었으니 이는 여관에 있을 곳이 없음이러라

 예수님의 탄생은 우리에게 큰 복입니다. 예수님이 오심으로 우리는 영생을 얻게 되었고, 그 영생은 세상의 어느 것도 대신할 수 없는 참된 기쁨과 축복입니다. 성탄절은 우리가 이 영생을 얻게 된 것을 감사하고 기뻐하는 날입니다. 사도 바울이 예수님을 만난 후 모든 것을 분토로 여겼듯, 우리의 삶의 중심도 예수님이어야 합니다. 구원을 이루는 삶은 우리의 목적이 되어야 하며, 그 목적을 이루기 위해 예수님을 바라보는 것이 중요합니다. 예수님께서 인류를 구원하신 방법은 우리가 생각하는 방식과 달랐습니다. 세상의 방식이 아닌 하나님의 방법, 곧 자신을 낮추고 십자가에서 죽으심으로 구원을 이루셨습니다. 우리는 예수님을 본받아 자기를 부인하고, 한 알의 밀이 땅에 떨어져 죽음으로써 많은 생명을 구원해야 합니다.

주님, 저희가 예수님의 길을 따라 자기를 부인하고, 많은 생명을 살리는 통로로 사용되게 하소서.

12월 **24**일

예수님의 계보에 속한 자

마태복음 1:1, 16-17

1아브라함과 다윗의 자손 예수 그리스도의 계보라

마태복음 1장은 단지 '족보'라는 이유로 지나치기 쉽습니다. 그러나 창세기 1장이 하나님을 설명하듯, 마태복음 1장은 예수님이 누구신지 알려주는 중요한 장입니다. 창조주 하나님의 출애굽 구원처럼, 예수님은 이 땅에 오셔서 영원한 구원을 이루셨습니다. 그래서 마태복음 1장을 통해 우리에게 세 가지 사명을 강조합니다. 첫째, 아담의 범죄로 복을 누릴 수 없자, 하나님께서 아브라함을 택하여 복의 근원자로 삼고 그의 계보를 통해 예수 그리스도를 복의 근원자로서 보내셨습니다. 이를 통해 모든 인류가 영생의 복을 누릴 수 있게 되었습니다. 하나님의 자녀된 믿는 자들은 이제 복의 근원자로서 이 세상에 복을 증거하는 사명을 감당해야 합니다. 둘째, 예수 그리스도를 통해 수많은 자녀들이 태어나 온 땅에 충만해집니다. 아담의 죄로 인해 창조 때의 "생육하고 번성하라"는 명령은 이루어지지 못했습니다. 그러나 아브라함의 자손으로 오신 예수님은 이 명령을 완성하셨고 그로 인해 수많은 영적 자녀들이 태어났습니다. 이제 우리는 예수님의 복음을 전함으로 하나님께서 정하신 자녀들이 그분께 돌아오도록 도울 사명을 받았습니다. 셋째, 하나님의 뜻과 말은 우리의 순종을 통해 이루어집니다. 창세기부터 하나님은 계속해서 말씀하시며 그 말씀에 대한 순종을 요구하십니다. 예수님께서 이 땅에 오셔서 십자가의 길을 걸으신 것도 하나님의 뜻에 대한 철저한 순종이었습니다. 우리도 복의 근원자로서 그 길을 따르며, 고난이 있더라도 하나님의 말씀을 따라 순종할 때 하나님의 역사가 이루어집니다. 복의 근원자로서 우리의 순종과 헌신을 통해 하나님의 생명이 온 세상에 충만히 퍼져가기를 소망합니다.

주님, 저를 복의 근원자로 세우셔서 하나님의 뜻을 이루게 하시고, 순종을 통해 생명의 열매를 맺게 하소서.

12월 **25**일

예수는 나의 구원자, 임마누엘

마태복음 1:18-25

18예수 그리스도의 나심은 이러하니라 그의 어머니 마리아가 요셉과 약혼하고 동거하기 전에 성령으로 잉태된 것이 나타났더니 … 25아들을 낳기까지 동침하지 아니하더니 낳으매 이름을 예수라 하니라

성탄절에 우리는 단순한 세상의 기쁨이 아닌, 진정한 구원의 기쁨을 소유해야 합니다. 하나님께서는 죄의 수렁에서 우리를 끌어올리시고 반석 위에 세우셨습니다. 이것이 바로 주님이 이 땅에 오신 이유이며, 성탄을 맞이하는 우리의 감격의 근원이 되어야 합니다. 인간은 스스로 선과 악을 판단하려는 죄를 범함으로 하나님과의 관계가 단절되었습니다. 예수님은 우리를 이 죄의 상태에서 구원하시기 위해 오셨고, 십자가를 통해 새 생명을 주셨습니다. 이 새 생명은 단순한 고침이 아니라, 말씀과 성령으로 거듭난 새 존재가 되는 것입니다. 하나님께서 우리에게 새 생명을 주시기 위해 오신 예수님은 구원으로 끝나지 않고, '임마누엘'—곧 하나님이 우리와 함께 하심을 보여주셨습니다. 예수님을 통해 구원받은 우리에게는 하나님이 끝까지 함께하시며, 그분의 인도하심 속에서 우리는 참된 평안과 은혜를 누릴 수 있습니다. 환경이 문제가 아니라, 하나님이 함께 하신다는 사실을 믿는 자는 어떤 상황 속에서도 감사할 수 있습니다. 모세와 야곱에게 하나님이 함께 하신 것처럼, 오늘날 우리에게도 하나님은 임마누엘로서 함께하시며, 우리를 이끌어 가십니다. 성탄절, 우리는 이 구원의 기쁨과 함께하시는 하나님에 대한 감격으로 예배드려야 합니다.

주님, 구원의 기쁨과 임마누엘의 은혜를 잊지 않고 어떤 환경에서도 감사하며 살게 하소서.

12월 **26**일

잘못된 목적은 불평으로 물든다

출애굽기 16:1-3

1이스라엘 자손의 온 회중이 엘림에서 떠나 엘림과 시내 산 사이에 있는 신 광야에 이르니 애굽에서 나온 후 둘째 달 십오일이라 … 3이스라엘 자손이 그들에게 이르되 우리가 애굽 땅에서 고기 가마 곁에 앉아 있던 때와 떡을 배불리 먹던 때에 여호와의 손에 죽었더라면 좋았을 것을 너희가 이 광야로 우리를 인도해 내어 이 온 회중이 주려 죽게 하는도다

이스라엘 백성들은 하나님께서 보여주신 기적과 은혜를 잊고, 환경의 어려움 속에서 끊임없이 불평했습니다. 이는 단순히 환경의 문제가 아니라, 그들의 마음 깊숙한 곳에 자리한 불만족과 불신에서 비롯된 것이었습니다. 이처럼 불평은 자신에게 상처를 남기고, 복을 막으며, 주변 사람들을 상하게 만듭니다. 더욱이, 사단이 틈타게 하는 통로가 되어 우리 삶의 평안을 깨뜨리며, 하나님께 영광을 돌리지 못하게 하며 영적 성장을 방해한다는 점에서 불평은 백해무익합니다. 또한, 불평은 우리를 하나님의 뜻에서 멀어지게 하고 영적으로 무너뜨리기에 큰 죄악이라 할 것입니다. 이스라엘의 불평은 그들이 하나님의 은혜를 잊었기 때문에 생긴 것입니다. 그들은 이미 기적을 경험했음에도 불구하고, 새로운 어려움이 닥치자 불평하기 시작했습니다. 그러나 하나님은 그들의 불평에 응답하시며, "하늘에서 양식을 비같이 내리겠다"라고 말씀하셨습니다. 이는 하나님께서 우리의 필요를 채워주실 뿐 아니라, 우리가 그분의 율법을 따르고, 불평 대신 감사하는 삶을 살기를 원하신다는 뜻입니다. 불평은 환경적 요인 외에도 우리의 내면 곧 성격, 심리적 요인, 또는 지나친 기대로 인해 생겨날 수 있습니다. 그러나 우리는 하나님께서 우리를 예수 그리스도의 형상으로 변화시키기 위해 인도하시는 광야의 과정을 받아들여야 합니다. 하나님의 목적은 우리가 예수님을 닮아가는 것이기에, 그 길에 광야와 같은 어려움이 있을지라도 우리는 불평 대신 믿음으로 하나님을 신뢰해야 합니다. 우리의 필요를 아시고, 그분의 뜻을 이루어 나갈 수 있도록 도우시는 그분을 기억할 때, 우리는 불평을 극복하고 승리하는 삶을 살 수 있습니다.

 하나님, 불평하는 마음을 버리고 예수님을 닮아가는 성숙한 믿음의 삶을 살게 하소서.

12월 **27**일

하루를 만나로 사는 지혜

출애굽기 16:4-12

4그 때에 여호와께서 모세에게 이르시되 보라 내가 너희를 위하여 하늘에서 양식을 비 같이 내리리니 백성이 나가서 일용할 것을 날마다 거둘 것이라 이같이 하여 그들이 내 율법을 준행하나 아니하나 내가 시험하리라 ⋯ 12내가 이스라엘 자손의 원망함을 들었노라 그들에게 말하여 이르기를 너희가 해 질 때에는 고기를 먹고 아침에는 떡으로 배부르리니 내가 여호와 너희의 하나님인 줄 알리라 하라 하시니라

이스라엘 백성은 출애굽 후 광야에서 하나님이 주시는 만나를 매일 먹으며 그분의 공급을 경험했습니다. 그러나 그들이 당면한 현실적인 어려움은 흔들리는 믿음과 원망과 불평으로 이어졌습니다. 우리도 마찬가지로 인생의 광야길을 걷다 보면 믿음이 흔들릴 때가 있습니다. 그러나 하나님은 이런 상황에도 우리가 믿음의 싸움을 하길 원하십니다. 오늘 본문에서 하나님은 하늘에서 만나를 내려 주시며 날마다 그들을 시험하셨습니다. 이는 배고픔의 해결 그 이상의 의미를 주기 위함입니다. 하나님은 이스라엘 백성에게 날마다 그분을 신뢰하라는 메시지를 주셨듯이, 오늘 우리도 하루를 살아가며 하나님이 주신 은혜와 양식을 붙들어야 합니다. 날마다 하나님을 신뢰하며, 내일의 걱정은 하나님께 맡기고 오늘 주신 만나 속에서 하나님의 영광을 발견하는 지혜가 필요합니다. 하나님은 우리의 모든 상황을 아시며, 광야 같은 인생길을 걸을 때도 우리와 함께하십니다. 우리가 해야 할 일은 현실의 문제에 얽매이지 않고, 하나님의 통치와 의를 구하는 것입니다. 그분이 우리의 삶을 다스리고 계신다는 믿음 속에서 하나님의 뜻을 구할 때 우리는 믿음의 싸움에서 승리할 수 있습니다. 하나님께서 광야에서 이스라엘 백성에게 만나와 메추라기를 공급하셨듯이, 우리에게도 매일 필요한 것을 주십니다. 오늘의 양식을 주신 하나님을 신뢰하고, 그분이 우리의 삶을 책임지신다는 사실을 믿는다면, 우리는 평안과 확신 속에서 살아갈 수 있습니다. 하나님의 임재와 영광을 매일의 삶 속에서 만나고, 그분의 상급을 믿으며 광야길을 넉넉히 걸어가는 성도가 되기를 축복합니다.

하나님, 오늘도 주신 만나 속에서 당신의 영광을 보고, 믿음으로 승리하게 하소서.

12월 28일

안식일의 의미와 축복

출애굽기 16:21-30

21무리가 아침마다 각 사람은 먹을 만큼만 거두었고 햇볕이 뜨겁게 쬐면 그것이 스러
졌더라 … 30그러므로 백성이 일곱째 날에 안식하니라

안식일은 우리에게 주신 특별한 규범이자 축복입니다. 오늘 본문에서 하나님은 만나를 주시며 6일 동안은 열심히 일하고, 7일째 되는 날, 안식일로 거룩히 지키라 명령하셨습니다. 이것은 안식일이 단지 쉬는 날보다 하나님과 깊이 교제하는 날로, 우리를 위한 복된 시간이라는 것을 의미합니다. 사람들은 규범에 따라 자유를 제한당할 때 불편함을 느낄 수 있지만, 실제로 규범은 우리를 보호하고 참된 자유를 누리도록 돕습니다. 에덴동산에서 하나님은 선악을 알게 하는 나무의 열매를 먹지 말라고 하셨습니다. 그러나 이것은 제한이 아니라 사랑의 표현이었습니다. 하나님께서는 오늘 우리에게도 안식일이라는 규범을 주시며 쉼과 회복을 허락하십니다. 예수님께서도 안식일의 주인이심을 말씀하셨습니다. 그래서 주님과 함께하는 것이 참된 안식일의 의미입니다. 예수님 안에 거할 때 우리는 진정한 평안과 안식을 누리게 되며, 그렇기에 안식일은 단순한 의무가 아니라, 하나님께서 우리에게 주시는 은혜와 자유의 시간입니다. 안식일을 지키는 방법은 다양하지만, 본질은 하나님과의 관계를 회복하는 것입니다. 기도와 묵상, 공동체 예배, 감사와 찬양, 그리고 순종의 결단과 사랑의 실천을 통해 우리는 안식일의 참된 의미를 누릴 수 있습니다. 주일에 하나님과 교제하며, 영적으로 재충전하고, 하나님의 사랑을 경험하는 시간을 가져야 합니다. 이처럼 주님 안에서 안식을 누리며, 우리에게 허락된 규범 속에서 참된 자유를 경험하는 믿음의 삶을 살아가길 소망합니다.

하나님, 안식일을 지키며 주님 안에서 참된 평안과 안식을 누리게 하소서.

12월 29일
하나님을 시험하지 말라: 맛사와 므리바의 교훈

출애굽기 17:1-7

1이스라엘 자손의 온 회중이 여호와의 명령대로 신 광야에서 떠나 그 노정대로 행하여 르비딤에 장막을 쳤으나 백성이 마실 물이 없는지라 … 7그가 그 곳 이름을 맛사 또는 므리바라 불렀으니 이는 이스라엘 자손이 다투었음이요 또는 그들이 여호와를 시험하여 이르기를 여호와께서 우리 중에 계신가 안 계신가 하였음이더라

인생의 광야길에서 우리는 중요한 교훈을 얻게 됩니다. 하나님께서 애굽에서의 열 가지 재앙과 홍해의 기적을 통해 그들을 인도하셨음에도 불구하고, 이스라엘 백성은 광야에서 고난을 마주하자 "하나님이 정말 우리와 함께 계신가?"라고 의심하며 원망했습니다. 이는 "맛사" 사건이라 불리며, 하나님을 시험하는 자리에 선 것을 의미합니다. 이러한 시험은 결국 모세와의 다툼, 즉 "므리바" 사건으로 이어져, 내적인 갈등과 외적인 다툼을 불러일으켰습니다. 예수님께서 광야에서 사단의 시험을 받을 때 말씀으로 물리치셨습니다. 예수님은 "사람이 떡으로만 살 것이 아니요 하나님의 말씀으로 살 것이다"라고 하셨고, 하나님을 시험하라는 사단의 유혹에 "주 너의 하나님을 시험하지 말라"고 단호히 선포하셨습니다. 우리도 이와 같이 하나님을 시험하는 자리에 서지 않기 위해서는 세 가지가 필요합니다. 첫째, 기도의 자리로 나아가 하나님께서 주시는 약속의 말씀을 들어야 합니다. 둘째, 하나님을 시험하지 말라고 선포하며 사단의 유혹에 맞서야 합니다. 셋째, 어떤 상황에서도 하나님을 더 사랑하는 자리로 나아가야 합니다. 사단은 우리의 부족함을 강조하며 하나님을 의심하게 하지만, 현재의 모든 상황은 가나안으로 가는 과정임을 기억하며 하나님의 사랑 안에 거해야 합니다. 우리의 광야 여정에는 성령님께서 항상 함께하십니다. 사단은 우리를 흔들기 위해 끊임없이 시험하지만, 우리는 기도와 말씀으로 굳게 서서 하나님을 의지하며 나아가야 합니다. 맛사와 므리바의 시험을 잘 통과하여 믿음의 목적지까지 멋지게 걸어가는 성도가 되기를 소망합니다.

주님, 우리의 광야 여정에서 하나님을 시험하지 않고 오직 말씀과 사랑으로 주님을 신뢰하며 나아가게 하소서.

12월 **30**일

광야에서 승리를 이루는 길

출애굽기 17:8-16

8그 때에 아말렉이 와서 이스라엘과 르비딤에서 싸우니라 … 16이르되 여호와께서 맹세하시기를 여호와가 아말렉과 더불어 대대로 싸우리라 하셨다 하였더라

이스라엘의 광야 길이 고통과 불확실 속에 이어지는 끝없는 여정이듯 우리도 인생의 여정에서 끊임없이 문제와 마주합니다. 하지만 이 길은 단순한 고난의 연속이 아닙니다. 이스라엘이 가나안을 향했던 것처럼, 우리의 궁극적인 목적지는 하나님의 영원한 나라입니다. 목적이 분명한 삶은 시련 속에서도 의미를 잃지 않듯이 광야의 고난은 하나님을 만나는 은혜의 자리로 변화됩니다. 그 자리에서 우리는 생명의 비결을 배워 어떤 상황에서도 능력의 사람으로 살아갈 수 있습니다. 이스라엘은 맛사와 므리바에서 하나님을 시험했습니다. 마찬가지로 우리도 내면의 두려움과 교만, 상처라는 아말렉과 끊임없이 싸워야 합니다. 이 싸움은 우리의 신앙을 형식이 아닌 하나님의 능력을 의지하는 삶으로 이끕니다. 또한 모세의 손에 든 지팡이는 하나님의 능력을 상징하지만, 참된 능력은 그 지팡이를 붙잡으라는 말씀에 있습니다. 우리도 하나님의 말씀을 붙들고 아말렉 앞에 담대히 서야 합니다. 그러나 말씀을 붙들고 우리는 산으로 올라가 손을 들어야 합니다. 모세가 기도했던 것처럼, 우리도 하나님께 손을 들어 도움을 구해야 합니다. 예수님께서 겟세마네 동산에서 밤새 기도하며 하나님의 뜻에 자신을 맡기셨듯, 우리도 기도를 통해 하나님의 능력을 구해야 합니다. 또한 모세의 손이 내려올 때 아론과 훌이 함께 손을 붙잡았던 모습은 공동체의 기도의 중요성을 보여줍니다. 아무리 큰 교회와 많은 사역도 기도가 없다면 껍데기에 불과합니다. 진정한 승리는 말씀과 기도로 이루어집니다.

하나님, 말씀과 기도로 아말렉을 이기는 승리의 믿음을 주옵소서.

12월 **31**일

지혜로운 청지기의 삶

누가복음 12:41-48

41베드로가 여짜오되 주께서 이 비유를 우리에게 하심이니이까 모든 사람에게 하심이니이까 … 48알지 못하고 맞을 일을 행한 종은 적게 맞으리라 무릇 많이 받은 자에게는 많이 요구할 것이요 많이 맡은 자에게는 많이 달라 할 것이니라

지혜로운 청지기는 하나님께서 맡기신 것을 관리하고 나누는 사람입니다. 예수님께서는 지혜롭고 진실한 청지기로서 하나님의 것을 나누는 자에게 다음의 복이 있다고 말씀하십니다. 첫째로, 지혜로운 청지기는 자신이 가진 모든 것이 자신의 것이 아니라 하나님께로부터 왔음을 알고 고백합니다. 사도 바울이 "내가 나 된 것은 하나님의 은혜로 된 것"이라 고백한 것처럼, 지혜로운 청지기는 모든 것을 하나님께 돌리며 살아갑니다. 둘째로, 지혜로운 청지기는 나눔을 통해 복을 받는다는 사실을 믿습니다. 사단은 우리의 마음을 흔들어 나누지 못하게 만들고 나눔을 내일로 미루게 하지만, 나눔은 당장의 상황을 넘어 지금 실천해야 할 일입니다. 나눔은 하나님께서 기뻐하시는 제사이며, 우리에게 풍성함을 더해 주는 축복의 통로입니다. 지혜로운 청지기의 기본은 십일조입니다. 십일조는 하나님께 대한 감사와 찬송이며, 나눔과 구제의 출발점입니다. 무엇보다 우리는 복음을 나누는 것이야말로 최고의 나눔임을 기억해야 합니다. 복음은 우리에게 전적인 은혜로 주어진 것이며, 그 은혜를 다른 이들과 나눌 때 더욱 풍성해집니다. 이제 우리는 지혜로운 청지기로서 2025년을 마무리하며, 우리의 소유뿐만 아니라 복음을 나누어야 합니다. 이웃을 돌아보고, 주님을 전하는 기회를 붙잡는 성도가 되어, 하나님의 복이 넘치는 삶을 살아가기를 축복합니다.

하나님, 지혜로운 청지기로서 주신 복을 이웃과 나누며 살아가게 하소서.